A2

**Catherine Hugot**
**Véronique M. Kizirian**
**Monique Waendendries**
Professeurs-formateurs à l'Alliance Française de Paris-Île-de-France

**Annie Berthet**
**Emmanuelle Daill**
**Béatrix Sampsonis**

FRANÇAIS LANGUE ÉTRANGÈRE
www.hachettefle.fr

## Crédits photographiques et droits de reproduction

photos de couverture shutterstock ; p. 15 Une vieille dame écoute ses voisins © Caspar Benson/fstop/Corbis ; p. 16 shutterstock ; p. 18 shutterstock ; p. 19 shutterstock ; p. 20 affiche Voisins solidaires © Voisins Solidaires/ARE 2009 ; concierge © Sebastian Rotenberg/Parisberlin/Fotogroup ; p. 22 Immeuble en banlieue parisienne à Clichy-sous-Bois © Cyrille Cadet/AFP Creative/Photononstop ; p. 23 logo Voisins solidaires © Voisins Solidaires/ARE 2009 ; p. 24 shutterstock ; p. 26 shutterstock ; p. 27 shutterstock ; p. 28 portrait de l'auteur Philippe Delerm © Éric Fougère/VIP Images/Corbis ; pile de livres : shutterstock ; p. 29 Des chaises au jardin des Tuileries, Paris © Martine Delerm/Librairie Arthème Fayard/2002 ; p. 33 candidat à l'entretien d'embauche © Riser/White Packert/Getty ; soudeur : shutterstock ; p. 34 visuel Erasmus AEF Europe Bruxelles Erasmus 2011 ; p. 35 Le dernier jour d'Erasmus de Mathilde Cabenda / © Camille Gervais de Rouville ; p. 36 stagiaire A : merci à Guillaume Madolini, stagiarie B : shutterstock ; stagiaire C merci à Anaïs Verdu, stagiaire D merci à Benjamin Barbier ; p. 38 photos, montage et CV © Clément Bernard ; p. 40 merci à Milena Bernard ; p. 42 reproduit avec l'autorisation de pôle emploi © Pôle emploi 2012 ; p. 43 logo pôle emploi © Pôle emploi 2012 ; (bas) dessin © Pessin/Cartoonbase/Photononstop ; p. 46 la rédaction du journale le Monde © Charles Platiau/Reuters ; p. 47 en arrière plan, épreuve du baccalauréat au lycée Clémenceau à Nantes © Alain Le Bot/Photononstop ; p. 53 2CV tour Eiffel © Elan Fleisher/Look/Photononstop ; champs de lavande en Provence © Chad Ehlers/Tips/Photononstop ; p. 52 couverture de « Pas si fous ces français » Jean-Benoît Nadeau et Julie Barlow © éditions du Seuil 2005 ; p. 53 capture du site Internet © Jean-Benoît Nadeau et Julie Barlow ; (bas) dessin shutterstock ; p. 54 reproduit avec l'autorisation de JV magazine ©JV Magazine n° 30, 19 avril 2012 ; p. 55 BD d'Antoine Gysbrecht, « Halte Douane ! » avril 2002 ; (bas) timbre : shutterstock ; p. 56 en-tête de expatblog : shutterstock ; photo reproduite avec l'aimable autorisation de Marie Duchaussoy ; p. 58 shutterstock ; p. 60 JSI-IDE © Le Parisien 25/04/2005 ; p. 62 shutterstock ; p. 63 shutterstock ; p. 64 shutterstock ; p. 66 affiche « Bienvenue chez les Ch'tis » © Prod/Hachette Filipacci ; p. 69 presse traditionnelle © unclesam/fotolia.com ; nouveau media : shutterstock ; p. 71 radar piéton, installation artistique dans le cadre dans le cadre du festival « Rouen Impressionné » © Benoît Thiollent ; p. 72 logo Overblog D.R. ; p. 73 blog Temps réel ado librement inspiré de la Médiathèque de Coulanges, Gonesse (95) avec leur aimable autorisation ; p. 74 © Aujourd'hui en France D. R. et © Le Monde D. R. ; p. 76 série télévisée Scène de ménages © Cecile Rogue/M6 ; programme télé : shutterstock ; p. 78 logo journal Métro D. R. ; p. 80 antenne de police, Paris 13e © Roger Rozencwajg/Photononstop ; p. 81 Une Dacia Duster entre par erreur dans une bouche de métro parisienne © Bertrand Guay/AFP ; deux ours dans les rues d'une ville japonaise ©: Shari Town Local Government/AFP ; p. 82 affiche annonçant les gains du Super Loto © Sébastien Rabany/Photononstop ; p. 83 Evelyne Keller D. R. ; p. 86 shutterstock ; p. 87 affiche « The Artist » © prod/La petite Reine 2010 ; jeu de dames : shutterstock ; p. 88 festival de Cannes : shutterstock ; affiche « Minuit à Paris » © prod/Hachette Filipacci ; p. 90 affiche « The Artist » © prod/La petite Reine 2010 ; p. 92 shutterstock ; p. 94 visuel sur la vie associative reproduit avec l'aimable autorisation du maire de la ville de Pornic ; p. 96 shutterstock ; p. 97 valise : shutterstock ; p. 98 gîte rural © Vince Streano/Corbis ; p. 99 J.-L. et M.-O.Bernard ; p. 100 affiches des évènements « Fête de la musique » et « Nuit Blanche » D.R. ; p. 104 1. Affiche « Une vie de chat » © Prod 2011/Hachette Filipacci, 2. affiche « Tous les soleils » © Prod/Hachette Filipacci, 3. affiche « Le Premier jour du reste de ta vie » © Prod/Mandarin Cinema 2007, 4. affiche « Ma part du gâteau » © Prod 2011/Hachette Filipacci, 5. affiche « L'Arnacœur » © Prod/Yume Quad Films ; p. 105 phare : shutterstock ; p. 106 couture : shutterstock ; p. 107 tableau de Paul Gauguin « Mahana maa II » (huile sur toile, 1892) © AKG Images ; train : shutterstock ; p. 108 groupe Sinsemilia sur scène ©Marylene Eytier avec l'aimable autorisation de Sinsemilia ; p. 112 © Salon Des Solidarités 2012 www.SalonDesSolidarites.org ; p. 114 Ambre : shutterstock, Denis : merci à Nicolas Boyer ; p. 115 illustration ElRubencio ; p. 116 couverture de « L'Usage du Monde » © Éditions Payot & Rivages, 1992 ; couverture de « L'Usure du Monde » © éditions Le Bec en l›Air 2005 ; (bas) : exemplaire personnel de l'Usage du Monde laissé à la passe de Khyber, Pakistan, 2005 © Frédéric Lecloux/Vu' ; p. 117 © Thierry Vernet/musée de Lausanne D.R. ; p. 118 affiche de « Nomad's land » © Tipi'mages productions 2008 ; p. 120 Nicolas Vanier © Saverkin Alexsander/Itar-Tass/Corbis ; p. 121 Leila Bekhti et Omar Sy © Stephane Cardinale/People Avenue/Corbis ; Charles Aznavour © Gunter Marx Photography/Corbis ; Carla Bruni : shutterstock ; couverture de « Kiffe Kiffe Demain » © Rampazzo/Fayard 2005 ; p. 125 décrocher les étoiles, © Isis Velasquez/Images.com/Corbis ; panneaux : shutterstock ; p. 126 D.R. © production Samuel Le Bihan/TF1/François-Xavier Demaison ; p. 128 Yannick Noah © Stephane Cardinale/People Avenue/Corbis ; pochettes d'album D.R. ; p. 130 A. avec l'aimable autorisation d'Aurore Poujol et de la brigade de Lombez, photo DDM, Maia Alonso ; B. shutterstock ; C. Phovoir/Alamy ; D. © Nick McGowan-Lowe/Alamy ; p. 131 Frédérique Feral-Peney D. R. ; p. 132 pompiers Yves Forestier/Corbis ; p. 133 Valérie Guyot D. R. ; p. 134 shutterstock ; p. 143 Tournesol : shutterstock ; centrale nucléaire © Sami Sarkis/Age Fotostock ; p. 144 association Nicolas Hulot/Défi pour la Terre ; p. 146 shutterstock ; p. 147 shutterstock ; p. 148 À vous de Lire ; p. 151 Fred Vargas © Alexandre Isard/Corbis ; J'ai Lu ; p. 152 « Et vous vous bougez comment aujourd'hui » avec l'autorisation de l'Inpes ; p. 154 « Restons civils sur toute la ligne » avec l'autorisation de la RATP ; p. 156 (bas) Leemage/Maxppp ; p. 157 SNCF/TNS Sofres ; p. 160 shutterstock

Tous nos remerciements à : Jacqueline Maunier, Athanase Périfan/association immeuble en Fête (p. 20 et 23), Albert Renard/AEF Europe Bruxelles (p. 34), Mathilde Cabenda et Camille Gervais de Rouville (p. 35), Guillaume Mandolini (p. 36), Anaïs Verdu (p. 36), Benjamin Barbier (p. 36), Clément Bernard (p. 38), Miléna Bernard (p. 40), pôle emploi (p. 43), Marie Duchaussoy et sa famille (p. 56), Benoît Thiollent (p. 71), la médiathèque de Coulanges (p. 73), M. Chalopin de la mairie de Pornic (p. 94), J.-C. et M.-O. Bernard (p. 99), le salon des solidarités (p. 112), Nicolas Boyer (p. 114), l'association Nicolas Hulot (p. 144), A vous de lire (p. 148), l'inpes (p. 152), la RATP (p. 154), la SNCF et TNS sofres (p. 157), Sylvie Baudet et Marion Robert.

Nous avons fait tout notre possible pour obtenir les autorisations de reproduction des textes et documents publiés dans cet ouvrage. Dans le cas où des omissions ou des erreurs se seraient glissées dans nos références, nous y remédierions dans les éditions à venir.

**Couverture :** Nicolas Piroux

**Conception graphique :** Christophe Roger et Barbara Caudrelier

**Mise en page :** Laure Gros, studio Anne-Danielle Naname

**Secrétariat d'édition :** Astrid Rogge

**Cartographie :** Hachette Éducation

ISBN 978-2-01-155812-1

43, quai de Grenelle, F 75 905 Paris Cedex 15, France.
http://www.hachettefle.fr

# Avant-propos

***Alter ego +*** est une méthode de français sur cinq niveaux destinée à des apprenants adultes ou grands adolescents.
***Alter ego + 2*** s'adresse à des apprenants ayant l'équivalent du niveau A2.1 et vise l'acquisition des compétences décrites dans les niveaux A2.2 et B1.1 du *Cadre européen commun de référence pour les langues* (CECRL), dans un parcours de 120 heures d'activités d'enseignement / apprentissage complété par des tâches d'évaluation. Il permet de se présenter au DELF A2.

## Structure du manuel

*Alter ego + 2* se compose de **huit dossiers** de **trois leçons**. Les dossiers 1 à 4 correspondent au niveau A2.2. Le dossier 5 marque une transition vers le niveau B1.1.

Chaque leçon est composée de deux doubles pages. Pour atteindre les objectifs pragmatiques annoncés, chaque double page présente un parcours équilibré et varié, avec des activités orales et écrites. Pour permettre la conceptualisation et l'assimilation des contenus pragmatiques et linguistiques, des ***Points langue*** et des ***Aide-mémoire*** jalonnent les leçons. La **phonétique**, dont les objectifs sont étroitement liés aux autres contenus, fait partie intégrante des leçons. Selon les thématiques, un ***Point culture*** permet de travailler les aspects culturels. → Voir le *Mode d'emploi* p. 6-9.
Chaque dossier se termine sur un *Carnet de voyage*, parcours à dominante culturelle et interactive.

Un **CD-ROM** est encarté dans cet ouvrage : il contient les outils pour l'autoévaluation (fiches *Vers le portfolio* et *Portfolio*), une frise chronologique interactive citant des grands noms de la culture française et des repères historiques, un lexique multilingue de 1 700 mots téléchargeable et évolutif (de nouveaux mots et des définitions personnalisées peuvent être ajoutés), ainsi que tous les enregistrements au format mp3*.

## Apprendre, enseigner, évaluer

*Alter ego +* est l'aboutissement d'une analyse attentive du CECRL et reflète ses trois approches : apprendre, enseigner, évaluer.

- **Apprendre avec *Alter ego +***
  Dans *Alter ego +*, la place de l'apprenant est primordiale. Les thèmes abordés ont pour principal objectif de susciter un réel intérêt pour la société française et le monde francophone et de permettre à l'apprenant de **développer des savoir-faire et savoir-être** indispensables à toute communication réussie.
  Dans *Alter ego +*, les supports sont variés et les situations proches de la vie de l'apprenant. Les activités proposées lui offrent de nombreuses opportunités d'**interagir** dans des situations implicantes, en fonction de son ressenti, de son vécu et de sa culture, mais aussi de manière créative et ludique.
  Les tâches proposées se veulent le reflet de **situations authentiques** dans différents domaines (personnel, public, professionnel, éducationnel), afin de favoriser la motivation de l'apprenant et son implication dans l'apprentissage. Ainsi, celui-ci développe des savoir-faire mais aussi des stratégies qui l'amènent progressivement vers l'autonomie.
- **Enseigner avec *Alter ego +***
  Le fil conducteur du manuel correspond rigoureusement aux compétences décrites par le CECRL. Les principaux contenus pragmatiques et linguistiques sont travaillés et enrichis de manière progressive, dans différents contextes et thématiques.
  Chaque leçon est structurée par les **objectifs pragmatiques** et développe une thématique. Les supports, variés, présentent à part égale des situations d'écrit et d'oral et permettent un travail en contexte. La démarche est sémantique, intégrative et simple d'utilisation : le parcours de chaque double page amène l'apprenant à **la découverte et à l'appropriation des contenus de manière progressive et guidée.**

* Les fichiers mp3 sont lisibles sur ordinateur ou lecteur CD depuis 2004.

En règle générale, chaque leçon mobilise **les quatre activités langagières** suivantes, signalées par des pictogrammes : écouter, lire, parler, écrire.
Les compétences réceptives (à l'écrit, à l'oral) sont souvent travaillées dans un rapport de complémentarité, à l'intérieur d'un scénario donné. Une attention toute particulière est donnée à la **conceptualisation** des formes linguistiques, en lien avec les objectifs pragmatiques. Chaque parcours se termine par des activités d'expression variées, proposant des tâches proches de la vie.

- **Évaluer avec *Alter ego +***

L'évaluation est traitée sous deux formes. Elle est d'une part **sommative** en ce qu'elle propose un réel entraînement à la validation des compétences correspondant aux niveaux visés du CECRL. Une page d'entraînement au DELF est proposée à la fin de chaque dossier. Le dossier 4 étant le dernier pour le niveau A2, une épreuve du DELF A2 est proposée en deux parties à la fin des dossiers 5 et 6 (dossiers d'entrée dans le niveau B1), et permet d'évaluer les compétences supposées acquises à la fin du niveau A2.
D'autre part, *Alter ego +* se propose d'entraîner l'apprenant à une véritable évaluation **formative**, c'est-à-dire centrée sur l'apprentissage : les fiches *Vers le portfolio, comprendre pour agir* sont des moments de réflexion permettant à l'apprenant de porter un regard constructif sur son apprentissage, de s'autoévaluer et, enfin, à l'aide du test (disponible dans le guide pédagogique*), de vérifier avec l'enseignant ses acquis, ses progrès. Ainsi, les tests d'évaluation formative du guide pédagogique, proposés à la fin de chaque dossier, aident à faire prendre conscience de l'acquisition des compétences développées dans les leçons précédentes et des moyens à mettre en œuvre pour se perfectionner.
Ce dispositif aide l'apprenant à s'approprier le *Portfolio* et donne à l'enseignant le moyen de mettre en place un véritable contrat d'apprentissage avec l'apprenant.

## Alter ego + c'est :

- **Des documents renouvelés et actualisés**
- **Une démarche actionnelle renforcée**

Les activités présentent de véritables contextes permettant à l'apprenant d'accomplir des tâches proches de la vie.
À chaque dossier correspond un **projet**, composé de trois tâches. Ces tâches peuvent être effectuées au fur et à mesure des leçons ou en une seule fois.

- **Des outils d'apprentissage encore plus nombreux**

À la fin de chaque dossier, une **double page *S'exercer*** permet la vérification et la systématisation des acquis et une page **DELF** permet de s'entraîner à l'examen.
En fin d'ouvrage, des activités de **phonie-graphie** sont proposées afin de faciliter l'intégration du système phonologique et orthographique de la langue.
Un **lexique thématique** a été établi, afin d'aider l'apprenant à acquérir les termes essentiels de chaque dossier.
Enfin, le **précis grammatical** a été enrichi, pour faciliter l'acquisition des contenus grammaticaux abordés dans les *Points langue*.

- **Une offre numérique riche**

En soutien de l'enseignement et de l'apprentissage, *Alter ego +* propose un CD-ROM encarté dans le livre de l'élève, un manuel numérique très enrichi et un CD-ROM d'accompagnement personnalisé avec 500 activités.

**Les auteures**

* À noter que les enregistrements correspondant aux tests d'évaluation formative ne sont disponibles que sur les CD classe destinés au professeur ; ils sont volontairement absents de l'audio mp3 du CD-Rom encarté dans le présent ouvrage.

# Mode d'emploi

## Structure du livre de l'élève

- Huit dossiers de 3 leçons
- Des annexes :
  - Activités de Phonie-graphie
  - Précis grammatical
  - Tableaux de conjugaisons
  - Lexique thématique
  - Transcriptions

## Déroulement d'un dossier

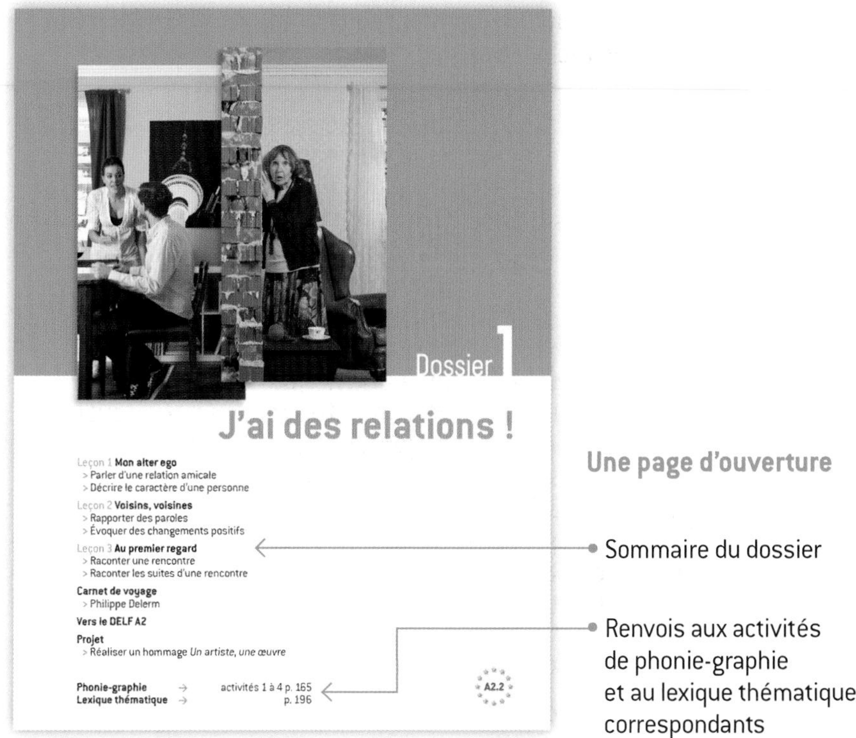


**Une page d'ouverture**

- Sommaire du dossier
- Renvois aux activités de phonie-graphie et au lexique thématique correspondants

**Trois leçons de deux doubles pages**

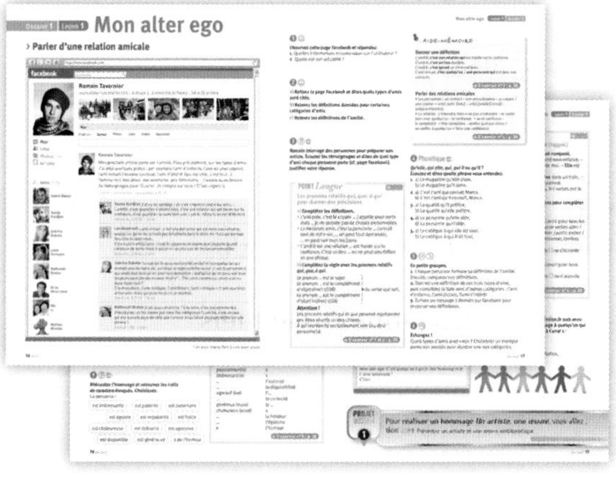


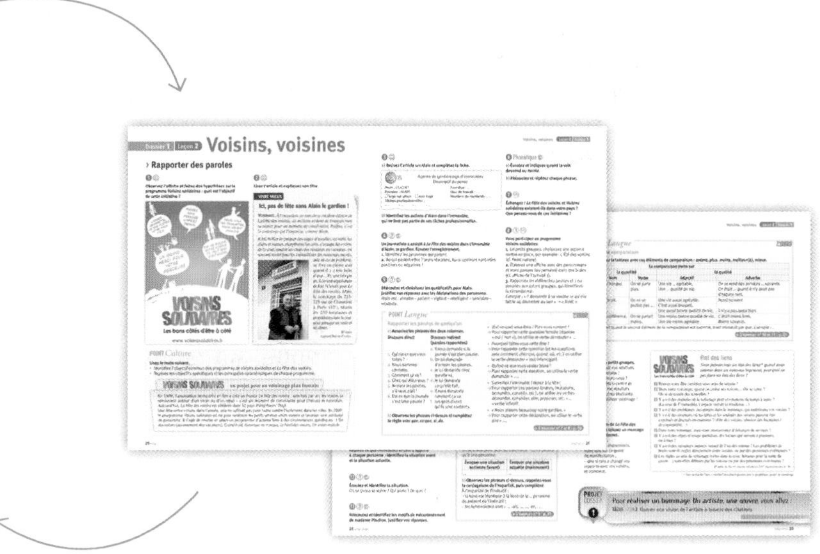


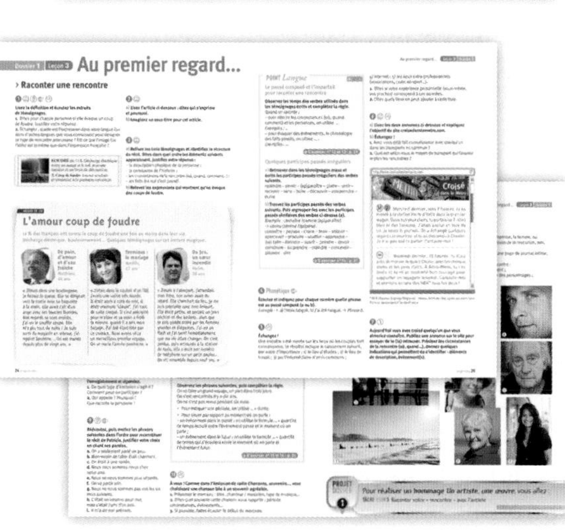

**Une double page Carnet de voyage**

- Pour un élargissement (inter)culturel

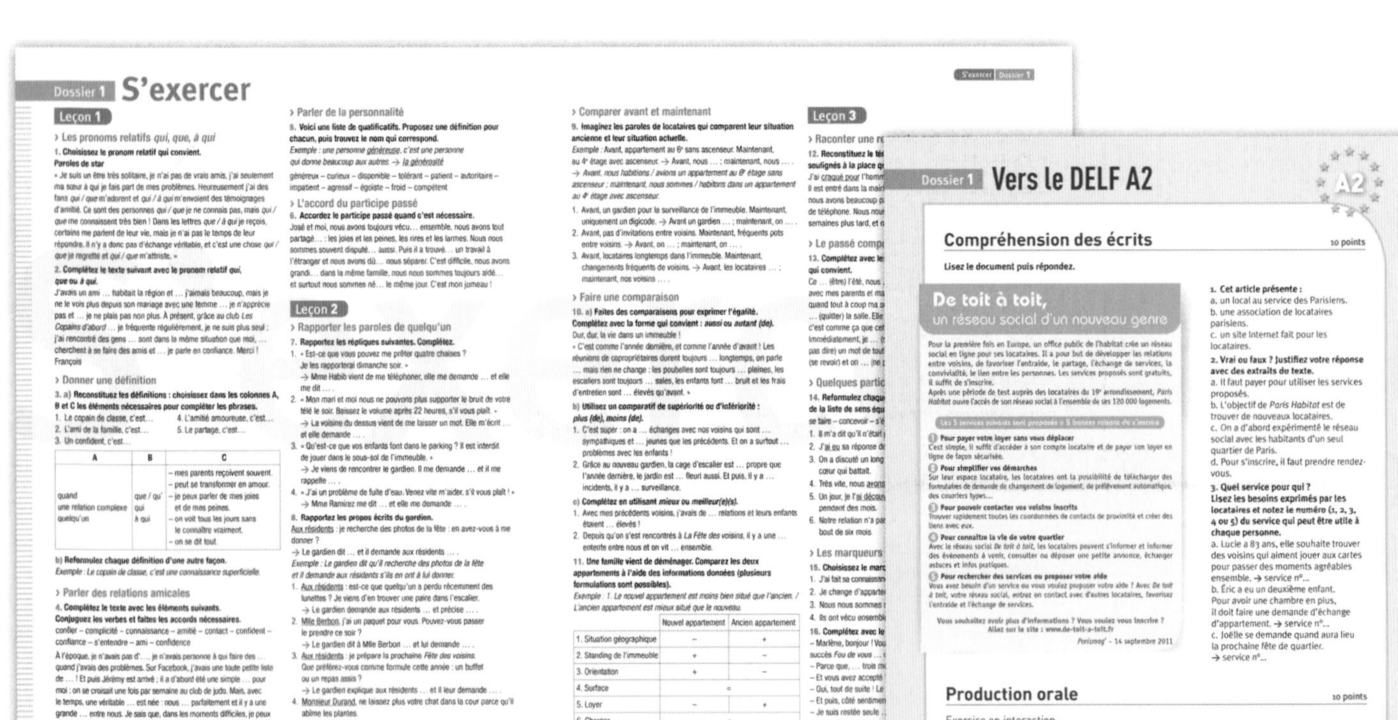

**Une double page S'exercer**

- Pour la vérification et la systématisation des acquis grammaticaux, lexicaux et pragmatiques

**Une page DELF**

- Pour tester les compétences et s'entraîner à l'examen
- Compréhension orale et Production écrite ou Compréhension écrite et Production orale

**NB.** Le dossier 5 compte trois pages DELF (épreuve complète de DELF A2, prolongée au dossier 6)

## Dans chaque leçon

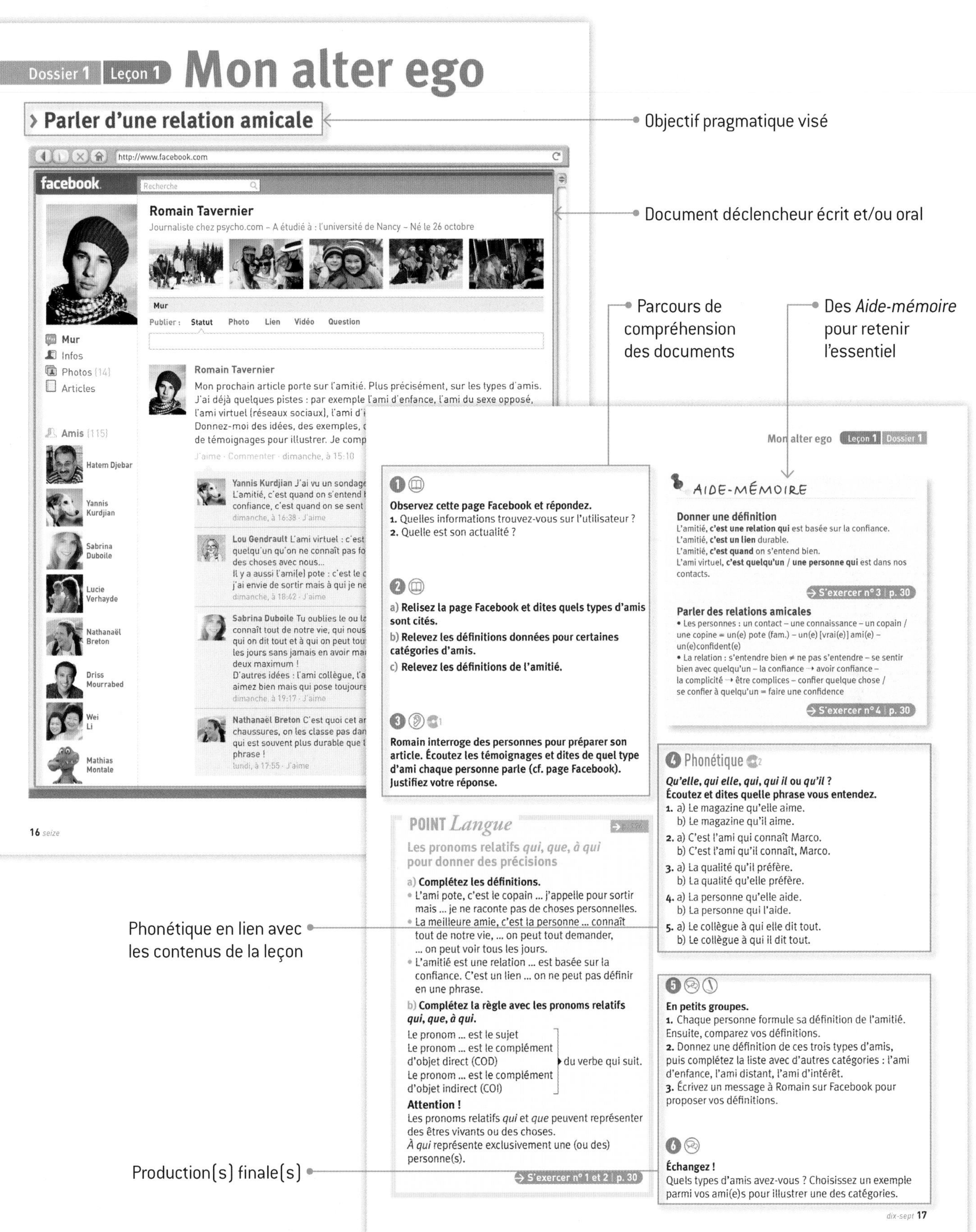


Objectif pragmatique visé

Document déclencheur écrit et/ou oral

Parcours de compréhension des documents

Des *Aide-mémoire* pour retenir l'essentiel

Phonétique en lien avec les contenus de la leçon

Production(s) finale(s)

Dossier 1 | Leçon 1 Mon alter ego

## › Décrire le caractère d'une personne

Canal 1

Vous désirez rendre hommage à une personne importante pour vous ou qui a marqué votre vie ?

Canal 1 vous offre une minute d'antenne pour vous exprimer !

Chaque soir à 20 h 40, dans JE SUIS VENU VOUS PARLER DE…

Laissez vos propositions sur notre répondeur au 0 840 40 4000 ou par mail : jesuisvenuvousparlerde@canal1.com

**7**

a) **Lisez l'annonce et identifiez son objectif.**
b) **Identifiez le titre de l'émission et expliquez-le.**

**8**

**Écoutez le message laissé sur le répondeur de Canal 1 et répondez.**
1. De qui parle la personne ?
2. Quelle est leur relation ?
3. Quand et comment leur relation a-t-elle commencé ?

**9**

**Réécoutez l'hommage et retrouvez les traits de caractère évoqués. Choisissez.**
La personne :

est intéressante | est patiente | est autoritaire | est égoïste | est impatiente | est froide | est chaleureuse | est tolérante | est agressive | est disponible | est généreuse | a de l'humour

**POINT Langue**

Les qualificatifs et les noms pour parler de la personnalité

a) **Lisez les mots ci-dessous et identifiez les qualités et les défauts.**
b) **Complétez.**

| Qualificatifs | Caractéristiques de la personnalité |
|---|---|
| patient(e) | la patience |
| impatient(e) | l'... |
| ... | la compétence |
| ... | la tolérance |
| passionnant(e) | x |
| intéressant(e) | x |
| ... | l'autorité |
| ... | la disponibilité |
| agressif (ive) | l'... |
| ... | la curiosité |
| généreux (euse) | la ... |
| chaleureux (euse) | x |
| ... | la froideur |
| ... | l'égoïsme |
| x | l'humour |

S'exercer n° 5 | p. 30

18 dix-huit

Mon alter ego Leçon 1 | Dossier 1

**POINT Langue**

L'accord du participe passé (rappel)

a) **Observez ces phrases au passé composé.**
- C'est **une personne** qui a illuminé mon enfance. – **Elle** s'est beaucoup occupée de moi. – **Elle** est partie l'an dernier.
- **Nous** nous sommes rencontr**ées** dans un train. – **Nous** avons tout de suite sympathisé.

→ Dans chaque série de phrases, les verbes ont le même sujet.

b) **Choisissez les bonnes réponses pour compléter la règle.**
Au passé composé :
- On utilise l'auxiliaire ☐ *être* ☐ *avoir* pour tous les verbes pronominaux et les quinze verbes *aller / venir, monter / descendre, arriver / partir, entrer / sortir, naître / mourir, rester, retourner, tomber, devenir, passer.*

→ Le participe passé ☐ s'accorde ☐ ne s'accorde pas avec le sujet.
- On utilise l'auxiliaire ☐ *être* ☐ *avoir* pour tous les autres verbes.

→ Le participe passé ☐ s'accorde ☐ ne s'accorde pas avec le sujet.

S'exercer n° 6 | p. 30

Antoine

②

De : clairelebreboyer@gmail.com
À : jesuisvenuvousparlerde@canal1.com
Objet : Hommage

Bonjour,
Je voudrais vous parler de Christine.
Nous nous sommes rencontrées dans le train Paris-Madrid et nous avons tout de suite sympathisé. Christine est expansive, brillante, et moi, je suis timide, mais nous nous adorons et nous nous complétons parfaitement. Christine, c'est plus qu'une amie pour moi ; au fil du temps elle est devenue mon alter ego. C'est quelqu'un à qui je dois beaucoup et je l'aime infiniment !
Claire

**11**

**À votre tour, vous participez à l'émission *Je suis venu vous parler de…* pour rendre hommage à quelqu'un qui a marqué votre vie. Écrivez un mail à Canal 1 :**
- présentez cette personne ;
- précisez quel est votre lien ;
- décrivez son caractère ;
- donnez des précisions sur votre relation, votre rencontre.

PROJET DOSSIER 1

Pour **réaliser un hommage *Un artiste, une œuvre***, vous allez :

TÂCHE LEÇON 1 Présenter un artiste et une œuvre emblématique

>>> Internet : www.hachettefle.fr

dix-neuf 19

Des *Point langue* pour la conceptualisation et l'assimilation des contenus linguistiques

Renvoi au *Précis grammatical*

Renvoi aux exercices de *S'exercer*

Des projets : 1 projet par dossier, 1 tâche par leçon

écouter | lire | parler | écrire | 1 piste audio du CD-ROM et du CD classe

## Contenus numériques

> **Un CD-ROM inclus**, comprenant :

- tout l'audio du livre de l'élève au format MP3
- un lexique multilingue interactif

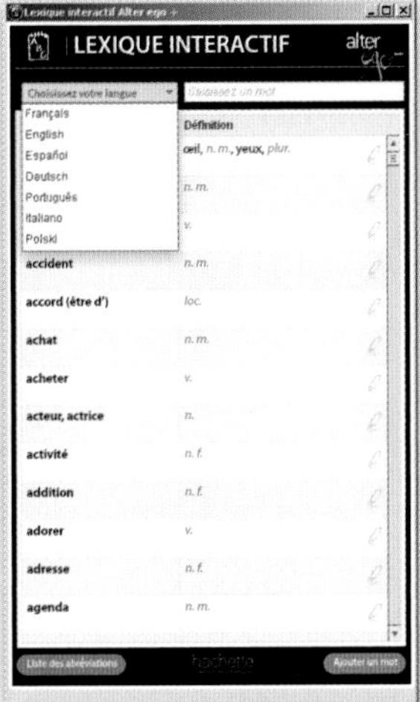


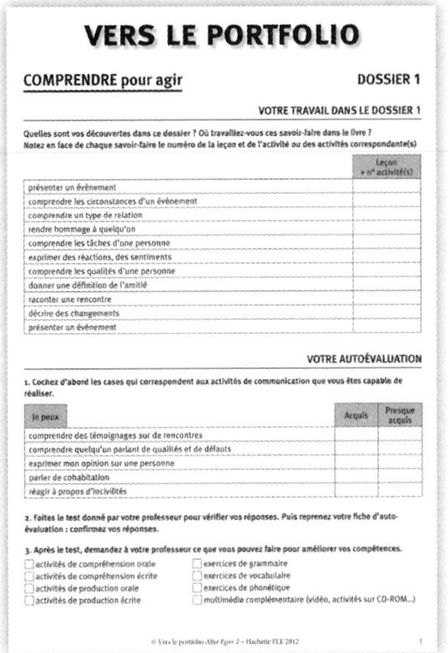

# VERS LE PORTFOLIO

**COMPRENDRE pour agir** — **DOSSIER 1**

**VOTRE TRAVAIL DANS LE DOSSIER 1**

**Quelles sont vos découvertes dans ce dossier ? Où travaillez-vous ces savoir-faire dans le livre ?**
**Notez en face de chaque savoir-faire le numéro de la leçon et de l'activité ou des activités correspondante(s)**

| | Leçon + n° activité(s) |
|---|---|
| présenter un évènement | |
| comprendre les circonstances d'un évènement | |
| comprendre un type de relation | |
| rendre hommage à quelqu'un | |
| comprendre les tâches d'une personne | |
| exprimer des réactions, des sentiments | |
| comprendre les qualités d'une personne | |
| donner une définition de l'amitié | |
| raconter une rencontre | |
| décrire des changements | |
| présenter un évènement | |

**VOTRE AUTOÉVALUATION**

**1. Cochez d'abord les cases qui correspondent aux activités de communication que vous êtes capable de réaliser.**

| Je peux | Acquis | Presque acquis |
|---|---|---|
| comprendre des témoignages sur de rencontres | | |
| comprendre quelqu'un parlant de qualités et de défauts | | |
| exprimer mon opinion sur une personne | | |
| parler de cohabitation | | |
| réagir à propos d'incivilités | | |

**2. Faites le test donné par votre professeur pour vérifier vos réponses. Puis reprenez votre fiche d'auto-évaluation : confirmez vos réponses.**

**3. Après le test, demandez à votre professeur ce que vous pouvez faire pour améliorer vos compétences.**

- activités de compréhension orale
- activités de compréhension écrite
- activités de production orale
- activités de production écrite
- exercices de grammaire
- exercices de vocabulaire
- exercices de phonétique
- multimédia complémentaire (vidéo, activités sur CD-ROM...)

© Vers le portfolio *Alter Ego+ 2* – Hachette FLE 2012 — 1

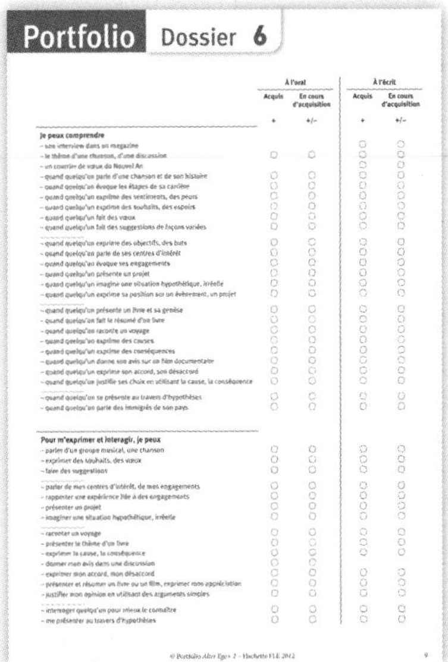

# Portfolio Dossier 6

| | À l'oral Acquis + | À l'oral En cours d'acquisition +/- | À l'écrit Acquis + | À l'écrit En cours d'acquisition +/- |
|---|---|---|---|---|
| **Je peux comprendre** | | | | |
| – une interview dans un magazine | | | | |
| – le thème d'une chanson, d'une discussion | | | | |
| – un courrier de vœux du Nouvel An | | | | |
| – quand quelqu'un parle d'une chanson et de son histoire | | | | |
| – quand quelqu'un évoque les étapes de sa carrière | | | | |
| – quand quelqu'un exprime des sentiments, des peurs | | | | |
| – quand quelqu'un exprime des souhaits, des espoirs | | | | |
| – quand quelqu'un fait des vœux | | | | |
| – quand quelqu'un fait des suggestions de façons variées | | | | |
| – quand quelqu'un exprime des objectifs, des buts | | | | |
| – quand quelqu'un parle de ses centres d'intérêt | | | | |
| – quand quelqu'un évoque ses engagements | | | | |
| – quand quelqu'un présente un projet | | | | |
| – quand quelqu'un imagine une situation hypothétique, irréelle | | | | |
| – quand quelqu'un exprime sa position sur un évènement, un projet | | | | |
| – quand quelqu'un présente un livre et sa genèse | | | | |
| – quand quelqu'un fait le résumé d'un livre | | | | |
| – quand quelqu'un raconte un voyage | | | | |
| – quand quelqu'un exprime des causes | | | | |
| – quand quelqu'un exprime des conséquences | | | | |
| – quand quelqu'un donne son avis sur un film documentaire | | | | |
| – quand quelqu'un exprime son accord, son désaccord | | | | |
| – quand quelqu'un justifie ses choix en utilisant la cause, la conséquence | | | | |
| – quand quelqu'un se présente au travers d'hypothèses | | | | |
| – quand quelqu'un parle des immigrés de son pays | | | | |
| **Pour m'exprimer et interagir, je peux** | | | | |
| – parler d'un groupe musical, une chanson | | | | |
| – exprimer des souhaits, des vœux | | | | |
| – faire des suggestions | | | | |
| – parler de mes centres d'intérêt, de mes engagements | | | | |
| – rapporter une expérience liée à des engagements | | | | |
| – présenter un projet | | | | |
| – imaginer une situation hypothétique, irréelle | | | | |
| – raconter un voyage | | | | |
| – présenter le thème d'un livre | | | | |
| – exprimer la cause, la conséquence | | | | |
| – donner mon avis dans une discussion | | | | |
| – exprimer mon accord, mon désaccord | | | | |
| – présenter et résumer un livre ou un film, exprimer mon appréciation | | | | |
| – justifier mon opinion en utilisant des arguments simples | | | | |
| – interroger quelqu'un pour mieux le connaître | | | | |
| – me présenter au travers d'hypothèses | | | | |

© Portfolio *Alter Ego+ 2* – Hachette FLE 2012 — 9

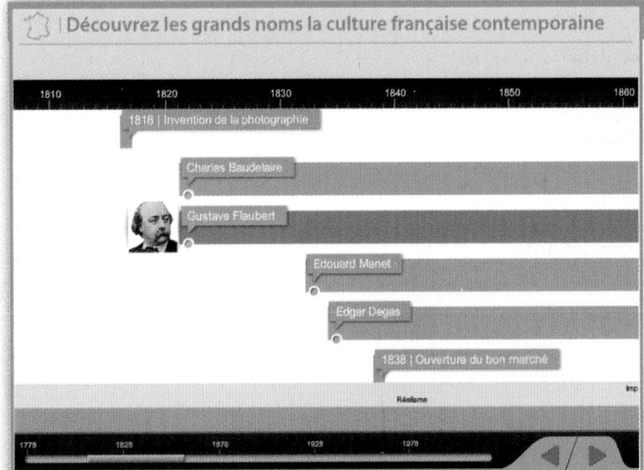


- une frise chronologique culturelle
- les outils pour l'autoévaluation : des fiches *Vers le portfolio* et le *Portfolio*

> **Des pages Projets téléchargeables en ligne gratuitement**

Pour chaque tâche, un parcours guidé avec supports déclencheurs

**Pour réaliser un hommage *Un artiste, une œuvre*, vous allez :**

**TÂCHE LEÇON 3** Raconter votre « rencontre » avec l'artiste

>>> internet - www.hachettefle.fr

> **Un manuel numérique enrichi avec :**

- tous les contenus du livre de l'élève
- des activités TNI pour la classe
- l'audio classe
- le cahier d'activités
- les pages Projet
- le guide pédagogique

> **Un CD-ROM d'accompagnement personnalisé**

500 activités et un parcours d'entraînement flexible et adaptable à l'apprenant

# Tableau des contenus

| Leçons | Contenus socioculturels Thématiques | Objectifs sociolangagiers | | | |
|---|---|---|---|---|---|
| | | Objectifs pragmatiques | Objectifs linguistiques | | |
| | | | Grammaticaux | Lexicaux | Phonétiques |
| **Dossier 1 J'ai des relations !** | | | | | |
| 1<br>p. 16 à 19 | **Les relations amicales** | • Parler d'une relation amicale<br>• Donner une définition<br>• Décrire une personne (caractère, défauts, qualités) | • Les pronoms relatifs : *qui, que, à qui*<br>• Les structures pour donner une définition : *c'est quand, c'est* + nom + proposition relative<br>• Le passé composé avec *être* et l'accord du participe passé (rappel) | • Termes liés aux relations amicales<br>• Les qualificatifs et les noms pour parler de la personnalité | • Discrimination *qu'elle, qui elle, qui, qui il* ou *qu'il*<br>• **Phonie-graphie :** le son [i] et ses graphies ; distinction des sons [o-i] et [a-i] ; [wa] et [ɛ] ; homophones de [kɛl] |
| 2<br>p. 20 à 23 | **Les relations de voisinage** | • Rapporter des paroles<br>• Parler de ses relations de voisinage<br>• Évoquer des changements | • Le discours indirect au présent<br>• L'imparfait (rappel de la morphologie) et le présent pour comparer (rappel)<br>• Les structures de la comparaison | • Termes liés au voisinage | • Rythme et intonation au discours indirect |
| 3<br>p. 24 à 27 | **La rencontre amoureuse** | • Raconter une rencontre<br>• Raconter les suites d'une rencontre | • Le passé composé et l'imparfait<br>• Quelques participes passés irréguliers<br>• Les marqueurs temporels (1) : *il y a, pendant, dans* | • Termes liés à la rencontre amoureuse | • Distinction imparfait – passé composé<br>• **Phonie-graphie :** graphies de [ɛ̃] |
| **Carnet de voyage** | **Un écrivain contemporain : Philippe Delerm<br>Un style littéraire : Les instantanés** | Découvrir un écrivain contemporain et comprendre en quoi consiste son style<br>Comprendre un texte littéraire relatant une rencontre | | | |
| **Projet** | **Réaliser un hommage : *un artiste, une œuvre*** | • Tâche 1 : Présenter un artiste et une œuvre emblématique<br>• Tâche 2 : Donner une vision de l'artiste à travers des citations<br>• Tâche 3 : Raconter votre « rencontre » avec l'artiste | | | |

| Leçons | Contenus socioculturels Thématiques | Objectifs pragmatiques | Grammaticaux | Lexicaux | Phonétiques |
|---|---|---|---|---|---|
| **Dossier 2 Vers la vie active** | | | | | |
| 1<br>p. 34 à 37 | **Le programme Erasmus<br>Les stages d'étudiants** | • Raconter une expérience universitaire<br>• Raconter une expérience professionnelle | • Le plus-que-parfait<br>• Les adverbes : formation des adverbes réguliers et irréguliers *(-amment / -emment)* | • Termes liés aux études<br>• Termes liés à l'expérience professionnelle | • Prononciation des adverbes en *-ment*<br>• **Phonie-graphie :** la graphie *-en* prononcée [ɑ̃] ou non prononcée |
| 2<br>p. 38 à 41 | **La recherche d'emploi et la présentation en situation professionnelle** | • Rechercher un emploi : comprendre une annonce, indiquer les qualités pour le poste<br>• Postuler pour un emploi : rédiger un CV et un mail de motivation ; se présenter en contexte professionnel et expliquer son parcours | • Les marqueurs temporels (2) : *depuis, pendant, il y a* (rappel) ; *pour* + durée | • Termes liés à la recherche d'emploi et à l'entreprise<br>• Termes liés au descriptif d'un emploi et aux qualités professionnelles<br>• Formules du mail / de la lettre de motivation | • Prononciation des sigles et acronymes<br>• **Phonie-graphie :** homophonie : lettres de l'alphabet / mots dans les SMS |
| 3<br>p. 42 à 45 | **Les entretiens d'embauche** | • Donner des conseils, mettre en garde<br>• Indiquer des changements nécessaires | • Les structures pour exprimer le conseil : impératif, *devoir* + infinitif, *si* + présent / futur, *si* + présent / impératif, *il faut que* + subjonctif<br>• Le subjonctif pour exprimer la nécessité : formation des verbes réguliers et irréguliers | • Quelques formules impersonnelles pour exprimer la nécessité : *il est important / essentiel de / que…* | • Registres de langue<br>• Intonation : conseil ou ordre<br>• Prononciation du subjonctif<br>• **Phonie-graphie :** prononciation de *i* et *y* selon le contexte graphique |
| **Carnet de voyage** | **Le système éducatif en France** | Découvrir le système éducatif français et identifier les similitudes et les différences avec celui de son propre pays<br>Comprendre un article concernant un jeune français et repérer son parcours scolaire dans le système éducatif | | | |
| **Projet** | **Réaliser des fiches pour un forum de découverte des métiers** | • Tâche 1 : Déterminer le panel des métiers à présenter<br>• Tâche 2 : Élaborer la présentation d'un métier<br>• Tâche 3 : Rédiger la partie « conseils » de la fiche métier | | | |

| Leçons | Contenus socioculturels Thématiques | Objectifs sociolangagiers | | | |
|---|---|---|---|---|---|
| | | Objectifs pragmatiques | Objectifs linguistiques | | |
| | | | Grammaticaux | Lexicaux | Phonétiques |
| **Dossier 3** | **La France vue par…** | | | | |
| 1<br>p. 52 à 55 | **Les stéréotypes : les Français vus d'ailleurs** | • Parler d'un pays et de ses habitants<br>• Découvrir des stéréotypes<br>• Comprendre et exprimer un pourcentage, des données statistiques | • Les pronoms relatifs *où* et *dont*<br>• Les pronoms démonstratifs *(celui, celle, ceux, celles)* | • Quelques expressions pour parler d'un pays (conditions de vie, mentalités)<br>• L'expression d'un pourcentage | • Prononciation des pourcentages<br>• **Phonie-graphie :** graphies *au, eau, eu, oeu, ou (où, oû)* |
| 2<br>p. 56 à 59 | **Vivre en France / vivre ailleurs**<br>**Modes de vie différents : les expatriés et couples binationaux** | • Questionner sur / Évoquer un changement de vie<br>• Exprimer son ressenti concernant un changement de vie<br>• Évoquer des différences culturelles<br>• Comprendre des usages et règles de savoir-vivre | • La question inversée avec reprise du sujet par un pronom<br>• La question inversée avec les verbes pronominaux au passé composé<br>• Pronoms indéfinis et adverbes : *quelqu'un, rien, personne, nulle part,* etc. | • Quelques marqueurs chronologiques (1)<br>• Termes liés à l'expression du ressenti (état d'esprit, point de vue)<br>• Verbes et constructions pour exprimer des règles de savoir-vivre | • Les indéfinis : rythme et accentuation<br>• **Phonie-graphie :** *-t-* ou liaison verbe / pronom sujet dans la question inversée |
| 3<br>p. 60 à 63 | **La qualité de vie à Paris / en province** | • Comprendre une étude comparative, un classement<br>• Parler de son lieu de vie, justifier ses choix | • Le superlatif<br>• *Ce qui, ce que, c'est* pour mettre en relief | • Termes liés au lieu de vie (province / capitale)<br>• Quelques verbes pour parler des avantages d'une ville | • Prononciation de *plus* dans le superlatif<br>• **Phonie-graphie :** *e* prononcé ou non prononcé |
| Carnet de voyage | **Différences culturelles et quiproquos** | Comprendre une chanson évoquant des stéréotypes et des différences culturelles<br>Comprendre et relater des quiproquos | | | |
| Projet | **Réaliser une exposition *Regards sur la France*** | • Tâche 1 : Élaborer une carte *La France vue par nous*<br>• Tâche 2 : Présenter un aspect de la vie en France<br>• Tâche 3 : Présenter une région ou une ville | | | |
| **Dossier 4** | **Médiamania** | | | | |
| 1<br>p. 70 à 73 | **Les nouveaux modes d'information, les médias participatifs** | • Rendre compte d'un évènement<br>• Faire une suggestion, inciter à agir<br>• Intervenir dans la blogosphère | • Les pronoms interrogatifs<br>• Les pronoms possessifs<br>• *Si* + imparfait pour suggérer / inciter | • Termes et expressions verbales pour informer sur un évènement<br>• Termes liés à la blogosphère | • Intonation : étonnement ou question simple<br>• **Phonie-graphie :** [jɛ̃] ou [jɛn] |
| 2<br>p. 74 à 77 | **Les médias « traditionnels » : presse (en ligne), radio, télévision** | • Comprendre des titres de presse<br>• Réagir / donner son opinion sur un programme de télévision | • La nominalisation<br>• Le genre des noms<br>• *c'est… qui, c'est… que* pour mettre en relief | • Termes liés aux médias | • Rythme de la phrase et intonation de la mise en relief<br>• **Phonie-graphie :** [ɔ̃] ou [ɔn] |
| 3<br>p. 78 à 81 | **Les faits divers dans la presse et à la radio** | • Comprendre des évènements rapportés dans les médias<br>• Rapporter un fait divers<br>• Témoigner d'un évènement | • Les temps du passé<br>• La forme passive<br>• L'accord du participe passé avec le COD | • Termes liés à la superstition, aux jeux de hasard<br>• Termes liés à la déclaration de vol : personnes et actions | • L'enchaînement vocalique dans la forme passive<br>• **Phonie-graphie :** l'accord du participe passé avec *avoir* |
| Carnet de voyage | **Les superstitions** | Identifier des superstitions et partager son expérience à ce sujet | | | |
| Projet | **Contribuer à un média participatif** | • Tâche 1 : Découvrir des médias participatifs et en présenter un<br>• Tâche 2 : Réagir à un article<br>• Tâche 3 : Élaborer une contribution | | | |

| Leçons | Contenus socioculturels Thématiques | Objectifs sociolangagiers | | | |
|---|---|---|---|---|---|
| | | Objectifs pragmatiques | Objectifs linguistiques | | |
| | | | Grammaticaux | Lexicaux | Phonétiques |
| **Dossier 5 Instants loisirs** | | | | | |
| 1 p. 88 à 91 | **Le festival de Cannes et les critiques de film** | • Présenter un réalisateur / un film<br>• Exprimer des appréciations | • La place de l'adverbe dans les temps composés<br>• La place des adjectifs (révision et approfondissement) | • Termes liés au cinéma et aux récompenses<br>• Quelques termes et expressions pour exprimer des appréciations sur un film | • Intonation : enthousiasme ou déception<br>• **Phonie-graphie :** *vieil / vieille, belle / bel, nouvel / nouvelle* |
| 2 p. 92 à 95 | **Les loisirs : les MJC – Maisons pour tous et la vie associative** | • Inciter à pratiquer une activité<br>• Parler de ses activités de loisirs et de la vie associative | • Les pronoms personnels après *à* et *de*<br>• Les pronoms COI (rappel)<br>• Les pronoms indirects *en* et *y* | • Termes liés aux loisirs<br>• Termes liés aux associations de loisirs<br>• Quelques formules pour inciter | • Intonation : incitation et encouragement |
| 3 p. 96 à 99 | **Les différents types de tourisme (le tourisme vert, le tourisme insolite)** | • Sélectionner une prestation touristique<br>• Faire une réservation<br>• Informer sur un itinéraire | • Le gérondif<br>• Les pronoms de lieu *en* et *y* | • Termes liés aux descriptifs touristiques et à la réservation (repas, hébergement…) | • Distinction [ã] / [an]<br>• **Phonie-graphie :** graphies de [ã] ; distinction de [ɑ̃], [ɔ̃] et [ɔn] ; les sons [ã], [ɔ̃] et le gérondif, voyelles nasales / voyelles orales |
| Carnet de voyage | **Les rendez-vous festifs et culturels** | Découvrir des manifestations culturelles urbaines (Nuit Blanche, Fête de la Musique) | | | |
| Projet | Élaborer un projet de voyage autour des festivals | • Tâche 1 : Présenter un panorama des festivals francophones<br>• Tâche 2 : Choisir un / des festival(s) et déterminer le séjour<br>• Tâche 3 : Envisager les modalités du séjour | | | |

| Leçons | Contenus socioculturels Thématiques | Objectifs pragmatiques | Grammaticaux | Lexicaux | Phonétiques |
|---|---|---|---|---|---|
| **Dossier 6 Le monde est à nous !** | | | | | |
| 1 p. 108 à 111 | **Les souhaits et aspirations pour demain** | • Envisager l'avenir : exprimer des souhaits / des espoirs / des vœux<br>• Faire des suggestions | • L'expression du souhait : *souhaiter que* + subjonctif, *espérer que* + indicatif, *j'aimerais / je voudrais que* + subjonctif, *j'aimerais* + infinitif<br>• Le conditionnel présent pour faire une suggestion | • Termes liés à la musique et aux groupes musicaux<br>• Formules pour exprimer un souhait<br>• Termes liés aux forums de discussion sur Internet | • Prononciation de *r*<br>• **Phonie-graphie :** révision des graphies de [ɛ] |
| 2 p. 112 à 115 | **L'action humanitaire / bénévole** | • Parler de ses centres d'intérêt, de ses engagements<br>• Exprimer un but, un objectif<br>• Présenter un projet<br>• Imaginer une situation hypothétique ou irréelle | • Le but : *afin de / pour* + infinitif, *afin que / pour que* + subjonctif<br>• Le conditionnel présent (projet, situation irréelle) | • Quelques formules verbales pour indiquer un objectif<br>• Verbes pour indiquer les centres d'intérêt | • Virelangues et groupes consonantiques<br>• Distinction futur simple / conditionnel présent<br>• **Phonie-graphie :** le conditionnel présent |
| 3 p. 116 à 119 | **Le voyage d'aventure, les récits de voyage** | • Présenter / Résumer un livre<br>• Donner son avis, justifier ses choix<br>• Exprimer l'accord, le désaccord | • Les connecteurs pour exprimer la cause et la conséquence : *car, comme, en effet, c'est pourquoi / c'est pour cette raison que / c'est pour ça que, donc, alors*<br>• *Grâce à / à cause de* | • Termes liés au récit de voyage<br>• Formules pour donner son avis, pour exprimer l'accord / le désaccord | • Intonation de l'insistance<br>• **Phonie-graphie :** les verbes en *-ger* et *-cer* avec alternance graphique |
| Carnet de voyage | **Portraits chinois Si j'étais…** | Parler de soi à travers des situations fictives : le jeu du portrait chinois<br>Comprendre un récit autobiographique à travers un extrait littéraire | | | |
| Projet | Concevoir une initiative liée à la culture francophone | • Tâche 1 : Envisager des initiatives en fonction d'aspirations communes<br>• Tâche 2 : Définir l'initiative : actions, buts et moyens<br>• Tâche 3 : Présenter le projet et en débattre | | | |

| Leçons | Contenus socioculturels Thématiques | Objectifs sociolangagiers | | | |
|---|---|---|---|---|---|
| | | Objectifs pragmatiques | Objectifs linguistiques | | |
| | | | Grammaticaux | Lexicaux | Phonétiques |
| **Dossier 7 Alternatives** | | | | | |
| 1 p. 126 à 129 | **Le changement de vie, de voie professionnelle** | • Évoquer un changement de vie<br>• Comprendre une biographie | • Les marqueurs temporels (3) : *en* + durée (en contraste avec *dans* et *pendant*, rappel)<br>• L'expression de rapports temporels : *avant de* + infinitif, *après* + infinitif passé<br>• Le pronom relatif *où* | • Termes liés au monde du spectacle<br>• Termes liés à la biographie<br>• Quelques marqueurs chronologiques (2) | • Liaison et enchaînement<br>• **Phonie-graphie :** liaison et enchaînement + *h muet* / *h aspiré* |
| 2 p. 130 à 133 | **Profession « féminines », professions « masculines »**<br>**Exploits et réussites** | • Rapporter une conversation<br>• Rapporter un événement exceptionnel, un exploit | • Le discours rapporté au passé | • Quelques professions<br>• Quelques termes pour exprimer des sentiments et des réactions | • Intonation : découragement ou détermination<br>• **Phonie-graphie :** graphies de [e] : *er, ez, é, ée* |
| 3 p. 134 à 137 | **Les regrets liés au choix de vie** | • Imaginer un passé différent<br>• Situer un évènement dans un récit au passé<br>• Exprimer un regret | • L'irréel du passé : *si* + plus-que-parfait, conditionnel<br>• Le passé récent et le futur proche dans un récit au passé<br>• L'expression du regret : *regretter de* + infinitif passé, *j'aurais aimé / voulu* + infinitif | • Quelques expressions pour exprimer des sentiments / émotions, des comportements / attitudes | • Intonation : regret ou satisfaction<br>• **Phonie-graphie :** révision des graphies de [e] et de [ɛ] |
| Carnet de voyage | **Jeux sur les mots** | Découvrir des expressions imagées françaises et étrangères à partir du jeu sur le double sens (sens littéral / sens figuré) | | | |
| Projet | **Participer à un concours littéraire**<br>***Un personnage hors du commun*** | • Tâche 1 : Imaginer le personnage principal et la trame d'un récit<br>• Tâche 2 : Rédiger le récit<br>• Tâche 3 : Lire les récits et désigner les gagnants | | | |
| **Dossier 8 Éduc-actions** | | | | | |
| 1 p. 144 à 147 | **Les Français et l'environnement, l'opération « Défi pour la Terre »** | • Comprendre un manifeste – Inciter à agir<br>• Prendre position, exprimer une opinion | • L'expression de la nécessité avec le subjonctif ou l'infinitif<br>• Le contraste subjonctif / indicatif dans les complétives (opinion, certitude, doute, volonté, constat) | • Termes liés à l'environnement et à l'écologie<br>• Quelques expressions impersonnelles de nécessité | • Prononciation du subjonctif<br>• **Phonie-graphie :** distinction de quelques formes verbales |
| 2 p. 148 à 151 | **La lecture, les initiatives autour de la lecture** | • Comprendre l'historique d'un évènement<br>• Parler de ses lectures<br>• Demander le prêt d'un objet | • L'expression de rapports temporels : *à partir de, dès, dès que, depuis, depuis que, jusqu'à ce que*<br>• Les doubles pronoms | • Termes liés au livre et à la lecture<br>• Verbes pour parler du prêt / de l'emprunt d'un objet | • Le *e* caduc et les doubles pronoms<br>• **Phonie-graphie :** distinction [ə] / [ɛ] dans la première syllabe des mots |
| 3 p. 152 à 155 | **L'éducation et la prévention pour la santé** | • Comprendre / donner des arguments pour la prévention : mises en garde et incitation<br>• Exprimer son indignation – Faire un reproche | • Les structures pour exprimer la conséquence<br>• L'imparfait ou le conditionnel pour le reproche | • Locutions adverbiales pour structurer un texte explicatif<br>• Quelques verbes exprimant la conséquence | • Intonation : reproche ou indignation |
| Carnet de voyage | **Les livres fondateurs**<br>**Les Français et la lecture** | Découvrir les livres fondateurs des Français | | | |
| Projet | **Concevoir une action à visée éducative** | • Tâche 1 : Identifier une problématique, des besoins et des objectifs – Imaginer le type d'action<br>• Tâche 2 : Concevoir le déroulement de l'action<br>• Tâche 3 : Formuler un slogan et concevoir une affiche | | | |

**Annexes**

# La francophonie

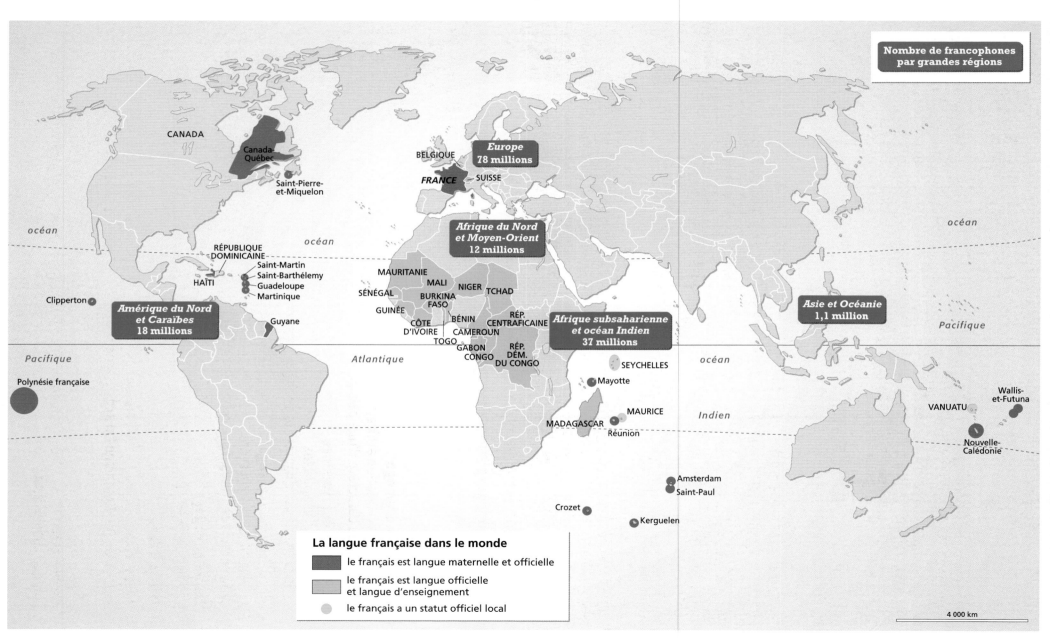

**La langue française dans le monde**

- le français est langue maternelle et officielle
- le français est langue officielle et langue d'enseignement
- le français a un statut officiel local

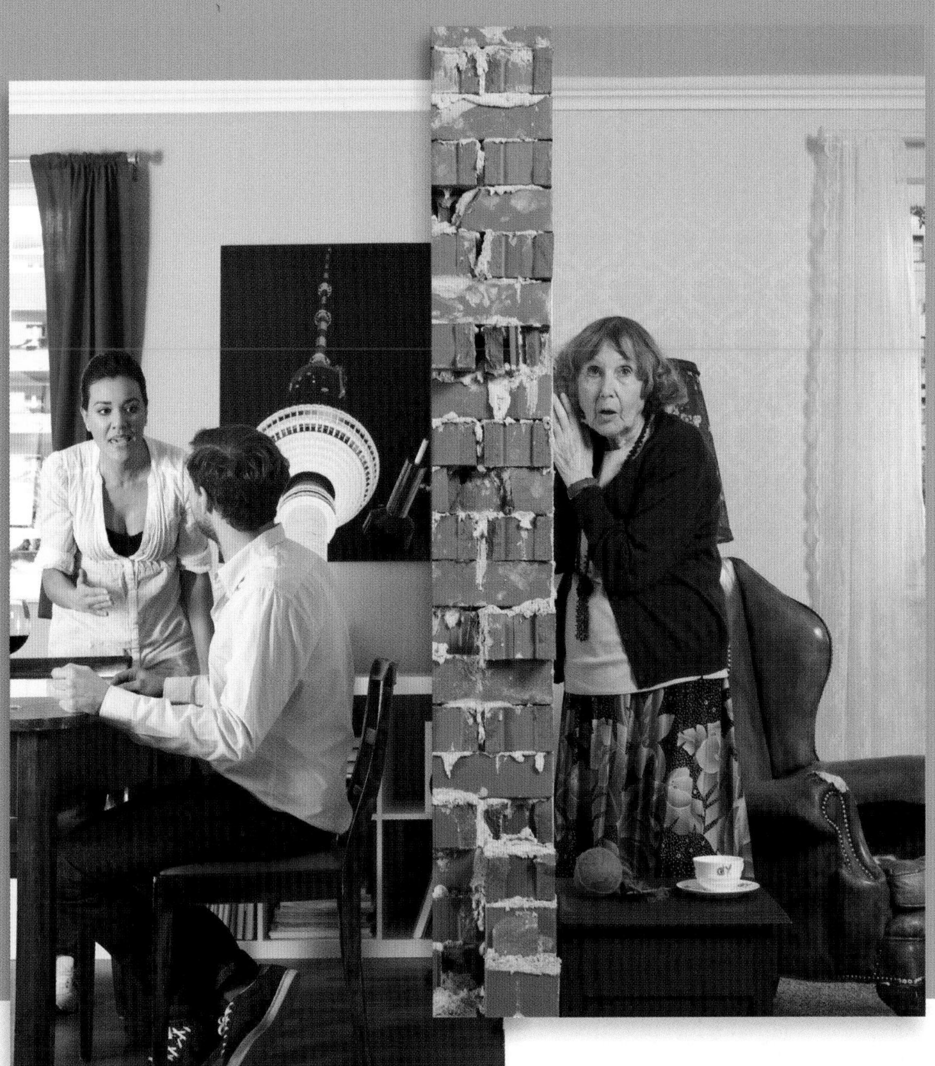

Dossier 1

# J'ai des relations !

Leçon 1 **Mon alter ego**
> Parler d'une relation amicale
> Décrire le caractère d'une personne

Leçon 2 **Voisins, voisines**
> Rapporter des paroles
> Évoquer des changements positifs

Leçon 3 **Au premier regard**
> Raconter une rencontre
> Raconter les suites d'une rencontre

**Carnet de voyage**
> Philippe Delerm

**Vers le DELF A2**

**Projet**
> Réaliser un hommage *Un artiste, une œuvre*

**Phonie-graphie** → activités 1 à 4 p. 165
**Lexique thématique** → p. 196

A2.2

# Mon alter ego

## › Parler d'une relation amicale

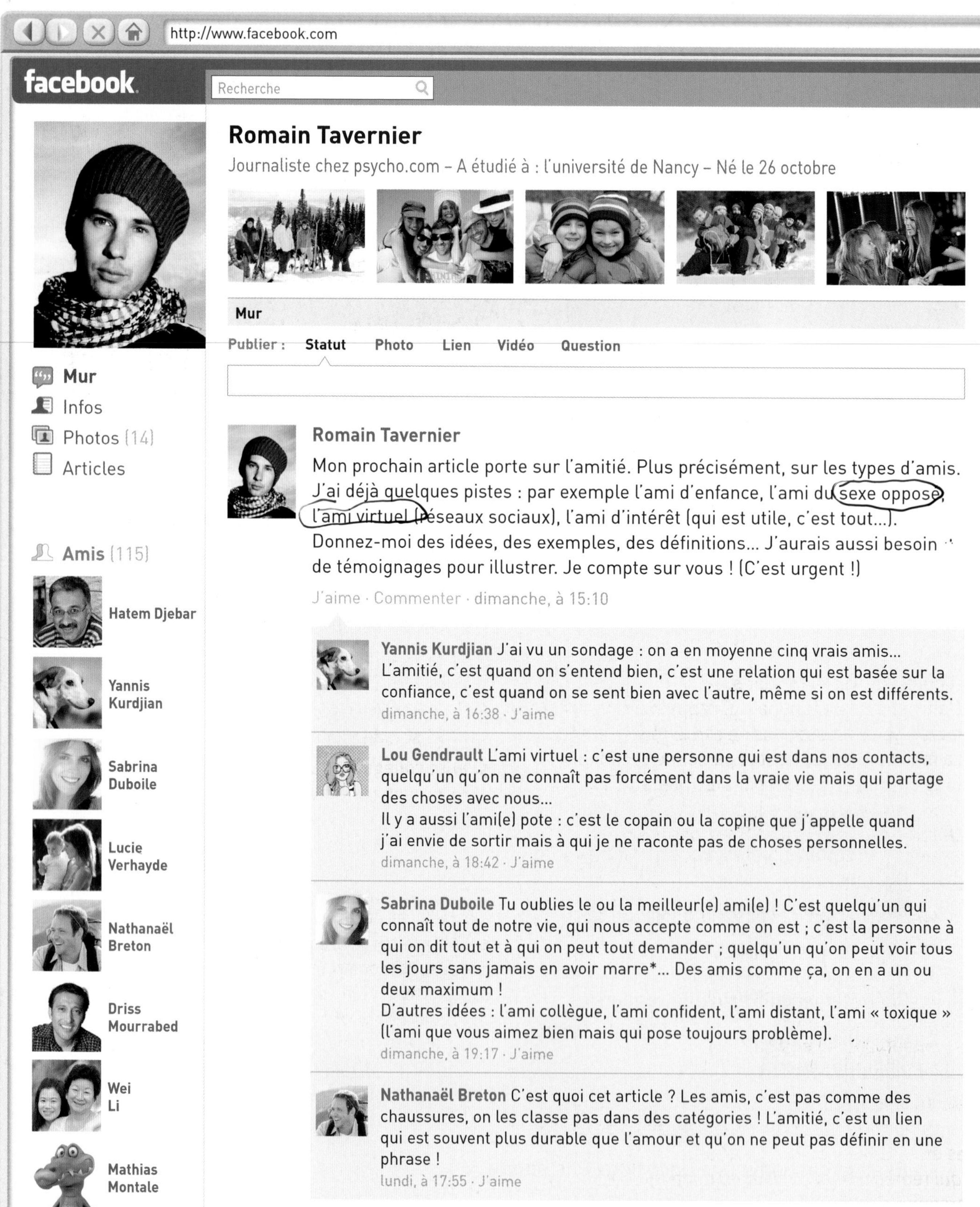

http://www.facebook.com
facebook
Recherche
Romain Tavernier
Journaliste chez psycho.com – A étudié à : l'université de Nancy – Né le 26 octobre
Mur
Publier : Statut Photo Lien Vidéo Question
Mur
Infos
Photos (14)
Articles
Amis (115)
Hatem Djebar
Yannis Kurdjian
Sabrina Duboile
Lucie Verhayde
Nathanaël Breton
Driss Mourrabed
Wei Li
Mathias Montale
Romain Tavernier
Mon prochain article porte sur l'amitié. Plus précisément, sur les types d'amis. J'ai déjà quelques pistes : par exemple l'ami d'enfance, l'ami du sexe opposé, l'ami virtuel (réseaux sociaux), l'ami d'intérêt (qui est utile, c'est tout...). Donnez-moi des idées, des exemples, des définitions... J'aurais aussi besoin de témoignages pour illustrer. Je compte sur vous ! (C'est urgent !)
J'aime · Commenter · dimanche, à 15:10
Yannis Kurdjian J'ai vu un sondage : on a en moyenne cinq vrais amis... L'amitié, c'est quand on s'entend bien, c'est une relation qui est basée sur la confiance, c'est quand on se sent bien avec l'autre, même si on est différents.
dimanche, à 16:38 · J'aime
Lou Gendrault L'ami virtuel : c'est une personne qui est dans nos contacts, quelqu'un qu'on ne connaît pas forcément dans la vraie vie mais qui partage des choses avec nous...
Il y a aussi l'ami(e) pote : c'est le copain ou la copine que j'appelle quand j'ai envie de sortir mais à qui je ne raconte pas de choses personnelles.
dimanche, à 18:42 · J'aime
Sabrina Duboile Tu oublies le ou la meilleur(e) ami(e) ! C'est quelqu'un qui connaît tout de notre vie, qui nous accepte comme on est ; c'est la personne à qui on dit tout et à qui on peut tout demander ; quelqu'un qu'on peut voir tous les jours sans jamais en avoir marre*... Des amis comme ça, on en a un ou deux maximum !
D'autres idées : l'ami collègue, l'ami confident, l'ami distant, l'ami « toxique » (l'ami que vous aimez bien mais qui pose toujours problème).
dimanche, à 19:17 · J'aime
Nathanaël Breton C'est quoi cet article ? Les amis, c'est pas comme des chaussures, on les classe pas dans des catégories ! L'amitié, c'est un lien qui est souvent plus durable que l'amour et qu'on ne peut pas définir en une phrase !
lundi, à 17:55 · J'aime


* en avoir marre (fam.) = en avoir assez

**Observez cette page Facebook et répondez.**
**1.** Quelles informations trouvez-vous sur l'utilisateur ?
**2.** Quelle est son actualité ?

**a) Lisez la page Facebook et dites quels types d'amis sont cités.**
**b) Relevez les définitions données pour certaines catégories d'amis.**
**c) Relevez les définitions de l'amitié.**

**3**

**Romain interroge des personnes pour préparer son article. Écoutez les témoignages et dites de quel type d'ami chaque personne parle (cf. page Facebook). Justifiez votre réponse.**

## POINT *Langue*

### Les pronoms relatifs *qui, que, à qui* pour donner des précisions

**a) Complétez les définitions.**
- L'ami pote, c'est le copain ... j'appelle pour sortir mais ... je ne raconte pas de choses personnelles.
- La meilleure amie, c'est la personne ... connaît tout de notre vie, ... on peut tout demander, ... on peut voir tous les jours.
- L'amitié est une relation ... est basée sur la confiance. C'est un lien ... on ne peut pas définir en une phrase.

**b) Complétez la règle avec les pronoms relatifs *qui, que, à qui*.**

Le pronom ... est le sujet
Le pronom ... est le complément d'objet direct (COD)
Le pronom ... est le complément d'objet indirect (COI)
} du verbe qui suit.

**Attention !**
Les pronoms relatifs *qui* et *que* peuvent représenter des êtres vivants ou des choses.
*À qui* représente exclusivement une (ou des) personne(s).

→ S'exercer n° 1 et 2 | p. 30

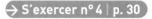

## AIDE-MÉMOIRE

### Donner une définition
L'amitié, **c'est une relation qui** est basée sur la confiance.
L'amitié, **c'est un lien** durable.
L'amitié, **c'est quand** on s'entend bien.
L'ami virtuel, **c'est quelqu'un** / **une personne qui** est dans nos contacts.

→ S'exercer n° 3 | p. 30

### Parler des relations amicales
- Les personnes : un contact – une connaissance – un copain / une copine = un(e) pote (fam.) – un(e) [vrai(e)] ami(e) – un(e)confident(e)
- La relation : s'entendre bien ≠ ne pas s'entendre – se sentir bien avec quelqu'un – la confiance → avoir confiance – la complicité → être complices – confier quelque chose / se confier à quelqu'un = faire une confidence

→ S'exercer n° 4 | p. 30

## 4 Phonétique 2

***Qu'elle, qui elle, qui, qui il* ou *qu'il* ?**
**Écoutez et dites quelle phrase vous entendez.**

**1.** a) Le magazine qu'elle aime.
b) Le magazine qu'il aime.

**2.** a) C'est l'ami qui connaît Marco.
b) C'est l'ami qu'il connaît, Marco.

**3.** a) La qualité qu'il préfère.
b) La qualité qu'elle préfère.

**4.** a) La personne qu'elle aide.
b) La personne qui l'aide.

**5.** a) Le collègue à qui elle dit tout.
b) Le collègue à qui il dit tout.

**5**

**En petits groupes.**
**1.** Chaque personne formule sa définition de l'amitié. Ensuite, comparez vos définitions.
**2.** Donnez une définition de ces trois types d'amis, puis complétez la liste avec d'autres catégories : l'ami d'enfance, l'ami distant, l'ami d'intérêt.
**3.** Écrivez un message à Romain sur Facebook pour proposer vos définitions.

**6**

**Échangez !**
Quels types d'amis avez-vous ? Choisissez un exemple parmi vos ami(e)s pour illustrer une des catégories.

# › Décrire le caractère d'une personne

Canal 1

**Vous désirez rendre hommage à une personne importante pour vous ou qui a marqué votre vie ?**

**Canal 1 vous offre une minute d'antenne pour vous exprimer !**

**Chaque soir à 20 h 40, dans JE SUIS VENU VOUS PARLER DE…**

Laissez vos propositions sur notre répondeur au 0 840 40 4000 ou par mail : jesuisvenuvousparlerde@canal1.com

**7**

a) **Lisez l'annonce et identifiez son objectif.**

b) **Identifiez le titre de l'émission et expliquez-le.**

**8**

**Écoutez le témoignage sur Canal 1 et répondez.**

1. De qui parle la personne ?
2. Quelle est leur relation ?
3. Quand et comment leur relation a-t-elle commencé ?

**9**

**Réécoutez l'hommage et retrouvez les traits de caractère évoqués. Choisissez.**

La personne :

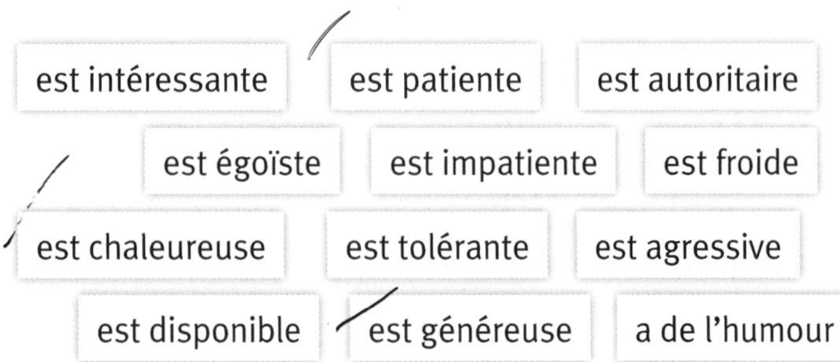

est intéressante
est patiente
est autoritaire
est égoïste
est impatiente
est froide
est chaleureuse
est tolérante
est agressive
est disponible
est généreuse
a de l'humour


## POINT *Langue*

### Les qualificatifs et les noms pour parler de la personnalité

a) **Lisez les mots ci-dessous et identifiez les qualités et les défauts.**

b) **Complétez.**

| Qualificatifs | Caractéristiques de la personnalité |
|---|---|
| patient(e) | la patience |
| impatient(e) | l'impatience |
| compétent | la compétence |
| tolérant | la tolérance |
| passionnant(e) | x |
| intéressant(e) | x |
| autoritaire | l'autorité |
| disponible | la disponibilité |
| agressif (ive) | l'agressivité |
| curieux (euse) | la curiosité |
| généreux (euse) | la … |
| chaleureux (euse) | x |
| froid | la froideur |
| égoïste | l'égoïsme |
| x | l'humour |

→ S'exercer n° 5 | p. 30

**Lisez les deux mails envoyés pour l'émission *Je suis venu vous parler de...***
**Pour chaque message, trouvez :**
– à qui on rend hommage et quel est le lien avec la personne qui écrit ;
– les traits de caractère de la personne ;
– comment la relation a commencé et pourquoi la personne est importante pour l'auteur du message.

1

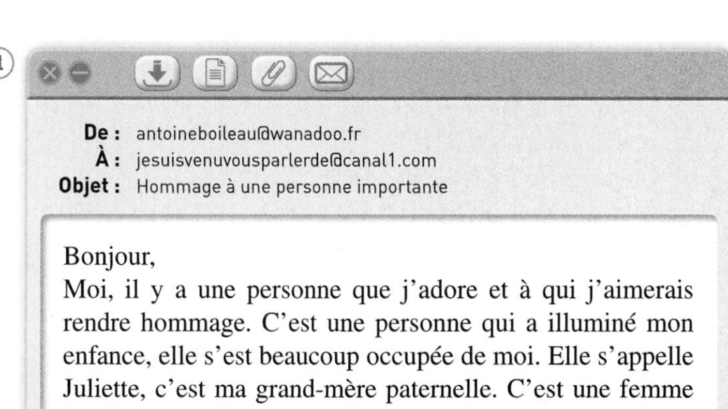

**De :** antoineboileau@wanadoo.fr
**À :** jesuisvenuvousparlerde@canal1.com
**Objet :** Hommage à une personne importante

Bonjour,
Moi, il y a une personne que j'adore et à qui j'aimerais rendre hommage. C'est une personne qui a illuminé mon enfance, elle s'est beaucoup occupée de moi. Elle s'appelle Juliette, c'est ma grand-mère paternelle. C'est une femme intelligente, généreuse et joyeuse, elle adore les enfants. Elle a été présente à tous les moments importants de ma vie mais l'an dernier, elle est partie vivre en province… Elle me manque beaucoup !
Antoine

2

**De :** clairelebreboyer@gmail.com
**À :** jesuisvenuvousparlerde@canal1.com
**Objet :** Hommage

Bonjour,
Je voudrais vous parler de Christine.
Nous nous sommes rencontrées dans le train Paris-Madrid et nous avons tout de suite sympathisé. Christine est expansive, brillante, et moi, je suis timide, mais nous nous adorons et nous nous complétons parfaitement. Christine, c'est plus qu'une amie pour moi ; au fil du temps elle est devenue mon alter ego. C'est quelqu'un à qui je dois beaucoup et je l'aime infiniment !
Claire

## POINT *Langue*

→ p. 191

### L'accord du participe passé (rappel)

a) **Observez ces phrases au passé composé.**

- C'est **une personne** qui a illuminé mon enfance. – **Elle** s'est beaucoup occupé**e** de moi. – **Elle** est parti**e** l'an dernier.
- **Nous** nous sommes rencontré**es** dans un train. – **Nous** avons tout de suite sympathisé.

→ Dans chaque série de phrases, les verbes ont le même sujet.

b) **Choisissez les bonnes réponses pour compléter la règle.**
Au passé composé :

- On utilise l'auxiliaire □ *être* □ *avoir* pour tous les verbes pronominaux et les quinze verbes *aller / venir, monter / descendre, arriver / partir, entrer / sortir, naître / mourir, rester, retourner, tomber, devenir, passer.*

→ Le participe passé □ s'accorde □ ne s'accorde pas avec le sujet.

- On utilise l'auxiliaire □ *être* □ *avoir* pour tous les autres verbes.

→ Le participe passé □ s'accorde □ ne s'accorde pas avec le sujet.

→ S'exercer n° 6 | p. 30

**À votre tour, vous souhaitez participer à l'émission *Je suis venu vous parler de...* pour rendre hommage à quelqu'un qui a marqué votre vie. Écrivez un mail à Canal 1 :**
– présentez cette personne ;
– précisez quel est votre lien ;
– décrivez son caractère ;
– donnez des précisions sur votre relation, votre rencontre.

**PROJET DOSSIER 1**

Pour **réaliser un hommage *Un artiste, une œuvre***, vous allez :

**TÂCHE** LEÇON **1** Présenter un artiste et une œuvre emblématique

# Voisins, voisines

## › Rapporter des paroles

**Observez l'affiche et faites des hypothèses sur le programme *Voisins solidaires* : quel est l'objectif de cette initiative ?**

**Lisez l'article et expliquez son titre.**

**VIVRE MIEUX**

### Ici, pas de fête sans Alain le gardien !

**VOISINAGE.** *À l'occasion, ce soir, de la onzième édition de* La Fête des voisins, *six millions et demi de Français vont se réunir pour un moment de convivialité. Parfois, c'est le concierge qui l'organise, comme Alain.*

Il fait briller le parquet des cages d'escalier, surveille les allées et venues, réceptionne les colis, s'occupe des rosiers de la cour, nourrit les chats des résidents en vacances, est souvent invité pour les crémaillères des nouveaux arrivés, aide en cas de problème, se lève en pleine nuit quand il y a une fuite d'eau… Et, une fois par an, il devient organisateur de fête ! Ce soir, pour *La Fête des voisins*, Alain, le concierge du 223-225 rue de Charenton à Paris (12e), réunit les 250 locataires et propriétaires dans la cour, pour partager un verre et un dîner.

D'après *Aujourd'hui en France.*

## POINT Culture

**Lisez le texte suivant.**

- Identifiez l'objectif commun des programmes de *Voisins solidaires* et *La Fête des voisins*.
- Repérez les objectifs spécifiques et les principales caractéristiques de chaque programme.

### VOISINS SOLIDAIRES un projet pour un voisinage plus humain

En 1999, l'association *Immeubles en fête* a créé en France *La Fête des voisins* : une fois par an, les voisins se retrouvent autour d'un verre ou d'un repas – c'est un moment de convivialité pour (mieux) se connaître. Aujourd'hui, *La Fête des voisins* est célébrée dans 32 pays (*Neighbours' Day*).

Une fête entre voisins dans l'année, cela ne suffisait pas pour lutter contre l'isolement dans les villes. En 2009, le programme *Voisins solidaires* est né pour renforcer les petits services entre voisins et favoriser une solidarité de proximité. Il s'agit de mettre en place un programme d'actions liées à des circonstances spécifiques : *L'Été des voisins* (au moment des vacances), *Grand froid*, *Ascenseur en travaux*, *Le Noël des voisins*, *Un voisin malade*…

a) **Relisez l'article sur Alain et complétez la fiche.**

SGL 75 — Agence de gardiennage d'immeubles
Descriptif du poste

Nom : DUCHET
Prénom : ALAIN
☐ logé sur place ☐ non logé
Tâches professionnelles :
– … – … – … – …

Fonction : …
Lieu de travail : …
Nombre de résidents : …

b) **Identifiez les actions d'Alain dans l'immeuble, qui ne font pas partie de ses tâches professionnelles.**

**Un journaliste a assisté à *La Fête des voisins* dans l'immeuble d'Alain, le gardien. Écoutez l'enregistrement.**
1. Identifiez les personnes qui parlent.
2. De qui parlent-elles ? Leurs réactions, leurs opinions sont-elles positives ou négatives ?

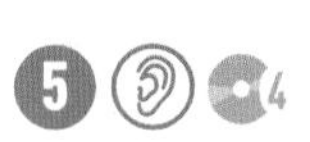

**Réécoutez et choisissez les qualificatifs pour Alain. Justifiez vos réponses avec les déclarations des personnes.**
Alain est : aimable – patient – vigilant – intelligent – serviable – modeste.

## 6 Phonétique 

a) **Écoutez et indiquez quand la voix descend ou monte.**

b) **Réécoutez et répétez chaque phrase.**

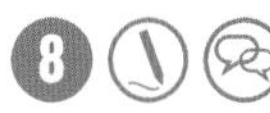

**Échangez ! *La Fête des voisins* et *Voisins solidaires* existent-ils dans votre pays ? Que pensez-vous de ces initiatives ?**

8

**Vous participez au programme *Voisins solidaires*.**
1. En petits groupes, choisissez une action à mettre en place, par exemple : *L'Été des voisins* (cf. Point culture).
2. Élaborez une affiche avec des personnages et leurs paroles (ou pensées) dans des bulles (cf. affiche de l'activité 1).
3. Rapportez les différentes paroles et / ou pensées aux autres groupes, qui identifient la circonstance. Puis montrez vos affiches.
*Exemple :* « Il demande à sa voisine ce qu'elle fait le 24 décembre au soir » → « *Noël.* »

## POINT *Langue*

→ p. 137

### Rapporter les paroles de quelqu'un

a) **Associez les phrases des deux colonnes.**

| **Discours direct** | **Discours indirect (paroles rapportées)** |
|---|---|
| 1. Qu'est-ce que vous faites ? | a. Il nous demande si la journée s'est bien passée. |
| 2. Nous sommes contents. | b. On lui demande d'arroser les plantes. |
| 3. Comment ça va ? | c. Je lui demande chez qui elle va. |
| 4. Chez qui allez-vous ? | d. Je lui demande ce qu'elle fait. |
| 5. Arrosez les plantes, s'il vous plaît ! | e. Il nous demande comment ça va. |
| 6. Est-ce que la journée s'est bien passée ? | f. Les gens disent qu'ils sont contents. |

b) **Observez les phrases ci-dessus et complétez la règle avec *que*, *ce que*, *si*, *de*.**

- (Est-ce que) vous êtes / êtes-vous content ?
→ Pour rapporter cette question fermée (réponse « oui / non »), on utilise le verbe *demander* + … .
- Pourquoi faites-vous cette fête ?
→ Pour rapporter cette question (et les questions avec *comment*, *chez qui*, *quand*, *où*, etc.) on utilise le verbe *demander* + mot interrogatif.
- Qu'est-ce que vous voulez boire ?
→ Pour rapporter cette question, on utilise le verbe *demander* + … .
- Surveillez l'immeuble ! Venez à la fête !
→ Pour rapporter ces paroles (ordres, incitations, demandes, conseils, etc.), on utilise les verbes *demander*, *conseiller*, *dire*, *proposer*, etc. + … + verbe infinitif.
- « Nous aimons beaucoup notre gardien. »
→ Pour rapporter cette déclaration, on utilise le verbe *dire* + … .

→ S'exercer n° 7 et 8 | p. 30

# › Évoquer des changements positifs

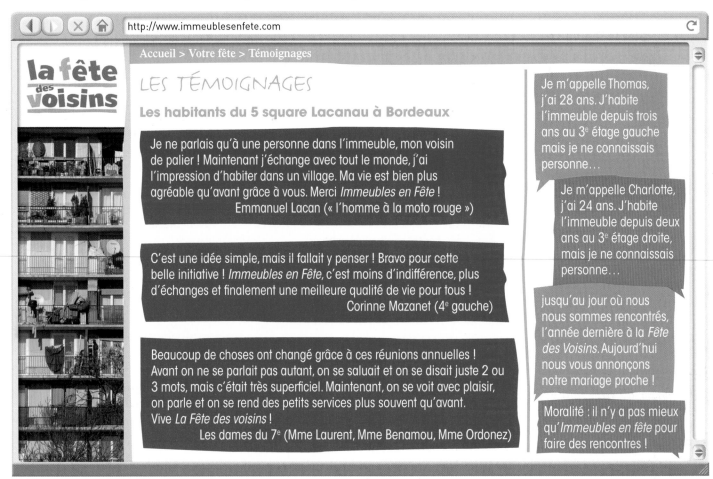

http://www.immeublesenfete.com

la fête des voisins

Accueil > Votre fête > Témoignages

## LES TÉMOIGNAGES

**Les habitants du 5 square Lacanau à Bordeaux**

Je ne parlais qu'à une personne dans l'immeuble, mon voisin de palier ! Maintenant j'échange avec tout le monde, j'ai l'impression d'habiter dans un village. Ma vie est bien plus agréable qu'avant grâce à vous. Merci *Immeubles en Fête* !
Emmanuel Lacan (« l'homme à la moto rouge »)

C'est une idée simple, mais il fallait y penser ! Bravo pour cette belle initiative ! *Immeubles en Fête*, c'est moins d'indifférence, plus d'échanges et finalement une meilleure qualité de vie pour tous !
Corinne Mazanet (4e gauche)

Beaucoup de choses ont changé grâce à ces réunions annuelles ! Avant on ne se parlait pas autant, on se saluait et on se disait juste 2 ou 3 mots, mais c'était très superficiel. Maintenant, on se voit avec plaisir, on parle et on se rend des petits services plus souvent qu'avant. Vive *La Fête des voisins* !
Les dames du 7e (Mme Laurent, Mme Benamou, Mme Ordonez)

Je m'appelle Thomas, j'ai 28 ans. J'habite l'immeuble depuis trois ans au 3e étage gauche mais je ne connaissais personne…

Je m'appelle Charlotte, j'ai 24 ans. J'habite l'immeuble depuis deux ans au 3e étage droite, mais je ne connaissais personne…

jusqu'au jour où nous nous sommes rencontrés, l'année dernière à la *Fête des Voisins*. Aujourd'hui nous vous annonçons notre mariage proche !

Moralité : il n'y a pas mieux qu'*Immeubles en fête* pour faire des rencontres !

**Lisez ces témoignages et répondez.**
1. Qui sont les auteurs de ces messages ?
2. Qu'est-ce qu'ils ont en commun ?
3. Pourquoi y a-t-il deux prénoms dans le message de droite ?

**Repérez ce que *Immeubles en fête* a apporté à chaque personne : identifiez la situation avant et la situation actuelle.**

**Écoutez et identifiez la situation.**
Où se passe la scène ? Qui parle ? De quoi ?

**Réécoutez et identifiez les motifs de mécontentement de madame Pinchon. Justifiez vos réponses.**

## POINT *Langue*

### Comparer *avant* et *maintenant*

a) **Retrouvez les comparaisons des résidents : placez les phrases suivantes dans la colonne adéquate.**
On parle et on se rend des services plus souvent. – Nous ne connaissions personne. – J'échange avec tout le monde. – Nous annonçons notre mariage. – On se disait juste deux ou trois mots. – Je ne parlais qu'à une personne.

| Évoquer une situation ancienne (avant) | Évoquer une situation actuelle (maintenant) |
|---|---|
| … | … |

b) **Observez les phrases ci-dessus, rappelez-vous la conjugaison de l'imparfait, puis complétez.**
À l'imparfait de l'indicatif :
– la base est identique à la base de la … personne du présent de l'indicatif ;
– les terminaisons sont : …, *-ais*, …, …, *-iez*, … .

→ S'exercer n° 9 | p. 31

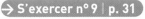

## POINT *Langue*

→ p. 178

### Faire une comparaison

**Complétez le tableau avec ces éléments de comparaison : *autant, plus, moins, meilleur(e), mieux.***

| | La comparaison porte sur | | | |
|---|---|---|---|---|
| | la quantité | | la qualité | |
| | Nom | Verbe | Adjectif | Adverbe |
| + | … **d'**échanges. | On se parle plus. | Une vie … agréable.<br>Une … qualité de vie. | On se rend des services … souvent.<br>On était … quand il n'y avait pas d'espace vert. |
| = | … **de** bruit. | On ne se parlait pas … . | Une vie aussi agréable.<br>C'est aussi bruyant.<br>Une aussi bonne qualité de vie. | Aussi souvent.<br><br>Il n'y a pas aussi bien. |
| – | … **d'**indifférence. | On se parlait moins. | Une moins bonne qualité de vie.<br>Une vie moins agréable. | C'était moins bien.<br>Moins souvent. |

**Attention !** Quand le second élément de la comparaison est exprimé, il est introduit par *que*. *Exemple* : …

→ S'exercer n° 10 et 11 | p. 31

**Échangez en petits groupes.**

1. Quelles sont vos relations avec vos voisins ? Les connaissez-vous ?
2. Faites le test ci-contre et comparez vos résultats avec les autres étudiants.
3. Qui a le meilleur voisinage ?

### État des liens

***Nous faisons tous un état des lieux* quand nous entrons dans un nouveau logement, pourquoi ne pas faire un état des liens ?***

1. Pouvez-vous dire combien vous avez de voisins ?
2. Dans votre voisinage, quand on croise ses voisins… On se salue ? On se demande des nouvelles ?
3. Y a-t-il des endroits où le voisinage peut se retrouver de temps à autre ? (la cour de l'immeuble, l'espace vert de la résidence…)
4. Y a-t-il des problèmes, des projets dans le voisinage, qui mobilisent vos voisins ?
5. Y a-t-il des moments où les idées et les souhaits des voisins peuvent être exprimés et discutés en commun ? (*Fête des voisins*, réunion des locataires / de copropriété…)
6. Dans votre voisinage, avez-vous connaissance d'échanges de services ?
7. Y a-t-il des objets d'usage quotidien, des locaux qui servent à plusieurs, ou à tous ?
8. Y a-t-il des nuisances sonores venant de l'un des voisins ? Les problèmes de bruits sont-ils réglés directement entre voisins, ou par des personnes extérieures ?
9. Les règles au sein du voisinage (vélos dans la cour, horaires pour la tonte du gazon…) sont-elles définies par les voisins ou par des personnes extérieures ?

D'après *Le Livret voisins solidaires* 2011 (questionnaire n° 2).

* faire un état des lieux = vérifier l'état d'un logement avec le propriétaire quand on emménage

**Au lendemain de *La Fête des voisins*, dans votre immeuble, vous laissez un message sur le site Internet.**

Écrivez pour :
– donner vos impressions, votre avis sur ce genre de manifestation ;
– dire si cela a changé vos rapports avec vos voisins, et comment.

## Pour **réalisez un hommage** ***Un artiste, une œuvre***, vous allez :

**TÂCHE** LEÇON **2** Donner une vision de l'artiste à travers des citations

# Au premier regard...

## › Raconter une rencontre

**1**   

**Lisez la définition et écoutez les extraits de témoignages.**

**1.** Dites pour chaque personne si elle évoque un coup de foudre. Justifiez votre réponse.

**2.** Échangez : quelle est l'expression dans votre langue (ou dans d'autres langues que vous connaissez) pour désigner ce type de rencontre amoureuse ? Est-ce que l'image (ou l'idée) est la même que dans l'expression française ?

**FOUDRE** (n. f.) **1.** Décharge électrique entre un nuage et le sol, avec une lumière et un bruit de détonation.
**2. Coup de foudre** Amour soudain et immédiat à la première rencontre.

**2**

**a) Lisez l'article ci-dessous : dites qui s'exprime et pourquoi.**

**b) Imaginez un sous-titre pour cet article.**

**3** 

**a) Relisez les trois témoignages et identifiez la structure du récit. Dites dans quel ordre les éléments suivants apparaissent. Justifiez votre réponse :**
– la description physique de la personne ;
– la conclusion de l'histoire ;
– les circonstances de la rencontre (où, quand, comment...) ;
– les faits (ce qui s'est passé).

**b) Relevez les expressions qui montrent qu'on évoque des coups de foudre.**

MODES DE VIE

# L'amour coup de foudre

**12 % des Français ont connu le coup de foudre une fois au moins dans leur vie. Décharge électrique, bouleversement... Quelques témoignages sur cet instant magique.**

### De pain, d'amour et d'eau fraîche

Matthieu, 46 ans

« J'étais dans une boulangerie, je faisais la queue. Elle se dirigeait vers la sortie avec sa baguette à la main, elle avait l'air d'un ange avec ses boucles blondes. Nos regards se sont croisés, j'ai eu le souffle coupé. Elle m'a plu tout de suite ! Je suis sorti du magasin en vitesse, j'ai rejoint Sandrine... On est mariés depuis plus de vingt ans. »

### Terminus : le mariage

Aurélie, 27 ans

« J'étais dans le couloir d'un TGV, j'avais une valise très lourde. Il était assis à côté de moi, il était vraiment "classe", j'ai tout de suite craqué. Il s'est précipité pour m'aider et sa main a frôlé la mienne, quand il a pris mon bagage. J'ai été électrisée par ce contact. Nous avons vécu un merveilleux premier voyage. On se marie l'année prochaine. »

### Du feu, un cœur incendié

Karim, 38 ans

« J'étais à l'aéroport, j'attendais mon frère, son avion avait du retard. Elle cherchait du feu, je me suis précipité avec mon briquet. Elle était petite, et portait un jean déchiré et des baskets, alors que je suis plutôt attiré par les femmes grandes et élégantes. J'ai eu un flash et j'ai senti immédiatement que ma vie allait changer. On s'est perdus, puis retrouvés à la station de taxis, elle a écrit son numéro de téléphone sur un petit papier... On vit ensemble depuis neuf ans. »

## POINT *Langue*

### Le passé composé et l'imparfait pour raconter une rencontre

**Observez les temps des verbes utilisés dans les témoignages écrits et complétez la règle.**
Quand on raconte :
– pour décrire les circonstances (où, quand, comment) et les personnes, on utilise ... .
*Exemples : ...*
– pour évoquer des évènements, la chronologie des faits passés, on utilise ... .
*Exemples : ...*

→ S'exercer n° 12 et 13 | p. 31

### Quelques participes passés irréguliers

a) **Retrouvez dans les témoignages oraux et écrits les participes passés irréguliers des verbes suivants.**
rejoindre – savoir – (ap)paraître – plaire – venir – recevoir – vivre – boire – découvrir – comprendre – écrire

b) **Trouvez les participes passés des verbes suivants. Puis regroupez-les avec les participes passés similaires des verbes ci-dessus (a).**
*Exemple :* connaître (comme (ap)paraître)
→ *connu (comme (ap)paru).*
connaître – pouvoir – croire – tenir – obtenir – apercevoir – produire – souffrir – apprendre – (se) taire – éteindre – ouvrir – peindre – devoir – construire – surprendre – craindre – concevoir – pleuvoir – dire

→ S'exercer n° 14 | p. 31

## 4 Phonétique 

**Écoutez et indiquez pour chaque numéro quelle phrase est au passé composé (a ou b).**
*Exemple :* 1. a) J'étais fatigué. b) J'ai été fatigué. → *Phrase b.*

## 5

**Échangez !**
Une enquête a été menée sur les lieux où les couples font connaissance. Le résultat indique le classement suivant, par ordre d'importance : 1) le lieu d'études ; 2) le lieu de travail ; 3) par l'intermédiaire d'amis communs ; 4) Internet ; 5) les lieux extra-professionne (associations, clubs de sport...).

**1.** Dites si votre expérience personnelle (vous-m vos proches) correspond à ces données.
**2.** Dites quels lieux on peut ajouter à cette liste.

##   

a) **Lisez les deux annonces ci-dessous et expliquez l'objectif du site croisedanslemetro.com.**
b) **Échangez !**
**1.** Avez-vous déjà fait connaissance avec quelqu'un dans les transports en commun ?
**2.** Quel est selon vous le moyen de transport qui favorise le plus les rencontres ?

* RER (Réseau Express Régional) : réseau ferré de cinq lignes qui traversent Paris et desservent l'Île-de-France

##  

**Imaginez !**
Aujourd'hui vous avez croisé quelqu'un que vous aimeriez connaître. Publiez une annonce sur le site pour essayer de le (la) retrouver. Précisez les circonstances de la rencontre (où, quand...), donnez quelques indications qui permettent de s'identifier : éléments de description, évènement(s).

# suites d'une rencontre

sons,
souvenirs...
VOTRE DÉDICACE
accompagnée de votre chanson-souvenir chaque lundi, entre 22 h et 23 h, sur 203 FM !
Appelez-nous à partir de 20 h, et vous passerez peut-être à l'antenne !

8

**Observez le document, écoutez l'enregistrement et répondez.**

1. De quel type d'émission s'agit-il ? Comment peut-on participer ?
2. Qui appelle ? Pourquoi ? Que raconte la personne ?

9

**Réécoutez, puis mettez les phrases suivantes dans l'ordre pour reconstituer le récit de Patricia. Justifiez votre choix en citant ses paroles.**

a. On a seulement parlé un peu.
b. Mon voisin de table était charmant.
c. On était à une soirée.
d. Nous nous sommes revus chez notre ami.
e. Nous ne nous sommes plus séparés.
f. On va partir loin.
g. Nous ne nous sommes pas vus les six mois suivants.
h. C'était un inconnu pour moi, mais c'était l'ami d'un ami.
i. Il m'a dit son prénom.

## POINT *Langue*

→ p. 179

### Les marqueurs temporels *il y a, pendant, dans*

**Observez les phrases suivantes, puis complétez la règle.**

On va faire un grand voyage, on part dans trois jours.
On s'est rencontrés il y a dix ans.
On ne s'est pas revus pendant six mois.

- Pour indiquer une période, on utilise ... + durée.
- Pour situer par rapport au moment où on parle :
  – un évènement dans le passé : on utilise la formule ... + quantité de temps écoulé entre l'évènement passé et le moment où on parle ;
  – un évènement dans le futur : on utilise la formule ... + quantité de temps qui s'écoulera entre le moment où on parle et l'évènement futur.

→ S'exercer n° 15 et 16 | p. 31

10

**À vous ! Comme dans l'émission de radio *Chansons, souvenirs...*, vous choisissez une chanson liée à un souvenir agréable.**

1. Présentez le morceau : titre, chanteur / musicien, type de musique...
2. Dites quel souvenir cette chanson vous rappelle : période, circonstances, évènements...
3. Si possible, faites écouter le début du morceau.

Vous participez au concours littéraire *Trois photos pour une rencontre* : **à la manière des témoignages précédents, vous racontez en petits groupes un coup de foudre ou une rencontre.**
**Indiquez les circonstances, la description des personnes, les faits, la conclusion de l'histoire.**

***Avant d'écrire, dans chaque groupe :***

**1.** Choisissez un chiffre entre 1 et 3, une lettre entre A et C, puis une lettre entre D et F. Regardez ensuite les photos correspondantes : ce sont le lieu et les personnages de l'histoire que vous allez raconter.

**2.** Décidez :
- qui est l'auteur du récit : l'homme, la femme, ou bien une autre personne (témoin de la rencontre, ami, enfant...) ;
- le type d'écrit : une lettre, une page de journal intime, un poème... ;
- les circonstances de la rencontre ;
- ce qui s'est passé exactement ;
- les réactions et sentiments des personnages ;
- les suites de la rencontre.

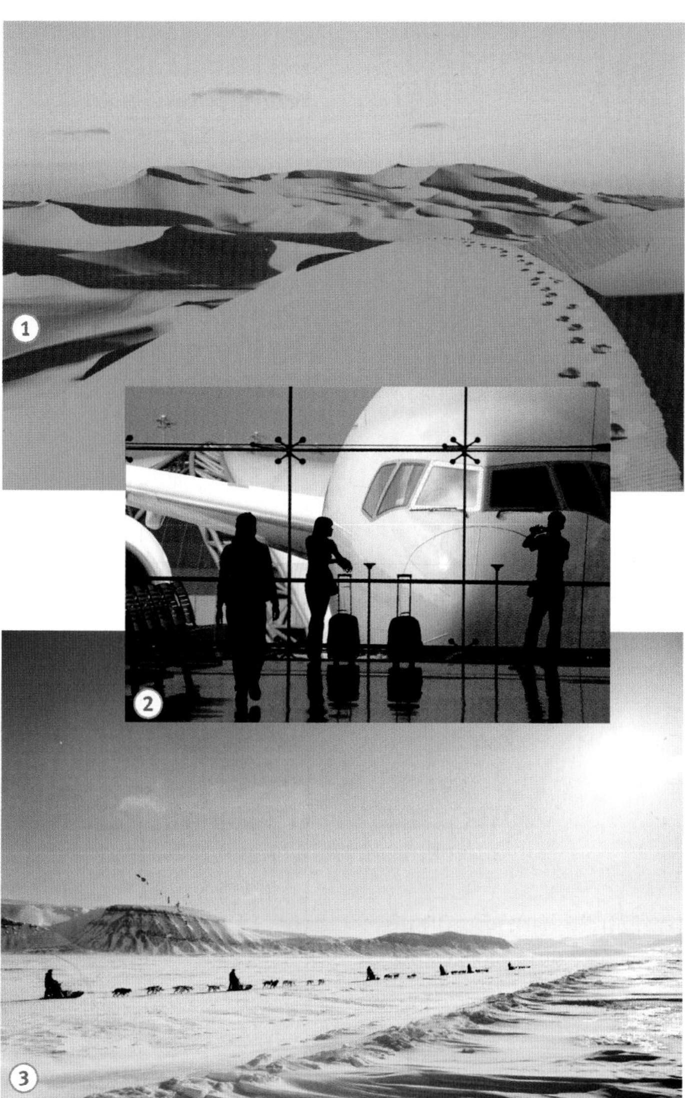

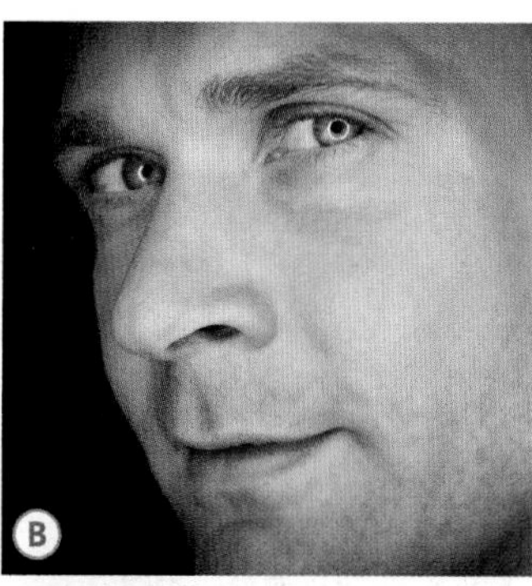


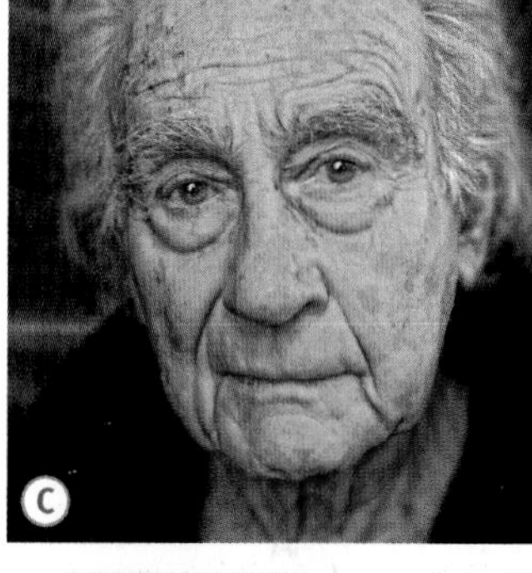

**PROJET DOSSIER 1**

Pour **réaliser un hommage** ***Un artiste, une œuvre***, vous allez :

**TÂCHE** LEÇON **3** Raconter votre « rencontre » avec l'artiste

>>> internet - www.hachettefle.fr

# Philippe Delerm

## Philippe Delerm
### ou le succès d'un style minimaliste

Philippe Delerm a rencontré le succès en 1997 avec son recueil de textes courts et légers, au titre étonnant : *La Première Gorgée de bière et autres plaisirs minuscules*. Publié au départ à 2 000 exemplaires (avec l'espoir d'en vendre 800), le petit livre s'est vendu à 300 000 exemplaires en un an, et il a maintenant depuis longtemps dépassé le million. Derrière ce titre mystérieux se cachent des chroniques brèves sur les bonheurs quotidiens. Ce succès inattendu a fait de Philippe Delerm le représentant d'un courant littéraire minimaliste. Il a ensuite publié de nombreux autres recueils de textes courts, avec la même recette que savourent les nombreux lecteurs : nostalgie, goût des détails, du souvenir et de l'émotion saisis sur le vif. Quelques titres parmi ses très nombreux succès : *La Sieste assassinée* (2001), *Paris l'instant* (ouvrage avec photos de sa femme, Martine Delerm, 2002), *Enregistrements pirates* (2003), *Le Trottoir au soleil* (2011).

**1**

a) **Lisez la présentation de Philippe Delerm et identifiez la spécificité de son style.**

b) **Lisez les commentaires des lecteurs et trouvez, dans la présentation de Philippe Delerm, le titre du livre qu'ils évoquent.**

### Avis des lecteurs sur le livre de la semaine

**Alexia Pintraud**

« Ce qui est bien avec Philippe Delerm, ce sont ces petits instants flashés sur le vif, ces petits riens qui font toute la différence, ces moments indicibles. On pense que c'est facile d'écrire comme il le fait, et pourtant lui seul possède ce talent de raconter une lumière blonde sur la terrasse d'un café, le mystère d'une chambre sous les toits ou le goût d'une soupe à l'oignon. Ce livre magnifique ne contient pas de stéréotype, c'est au contraire tout l'art de retrouver une ville magique ! »

**Melina Gazdi**

« Philippe Delerm nous emmène à nouveau en voyage au pays des plaisirs minuscules, cette fois en compagnie de sa femme, Martine. Elle a pris les photos, il a écrit les textes. Ensemble, dans ce petit livre charmant, ils ont relevé les mille et une raisons de s'émerveiller d'un trottoir à l'autre de la capitale. »

**Jean-Charles Guerland**

« Dans ces 34 tableaux, Philippe Delerm évoque Paris. Pas le Paris officiel, des monuments, mais celui, plus secret, plus essentiel donc, des instants et des sensations. On retrouve toute la magie de l'auteur qui, par petites touches, suscite en nous des souvenirs intimes et lointains. »

**Danielle Vignaud**

« Les personnes qui ont aimé *La Première Gorgée de bière* vont retrouver dans ce livre la marque si particulière de Philippe Delerm. Son épouse a pris les photos, il y a posé ses mots. L'harmonie est parfaite ! Un petit livre à poser sur sa table de chevet, et à feuilleter selon ses envies… »

**2**

**Observez les photos ci-contre qui accompagnent le texte de Delerm. Faites des hypothèses : où a-t-on pris ces photos ? À quelle saison ? À quel moment de la journée ? Que s'est-il passé entre les deux photos ?**

**3**

**Lisez le texte ci-contre et proposez un autre titre possible.**

**4**

**Relisez le texte et identifiez les informations suivantes.**

1. Les personnages : qui sont les personnages principaux ? les personnages en arrière-plan ? Quelles informations a-t-on sur les deux personnages principaux (tranche d'âge, ville de domicile / ville d'origine, profession, situation familiale, personnalité, goûts / loisirs) ?
2. Le lieu : quels indices a-t-on ? Que voient les personnages ?
3. Le moment : cela se passe à quelle saison ? À quel moment de la journée ?

**5**

**Observez à nouveau les photos. Pouvez-vous associer chaque photo à un passage du texte ?**

**6**

**Relisez le récit et expliquez quel type de rencontre est raconté.**

1. Dites ce qui provoque la rencontre et identifiez le sujet de la conversation. Pour cela, repérez les paroles prononcées (l'auteur a choisi de ne pas les signaler avec des guillemets) et trouvez qui les dit (la femme ou l'homme ?), à qui.
*Exemple : Mais fais donc un peu attention Camille, tu as failli bousculer Monsieur... → La femme parle à un des deux enfants qui sont avec elle.*
2. Pensez-vous que les deux personnages vont se revoir ? Justifiez votre réponse. Dites ensuite de quel type de rencontre il s'agit : une rencontre amicale, une rencontre amoureuse...

**Échangez !**
Avez-vous aimé ce texte ? Que pensez-vous de ce style littéraire ? Dans votre pays, connaissez-vous des auteurs qui écrivent dans un style similaire ?

## *Le soir qui vient*

C'est au jardin. Ils ont parlé. Longtemps. Ils ont tiré les fauteuils dans la poussière des Tuileries, se sont installés commodément, pas tout à fait face à face – pour se parler vraiment, il faut que le regard puisse se perdre là-bas, jusqu'au bord du bassin, ou de l'autre côté, sous l'arche des marronniers. Il avait son livre à la main, mais depuis un moment déjà il se contentait de regarder les pigeons, les enfants, les amoureux, un petit sourire aux lèvres, reculant délicieusement le moment de savourer son cigarillo. Elle, dans un premier temps, s'est agitée : chaque fois qu'un des deux enfants qu'elle accompagnait s'approchait d'elle, elle proférait d'une voix anxieuse des ordres vite transgressés, imposait des frontières aussitôt dépassées. Mais elle s'est lassée d'interdire ; alors ils se sont fatigués de désobéir. Mais fais donc un peu attention, Camille, tu as failli bousculer Monsieur... Un petit geste conciliant. Elle est tout à fait charmante, ne la grondez pas... Ils ont lancé des phrases, à intervalles, pardonnez-moi, je n'entends pas très bien... Ils ont rapproché les fauteuils... Enfant, je jouais ici, ma grand-mère m'y emmenait... Et maintenant, c'est moi qui suis grand-mère... Moi, j'étais provincial, et je le suis resté. Je suis venu dans ce jardin il y a près de quarante ans. À l'époque, l'oral de l'agrégation* durait plusieurs semaines. Entre chaque épreuve, je venais réviser sur ce banc. Je me demande comment ils font pour courir avec leur baladeur à la main...

C'est drôle comme ils étaient bien, comme ils parlaient sans gêne, à petits coups, comme ils aimaient aussi les repos de silence. L'après-midi a filé comme ça, il va falloir rentrer, les enfants, j'ai mon train pour Dijon. Ils ne se sont même pas dit leur nom. Les fauteuils sont restés. L'ombre est un peu plus longue. Il fait très bon.

*Paris l'instant*, de Philippe Delerm,


* l'agrégation est un concours pour devenir enseignant

# S'exercer

## Leçon 1

### › Les pronoms relatifs *qui, que, à qui*

**1. Choisissez le pronom relatif qui convient.**
**Paroles de star**
« Je suis un être très solitaire, je n'ai pas de vrais amis, j'ai seulement ma sœur à qui je fais part de mes problèmes. Heureusement j'ai des fans *qui / que* m'adorent et *qui / à qui* m'envoient des témoignages d'amitié. Ce sont des personnes *qui / que* je ne connais pas, mais *qui / que* me connaissent très bien ! Dans les lettres *que / à qui* je reçois, certains me parlent de leur vie, mais je n'ai pas le temps de leur répondre. Il n'y a donc pas d'échange véritable, et c'est une chose *qui / que* je regrette et *qui / que* m'attriste. »

**2. Complétez le texte suivant avec le pronom relatif *qui*, *que* ou *à qui*.**
J'avais un ami … habitait la région et … j'aimais beaucoup, mais je ne le vois plus depuis son mariage avec une femme … je n'apprécie pas et … je ne plais pas non plus. À présent, grâce au club *Les Copains d'abord* … je fréquente régulièrement, je ne suis plus seul : j'ai rencontré des gens … sont dans la même situation que moi, … cherchent à se faire des amis et … je parle en confiance. Merci !
François

### › Donner une définition

**3. a) Reconstituez les définitions : choisissez dans les colonnes A, B et C les éléments nécessaires pour compléter les phrases.**
1. Le copain de classe, c'est…
2. L'ami de la famille, c'est…
3. Un confident, c'est…
4. L'amitié amoureuse, c'est…
5. Le partage, c'est…

| A | B | C |
|---|---|---|
| quand<br>une relation complexe<br>quelqu'un | que / qu'<br>qui<br>à qui | – mes parents reçoivent souvent.<br>– peut se transformer en amour.<br>– je peux parler de mes joies et de mes peines.<br>– on voit tous les jours sans le connaître vraiment.<br>– on se dit tout. |

**b) Reformulez chaque définition d'une autre façon.**
*Exemple : Le copain de classe, c'est une connaissance superficielle.*

### › Parler des relations amicales

**4. Complétez le texte avec les éléments suivants. Conjuguez les verbes et faites les accords nécessaires.**
confier – complicité – connaissance – amitié – contact – confident – confiance – s'entendre – ami – confidence
À l'époque, je n'avais pas d'…, je n'avais personne à qui faire des … quand j'avais des problèmes. Sur Facebook, j'avais une toute petite liste de … ! Et puis Jérémy est arrivé ; il a d'abord été une simple … pour moi : on se croisait une fois par semaine au club de judo. Mais, avec le temps, une véritable … est née : nous … parfaitement et il y a une grande … entre nous. Je sais que, dans les moments difficiles, je peux tout lui … . De son côté, lui aussi a … en moi et je suis fier d'être son … .

### › Parler de la personnalité

**5. Voici une liste de qualificatifs. Proposez une définition pour chacun, puis trouvez le nom qui correspond.**
*Exemple : une personne généreuse, c'est une personne qui donne beaucoup aux autres. → la générosité*
généreux – curieux – disponible – tolérant – patient – autoritaire – impatient – agressif – égoïste – froid – compétent

### › L'accord du participe passé

**6. Accordez le participe passé quand c'est nécessaire.**
José et moi, nous avons toujours vécu… ensemble, nous avons tout partagé… : les joies et les peines, les rires et les larmes. Nous nous sommes souvent disputé… aussi. Puis il a trouvé… un travail à l'étranger et nous avons dû… nous séparer. C'est difficile, nous avons grandi… dans la même famille, nous nous sommes toujours aidé… et surtout nous sommes né… le même jour. C'est mon jumeau !

## Leçon 2

### › Rapporter les paroles de quelqu'un

**7. Rapportez les répliques suivantes. Complétez.**
1. « Est-ce que vous pouvez me prêter quatre chaises ? Je les rapporterai dimanche soir. »
→ Mme Habib vient de me téléphoner, elle me demande … et elle me dit … .
2. « Mon mari et moi nous ne pouvons plus supporter le bruit de votre télé le soir. Baissez le volume après 22 heures, s'il vous plaît. »
→ La voisine du dessus vient de me laisser un mot. Elle m'écrit … et elle demande … .
3. « Qu'est-ce que vos enfants font dans le parking ? Il est interdit de jouer dans le sous-sol de l'immeuble. »
→ Je viens de rencontrer le gardien. Il me demande … et il me rappelle … .
4. « J'ai un problème de fuite d'eau. Venez vite m'aider, s'il vous plaît ! »
→ Mme Ramirez me dit … et elle me demande … .

**8. Rapportez les propos écrits du gardien.**
Aux résidents : je recherche des photos de la fête : en avez-vous à me donner ?
→ Le gardien dit … et il demande aux résidents … .
*Exemple : Le gardien dit qu'il recherche des photos de la fête et il demande aux résidents s'ils en ont à lui donner.*
1. Aux résidents : est-ce que quelqu'un a perdu récemment des lunettes ? Je viens d'en trouver une paire dans l'escalier.
→ Le gardien demande aux résidents … et précise … .
2. Mlle Berbon, j'ai un paquet pour vous. Pouvez-vous passer le prendre ce soir ?
→ Le gardien dit à Mlle Berbon … et lui demande … .
3. Aux résidents : je prépare la prochaine *Fête des voisins*. Que préférez-vous comme formule cette année : un buffet ou un repas assis ?
→ Le gardien explique aux résidents … et il leur demande … .
4. Monsieur Durand, ne laissez plus votre chat dans la cour parce qu'il abîme les plantes.
→ Le gardien demande à M. Durand … .

## › Comparer *avant* et *maintenant*

**9. Imaginez les paroles de locataires qui comparent leur situation ancienne et leur situation actuelle.**

*Exemple :* Avant, appartement au 6ᵉ sans ascenseur. Maintenant, au 4ᵉ étage avec ascenseur. → Avant, nous … ; maintenant, nous … .
→ *Avant, nous habitions / avions un appartement au 6ᵉ étage sans ascenseur ; maintenant, nous sommes / habitons dans un appartement au 4ᵉ étage avec ascenseur.*

1. Avant, un gardien pour la surveillance de l'immeuble. Maintenant, uniquement un digicode. → Avant un gardien … ; maintenant, on … .
2. Avant, pas d'invitations entre voisins. Maintenant, fréquents pots entre voisins. → Avant, on … ; maintenant, on … .
3. Avant, locataires longtemps dans l'immeuble. Maintenant, changements fréquents de voisins. → Avant, les locataires … ; maintenant, nos voisins … .

## › Faire une comparaison

**10. a) Faites des comparaisons pour exprimer l'égalité. Complétez avec la forme qui convient : *aussi* ou *autant (de)*.**

Dur, dur, la vie dans un immeuble !
« C'est comme l'année dernière, et comme l'année d'avant ! Les réunions de copropriétaires durent toujours … longtemps, on parle … mais rien ne change : les poubelles sont toujours … pleines, les escaliers sont toujours … sales, les enfants font … bruit et les frais d'entretien sont … élevés qu'avant. »

**b) Utilisez un comparatif de supériorité ou d'infériorité : *plus (de), moins (de)*.**

1. C'est super : on a … échanges avec nos voisins qui sont … sympathiques et … jeunes que les précédents. Et on a surtout … problèmes avec les enfants !
2. Grâce au nouveau gardien, la cage d'escalier est … propre que l'année dernière, le jardin est … fleuri aussi. Et puis, il y a … incidents, il y a … surveillance.

**c) Complétez en utilisant *mieux* ou *meilleur(e)(s)*.**

1. Avec mes précédents voisins, j'avais de … relations et leurs enfants étaient … élevés !
2. Depuis qu'on s'est rencontrés à *La Fête des voisins*, il y a une … entente entre nous et on vit … ensemble.

**11. Une famille vient de déménager. Comparez les deux appartements à l'aide des informations données (plusieurs formulations sont possibles).**

*Exemple : 1. Le nouvel appartement est moins bien situé que l'ancien. / L'ancien appartement est mieux situé que le nouveau.*

| | Nouvel appartement | Ancien appartement |
|---|---|---|
| 1. Situation géographique | – | + |
| 2. Standing de l'immeuble | + | – |
| 3. Orientation | + | – |
| 4. Surface | = | |
| 5. Loyer | – | + |
| 6. Charges | = | |

# Leçon 3

## › Raconter une rencontre amoureuse

**12. Reconstituez le témoignage ci-dessous en remettant les mots soulignés à la place qui convient. Faites les accords nécessaires.**

J'ai craqué pour l'homme de ma vie au mariage d'une amie. Quand il est entré dans la mairie, j'ai échangé son sourire. Pendant la fête, nous avons beaucoup parlé et nous avons retrouvé nos numéros de téléphone. Nous nous sommes quittés chez mon amie quelques semaines plus tard, et nous ne nous sommes plus rencontrés.

## › Le passé composé et l'imparfait

**13. Complétez avec les verbes entre parenthèses au temps qui convient.**

C'… (être) l'été, nous … (être) en vacances au bord de la mer avec mes parents et ma sœur. Nous … (dîner) dans un restaurant, quand tout à coup ma sœur … (reconnaître) une de ses collègues qui … (quitter) la salle. Elle lui … (demander) de venir à notre table et c'est comme ça que cette jeune femme … (rejoindre) notre groupe. Immédiatement, je … (sentir) mon cœur qui … (battre) mais je … (ne pas dire) un mot de toute la soirée. Heureusement, le lendemain, on … (se revoir) et on … (ne plus se quitter).

## › Quelques participes passés irréguliers

**14. Reformulez chaque verbe souligné par un des verbes de la liste de sens équivalent.**

se taire – concevoir – s'éteindre – surprendre – obtenir – souffrir – craindre

1. Il m'a dit qu'il n'était pas sûr de son amour et j'ai eu peur de le perdre.
2. J'ai eu sa réponse deux heures plus tard : c'était oui ! Elle acceptait !
3. On a discuté un long moment puis on n'a plus dit un mot, j'avais le cœur qui battait.
4. Très vite, nous avons fait un projet de vie commune.
5. Un jour, je l'ai découvert avec une autre femme. j'ai eu très mal pendant des mois.
6. Notre relation n'a pas résisté au temps : notre amour est mort au bout de six mois.

## › Les marqueurs temporels *il y a, pendant, dans*

**15. Choisissez le marqueur temporel qui convient.**

1. J'ai fait sa connaissance dans cette société *il y a / pendant / dans* dix ans.
2. Je change d'appartement *il y a / pendant / dans* un mois.
3. Nous nous sommes rencontrés *il y a / pendant / dans* six ans.
4. Ils ont vécu ensemble *il y a / pendant / dans* deux ans.

**16. Complétez avec le marqueur temporel qui convient.**

– Marlène, bonjour ! Vous avez interprété le rôle principal dans la pièce à succès *Fou de vous* … deux ans. Pourquoi avez-vous décidé d'arrêter ?
– Parce que, … trois mois, on m'a proposé un rôle dans un film.
– Et vous avez accepté ?
– Oui, tout de suite ! Le tournage va débuter … six mois.
– Et puis, côté sentimental, ça va très bien aussi pour vous ?
– Je suis restée seule … deux ans, après mon divorce. … un an, j'ai rencontré mon compagnon, qui va devenir mon mari … un mois.

# Vers le DELF A2

## Compréhension des écrits

10 points

**Lisez le document puis répondez.**

### De toit à toit,
### un réseau social d'un nouveau genre

Pour la première fois en Europe, un office public de l'habitat crée un réseau social en ligne pour ses locataires. Il a pour but de développer les relations entre voisins, de favoriser l'entraide, le partage, l'échange de services, la convivialité, le lien entre les personnes. Les services proposés sont gratuits, il suffit de s'inscrire.
Après une période de test auprès des locataires du 19e arrondissement, *Paris Habitat* ouvre l'accès de son réseau social à l'ensemble de ses 120 000 logements.

**Les 5 services suivants sont proposés = 5 bonnes raisons de s'inscrire**

1. **Pour payer votre loyer sans vous déplacer**
C'est simple, il suffit d'accéder à son compte locataire et de payer son loyer en ligne de façon sécurisée.
2. **Pour simplifier vos démarches**
Sur leur espace locataire, les locataires ont la possibilité de télécharger des formulaires de demande de changement de logement, de prélèvement automatique, des courriers types...
3. **Pour pouvoir contacter vos voisins inscrits**
Trouver rapidement toutes les coordonnées de contacts de proximité et créer des liens avec eux.
4. **Pour connaître la vie de votre quartier**
Avec le réseau social *De toit à toit*, les locataires peuvent s'informer et informer des évènements à venir, consulter ou déposer une petite annonce, échanger astuces et infos pratiques.
5. **Pour rechercher des services ou proposer votre aide**
Vous avez besoin d'un service ou vous voulez proposer votre aide ? Avec *De toit à toit*, votre réseau social, entrez en contact avec d'autres locataires, favorisez l'entraide et l'échange de services.

**Vous souhaitez avoir plus d'informations ? Vous voulez vous inscrire ?**
**Allez sur le site : www.de-toit-a-toit.fr**

*Parismag'* – 14 septembre 2011

**1. Cet article présente :**
a. un local au service des Parisiens.
b. une association de locataires parisiens.
c. un site Internet fait pour les locataires.

**2. Vrai ou faux ? Justifiez votre réponse avec des extraits du texte.**
a. Il faut payer pour utiliser les services proposés.
b. L'objectif de *Paris Habitat* est de trouver de nouveaux locataires.
c. On a d'abord expérimenté le réseau social avec les habitants d'un seul quartier de Paris.
d. Pour s'inscrire, il faut prendre rendez-vous.

**3. Quel service pour qui ?**
**Lisez les besoins exprimés par les locataires et notez le numéro (1, 2, 3, 4 ou 5) du service qui peut être utile à chaque personne.**
a. Lucie a 83 ans, elle souhaite trouver des voisins qui aiment jouer aux cartes pour passer des moments agréables ensemble. → service n°...
b. Éric a eu un deuxième enfant. Pour avoir une chambre en plus, il doit faire une demande d'échange d'appartement. → service n°...
c. Joëlle se demande quand aura lieu la prochaine fête de quartier.
→ service n°...

## Production orale

10 points

### Exercice en interaction

**Vous rencontrez un(e) voisin(e) installé(e) depuis peu.**
Vous êtes dans l'ascenseur avec un nouveau voisin / une nouvelle voisine qui est installé(e) depuis peu de temps dans votre immeuble. Vous lui demandez s'il / si elle est bien installé(e). Il / Elle vous raconte comment se passe sa vie dans l'immeuble / le quartier, en comparaison avec sa vie dans son ancien lieu de vie. Jouez la scène à deux.

Dossier 2

# Vers la vie active

Leçon 1 **Riches en expériences**
> Raconter une expérience universitaire
> Raconter une expérience professionnelle

Leçon 2 **Avis de recherche**
> Rechercher un emploi
> Postuler pour un emploi

Leçon 3 **Clés pour la réussite**
> Donner des conseils, mettre en garde
> Indiquer des changements nécessaires

**Carnet de voyage**
> Le système éducatif en France

**Vers le DELF A2**

**Projet**
> Réaliser des fiches pour un forum de découverte des métiers

**Phonie-graphie** → activités 1 à 4 p. 166
**Lexique thématique** → p. 196-197

# Riches en expérien

## › Raconter une expérience universitaire

**Écoutez la chronique de radio. Identifiez le thème du jour et expliquez de quoi il s'agit.**

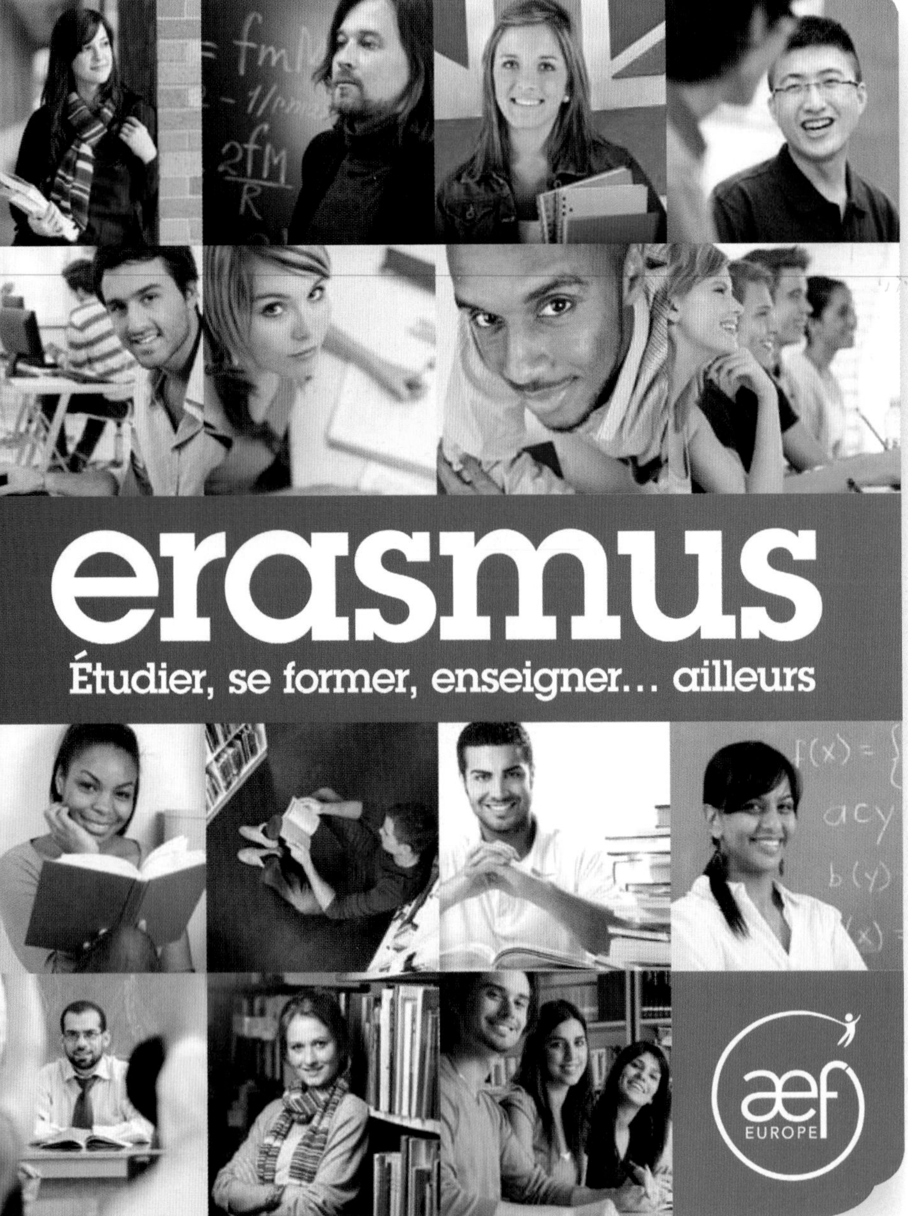

erasmus
Étudier, se former, enseigner… ailleurs
aef
EUROPE


> Je suis très fière du grand succès que connaît le programme Erasmus. Cette expérience améliore non seulement les compétences universitaires et culturelles des Européens, mais aussi leur capacité d'insertion professionnelle à l'échelle transnationale.
>
> VIVIANE REDING, commissaire européenne chargée de l'éducation.

**Réécoutez la chronique et répondez.**

**1.** Quel âge a le programme Erasmus au moment de la chronique ?

**2.** Quelles sont les nationalités majoritaires dans ce programme ?

a) **Lisez la déclaration de la commissaire européenne et identifiez les objectifs généraux du programme Erasmus.**

b) **Écoutez les trois témoignages et associez chacun à un mot-clé du titre de la brochure : *étudier, se former, enseigner.***

### POINT Culture

a) **Lisez le texte suivant.**

**Erasmus fête ses 25 ans, avec 3 millions d'étudiants !**

Lancé en 1987, le programme Erasmus permet aux étudiants, dès la 2e année d'études supérieures, d'effectuer à l'étranger des études ou des stages professionnels de trois mois à un an maximum. Erasmus s'adresse aussi au personnel de l'enseignement supérieur et aux professeurs.

*Quelques objectifs d'Erasmus :*
– donner aux étudiants la possibilité de se perfectionner dans leur domaine d'études et de le considérer sous un angle nouveau ;
– découvrir des traditions différentes et se familiariser avec d'autres cultures ;
– renforcer l'identité européenne ;
– promouvoir la mobilité et favoriser le plurilinguisme.

b) **Échangez !**

Que pensez-vous de ce programme ? Quels sont ses points forts, selon vous ?

**Lisez le témoignage de Mélanie.**

**1.** Identifiez le contexte de son séjour Erasmus, puis complétez les références en dessous du texte.

**2.** Trouvez son plan : identifiez le thème de chaque paragraphe.

Pour une étudiante comme moi en licence de Langues Étrangères Appliquées (espagnol et anglais), partir à l'étranger était naturel, et une véritable nécessité. J'avais envie de vivre quelque temps en Espagne parce que j'y étais allée plusieurs fois en vacances et ça m'avait plu.

*Le dernier jour d'Erasmus !*

À mon arrivée, j'appréhendais un peu car je n'avais jamais vécu seule, mais tout s'est bien passé : des amis de mes parents avaient trouvé un studio pour moi. L'adaptation a été très rapide, j'ai rencontré rapidement d'autres étudiants Erasmus.

À l'université, j'ai eu de bonnes surprises, à commencer par l'équipement très moderne ! J'ai aussi observé une grande différence dans les relations avec les profs : on les tutoie et on les appelle par leur prénom ! En revanche, pas de nouveauté dans les cours car ils étaient proches de ce que j'avais connu dans ma fac.

L'expérience a dépassé ce que j'avais imaginé : non seulement j'ai gagné en autonomie et je suis devenue bilingue, mais en plus, cerise sur le gâteau, j'ai fait d'énormes progrès en anglais ! J'ai adoré Salamanque, l'ambiance internationale et les fêtes en permanence… et l'année a filé ! Le retour a été dur, j'avais le blues et une seule envie : repartir !

**Mélanie**, étudiante en …, Erasmus de … mois à … .

**Relisez le témoignage et relevez les explications de Mélanie concernant :**
le choix du pays – son sentiment à l'arrivée – l'installation facile – son jugement sur les cours – son bilan positif sur le séjour Erasmus.

## POINT *Langue*

### Le plus-que-parfait pour raconter une expérience passée : l'antériorité dans le passé

a) **Observez les phrases suivantes.**
J'y **étais allée** plusieurs fois en vacances et ça m'**avait plu**.
Je n'**avais** jamais **vécu** seule.
Des amis de mes parents **avaient trouvé** un studio pour moi.
L'expérience a dépassé ce que j'**avais imaginé**.

b) **Choisissez la bonne réponse.**
Ces évènements se déroulent :
☐ pendant le séjour Erasmus.
☐ avant le séjour.
☐ après le séjour.

Le plus-que-parfait est un temps :
☐ simple. ☐ composé.

Le plus-que-parfait est formé avec l'auxiliaire :
☐ au présent. ☐ à l'imparfait.

→ S'exercer n° 1 et 2 | p. 48

**Échangez en petits groupes.**
Avez-vous déjà vécu une expérience d'échange / d'études à l'étranger ? Expliquez le contexte et dites ce que cette expérience vous a apporté, quel bilan vous en avez tiré.

**Témoignez ou… imaginez !**
Écrivez un témoignage racontant votre expérience d'échange / d'études à l'étranger. Indiquez le contexte et la raison du choix du pays, votre sentiment avant le séjour ou à l'arrivée. Racontez brièvement l'installation et le déroulement du séjour. Précisez quel a été votre bilan de cette expérience.

# › Raconter une expérience professionnelle

STAGES EN ENTREPRISE

Modes de vie *12-19 mai*

## UNE EXPÉRIENCE INCONTOURNABLE ET VARIABLE...

Presque toutes les formations imposent des stages, mais ils sont souvent difficiles à décrocher. Ils permettent de faire le lien entre la théorie et la pratique et de justifier d'une expérience professionnelle lors de la recherche d'un premier emploi.

« *Une expérience indispensable* »

**Guillaume, 19 ans,** *en bac pro* commerce, stagiaire dans une boutique de vêtements.*

Il a travaillé pendant trois mois et juge très positivement son expérience. Pour lui, apprendre la vente et la gestion directement sur le terrain permet de comprendre l'intérêt et la richesse de ces métiers.

« *Je regardais la télé toute la journée !* »

**Charlotte, 22 ans,** *stagiaire dans une boîte de production audiovisuelle.*

L'IUT** où elle suit des études imposait un stage de trois mois à tous les étudiants, qu'ils devaient trouver eux-mêmes. Grâce à une relation de son père, Charlotte a obtenu ce stage facilement.

« *C'est une question de chance !* »

**Armelle, 20 ans,** *a travaillé dans une agence de création.*

À vingt ans, elle a réussi brillamment le concours d'entrée dans une école de mode parisienne. À la recherche de son stage de seconde année, elle a trouvé une offre : « Agence de création cherche stagiaire pour élaboration d'une collection », et a déposé son CV. Mais quelle déception pendant son stage !

« *J'ai compris la signification du mot travail* »

**Mathieu, 21 ans,** *en stage à la RATP.*

Étudiant en première année dans une école d'ingénieurs, Mathieu juge différemment le monde du travail après un mois de stage. Il envisage la suite de ses études avec optimisme, curieux de découvrir d'autres secteurs d'activités avec les prochains stages, qui seront de plus en plus longs les deux prochaines années.

* bac pro : baccalauréat professionnel
** IUT : Institut Universitaire de Technologie (voir page 47)

**8**

**Lisez l'article et choisissez la bonne réponse.**

1. L'article parle :
   - ☐ du premier emploi des jeunes.
   - ☐ de la formation professionnelle continue des salariés.
   - ☐ des stages professionnels des étudiants.

2. Les quatre personnes citées sont des jeunes qui :
   - ☐ sont salariés dans une entreprise.
   - ☐ viennent de faire un stage dans une entreprise.
   - ☐ viennent de trouver leur premier emploi.

**Écoutez deux témoignages enregistrés par le journaliste. Dites quel(le)(s) stagiaire(s) parle(nt).**

a) **Relisez l'article et réécoutez l'enregistrement. Complétez la fiche de bilan pour chaque personne qui témoigne.**

**BILAN DU STAGIAIRE**

**Stagiaire**

Nom : ........................ Âge : ..........

Formation en cours : ........................

**Stage**

Secteur d'activité : .............. Durée du stage : ......

Tâches effectuées pendant le stage : ..............

Rémunération : ........................

Niveau de satisfaction du stagiaire :

☐ bon ☐ moyen ☐ mauvais

b) **Pour chaque personne, dites si le stage est sa première expérience professionnelle. Justifiez vos réponses.**

## POINT *Langue*

### Parler d'une expérience professionnelle

**Reliez les expressions de même sens.**

| | |
|---|---|
| 1. Effectuer un stage. | a. Obtenir un stage. |
| 2. Apprendre sur le terrain. | b. Être employé dans une entreprise. |
| 3. Le monde de l'entreprise. | c. Suivre un stage. |
| 4. Travailler dans une boîte. | d. Acquérir des compétences en milieu professionnel. |
| 5. Décrocher un stage. | e. Le monde du travail. |

→ S'exercer n° 3 | p. 48

**Relisez les présentations des stagiaires et trouvez les informations suivantes :**

– l'appréciation de Guillaume sur son stage ;
– comment Charlotte a décroché son stage ;
– comment Armelle est entrée dans une école de mode ;
– l'appréciation de Mathieu sur le monde du travail.

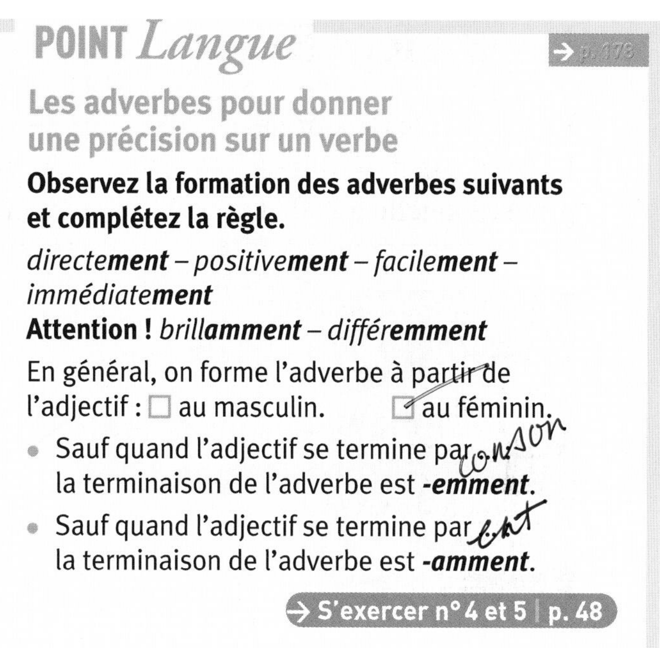

## POINT *Langue*

→ p. 178

### Les adverbes pour donner une précision sur un verbe

**Observez la formation des adverbes suivants et complétez la règle.**

*directe**ment** – positive**ment** – facile**ment** – immédiate**ment***

**Attention !** *brill**amment** – différ**emment***

En général, on forme l'adverbe à partir de l'adjectif : ☐ au masculin. ☐ au féminin.

- Sauf quand l'adjectif se termine par ..., la terminaison de l'adverbe est ***-emment***.
- Sauf quand l'adjectif se termine par ..., la terminaison de l'adverbe est ***-amment***.

→ S'exercer n° 4 et 5 | p. 48

## 12 Phonétique 19

**Indiquez pour chaque adverbe si vous entendez : consonne + [mɑ̃] ou [amɑ̃].**

**Imaginez ! Deux autres jeunes témoignent dans le journal :**

– Mathilde, 23 ans, étudiante en tourisme, stage d'un mois dans une agence de voyages ;
– Hassan, 25 ans, diplôme d'ingénieur en informatique, stage de trois mois dans une société d'informatique.

**Choisissez un personnage et imaginez son témoignage. Vous devez donner des indications sur :**

– la rémunération ;
– le type de tâches effectuées ;
– les expériences précédentes ;
– le bilan sur le stage (positif ou négatif).

PROJET DOSSIER 2

Pour **réaliser des fiches pour un forum de découverte des métiers**, vous allez :

**TÂCHE** LEÇON **1** Déterminer le panel des métiers à présenter

>>> internet - www.hachettefle.fr

# Avis de recherche

## › Recherche un emploi

①

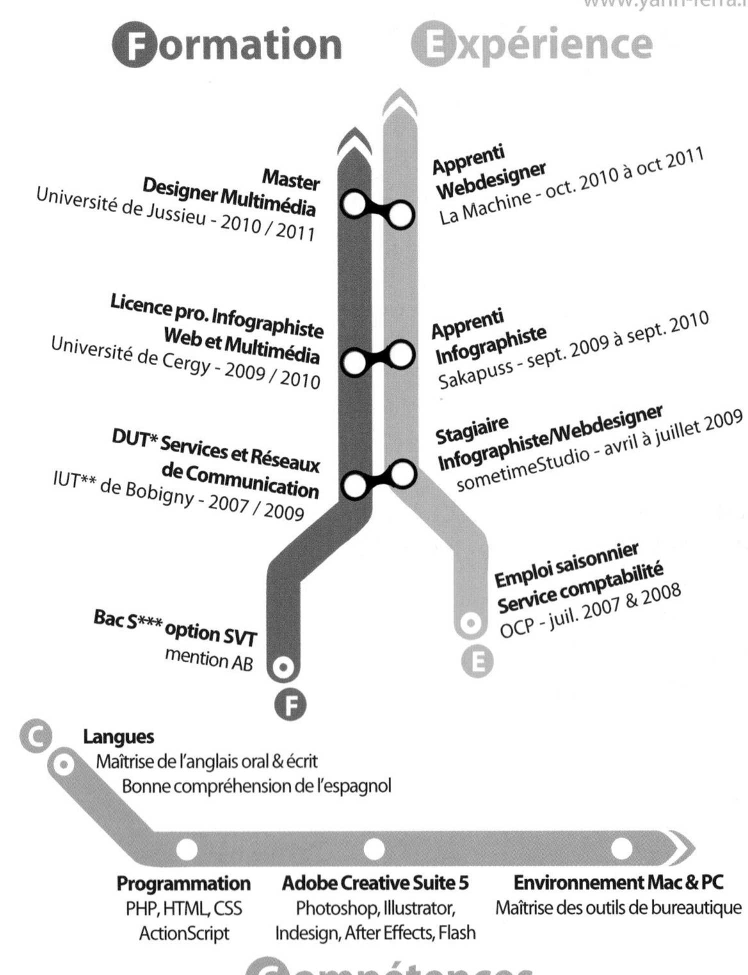


②

* DUT : Diplôme Universitaire de Technologie
** IUT : Institut Universitaire Technologique
*** Bac S : baccalauréat série scientifique

**Observez les documents et identifiez leur nature.**

**Document 1 :** ☐ une publicité.
☐ une affiche de film.
☐ une annonce de recherche d'emploi.

**Document 2 :** ☐ une publicité.
☐ un curriculum vitae.
☐ un plan de métro.

**Lisez le document 2.**

**1.** Identifiez le but du document et son auteur.

**2.** Dites à quoi correspondent les trois axes et quelles autres informations sont données.

a) **Observez les offres d'emploi p. 39 et dites quelle annonce correspond au profil de Yann.**

b) **Relisez le CV de Yann et répondez.**

**1.** Quelle est la spécificité de son parcours ? Quelle est la signification de « licence pro. » ?

**2.** En fonction de son expérience, a-t-il des chances d'obtenir le poste ?

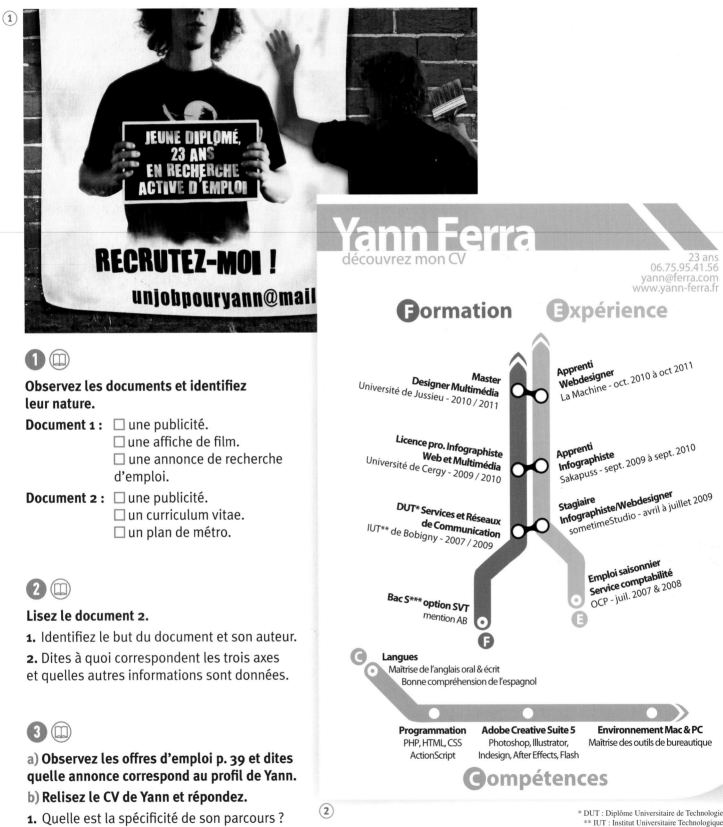

A

Spécialiste des séjours linguistiques et sportifs en Europe
**recherche**
**ANIMATEURS / ANIMATRICES**
pour accompagner des groupes de jeunes à l'étranger.

Les candidat(e)s, titulaires du BAFA*, doivent être bilingues ou trilingues : français – anglais – espagnol – allemand.

**Lieu :** Angleterre, Écosse, Malte, Espagne, Allemagne, Autriche.
**Type de contrat :** contrat à durée déterminée – période du 1er au 30 juillet.
**Rémunération :** variable selon les séjours.
**Pour postuler :** RH@sportslangues.fr

* BAFA : Brevet d'Aptitude aux Fonctions d'Animateur

Agence spécialisée dans le packaging et la communication visuelle
**recrute un**
**INFOGRAPHISTE-WEB DESIGNER**
pour réaliser et mettre à jour ses catalogues de produits et son site web.

**Profil recherché :**
Bac + 4 minimum. – Bonnes connaissances générales de la communication graphique et du webdesign. – 1 an minimum d'expérience en agence de communication ou agence web.

**Type de contrat :** CDI – temps plein.
**Rémunération :** 2500 € brut/mois + primes.
www.magentamark.fr

**Relisez les annonces et dites, pour chacune, quelles sont les informations données. Choisissez dans la liste :**
le nom de la société qui recrute – l'adresse de la société – le type d'emploi proposé – la rémunération – le profil recherché – les horaires de travail – le lieu de travail – la durée du contrat – les qualités requises.

AIDE-MÉMOIRE

### Comprendre une offre d'emploi

- Une entreprise **recrute** pour un poste :
  - en **CDD** (contrat à durée déterminée) ou en **CDI** (contrat à durée indéterminée) ;
  - **à temps plein** ou **à temps partiel**.
- Le **salaire** (la rémunération) est :
  - **fixe** ou **variable** (avec des primes) ;
  - **brut** ou **net**.

→ S'exercer n° 6 | p. 48

C

N° 1 DU SOUTIEN SCOLAIRE

**recrute**
**PROFESSEURS DE LANGUE**
Anglais, allemand, espagnol, russe, italien.
Niveau Bac + 3 exigé.

**Salaire :** 19 à 30 € brut de l'heure.
**Temps partiel,** nombre d'heures flexible.
**Lieu :** régions Rhône-Alpes, Bretagne, Normandie.
**Pour postuler :** www.acadomia.fr

**Écoutez les recruteurs parler du profil des personnes recherchées.**

**1.** Associez chaque description à l'annonce correspondante (A, B ou C).
**2.** Pour chaque annonce, complétez le profil avec les qualités requises.
**3.** Par deux, imaginez les qualités requises pour le poste de la troisième annonce.

AIDE-MÉMOIRE

### Indiquer les qualités pour un emploi

**Avoir le sens des** responsabilités – **le sens du** détail – **le sens du** contact.
**Avoir une capacité d'**organisation – **une capacité à** travailler en équipe.
**Être passionné par** les arts numériques.
Être rigoureux / avoir de la rigueur.

→ S'exercer n° 7 | p. 48

**Échangez !**
Que pensez-vous de la campagne d'affichage de Yann pour trouver un emploi ? Que pensez-vous de son CV ? Connaissez-vous d'autres exemples de recherches d'emploi « atypiques » ?

**Vous travaillez dans une agence spécialisée dans les emplois atypiques (saisonniers, ponctuels, à destination des étudiants ou en complément d'un emploi principal).**
**1.** En petits groupes, imaginez et listez les jobs possibles.
**2.** Rédigez deux annonces : indiquez le poste, les tâches à effectuer et le profil recherché. Donnez des précisions sur les conditions : horaires et lieu de travail, rémunération.

# › Postuler pour un emploi

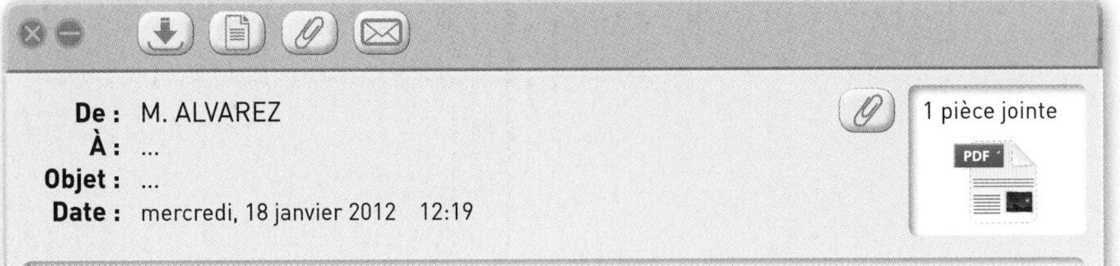

De : M. ALVAREZ
À : ...
Objet : ...
Date : mercredi, 18 janvier 2012 12:19
1 pièce jointe
PDF


Madame, Monsieur,

Suite à votre annonce, je vous adresse ma candidature pour la période du 1er au 30 juillet.

Titulaire du BAFA, j'ai travaillé comme animatrice dans un centre de loisirs en juillet dernier. Cette expérience a confirmé ma motivation à travailler auprès d'enfants et je pense avoir les qualités requises : enthousiasme, sens du contact, facilité d'adaptation. Bilingue (français, espagnol), je maîtrise également l'anglais depuis un séjour à Londres comme fille au pair, en 2009. Je possède une certaine expérience de l'enseignement de l'anglais à des jeunes et mes nombreux voyages m'ont donné le goût du contact avec les étrangers.
De plus, ma pratique intensive de divers sports depuis l'enfance pourrait être utile pendant vos séjours linguistiques liés au sport.

Je me tiens à votre disposition pour vous exposer mes motivations lors d'un entretien.

Cordialement,

Miléna Alvarez
PJ : curriculum vitae.

**8**

**a) Lisez le mail de Miléna Alvarez et complétez l'objet du message.**

**b) Relisez les annonces p. 39 et complétez le mail avec l'adresse du destinataire.**

**9**

**Relisez le mail et dites dans quel ordre les éléments suivants sont donnés.**

N° ... : elle prend congé avec une formule de politesse.
N° ... : elle sollicite un entretien.
N° ... : elle cite l'annonce et pose sa candidature.
N° ... : elle résume son parcours et cite ses qualités et compétences.

**Miléna Alvarez**
21 ans
Nationalité franco-espagnole
1, place de la République
44041 Nantes
Tél. : 03 23 81 59 60
Portable : 06 83 75 41 99
E-mail : m.alvarez@free.fr

**FORMATION**

| | |
|---|---|
| 2011-2012 | Licence de lettres (français, anglais), université de Nantes. |
| ...... | BAFA, centre de vacances et de loisirs *Vacances pour Tous*, Nantes. |
| Juillet 2008 – avril 2009 | Cours d'anglais à l'Institut britannique, à Londres. |
| Juin 2008 | Baccalauréat, série L*, lycée Michelet à Nantes (mention bien). |

**EXPÉRIENCE**

| | |
|---|---|
| ...... | Cours particuliers d'espagnol et d'anglais (niveaux collège, lycée). |
| Juillet 2010 | Animation d'ateliers (danse, chant...) au centre de loisirs Gambetta, à Nantes. |
| ...... | Jeune fille au pair dans une famille à Londres. |

**LANGUES**

Espagnol bilingue (niveau C1). Anglais courant (niveau B2). Allemand scolaire (niveau A2).

**DIVERS**

– **Connaissances informatiques** : Word, Excel, Powerpoint.
– **Sports** : stages divers depuis l'enfance (ski, équitation, ping-pong, roller, natation).
– **Loisirs** : cinéma, lecture, hip-hop, chant.
– **Voyages et séjours à l'étranger** : nombreux séjours d'un mois en Espagne (famille à Barcelone), voyages aux États-Unis, en Écosse, en Égypte.

* baccalauréat série Lettres

## AIDE-MÉMOIRE

**Postuler pour un emploi**

Suite à votre annonce, je vous adresse ma candidature...
Titulaire du BAFA / du baccalauréat / d'un master en..., je...
Je maîtrise l'anglais / les outils de bureautique...
Je possède de l'expérience...
Je me tiens à votre disposition pour vous exposer mes motivations lors d'un entretien.

→ S'exercer n° 8 et 9 | p. 49

**10** **Comparez le CV de Miléna et le CV de Yann p. 38 (présentation, style, rubriques...). Identifiez les principales similitudes et expliquez les différences.**

**11** **Écoutez et dites quelle est la situation.**

**12** a) **Réécoutez et complétez le CV de Miléna avec les dates manquantes.**

b) **Repérez les informations présentes dans le CV et dans la conversation. Identifiez quelles informations complémentaires Miléna donne pendant l'entretien.**

## 13 Phonétique 22

a) **Écoutez et indiquez si les sigles sont épelés ou s'ils sont prononcés comme des mots (acronymes).**

*Exemples :* **1.** BAFA → *prononcé comme un mot.*
**2.** BAFD → *épelé.*

**1.** BAFA
**2.** BAFD
**3.** SMIC
**4.** RATP
**5.** SNCF
**6.** ESSEC
**7.** IBM
**8.** UNESCO
**9.** DUT
**10.** IUT
**11.** CDI
**12.** CDD
**13.** DOM-TOM
**14.** JO
**15.** BD
**16.** CD
**17.** SMS
**18.** MSN
**19.** PDF
**20.** PC
**21.** HLM
**22.** ONU

b) **Lisez à haute voix les sigles et acronymes de l'activité a.**

**14** **Vous souhaitez postuler à un des emplois proposés dans les annonces p. 39.**
En fonction de l'annonce choisie, choisissez votre style (original ou classique), puis élaborez un bref CV et rédigez un mail de motivation.

## POINT *Langue*

### Les marqueurs temporels : *depuis, il y a, pendant, pour*

**Observez les phrases suivantes et associez-les à l'information donnée.**

1. Je suis rentrée en France **il y a** trois ans.
2. J'étais partie **pour** six mois mais je suis restée pendant un an.
3. J'ai suivi des cours **pendant** dix mois.
4. Je donne des cours **depuis** deux ans et demi, **depuis** octobre 2009.

a. On indique le point de départ d'une situation toujours actuelle.
b. On indique une durée prévue.
c. On situe un évènement passé par rapport au moment présent.
d. On indique une période, une durée complète.

→ S'exercer n° 10 | p. 49

**PROJET DOSSIER 2**

Pour **réaliser des fiches pour un forum de découverte des métiers**, vous allez :

**TÂCHE** LEÇON **2** Élaborer la présentation d'un métier

>>> internet - www.hachettefle.fr

# Clés pour la réuss

## › Donner des conseils, mettre en garde

Un entretien de recrutement ne s'improvise pas, une préparation sérieuse est nécessaire.
Si vous suivez ces conseils, vous serez plus efficace pendant l'entretien.

GUIDE PRATIQUE

Réussir l'entretien d'embauche

**AVANT L'ENTRETIEN**

- Renseignez-vous sur l'entreprise.
- Entraînez-vous à décrire votre parcours professionnel.
- Arrivez légèrement en avance et avec une tenue adaptée.
- Apportez CV, lettres de motivation et éventuellement vos réalisations (photos, press-book…).

**PENDANT L'ENTRETIEN**

- Saluez votre interlocuteur d'une poignée de main ferme, regardez-le en face : cela montre que vous avez confiance en vous.
- Soyez attentif à votre attitude physique. Évitez de vous asseoir au bord de votre siège, de vous frotter les mains… : cela indique votre malaise ou votre nervosité.
- Il est important de se mettre en valeur (mais attention, pas trop !). Si vous réussissez le premier contact, vos chances d'obtenir le poste seront plus importantes.
- Ayez à l'esprit deux mots-clés : curiosité et motivation.
- Indiquez clairement votre intérêt pour le poste. Pour cela, vous devez bien connaître le contenu de l'annonce.
- Surveillez votre manière de parler ; évitez les expressions familières.
- Si le recruteur vous demande pourquoi vous souhaitez quitter votre emploi actuel, évitez d'être négatif par rapport à votre société ou à vos supérieurs.
- Si le recruteur vous demande quels sont vos points forts, citez deux ou trois qualités en relation avec le poste proposé. Pour votre principal défaut, citez une qualité excessive (le perfectionnisme, par exemple).

**APRÈS L'ENTRETIEN**

- Faites des relances : cela montre votre motivation.

pôle emploi

①

**SIMULER UN ENTRETIEN D'EMBAUCHE**

**Vous êtes demandeur d'emploi inscrit à Pôle emploi.**

- Vous souhaitez vous présenter à un entretien auprès d'un employeur dans le cadre d'un recrutement classique, dans la perspective d'un forum ou d'un « job dating ».
- Cet atelier de trois heures permet de vous mettre en situation d'entretien d'embauche et d'analyser vos points forts et vos difficultés.
- Contactez votre conseiller Pôle emploi pour de plus amples informations.

SERVICES
En atelier,
dynamisez vos recherches
pôle emploi


②

**Observez les deux documents et répondez.**
Qui a publié ces documents ? Pour qui ? Dans quel but ?

**Lisez le premier document.**

**1.** Identifiez ses différentes parties.

**2.** Trouvez les conseils qui portent sur les aspects suivants :
– le comportement, l'attitude et le langage ;
– les choses à dire et à ne pas dire ;
– la préparation de l'entretien.

## POINT *Langue*

→ p. 180

### Donner des conseils

**Observez puis complétez la règle.**

1. **Si** vous **suivez** ces conseils, vous **serez** plus efficace pendant l'entretien.
Le conseil (ce qu'il faut faire) est dans :
☐ la première partie de la phrase.
☐ la deuxième partie de la phrase.
→ *Si* + verbe au ..., verbe au ...
(pour indiquer le résultat, la conséquence).

2. **Si** le recruteur vous **demande** quels sont vos points forts, **citez** deux ou trois qualités en relation avec le poste.
Le conseil (ce qu'il faut faire, dans une situation éventuelle) est dans :
☐ la première partie de la phrase.
☐ la deuxième partie de la phrase.
→ *Si* + verbe au ... (pour indiquer une situation éventuelle), verbe au ... .

→ S'exercer n° 11 | p. 49

## POINT Culture

a) **Lisez le texte suivant et répondez.**
Qu'est-ce que Pôle emploi, quelles sont ses missions ?

Pôle emploi est un établissement public qui assure l'inscription, l'information, l'orientation et l'accompagnement des demandeurs d'emploi. Il se charge aussi de mettre en relation demandeurs et entreprises qui recrutent et il verse les allocations chômage.

**Le chômage en France**

Le nombre de chômeurs en France est de 2,7 millions en janvier 2012, soit 9,4 % de la population active. Les jeunes sont particulièrement touchés : près de 1 personne sur 4 de moins de 24 ans est au chômage !

b) **Échangez !**
- La situation est-elle comparable dans votre pays, concernant le chômage ?
- Y a-t-il un organisme comparable à Pôle emploi ?
- Verse-t-on des allocations chômage aux demandeurs d'emploi ?

**3** 

a) **Vrai ou faux ? Écoutez la simulation d'un entretien d'embauche dans le cadre de l'atelier de Pôle emploi et répondez. Justifiez vos réponses.**
1. Le candidat postule pour un poste de vendeur.
2. Il s'agit d'un premier emploi.
3. Son principal défaut, c'est qu'il est très stressé.
4. Le candidat est ambitieux.

b) **Réécoutez l'entretien et répondez.**
Votre impression générale est-elle positive ou négative ? Pourquoi ?

**4** 

**Relisez les conseils de Pôle emploi et dites lesquels sont utiles pour Simon (cf. activité 3). Justifiez vos réponses.**

**5** 

**Réécoutez l'entretien et soyez attentif à la manière de parler du recruteur et du candidat. Dites quelle est la différence.**

**6 Phonétique** 24-25

a) **Écoutez les deux énoncés. À chaque fois, identifiez le registre familier.**
b) **D'après l'intonation, précisez si les phrases sont des conseils ou des ordres.**

**7** 

**Imaginez la page « Préparer sa recherche d'emploi » ou « Trouver un emploi sur Internet » pour le site www.emploi.com.**
Rédigez les conseils utiles aux personnes qui recherchent un emploi dans une page composée de deux parties : les cinq clés pour agir ; les cinq erreurs à éviter.

PRENDS TON TEMPS,
COMPARE,
NE TE JETTE PAS
SUR LE PREMIER
BOULOT QUI VIENT
EMPLOI
PESSIN

# › Indiquer des changements nécessaires

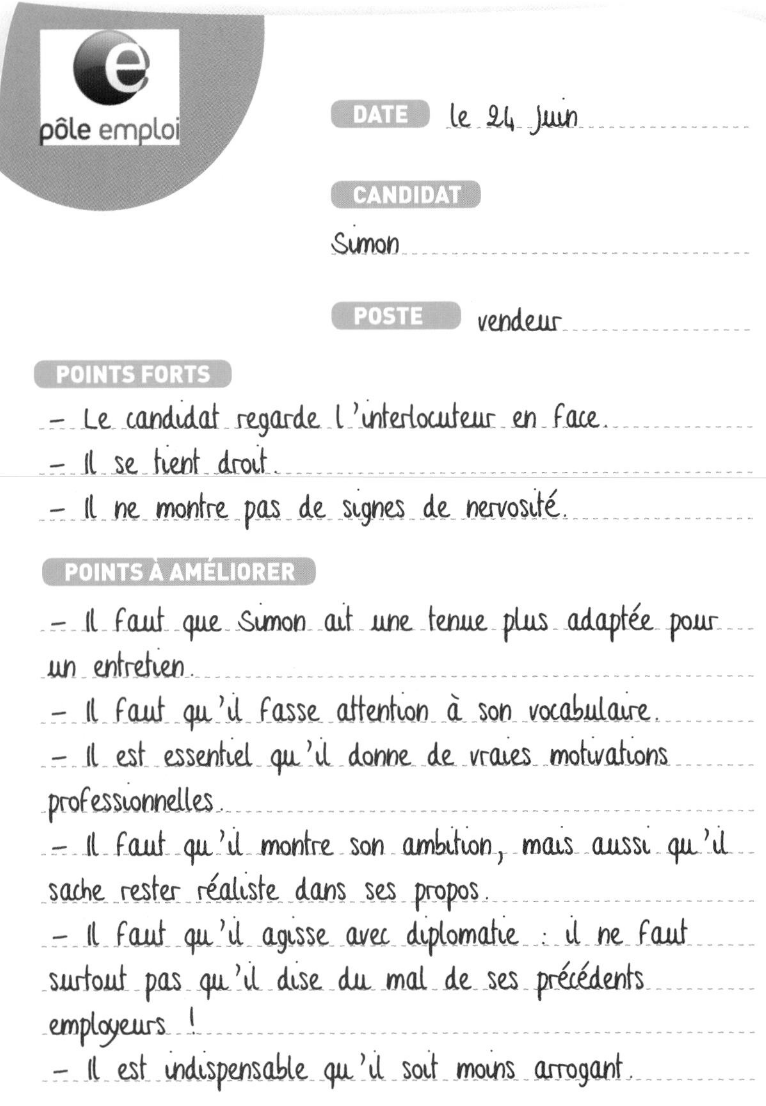

pôle emploi

DATE  le 24 juin

CANDIDAT

Simon

POSTE vendeur

POINTS FORTS

– Le candidat regarde l'interlocuteur en face.
– Il se tient droit.
– Il ne montre pas de signes de nervosité.

POINTS À AMÉLIORER

– Il faut que Simon ait une tenue plus adaptée pour un entretien.
– Il faut qu'il fasse attention à son vocabulaire.
– Il est essentiel qu'il donne de vraies motivations professionnelles.
– Il faut qu'il montre son ambition, mais aussi qu'il sache rester réaliste dans ses propos.
– Il faut qu'il agisse avec diplomatie : il ne faut surtout pas qu'il dise du mal de ses précédents employeurs !
– Il est indispensable qu'il soit moins arrogant.

**Lisez le document et choisissez la bonne réponse.**

☐ Ce sont les notes de Simon pendant son stage à Pôle emploi.
☐ C'est la fiche d'évaluation de la conseillère de l'atelier Pôle emploi, après l'entretien de Simon.
☐ Ce sont les notes du recruteur, pendant l'entretien d'embauche avec Simon.

**Relisez le document et dites dans quelle partie :**
– on indique les changements nécessaires dans l'attitude de Simon ;
– on décrit l'attitude de Simon pendant l'entretien.

**10**

**Relisez le document et observez les trois dessins suivants. Lequel correspond à la situation ? Justifiez votre choix.**

①

②

③

**11** 

**Écoutez l'enregistrement et identifiez la situation.**
Qui parle ? Quand ? Dans quel but ?

**12**  

**Réécoutez l'enregistrement et relisez la fiche. Identifiez les conseils similaires.**

## POINT *Langue*

→ p. 180 et p. 182

### Le subjonctif pour donner un conseil, exprimer la nécessité

a) **Observez et identifiez les formules qui expriment la nécessité.**
Il faut que tu aies une tenue plus adaptée.
Il est indispensable qu'il soit moins arrogant.
Il faudrait que tu sois plus positif.
Il est essentiel qu'il donne de vraies motivations professionnelles.

b) **Complétez la règle avec : *indicatif* ou *subjonctif*.**
- Dans la phrase « Il se tient droit », on décrit une réalité avec le mode ... .
- Dans le conseil « Il faut que vous fassiez attention à votre vocabulaire », on exprime la nécessité de l'action avec le mode ... .

## POINT *Langue*

→ p. 180

### La formation du subjonctif

a) **Observez les verbes au subjonctif dans le Point Langue ci-dessus, puis complétez.**

| Tous les types d'infinitifs | Verbes irréguliers | |
|---|---|---|
| que je mente<br>que tu dis**es**<br>qu'il agiss...<br>qu'ils prenn**ent** | **pouvoir**<br>**savoir**<br>**aller**<br>**faire**<br>**avoir**<br>**être** | que je / qu'il puiss**e**, que tu puiss**es**<br>que je / qu'il sach..., que tu sach**es**<br>que je / qu'il aill**e**, que tu aill**es**<br>que je / qu'il ..., que tu fass**es**<br>que j'ai**e**, qu'il ..., que tu ai**es**<br>que je soi**s**, qu'il soi**t**, que tu soi... |

Pour *je, tu, il, ils,* le subjonctif se forme à partir de la base du verbe à la ... personne pluriel du présent de l'indicatif.

b) **Observez les conseils ci-dessous, puis choisissez la bonne réponse.**
Il faut que vous évitiez de dire vos défauts et que vous fassiez attention.

| Tous les types d'infinitifs | Verbes irréguliers | |
|---|---|---|
| La 2e personne du pluriel est identique à la 2e personne du pluriel :<br>☐ du présent de l'indicatif.<br>☐ de l'imparfait. | **pouvoir**<br>**savoir**<br>**aller**<br>**faire** | que vous puiss**iez**<br>que vous sach**iez**<br>que vous all**iez**<br>que vous fass**iez** |

**NB :** la 1re et la 2e personnes du pluriel ont la même base ; la terminaison pour *nous* est *-ions*.
*Exemple : il faut que nous évitions / fassions.*

**Attention !**
avoir → que nous **ayons**, que vous **ayez** / être → que nous **soyons**, que vous **soyez**

→ S'exercer n° 12 à 14 | p. 49

**13** Phonétique 27

**Écoutez puis répétez.**

**14** 

**Jouez la scène !**
Par deux, entraînez-vous à passer un entretien d'embauche.

1. Choisissez une annonce (p. 39 ou autre).
2. Mettez-vous d'accord sur le comportement du demandeur d'emploi et du recruteur.
3. Jouez le dialogue.
4. Après l'entretien, le reste du groupe dit les points positifs du candidat et lui donne des conseils.

**15** 

**Écrivez une fiche comme celle de la conseillère de Pôle emploi pour évaluer l'entretien d'embauche.**

**PROJET DOSSIER 2**

**Pour réaliser des fiches pour un forum de découverte des métiers**, vous allez :

**TÂCHE** LEÇON **3** Rédiger la partie « conseils » de la fiche métier

>>> internet - www.hachettefle.fr

# Carnet de voyage

# Le système éducatif en France

## « J'ai un stage à faire »

**Chronique « Vie moderne » | Le Monde**
par Sandrine Blanchard

J'ai reçu il y a quelques jours au journal une formidable demande de stage. Il s'appelle César, habite en banlieue parisienne, n'a que 14 ans mais un curriculum vitae qui occupe déjà une page entière ! Comment fait-il ?
C'est tout simple. De 2004 à 2008 : CP, CE1, CE2, CM1, CM2. En 2008-2009, classe de 6e, en 2009-2010, la 5e, avec les « félicitations du conseil de classe à trois reprises* ». Puis, en toute logique, 4e, 3e « avec latin » en plus de l'anglais et de l'espagnol. Il ne manque que ses années de maternelle ! Au chapitre « compétences », il a obtenu son attestation scolaire de sécurité routière** et est arrivé deuxième au concours de mathématiques « Kangourou »***. Il aime le théâtre, le sport, et a effectué un voyage scolaire à Rome.

Ah, le fameux stage obligatoire en entreprise à effectuer en classe de 3e ! C'est maintenant que les adolescents cherchent une entreprise et que les parents appellent la famille, les voisins, les amis, les amis d'amis pour trouver une place pour leur enfant. « Tu ne pourrais pas prendre ma fille une petite semaine, c'est pour l'école ? » Je ne vous étonnerai pas si je vous dis qu'au *Monde*, on entend tous, chaque année, cette petite phrase.
Cette « séquence d'observation en milieu professionnel » voulue par l'éducation nationale ne dure que cinq jours mais demande des semaines de recherche, provoque quelques petites angoisses parentales et espoirs déçus du côté des jeunes. Il y a les collégiens qui se font aider par un prof, les adolescents qui comptent sur les relations de papa ou maman et les autres qui, comme César, jettent des bouteilles à la mer. Ils ne connaissent personne dans le milieu professionnel « de leurs rêves » mais

tentent leur chance. Alors ils s'appliquent pour faire leur lettre (peut-être avec l'aide des parents, peu importe) et envoient des candidatures spontanées proches d'une demande d'emploi.
Dans sa lettre de motivation, César explique, de sa plus belle écriture, que le journalisme a toujours été « une réelle passion », qu'il aimerait « de tout cœur » réaliser un stage dans la presse et que « ça serait avec investissement que j'accomplirais les tâches que vous me donneriez ». César, tu as réussi, je suis convaincue. Viens observer notre beau métier et compléter ton CV !

D'après *Le Monde*, 02 novembre 2011.

* Le « conseil de classe » réunit trois fois dans l'année scolaire les professeurs d'une classe, la direction du collège ou du lycée et les représentants des élèves, pour évaluer les élèves et les conseiller pour la suite de leur scolarité. Les « félicitations » sont attribuées aux meilleurs élèves.
** Les collégiens obtiennent l'ASSR (obligatoire pour s'inscrire à l'examen du permis de conduire) s'ils réussissent les tests sur les règles élémentaires de sécurité routière.
*** Le concours Kangourou est un jeu concours sur les mathématiques.

**1**

**Savez-vous à quel âge on effectue son premier stage en France ?**
1. Lisez l'article du journal *Le Monde* pour le découvrir.
2. Identifiez de qui parle la journaliste, et pourquoi.

**Relisez l'article.**
1. Dites quelle est la spécificité du CV de César (ce qui est inhabituel pour un CV).
2. D'après les informations rapportées par la journaliste, imaginez le CV de César : quelles sont les différentes parties ?

## 3

**Relisez l'article et observez le schéma du système éducatif français.**

1. Situez César sur le schéma et retrouvez son parcours scolaire.
2. Trouvez en quoi consiste le stage évoqué, son objectif et sa durée.

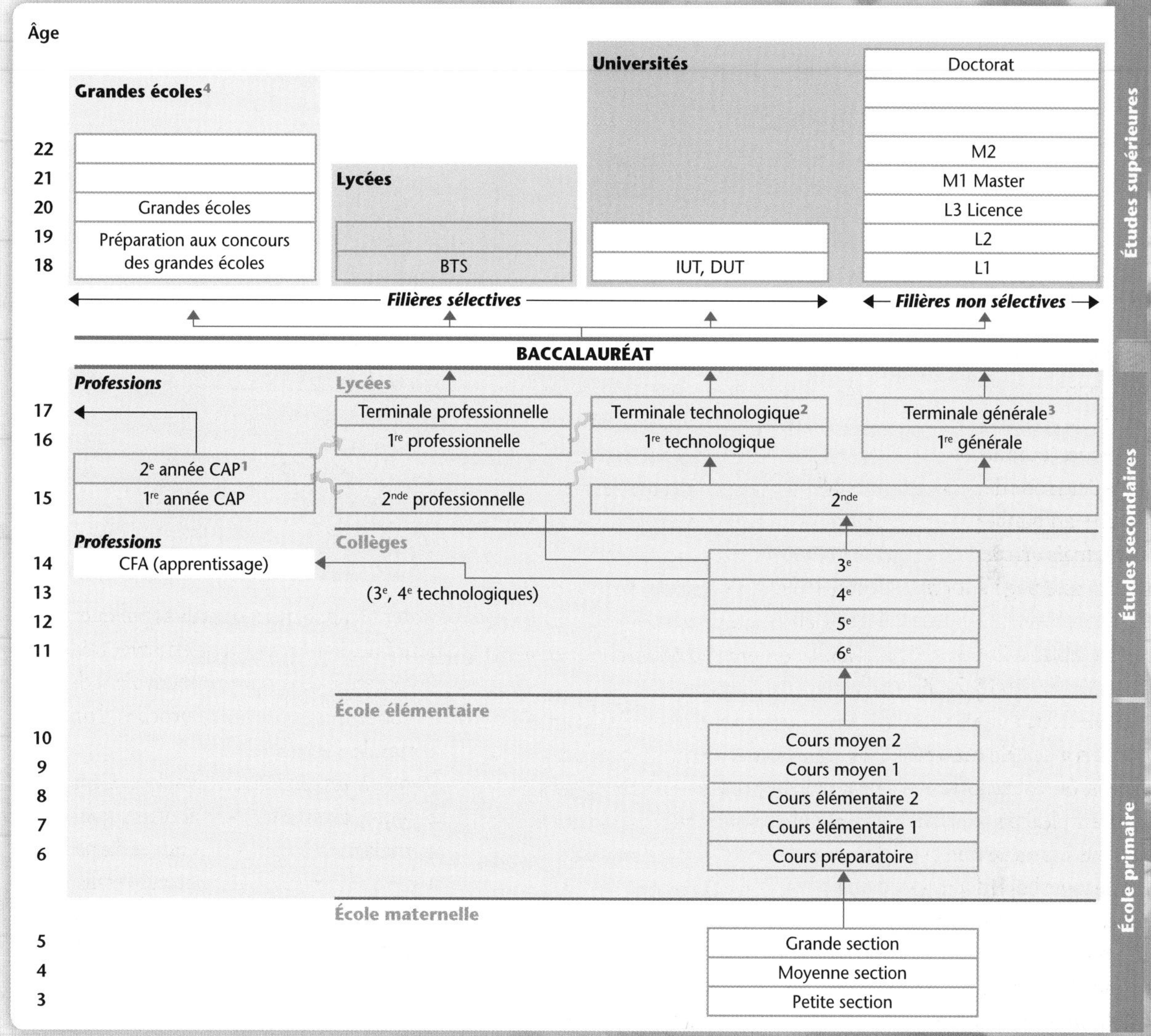

| Âge | Grandes écoles[4] / Professions | Lycées | Universités | | |
|---|---|---|---|---|---|
| | | | | Doctorat | Études supérieures |
| | | | | | |
| | | | | | |
| 22 | | | | M2 | |
| 21 | | | | M1 Master | |
| 20 | Grandes écoles | | | L3 Licence | |
| 19 | Préparation aux concours des grandes écoles | | | L2 | |
| 18 | | BTS | IUT, DUT | L1 | |
| | ← Filières sélectives → | | | ← Filières non sélectives → | |
| | BACCALAURÉAT | | | | |
| | *Professions* | Lycées | | | Études secondaires |
| 17 | ← | Terminale professionnelle | Terminale technologique[2] | Terminale générale[3] | |
| 16 | 2e année CAP[1] | 1re professionnelle | 1re technologique | 1re générale | |
| 15 | 1re année CAP | 2nde professionnelle | 2nde | | |
| | *Professions* | Collèges | | | |
| 14 | CFA (apprentissage) | | 3e | | |
| 13 | | (3e, 4e technologiques) | 4e | | |
| 12 | | | 5e | | |
| 11 | | | 6e | | |
| | | École élémentaire | | | École primaire |
| 10 | | | Cours moyen 2 | | |
| 9 | | | Cours moyen 1 | | |
| 8 | | | Cours élémentaire 2 | | |
| 7 | | | Cours élémentaire 1 | | |
| 6 | | | Cours préparatoire | | |
| | | École maternelle | | | |
| 5 | | | Grande section | | |
| 4 | | | Moyenne section | | |
| 3 | | | Petite section | | |

1. CAP = Certificat d'Aptitude Professionnelle.
2. Au lycée, la filière technologique comporte plus de matières spécialisées et plus de pratique que la filière générale (séries gestion, hôtellerie, santé, musique / danse...).
3. Filières spécialisées à partir de la première : L (littéraire) ; S (scientifique) ; ES (économique et sociale).
4. Les grandes écoles sont des établissements d'enseignement supérieur qui recrutent les élèves par concours et assurent des formations de haut niveau (écoles d'ingénieurs, de commerce et de gestion, d'arts...).

**Répondez en citant des extraits de l'article.**

1. Est-il facile d'obtenir le stage cité ?
2. Quelles sont les stratégies utilisées par les élèves pour trouver leur stage ? Comment César a-t-il procédé ?
3. Quelle profession César envisage-t-il pour son avenir ?

**Identifiez sur le schéma quel parcours César peut suivre dans ses études, pour se former au métier souhaité.**

**Échangez en petits groupes !**

1. Que pensez-vous de l'obligation d'effectuer un stage « d'observation en milieu professionnel » à l'âge de 14 ans ?
2. Le système éducatif dans votre pays prévoit-il des stages professionnels pendant les études secondaires ? À quel niveau d'études, dans quel cadre ?

# S'exercer

## › Le plus-que-parfait

**1. Lisez les conseils, puis complétez le témoignage.**
*Exemple :* Préparez-vous → *Avant mon départ, je* ***m'étais préparé*** *plusieurs mois à l'avance. Je… Je…*

**erasmus** mode d'emploi

- Préparez-vous plusieurs mois à l'avance.
- Renseignez-vous sur les universités partenaires.
- Demandez conseil à votre enseignant(e) pour choisir une université.
- Remplissez un dossier de candidature.

**Après acceptation de votre dossier**

- Entrez en contact avec l'université partenaire.
- Choisissez vos cours.
- Organisez votre séjour sur place : occupez-vous de votre futur logement.

**2. Complétez avec le plus-que-parfait ou le passé composé.**
1. Presque tous les étudiants de notre école … (aller) faire leur dernière année dans une université européenne parce qu'ils … (obtenir) une bourse Erasmus.
2. Je … (se perdre) dans Milan parce que j'… (mal noter) l'itinéraire pour aller à l'université.
3. Il y a quelques années, j'… (suivre) des cours à Varsovie pour mon master d'économie et j'y … (retourner) cet été pour une mission.
4. L'université de Francfort … (ne pas accepter) ta candidature parce que tu … (envoyer) ton dossier en retard.
5. Farid, qui … (ne pas encore voir) Madrid, … (tomber) immédiatement sous le charme de cette ville.

## › Parler d'une expérience professionnelle

**3. Complétez le texte à l'aide des verbes suivants.**
découvrir – décrocher – suivre – effectuer – acquérir – être employé – trouver

Les formations universitaires demandent aux étudiants de … des stages. Cela leur permet de … le monde de l'entreprise et de … des compétences sur le terrain. … un stage est parfois aussi difficile que trouver un emploi et il … souvent nécessaire de … plusieurs stages avant de … un travail et de … dans une entreprise.

## › Les adverbes

**4. Complétez avec l'adverbe correspondant.**
*Exemple :* un salut aimable → *Il salue aimablement.*
1. un travail rapide → Il travaille…
2. un départ définitif → Il part…
3. une réaction violente → Il réagit…
4. une réponse négative → Il répond…
5. un jugement superficiel → Il juge…
6. un rire bruyant → Il rit…
7. un habit élégant → Il s'habille…

**5. Reformulez les expressions soulignées. Remplacez-les par un adverbe de même sens.**
1. Ce professeur travaille <u>avec sérieux</u> et <u>de façon intelligente</u> mais il a – <u>c'est fréquent</u> – des problèmes avec ses étudiants parce qu'il leur parle <u>avec méchanceté</u>.
2. Dans cette entreprise, les stagiaires ne sont pas traités <u>de façon différente</u> des autres : ils sont payés <u>de façon correcte</u> et ils gagnent <u>un salaire suffisant</u> pour vivre.

## Leçon 2

## › Comprendre une offre d'emploi

**6. Complétez l'annonce suivante avec le mot qui convient.**

Accros de la mode ?
N'attendez pas !

H&M

… (1)

**des responsables de boutique en région Rhône-Alpes.**

… (2) bac+ 2.
Excellente … (3) de l'anglais exigée.

**Type de … (4) :** CDI.
**… (5) brute :** 2200 euros / mois + … (6).
**Pour postuler :** www.h&mrecrute.com

1. cherche – recrute – offre
2. expérience – capacité – niveau
3. habitude – maîtrise – langue
4. travail – compétence – contrat
5. rémunération – prime – somme
6. prix – prime – salaire

## › Indiquer les qualités pour un emploi

**7. Complétez les trois textes avec les mots suivants. Faites les accords nécessaires.**
relationnel – sens – contact – passionné – capacité – rigueur – organisé – souriant
1. *Employé dans une bibliothèque :*
   Il faut être très …, avoir de la … et de bonnes qualités … .
   Le candidat doit être … par les livres de toutes sortes.
2. *Hôtesse d'accueil :*
   Elle doit être … et elle doit avoir un bon … avec le public.
3. *Directeur des ressources humaines :*
   Il doit avoir le … de l'écoute et de l'analyse. Il est important d'avoir une … à négocier et à prendre des décisions.

## › Postuler pour un emploi

**8. Reconstituez l'ordre des informations dans la lettre de motivation d'Emmanuel.**

**Emmanuel Mc Grégor**
138 Bd Sérurier
57000 Metz

CYCLOBULLE*
78 rue de Cléry
57000 Metz

Metz, le 25 janvier

**Objet :** candidature.

Madame, Monsieur,

a. Cette expérience a développé mon goût pour la mécanique et je pense aussi avoir le sens du contact avec la clientèle française et étrangère.
b. De plus, je suis très sportif, je pratique le basket et la natation régulièrement depuis sept ans.
c. Je pense donc avoir les qualités demandées pour conduire un cyclobulle : je suis dynamique, ouvert, et je suis intéressé par cette formule originale de transport écologique.
d. Suite votre annonce, je vous adresse ma candidature de conducteur de cyclobulle pour la période du 1er juillet au 30 août.
e. Je me tiens à votre disposition pour vous exposer plus largement mes motivations lors d'un entretien.
f. Étudiant en école de commerce, j'ai déjà suivi un stage de six mois dans une boutique spécialisée dans la vente de motocycles.
g. En effet, de père américain, je suis parfaitement bilingue et possède aussi une assez bonne maîtrise de l'allemand.

Cordialement
Emmanuel Mc Grégor

* Cyclobulle est une société de vélos-taxis

**9. Complétez le mail avec les expressions suivantes. Attention : n'oubliez pas de faire les modifications nécessaires.**
motivation – posséder une expérience – se tenir à la disposition de quelqu'un – adresser une candidature – suite à – titulaire de

Monsieur,
… votre annonce parue dans *Le Figaro* du 12 janvier dernier, je vous … au poste de secrétaire dans votre entreprise.
… un BTS d'assistante de direction, je suis bilingue et je … de dix ans dans le secrétariat. Ma … à travailler dans ce secteur est toujours aussi grande : j'aime mon métier et le contact avec le public.
Je … pour vous exposer mes motivations lors d'un entretien.
Cordialement
Juliette Bénard

## › Les marqueurs temporels

**10. Complétez le témoignage avec *pendant, depuis, pour, il y a.***
« Je suis entré *il y a / pendant* quatre ans comme vendeur dans un grand magasin à Lyon ; au départ, c'était juste *depuis / pour* trois mois, mais j'ai rapidement obtenu un CDI. J'ai suivi une formation aux techniques de vente *pendant / pour* plusieurs week-ends et *il y a / depuis* six mois je suis chef de rayon. »

# Leçon 3

## › Donner des conseils

**11. Complétez les conseils avec le temps qui convient. Choisissez entre le présent de l'indicatif, le futur simple et l'impératif.**
1. Si tu … (suivre) un stage, tu … (apprendre) à avoir un comportement adéquat.
2. Si vous … (écouter) les remarques du formateur, vous … (progresser) plus vite.
3. Si tu … (ne pas avoir confiance) en toi, … (s'inscrire) à l'atelier de Pôle emploi.
4. Si vous … (multiplier) les contacts, vous … (trouver) plus facilement un stage.
5. Si vous … (souhaiter) donner une image positive de vous, … (être) attentif à votre comportement.
6. Si vous … (vouloir) vous entraîner, … (aller) aux ateliers de préparation aux entretiens.

## › Le subjonctif

**12. a) Mettez les verbes entre parenthèses au subjonctif.**
*Être un bon recruteur*
Il faut qu'il … (aller) à l'essentiel dans ses questions et qu'il … (prendre) discrètement des notes pendant l'entretien. Il est indispensable aussi qu'il … (avoir) une attitude neutre, qu'il … (être) poli avec les candidats, qu'il les …. (laisser) parler et qu'il … (se taire) ou qu'il …. (dire) le minimum. Enfin, il faut qu'il … (réfléchir) aux points forts ou faibles du candidat et qu'il … (écrire) un court rapport après chaque entretien.

**b) Transformez les phrases précédentes en conseils à un recruteur-stagiaire.**
*Exemple : Il faut que **vous alliez** à l'essentiel dans vos questions.*

**13. Transformez selon les exemples. Utilisez le subjonctif.**
*Exemples :* – Tu dois dire ta vraie motivation.
→ *Il faut que tu dises ta vraie motivation.*
– Vous ne devez pas dire du mal de votre ancien chef.
→ *Il ne faut pas que vous disiez du mal de votre ancien chef.*
1. Je dois suivre les conseils de ton coach.
2. Vous devez faire attention à votre tenue.
3. Il doit sourire aimablement.
4. Elle ne doit pas dire ses défauts.
5. Nous devons nous tenir de façon correcte.
6. Vous devez regarder la personne en face.
7. Il doit bien connaître l'annonce.

**14. Imaginez des conseils pour les situations suivantes. Utilisez : *Il (ne) faut (pas) / Il faudrait que* + le subjonctif ; *Il est essentiel / indispensable que* + le subjonctif.**
1. Un employé donne des conseils à un nouveau collègue.
2. Un directeur donne des conseils à quelqu'un qui arrive toujours en retard.
3. Une amie donne des conseils à quelqu'un qui a un chef insupportable.
4. Le directeur donne des conseils à quelqu'un qui devient chef.

# Vers le DELF A2

A2

## Compréhension de l'oral 28

8 points

**1. Lisez les questions.**

**2. Écoutez le document une première fois. Commencez à répondre aux questions.**

**3. Écoutez le document une seconde fois. Complétez vos réponses et relisez.**

**1.** Alain travaille dans cette entreprise depuis :
a. sa jeunesse.
b. plusieurs années.
c. peu de temps.

**2.** La journaliste a choisi de l'interviewer en raison de :
a. son âge.
b. ses diplômes.
c. son caractère.

**3.** Avec cet emploi, Alain s'estime :
a. courageux.
b. malheureux.
c. chanceux.

**4.** Il s'est senti :
a. très bien accueilli.
b. moyennement bien accueilli.
c. mal accueilli.

**5.** Alain a remplacé un employé qui :
a. a eu un enfant.
b. est parti à la retraite.
c. a déménagé.

**6.** Dans l'interview, Alain parle de collègues qui :
a. sont plus jeunes.
b. ont des âges différents.
c. sont âgés.

**7.** Dans quelle situation Alain donne-t-il des conseils à ses collègues ?

**8.** Ses collègues apprécient :
a. son autorité.
b. son calme.
c. son humour.

## Production écrite

12 points

**Vous avez reçu ce mail d'une amie.**
**Répondez-lui : remerciez-la pour son message et racontez vos premiers mois à votre nouveau travail. Donnez vos impressions sur cette nouvelle expérience (60 à 80 mots).**

**De :** sandrine@gmail.com
**À :**
**Objet :** ton boulot

Salut,

Alors, quoi de neuf ? Tu as commencé un nouveau travail il y a deux mois déjà et tu ne me donnes pas de nouvelles ?

Comment ça se passe ? Tes collègues sont sympas ? Et ton nouveau rythme de vie, tes horaires ? Ton salaire ?… Raconte-moi, sinon je vais m'inquiéter !

À bientôt, bises,

Sandrine

# Dossier 3

# La France vue par...

Leçon 1 **Ils sont fous ces Français !**
> Parler d'un pays et de ses habitants
> Découvrir des stéréotypes

Leçon 2 **Expatriés**
> Questionner sur / Évoquer un changement de vie
> Évoquer des différences culturelles

Leçon 3 **Paris – province : le match**
> Comprendre une étude comparative, un classement
> Parler de son lieu de vie

**Carnet de voyage**
> Différences culturelles et quiproquos

**Vers le DELF A2**

**Projet**
> Réaliser une exposition *Regards sur la France*

**Phonie-graphie** → activités 1 à 3 p. 167
**Lexique thématique** → p. 198-199

# Ils sont fous ces Fr

## › Parler d'un pays et de ses habitants

Jean-Benoît Nadeau
& Julie Barlow
Pas si fous, ces Français !
Seuil

**1** Regardez la couverture du livre et écoutez l'extrait d'interview à la radio. Dites ce que vous apprenez sur le livre et sur ses auteurs.

**2** Écoutez la suite de l'interview, dans laquelle les auteurs lisent l'introduction de leur livre.

**1.** Dites dans quel ordre apparaissent les thèmes suivants :
– la mentalité des Français ;
– les conditions de vie en France.

**2.** Pour chacun de ces deux thèmes, dites si l'opinion des auteurs est positive ou négative.

**3.** Identifiez dans l'interview les deux mots-clés que les auteurs utilisent pour caractériser la France.

**3** **Lisez maintenant l'extrait suivant et retrouvez les thèmes abordés par les auteurs (choisissez dans chaque liste).**

**1.** Quand ils décrivent les conditions de vie :
la santé – les conditions de travail – la durée de vie – le système politique – le niveau de vie économique – les habitudes alimentaires – l'histoire – les commerces.

**2.** Quand ils décrivent la mentalité des Français :
l'accueil dans les commerces – l'attitude au travail – l'attitude envers l'action humanitaire – l'attitude des propriétaires de chiens – l'attitude envers la politique.

Imaginez un pays dont les habitants travaillent trente-cinq heures par semaine, ont droit à cinq semaines de congés payés par an, prennent des pauses-déjeuner d'une heure et demie, ont une espérance de vie* des plus longues malgré une tradition culinaire des plus riches. Un pays où survit le petit commerce à l'ancienne, dont les habitants adorent faire le marché le dimanche matin et bénéficient du meilleur système de santé du monde.

Vous êtes en France.

Imaginez maintenant un pays dont les citoyens font preuve de si peu de civisme qu'il ne leur vient pas à l'esprit de ramasser les crottes de leur chien ni d'apporter une contribution régulière aux œuvres caritatives**. Où les gens s'attendent à voir l'État s'occuper de tout puisqu'ils paient beaucoup d'impôts. Où le client est en général servi avec nonchalance, voire impolitesse.

Vous êtes toujours en France.

* espérance de vie : durée moyenne de vie pour une génération
** œuvres caritatives : aides aux défavorisés

**4** **Relisez l'extrait et relevez les informations positives et négatives données sur la France et les Français.**

AIDE-MÉMOIRE

**Parler d'un pays et de ses habitants**

- les habitants – les gens – les citoyens
- **faire preuve de** civisme / **de** nonchalance
- **bénéficier d'**un bon système de santé / **de** bonnes conditions de vie
- **avoir droit à** cinq semaines de congé

→ S'exercer n° 1 | p. 66

**5** **Échangez !**
Grâce à l'extrait de *Pas si fous, ces Français !* qu'avez-vous découvert sur la France et les Français ? Dites si ce portrait correspond à la représentation que vous aviez de ce pays et de ses habitants.

# ançais !

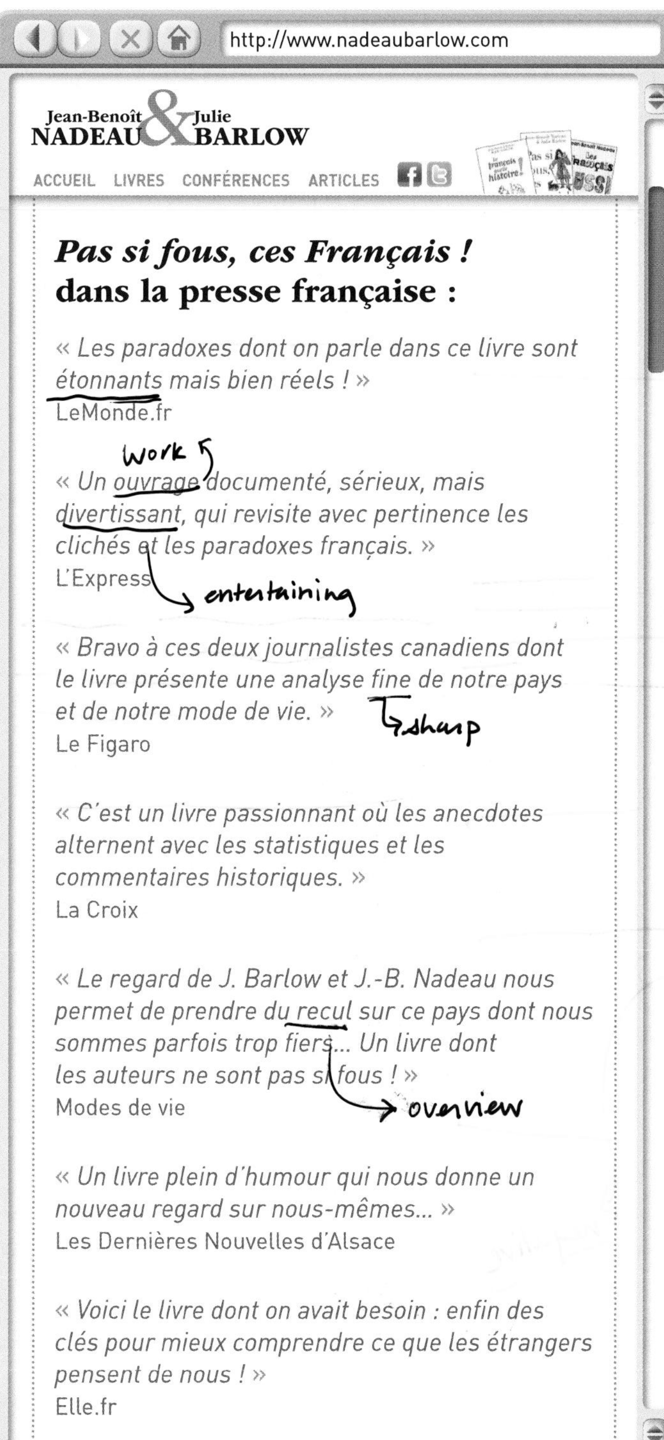

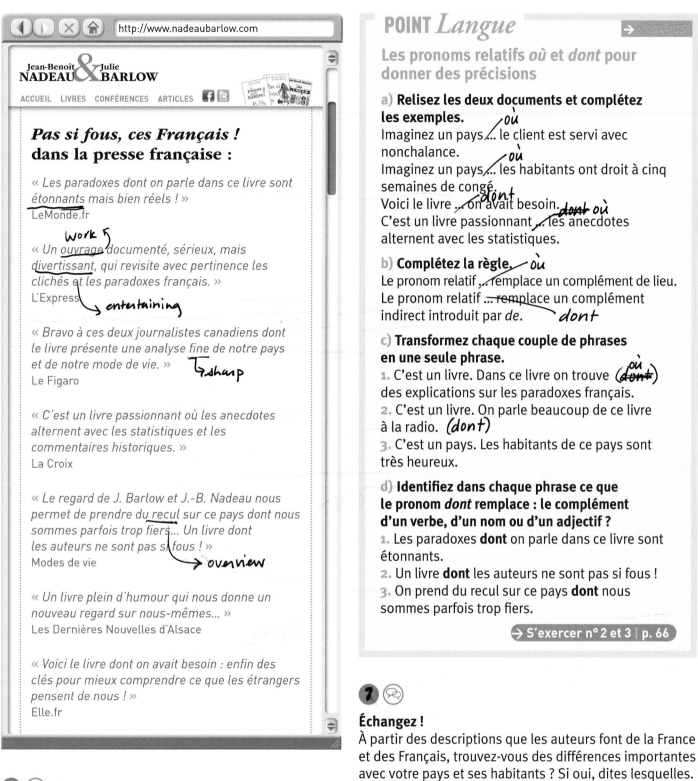

http://www.nadeaubarlow.com

Jean-Benoît NADEAU & Julie BARLOW

ACCUEIL LIVRES CONFÉRENCES ARTICLES

***Pas si fous, ces Français !***
**dans la presse française :**

*« Les paradoxes dont on parle dans ce livre sont étonnants mais bien réels ! »*
LeMonde.fr

*« Un ouvrage documenté, sérieux, mais divertissant, qui revisite avec pertinence les clichés et les paradoxes français. »*
L'Express

*« Bravo à ces deux journalistes canadiens dont le livre présente une analyse fine de notre pays et de notre mode de vie. »*
Le Figaro

*« C'est un livre passionnant où les anecdotes alternent avec les statistiques et les commentaires historiques. »*
La Croix

*« Le regard de J. Barlow et J.-B. Nadeau nous permet de prendre du recul sur ce pays dont nous sommes parfois trop fiers... Un livre dont les auteurs ne sont pas si fous ! »*
Modes de vie

*« Un livre plein d'humour qui nous donne un nouveau regard sur nous-mêmes... »*
Les Dernières Nouvelles d'Alsace

*« Voici le livre dont on avait besoin : enfin des clés pour mieux comprendre ce que les étrangers pensent de nous ! »*
Elle.fr

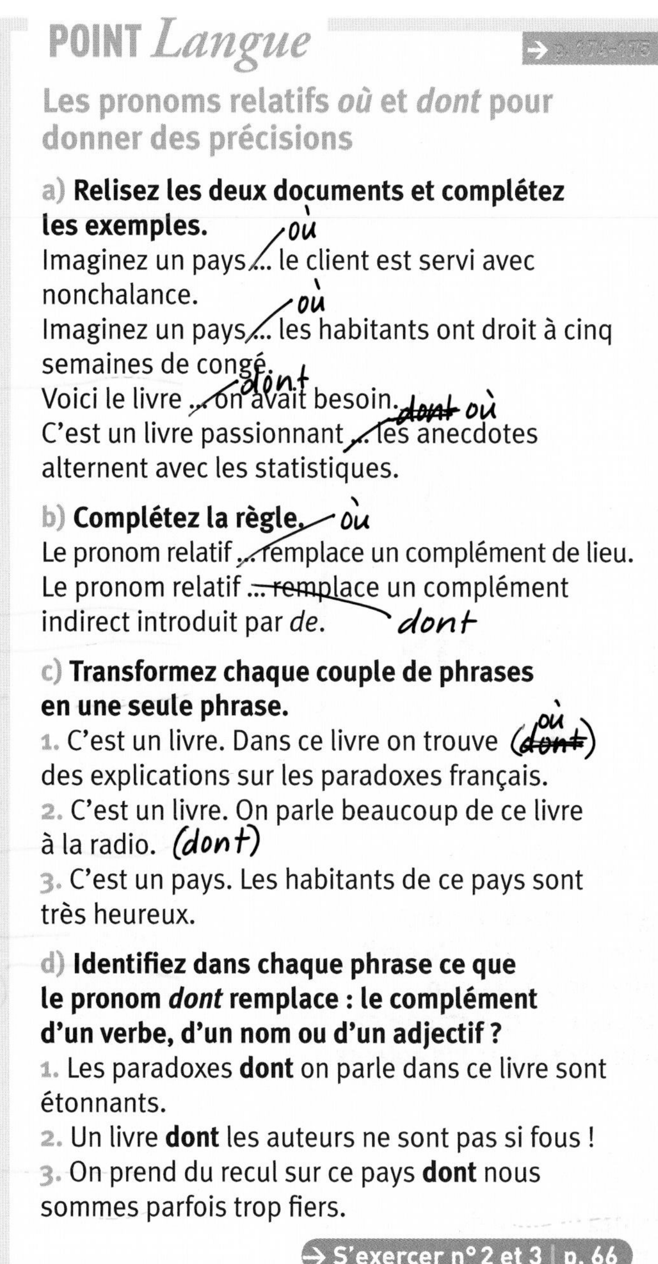

## POINT *Langue*

→ p. 174-175

### Les pronoms relatifs *où* et *dont* pour donner des précisions

a) **Relisez les deux documents et complétez les exemples.**
Imaginez un pays ... le client est servi avec nonchalance.
Imaginez un pays ... les habitants ont droit à cinq semaines de congé.
Voici le livre ... on avait besoin.
C'est un livre passionnant ... les anecdotes alternent avec les statistiques.

b) **Complétez la règle.**
Le pronom relatif ... remplace un complément de lieu.
Le pronom relatif ... remplace un complément indirect introduit par *de*.

c) **Transformez chaque couple de phrases en une seule phrase.**
1. C'est un livre. Dans ce livre on trouve des explications sur les paradoxes français.
2. C'est un livre. On parle beaucoup de ce livre à la radio.
3. C'est un pays. Les habitants de ce pays sont très heureux.

d) **Identifiez dans chaque phrase ce que le pronom *dont* remplace : le complément d'un verbe, d'un nom ou d'un adjectif ?**
1. Les paradoxes **dont** on parle dans ce livre sont étonnants.
2. Un livre **dont** les auteurs ne sont pas si fous !
3. On prend du recul sur ce pays **dont** nous sommes parfois trop fiers.

→ S'exercer n° 2 et 3 | p. 66

**6**

**Vrai ou faux ? Lisez les extraits de presse et répondez. Justifiez vos réponses.**
1. L'opinion de la presse sur le livre est négative.
2. Le livre est amusant.
3. Le livre est fondé sur des données concrètes.
4. Les informations présentées dans le livre sont bien connues des Français.

**7**

**Échangez !**
À partir des descriptions que les auteurs font de la France et des Français, trouvez-vous des différences importantes avec votre pays et ses habitants ? Si oui, dites lesquelles.

Aborder : talked about
La folie : Craziness
Ramasser : pick-up
Pisque : Because
Voire : same/more
Attendre : to wait
S'attendre : to expect
un impôt : tax
une taxe : tax
faire l'éloge de : to praise
Divertissant : entertaining
Ouvrage : work
Recul : overview
fine : sharp

# › Découvrir des stéréotypes

## Qu'est-ce que les Belges pensent des Français ?

**Les Belges aiment la France. Les Belges aiment bien les Français. Les résultats de l'enquête menée par l'institut « Dedicated Research » pour *JV Magazine* ne sont pas une surprise : l'attirance pour le pays et la sympathie pour son peuple sont certains, mais avec quelques nuances. À quoi ressemble la France qu'ils aiment ? Comment sont les Français qu'ils apprécient ? Réponses et commentaires.**

Pour les Belges, la France c'est avant tout le pays des vacances (33 %), des destinations touristiques (24 %) et des beaux paysages (22 %). Mais c'est aussi celui du bon vin (29 %) et de la gastronomie (23 %). Seulement 1 % des personnes interrogées associent la France aux Droits de l'homme ou à la littérature. Pour la majorité des Belges, la France est d'abord un gigantesque et excellent restaurant, avec une magnifique cave, installé dans un décor de rêve. Ensoleillé, bien entendu !

Les Belges préfèrent la France (86 %) aux Français (81 %), mais notre réputation n'est pas trop mauvaise : 18 % seulement ont pour leurs voisins des sentiments « assez ou très négatifs ». On remarque que deux tiers des personnes interrogées considèrent la France comme un pays dont ils se sentent proches : un peu plus de la moitié des Belges (51 %) aimeraient y vivre.

Qu'est-ce qu'ils aiment chez nous ? Nos principales qualités : nous sommes aimables et courtois (42 %), nous savons nous exprimer (18 %). Pour un Belge sur dix, nous sommes ouverts d'esprit ; 9 % pensent que nous sommes cultivés, cuisinons bien, et sommes de bons vivants. Des qualités dont nous sommes fiers ! À l'inverse, notre créativité, notre mobilité et notre ambition sont celles qui obtiennent le plus faible pourcentage de réponses (1 %). Pour les défauts, c'est le consensus : nous sommes « chauvins* et arrogants » pour plus d'un Belge sur deux. En ce qui concerne notre humour, ils ne semblent pas traumatisés par nos fameuses blagues belges où l'on se moque d'eux : 3 % citent l'humour comme une de nos qualités, contre 2 % qui le considèrent comme un défaut.



* chauvin : qui manifeste une admiration exagérée pour son pays, sa région

8

**a) Lisez la présentation de *JV Magazine* et identifiez à quel public il est destiné.**

**b) Lisez l'introduction de l'article. Identifiez le thème de l'enquête qui est à l'origine de l'article et dites pourquoi le magazine a commandé cette étude.**

9

**Lisez l'article et identifiez son plan (le thème de chaque partie).**

10

**Relisez l'article et identifiez pour chaque thème les réponses de l'enquête, en les classant par ordre d'importance.**

*Exemple :* la France vue par les Belges
→ *réponses majoritaires : la France est le pays des vacances (33 %), des destinations touristiques (24 %), ... ; réponses minoritaires : ...*

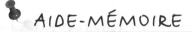

AIDE-MÉMOIRE

**Exprimer un pourcentage**

- **la majorité** des personnes = 50 % ≠ **une minorité** de personnes
- 50 % des personnes (interrogées) = **la moitié** des personnes = **une personne sur** deux
- 25 % des personnes = **un quart** des personnes = **une personne sur** quatre
- 33 % des personnes = **un tiers** des personnes = **une personne sur** trois

→ S'exercer n° 4 | p. 66

## 11 Phonétique 36-37

a) **Écoutez et répétez.**

b) **Écoutez et écrivez les pourcentages entendus.**

## 12

**Lisez cet extrait de BD.** Identifiez qui parle, de quoi, de qui. Retrouvez dans l'article p. 54 l'habitude française illustrée dans cette BD.

## 13

a) **Écoutez l'enregistrement et dites quelle est la situation (qui parle, de quoi, à quelle occasion).**

b) **Identifiez le point commun et la différence avec la BD.**

## 14 38

**Réécoutez les blagues et identifiez le stéréotype évoqué concernant les Français.**

## 15

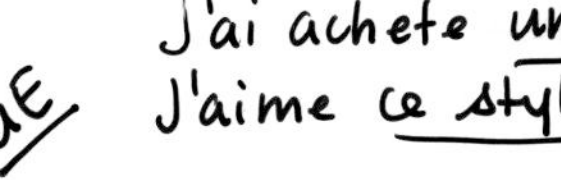

J'ai acheté un stylo.
J'aime ce stylo.


**Échangez en petits groupes.**

**1.** Y a-t-il dans votre pays un type de blagues qu'on raconte souvent ?

**2.** Quels sont les stéréotypes sur les Français dans votre pays ? Connaissez-vous des stéréotypes sur votre pays (à l'étranger) ?

## 16

**2010 année de l'Inde en France, 2011 année du Mexique, 2012 année de la Russie... : chaque année,**

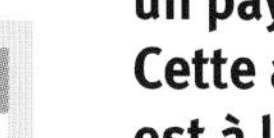

**un pays est à l'honneur en France. Cette année, c'est votre pays qui est à l'honneur !**

Écrivez un court texte pour présenter votre pays sur le site www.unpaysalhonneur.fr et donner envie aux gens de le visiter. Parlez du pays, des conditions de vie et de ses habitants.

### POINT *Langue*

→ p. 175

**Les pronoms démonstratifs *celui, celle, ceux, celles***

a) **Lisez et trouvez ce que les mots en gras remplacent.**
Le pays des vacances et **celui** du bon vin. Le magazine des Français qui aiment la Belgique et de **ceux** qui y vivent. Les qualités principales et **celles** qui obtiennent la plus faible réponse.

b) **Réécoutez et relisez les blagues (activités 12 et 13). Identifiez les expressions utilisées pour les introduire.**

c) **Complétez avec *celle, ceux, celles*.**

| | Masculin | Féminin |
|---|---|---|
| **Singulier** | celui | ... |
| **Pluriel** | ... | ... |

**Attention !**

- *Celui-ci, celui-là* → pour désigner.
- *Celui qui* + verbe / phrase
- *Celui de* + nom

→ pour définir / donner une précision.

→ S'exercer n° 5 | p. 66

**PROJET DOSSIER 3**

Pour **réaliser une exposition *Regards sur la France***, vous allez :

**TÂCHE** LEÇON **1** Élaborer une carte *La France vue par nous*

>>> internet - www.hachettefle.fr

# Expatriés

## › Questionner sur / Évoquer un changement de vie

http://www.expatblog.com

Expatbl🌐g.com

Rejoignez la communauté | Partagez votre expérience | Participez aux forums | Ajoutez votre blog

### Marie, expatriée à Pékin

**1. Pourquoi et quand vous êtes-vous expatriée ?**
Je me suis expatriée avec mon compagnon qui avait un contrat de travail en Chine, il y a un an. On voulait vivre une nouvelle expérience, en famille, une vie différente de notre vie en France, plus exaltante. On avait déjà vécu deux ans en Chine, il y a dix ans, mais à l'époque on n'avait pas d'enfant !

**2. Quel était votre état d'esprit, vos doutes et vos peurs, avant de quitter la France ? Se sont-ils révélés exacts ?**
Avant de partir, je n'avais ni doutes, ni peurs. Beaucoup d'envies, plutôt ! Je ressentais seulement une petite appréhension pour notre fille, qui n'avait qu'un an et demi. Aujourd'hui, je peux dire que c'était le bon choix : nous sommes très heureux.

**3. Travaillez-vous en Chine ?**
Oui, j'ai la chance de travailler : j'enseigne le français à des Chinois de tous âges.

**4. La France vous manque-t-elle ?**
Cette question peut avoir deux réponses ! Oui, la France me manque parce qu'il y a mes proches, des souvenirs avec eux et des lieux importants pour moi là-bas. Et non, elle ne me manque pas parce que je suis partie pour vivre mieux et connaître autre chose que la mentalité française. Pour trouver une nouvelle dynamique personnelle et professionnelle.

**5. Quand pensez-vous revenir en France définitivement ? Avez-vous hâte de rentrer ?**
Nous n'avons pas prévu de retour définitif en France pour le moment. Notre souhait est de continuer à vivre à l'étranger. Alors nous n'avons pas vraiment hâte de rentrer, sauf pour les vacances bien sûr !

**6. Avez-vous l'impression, parfois, de vous « détacher » ou de vous « éloigner » un peu de la France : de sa culture, de ses traditions, de son mode de fonctionnement… ?**
C'est plutôt l'inverse. D'une part, tous les jours avec mes étudiants, je parle de la France et je « défends » la culture et les traditions françaises ; je la représente, d'une certaine manière. Donc, je connais mieux la France que quand j'y vivais. D'autre part, j'apprécie de me détacher de son mode de fonctionnement, un peu « figé » parfois. Mais je reconnais que, comme tous les Français, je râle, je me plains et je critique, à commencer par… les Français à l'étranger !

**7. Votre vision de la France et des Français est-elle différente maintenant que vous vivez en Chine ?**
Pour moi, la mentalité française manque parfois d'énergie positive. Les Chinois ont peut-être des doutes sur l'avenir, mais j'ai l'impression qu'ils se posent moins de questions et qu'ils agissent.

**8. L'expérience de l'expatriation a-t-elle modifié votre façon de voir le monde et la vie en général ?**
C'est sûr : l'expatriation a changé ma vie, en positif ! C'est une occasion unique de s'enrichir humainement. La vie d'expatrié semble plus intense, encore plus belle. Je me sens vraiment « citoyenne du monde » !

**a) Observez cette page Internet, puis dites de quel type de site il s'agit et à qui il s'adresse.**

**b) Dites qui a répondu au questionnaire d'accueil et dans quel pays cette personne vit.**

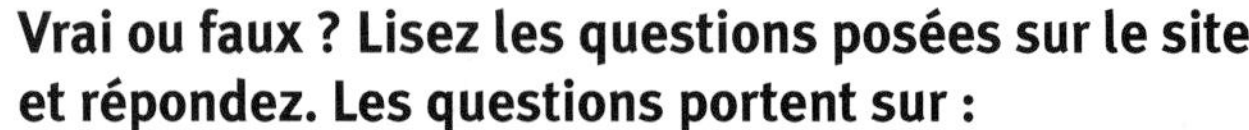

**Vrai ou faux ? Lisez les questions posées sur le site et répondez. Les questions portent sur :**

1. les conditions de vie dans le nouveau pays ;
2. le point de vue de l'expatrié(e) sur son pays d'origine ;
3. le point de vue de l'expatrié(e) sur le nouveau pays ;
4. les détails pratiques de l'expatriation ;
5. le ressenti de l'expatrié(e).

## 3

a) **Lisez les réponses et complétez la fiche d'inscription de Marie sur le site.**

Expatbl@g.com

Rejoignez la communauté | Partagez votre expérience | Participez aux forums | Ajoutez votre blog

Nom : Marie

Motif de l'expatriation : …

1er séjour dans le pays : ☐ oui ☐ non

Situation familiale : …

Expatrié(e) depuis combien de temps : …

Durée prévue du séjour dans le pays : …

Activité(s) dans le pays : …

b) **Répondez.**

1. Quel est son sentiment sur son expatriation ?
2. Est-elle nostalgique de son pays ?
3. Quel est son point de vue sur la France ?

## POINT *Langue*

→ p. 185 et 186

### La question inversée (à l'écrit)

a) **Lisez la question suivante et retrouvez la structure de ce type de question (Rappel).**
Travaillez-**vous** en Chine ?

b) **Observez les questions suivantes et identifiez leur structure : trouvez l'ordre des éléments ci-dessous. Expliquez la présence du *t* après le verbe dans la question 1.**
verbe – pronom personnel correspondant au sujet – nom sujet

1. **La France** vous manque-**t-elle** ?
2. **Votre vision** de la France est-**elle** différente ?

c) **Observez les questions suivantes et dites de quel type de verbe il s'agit. Retrouvez la règle de leur conjugaison au passé composé (Rappel).**
Se sont-ils révélés exacts ?
Quand vous êtes-vous expatriée ?

d) **Trouvez dans l'interview les autres verbes du même type. Formulez avec chaque verbe des questions au passé composé (*vous*, *ils*).**
… ; … ; … ; … ; … .

→ S'exercer n° 6 et 7 | p. 66-67

## AIDE-MÉMOIRE

### Exprimer son ressenti

- **L'état d'esprit**
  - ressentir une appréhension (= de la peur)
  - se sentir citoyen(ne) / seul(e) / bien ≠ mal
  - rechercher / trouver une (nouvelle) dynamique / une énergie positive ≠ manquer de dynamique / d'énergie
  - manquer (à quelqu'un) : la France / mes amis me manquent
  - avoir hâte de rentrer = être pressé de rentrer
- **Le point de vue**
  - le point de vue = la vision (de) = la façon de voir
  - se détacher / s'éloigner (d') une culture / un pays
  - avoir le sentiment / l'impression (que)

→ S'exercer n° 8 | p. 67

## 4

a) **Écoutez le témoignage de Marie sur expatblog.com et imaginez la question posée.**

b) **Réécoutez et répondez. Justifiez votre réponse.**

1. Quelles ont été les difficultés pour Marie au début ?
2. Quels ont été les évènements déterminants pour qu'elle confirme son choix d'expatriation ?
3. Combien de temps a été nécessaire pour que Marie se sente adaptée à sa nouvelle vie ?

## AIDE-MÉMOIRE

### Les marqueurs chronologiques

**Au début / Au départ**, je ne comprenais pas le chinois.
**À un moment**, on a failli rentrer en France.
**Au bout de / Après** deux mois, j'ai trouvé un travail.
**Petit à petit / Progressivement**, la communication …
**Finalement / Enfin**, je suis devenue autonome.

→ S'exercer n° 9 | p. 67

## 5

**Échangez !**
Avez-vous vécu une expérience (voyage, rencontre...) qui vous a permis de poser un « nouveau regard » sur votre pays ? de vous détacher ?

## 6

**Imaginez !**
On lance une campagne pour améliorer l'accueil des touristes. En petits groupes, rédigez un questionnaire pour connaître le ressenti et le point de vue des touristes, avec les rubriques : commerces et achats, hébergement, déplacements, nourriture et restauration.

# › Évoquer des différences culturelles

http://www.binational.fr

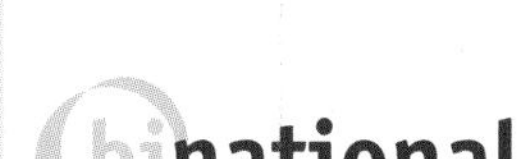

Couple binational
Travail, formation
Cours de langue
Argent
Mariage
Enfants
Langue et culture
Différences culturelles
Religion

## Vous vivez avec une personne d'une nationalité différente…

**Vos témoignages sont précieux pour aider les couples binationaux à prendre conscience des différences culturelles et à communiquer afin d'éviter les malentendus. Pour ne pas commettre d'impair, il vaut mieux se renseigner sur les règles de savoir-vivre dans la culture de l'autre !**

### Maëlle, 24 ans, en couple depuis deux ans avec Andreas, 25 ans, allemand

*Mon premier rendez-vous avec Andreas*

Quelle surprise lorsqu'il m'a présenté un bouquet de fleurs… sans emballage ! Habituée aux jolis bouquets préparés par les fleuristes en France, j'ai cru qu'il l'avait acheté rapidement à un vendeur dans la rue, et j'ai été un peu vexée… Mais je n'avais rien compris ! C'est une copine allemande qui m'a tout expliqué : en Allemagne, on enlève toujours l'emballage quand on offre des fleurs à quelqu'un !

*Ma première rencontre avec ses parents…*

Invitée à dîner à 19 h 30, j'ai appliqué la règle de politesse française : je suis arrivée avec 15 minutes de retard. Mais Andreas a pris cela pour un manque de courtoisie, il m'a expliqué que la ponctualité est très importante dans son pays, et que si quelqu'un invite à 19 h 30, tout le monde arrive à l'heure indiquée ! Mauvais départ ! Heureusement, la conversation a été détendue et on a discuté librement de ces petites différences qui peuvent entraîner des malentendus. Il faut dire qu'en France, personne n'arrive à l'heure indiquée pour une invitation à dîner… Tout le monde sait qu'il faut environ 10 à 15 minutes de marge, sinon on risque d'arriver au moment où les hôtes sont encore en train de se préparer !

### Marc, 35 ans, marié avec Akiko, 32 ans, japonaise

Quand je suis allé au Japon avec ma femme, j'ai fait plusieurs gaffes car là-bas tout est différent, ou presque. Par exemple, le jour où quelqu'un nous a offert un cadeau : en bon Français, je l'ai ouvert immédiatement ! Notre hôte a eu l'air surpris…

Ou encore le jour où j'ai oublié d'enlever mes chaussures chez mes beaux-parents ; j'ai vu tout de suite, dans le regard de ma femme, que quelque chose posait problème ! Partout au Japon, tout le monde enlève les chaussures en entrant dans une maison, et souvent il y a des chaussons pour les invités. Je n'avais jamais vu ça nulle part, en France. Chez nous, c'est assez mal vu de recevoir en chaussons et on ne voit personne se déchausser spontanément en arrivant chez des hôtes.

J'apprenais chaque jour quelque chose sur les différences culturelles. Par exemple, au début à Tokyo, dans les escalators, je me mettais à droite comme à Paris, mais je gênais tout le monde ! Au Japon, on stationne sur le côté gauche, pour laisser passer à droite les gens plus pressés.

**7**

a) **Observez cette page Internet et dites à qui le site est destiné.**

b) **Lisez les témoignages et identifiez parmi les rubriques celle qui correspond à cette page. Dites quel est l'objectif de cette page.**

**8**

a) **Relisez les témoignages. Identifiez les pays et les situations évoquées.**

b) **Identifiez les usages évoqués pour chaque pays.**

**9**

a) **Lisez l'extrait d'un guide destiné aux visiteurs étrangers en France p. 59.**

b) **Complétez les règles de savoir-vivre du guide en vous aidant des informations données par Maëlle et Marc dans leurs témoignages.**

# Savoir-vivre en France

## Les choses à faire ou à éviter

### Bonnes ou mauvaises manières

* Il faut respecter l'heure, la ponctualité est un acte essentiel du savoir-vivre. Si quelqu'un donne rendez-vous dans la rue ou dans un lieu public à une heure précise, on doit arriver à l'heure, le maximum qui peut être toléré est cinq minutes de retard.

* À la fin d'un repas, il est normal de partager l'addition de manière égale entre tous les convives, sauf si l'un d'entre eux insiste pour tout payer.

* Si l'on reçoit un cadeau, il n'est pas impoli de **...** .

### Dans les lieux publics

* Dans un ascenseur, dans les transports en commun, dans la rue, on ne fixe pas les gens du regard. Dévisager une personne est très mal considéré.

* Dans les escalators et sur les trottoirs roulants, il est d'usage de **...** .

### Être invité

* Lorsqu'on est invité à une soirée ou un dîner chez quelqu'un, il est nécessaire d'observer cette règle : **...** ! Si l'on est invité pour 19 heures, il est d'usage de **...**, parce qu'arriver plus tôt, c'est arriver trop tôt. Mais, si l'on prévoit un « vrai » retard de plus de trente minutes, il est poli de téléphoner à ses hôtes pour les prévenir.

* Que peut-on apporter à ses hôtes lorsqu'on est invité ? Un **...**, présenté **...**, une bouteille de vin, un livre, ou une boîte de chocolats.

## AIDE-MÉMOIRE

**Évoquer des différences culturelles**

- **Il est d'usage d'**offrir un bouquet.
- **Il est poli ≠ impoli d'**arriver en retard.
- Arriver en retard / Un retard **est considéré comme impoli.** ≠ Un retard de cinq minutes **est toléré.**
- Dévisager quelqu'un **est mal considéré / mal vu.**
- Observer une règle (de savoir-vivre). Connaître / respecter un usage.
- Commettre un impair. / Faire une gaffe (fam.).

## POINT *Langue*

### Pronoms indéfinis et adverbes

a) **Observez les phrases.**

- **Quelque chose** posait problème. – J'apprenais chaque jour **quelque chose**. – Je **ne** comprenais **rien**. – Je **n'**avais **rien** compris. – **Rien n'**est pareil. – **Tout** est différent. – Une copine m'a **tout** expliqué.
- **Quelqu'un** nous a offert un cadeau. – On offre des fleurs à **quelqu'un**. – **Personne n'**arrive à l'heure. – On **ne** voit **personne**. – **Tout le monde** enlève les chaussures. – Je gênais **tout le monde**.
- Quand on arrive **quelque part**. – **Nulle part** en France. – **Partout** au Japon.

b) **Classez les termes ci-dessous dans les trois catégories : *personne, action / chose, lieu.***
quelqu'un – partout – nulle part – rien – tout le monde – quelque chose – quelque part – personne – tout

c) **Associez.**

1. *quelqu'un, personne, tout le monde* — a. seulement sujets.
2. *quelque chose, rien, tout* — peuvent être — b. sujets ou compléments.
3. *quelque part, nulle part, partout* — c. seulement compléments.

d) **Complétez la règle.**
On utilise toujours la négation *ne* avant le verbe avec ..., ... et ... .
Le pronom indéfini complément est placé en général ... le verbe.

**Attention !** Au passé composé, *rien* et *tout* sont placés entre l'auxiliaire et le participe passé.

→ S'exercer n° 10 | p. 67

## 10 Phonétique  

**Écoutez et comptez les syllabes. Puis réécoutez et répétez.**
*Exemple :* On | n'voit | ça | nulle | part
→ 5 syllabes

## 11

**Échangez !**
Concernant les situations évoquées dans les témoignages, êtes-vous surpris par les usages en France ? Quelles sont les « règles » dans votre pays pour ces mêmes situations ?

## 12 

**Imaginez !**
Vous rédigez un guide à destination des visiteurs étrangers dans votre pays. Indiquez les règles de savoir-vivre importantes à connaître pour éviter de commettre des impairs.

**PROJET DOSSIER 3**

**Pour réaliser une exposition *Regards sur la France*, vous allez :**

**TÂCHE** LEÇON 2 Présenter un aspect de la vie en France

>>> internet - www.hachettefle.fr

# Paris-province : le

## › Comprendre une étude comparative, un classement

### Paris-province, où vit-on le mieux en France ?

**Enquête sur la qualité de vie**

Nous avons mené l'enquête auprès de familles et de personnes seules, installées en région parisienne et en province.

L'Île-de-France présente de nombreux atouts : elle possède le plus grand nombre d'entreprises, et bénéficie du plus important réseau de transports en commun d'Europe. C'est la région qui offre le plus de divertissements. C'est également dans la capitale qu'on gagne le plus…

Mais à la fin du mois, c'est le couple parisien qui a le moins d'argent. En effet, c'est dans Paris et sa région que les logements sont les plus chers et le coût de la vie le plus élevé. C'est aussi en Île-de-France que le temps de transport quotidien est le plus long, et son coût le plus lourd pour le budget. Sans parler de la pollution, du bruit et de la fatigue, qui placent Paris en dernier pour l'environnement.

Beaucoup d'aspects qui expliquent pourquoi, chaque année, environ vingt mille Franciliens quittent Paris et sa région pour la province.

D'après *Le Parisien*.

**Lisez la définition et le titre de l'article, puis expliquez le thème.**

**PROVINCE** [pʀɔvɛ̃s] (n. f.) – Toute la France, en dehors de la capitale et de sa proche banlieue.

**Lisez l'article et échangez : dites si les résultats de l'enquête vous donnent envie de vivre à Paris. Justifiez vos réponses.**

**Vrai ou faux ? Relisez l'article et répondez. Justifiez chaque réponse avec une citation de l'article.**

1. À Paris, les salaires sont moins élevés que dans toutes les autres grandes villes.
2. À Paris, il y a moins de possibilités de se divertir que dans toutes les autres grandes villes.
3. À Paris, on paie plus cher pour se loger que dans toutes les autres régions.
4. À Paris, il y a moins de transports urbains que dans toutes les autres régions.
5. À Paris, on passe plus de temps dans les transports que dans toutes les autres grandes villes.

# 44 villes au banc d'essai

*Un Parisien ne vit pas comme un Nantais. Avoir un meilleur niveau de vie dans la capitale ne veut pas dire que l'on est plus malheureux à Lille... Sur la base de plusieurs études statistiques, un banc d'essai des plus grandes villes françaises.*

**Le meilleur niveau de vie**
1 - PARIS
2 - Rennes
3 - Orléans
4 - Toulouse
5 - Lyon

**Démographie la plus dynamique**
1 - Toulouse
2 - Montpellier
3 - Bordeaux
4 - Lyon
5 - Rouen

**La plus forte réussite au bac**
1 - Toulouse
2 - Dijon
3 - Nantes
4 - Nancy
5 - Rennes

**Le plus de propriétaires**
1 - Béthune
2 - Saint-Nazaire
3 - Valenciennes
4 - Perpignan
5 - Toulon

**Le plus de cinémas**
1 - PARIS
2 - Lyon
3 - Bordeaux
4 - Toulouse
5 - Nantes

**Les mieux adaptées aux familles**
1 - Clermont-Ferrand
2 - Dijon
3 - Poitiers
4 - Angers
5 - Chambéry

**Les mieux adaptées aux jeunes**
1 - Nantes
2 - Lyon
3 - Toulouse
4 - Grenoble
5 - PARIS

**La meilleure offre de soins**
1 - Montpellier
2 - Besançon
3 - Marseille
4 - Toulouse
5 - Bordeaux

**La meilleure météo**
1 - Perpignan
2 - Toulon
3 - Marseille
4 - Nice
5 - Montpellier

**Le plus de transports urbains**
1 - PARIS
2 - Lyon
3 - Besançon
4 - Marseille
5 - Metz

**Le plus de dépenses pour aménager les espaces verts**
1 - Vichy
2 - La Rochelle
3 - Blois
4 - Cannes
5 - Limoges

**Le plus de logements sociaux**
1 - Cherbourg
2 - Reims
3 - Alençon
4 - Evreux
5 - Charleville-Mézières

**Chômage le plus fort**
1 - Maubeuge
2 - Valenciennes
3 - Calais
4 - Nîmes
5 - Marseille

**La plus forte criminalité**
1 - Mulhouse
2 - La Rochelle
3 - Montpellier
4 - Marseille
5 - Avignon

**Le plus de vols de voitures**
1 - Avignon
2 - Compiègne
3 - Nîmes
4 - Béziers
5 - Aix-en-Provence

**Le plus d'accidents de la circulation**
1 - Cannes
2 - Nice
3 - Bastia
4 - Marseille
5 - PARIS

MARTINE GROSSE

# match

## POINT Culture

### Paris et la province

**Quand on parle en France de la « province », on fait référence à tout ce qui n'est pas Paris et sa région.**

- Relisez l'article et relevez trois expressions pour désigner ce qui n'est pas la province. Relevez le nom utilisé pour désigner les habitants de la région parisienne.
- Et vous ? Vivez-vous dans un pays où les notions de capitale et de province sont importantes ? La capitale est-elle la ville la plus importante de votre pays ?

## POINT *Langue*

→ p. 178

### Le superlatif pour désigner les extrêmes dans un classement

**Relisez l'article et le tableau de classement (p. 60), puis complétez avec les extrêmes opposés.**

| | | |
|---|---|---|
| **Avec un adjectif** | …<br>…<br>… | Les logements **les moins** chers.<br>Le temps **le moins** long.<br>**Le moins** bon niveau de vie. |
| **Avec un adverbe** | …<br>On sort **le plus** facilement. | On vit **le moins** bien.<br>On sort **le moins** facilement. |
| **Avec un verbe** | … | On gagne **le moins.** |
| **Avec un nom** | …<br>**Le plus d'**argent. | **Le moins** de divertissements.<br>… |

**Attention !**
Superlatif de *bon* → *le (la) meilleur(e).*
Superlatif de *bien* → *le mieux.*

→ S'exercer n° 12 et 13 | p. 67

## 4 

**Observez le classement des villes dans le document *44 villes au banc d'essai* (p. 60) et retrouvez les informations sur la vie à Paris citées dans l'article.**

## 5 

a) **Relisez le classement. Trouvez les villes « championnes » pour chacun des aspects suivants.**
logements sociaux – espaces verts – climat – santé – éducation

b) **Trouvez quelles villes sont citées pour un point négatif.**

c) **Dites dans quelle ville vous conseillez de vivre à :**
– Mathias, 20 ans, étudiant ;
– Naïma et Mickaël, et leurs trois enfants.

## AIDE-MÉMOIRE

**Parler d'une ville**
Cette ville **offre** beaucoup de divertissements.
Cette ville **bénéficie d'**un important réseau de transports en commun.
Cette ville **possède** un grand nombre d'entreprises.
Cette ville **est adaptée à** une personne qui n'a pas de voiture / **aux** jeunes.

→ S'exercer n° 11 | p. 67

## 6 Phonétique 41-42-43

**Écoutez les trois séries de phrases et complétez la règle avec [ply], [plyz] ou [plys].**

**1.** *Plus* se prononce […] dans un superlatif avec un verbe ou un nom.
**2.** *Plus* se prononce […] dans un superlatif avec un adjectif ou un adverbe qui commence par une consonne.
**3.** *Plus* se prononce […] dans un superlatif avec un adjectif ou un adverbe qui commence par une voyelle.

## 7 

**Imaginez une enquête comme celle du *Parisien*. Faites un classement et désignez les extrêmes pour les villes de votre pays : activités culturelles, niveau de vie, transports, tourisme, nombre d'universités, climat…**

## 8 

**Échangez !**
En petits groupes, établissez des « records » pour :
– un quartier, par rapport aux autres quartiers de votre ville ;
– votre ville, par rapport aux autres villes de votre pays ;
– votre pays, par rapport à d'autres pays.

# › Parler de son lieu de vie

**9** 

a) **Écoutez l'interview de Gérard Leroux et de Michel Clairet, qui témoignent pour le dossier « Paris-province » du journal *Le Parisien*, puis complétez la première partie de la fiche du journaliste.**

b) **Relevez les questions du journaliste.**

**10** 

**Réécoutez l'enregistrement et complétez la deuxième partie du questionnaire.**

**Gérard Leroux,**
*entraîneur de football*

**Michel Clairet,**
*patron d'un groupe de supermarchés*

**ENQUÊTE SUR LE LIEU DE VIE**

**1. Personne interrogée :**
☐ homme.
☐ femme.
Originaire de : ☐ Paris. ☐ province.
Vit : ☐ à Paris. ☐ en province.

**2. Lieu de vie**
Raisons du choix : ..........
Avantages : ..........
Inconvénients : ..........

**11** 

a) **Reliez les réponses de Gérard Leroux et de Michel Clairet (quand c'est possible) aux informations données dans l'article et le classement des villes, page 60.**

b) **Retrouvez les appréciations de chacun sur son lieu de vie : associez les éléments des deux séries.**

**1.** Ce qui est insupportable à Paris,
**2.** Ce qui me plaît en Bourgogne,
**3.** Ce que j'aime en province,
**4.** Ce que j'apprécie particulièrement à Paris,
**5.** Ce qui me manque à Paris,

**a.** ce sont les paysages.
**b.** c'est la mer.
**c.** c'est la vie culturelle.
**d.** c'est la circulation.
**e.** c'est l'état d'esprit.

## POINT *Langue*

→ p. 175

### *Ce qui / Ce que... c'est...* pour mettre en relief

a) **Observez les deux colonnes et dites dans quelles phrases on met un élément en relief.**

| | |
|---|---|
| La circulation est insupportable. | **Ce qui** est insupportable, **c'est** la circulation. |
| J'apprécie la vie culturelle. | **Ce que** j'apprécie, **c'est** la vie culturelle. |

b) **Observez les mises en relief et complétez la règle.**

- Dans *ce qui* / *ce que*, *ce* = ☐ la personne. ☐ la chose.
- *Ce qui* est : ☐ sujet. ☐ COD du verbe qui suit.
- *Ce que* est : ☐ sujet. ☐ COD du verbe qui suit.

**Autre usage :** Je vous demande ***ce qui*** vous plaît / ***ce que*** vous aimez } complément du verbe *demander*.

→ S'exercer n° 14 et 15 | p. 67

12

a) **Choisissez la photo qui correspond pour vous au lieu de vie idéal.**

b) **Regroupez-vous avec les personnes qui ont sélectionné la même photo que vous. Justifiez votre choix et comparez vos raisons.**

Un village à la montagne ou à la campagne
(ici, un village de Bourgogne)

Un quartier moderne dans une grande ville
(ici, la Défense à Paris)

Une petite ville au bord de la mer
(ici, Saint-Tropez)

Un quartier ancien dans une ville moyenne ou grande
(ici, Lyon)

**Jouez la scène.**
À votre tour, vous répondez aux questions du journaliste (cf. activité 9). Vous expliquez pourquoi / comment vous avez choisi la ville / la région où vous habitez. Vous décrivez les avantages et les inconvénients, vous expliquez ce qui vous plaît ou ce qui vous déplaît.

**Vous témoignez pour un journal sur la vie dans votre ville ou votre région. Votre témoignage suit ce plan :**
– où vous vivez, depuis quand / combien de temps ;
– ce qui justifie le choix de votre ville / région ;
– ce que vous appréciez dans ce lieu ;
– ce qui vous déplaît dans ce lieu.

PROJET DOSSIER 3

Pour **réaliser une exposition** ***Regards sur la France***, vous allez :

**TÂCHE** LEÇON **3** Présenter une région ou une ville

>>> internet - www.hachettefle.fr

# Carnet de voyage

# Différences culturelles et quiproquos

**Écoutez l'extrait de chanson et faites des hypothèses sur son thème. Choisissez la réponse correcte.**
Cette chanson présente le regard :
☐ des Français sur les Québécois.
☐ des Belges sur les Français.
☐ des Québécois sur les Français.
☐ des Français sur les Belges.

**Réécoutez et dites quel(s) thème(s) apparaît (apparaissent) dans chacun des sept couplets.**
*Exemple :* couplet 7 → *les habitudes alimentaires.*
les habitudes alimentaires – les salutations – les clichés sur les autres pays / peuples – la langue, la façon de parler – les horaires, le rythme de vie – la conduite automobile – la passion pour les chiens – les conflits sociaux

**a) Lisez les paroles pour confirmer vos choix.**
**b) D'après les paroles, que devine-t-on des habitudes des Québécois et de leur façon de parler ?**

Y* parlent avec des mots précis
Puis y prononcent toutes leurs syllabes
À tout bout d'champ, y s'donnent des bis**
Y passent leurs grandes journées à table

Y ont des menus qu'on comprend pas
Y boivent du vin comme si c'était d'l'eau
Y mangent du pain puis du foie gras
En trouvant l'moyen d'pas être gros

Y font des manifs aux quarts d'heure
À tous les maudits coins d'rue
Tous les taxis ont des chauffeurs
Qui roulent en fous, qui collent au cul

Et quand y parlent de venir chez nous
C'est pour l'hiver ou les Indiens
Les longues promenades en Ski-doo***
Ou encore en traîneau à chiens

Ils ont des tasses minuscules
Et des immenses cendriers
Y font du vrai café d'adulte
Ils avalent ça en deux gorgées

On trouve leurs gros bergers allemands
Et leurs petits caniches chéris
Sur les planchers des restaurants
Des épiceries, des pharmacies

Y disent qu'y dînent quand y soupent
Et y est deux heures quand y déjeunent
Au petit matin, ça sent l'yaourt
Y connaissent pas les œufs-bacon

Lynda Lemay

* y = il(s) → y parlent = ils parlent
** des bis = des bises
*** Ski-doo = scooter des neiges

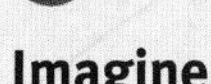

**4**

**Le titre de la chanson est *Maudits Français*. En fonction de ce que vous avez compris, pensez-vous que la chanson exprime un sentiment positif ou négatif vis-à-vis des Français ?**

**5**

**Lisez la fin de la chanson et vérifiez votre hypothèse. Dites quelle est la relation entre les deux peuples. Justifiez votre réponse.**

Quand leur séjour tire à sa fin [...]
Y disent au revoir, les yeux tout trempés
L'sirop d'érable plein les bagages
On réalise qu'on leur ressemble
On leur souhaite bon voyage

On est rendu qu'on donne des becs*
Comme si on l'avait toujours fait
Y a comme un trou dans le Québec
Quand partent les maudits Français

* On est rendu qu'on donne des becs (en français du Québec) = on a pris l'habitude de se faire des bises, nous aussi.

**6**

**Imaginez !**
En petits groupes, imaginez une suite aux sept premiers couplets de la chanson (p. 64).

**7**

**a) Lisez et identifiez le thème de la page de linternaute.com.**
**b) Identifiez la situation racontée dans le témoignage et dites sur quoi repose le quiproquo.**

**8** 46

**Écoutez l'enregistrement. Pour chaque extrait, identifiez la situation et dites ce qui est à l'origine du quiproquo.**

**9**

**Avez-vous vécu des quiproquos (culturels, linguistiques ou autres...) à l'étranger ou avec des étrangers, ou bien d'autres quiproquos ? Racontez !**

http://www.linternaute.com/voyage/temoignage/appelatemoin/6675/vous-avez-vecu-un-quiproquo-a-l-etranger/

L'INTERNAUTE Voyager

Accueil | Magazine | Guides de Voyage | Guides hôtels | Photos | Quiz | Comparez les prix | Forum

L'Internaute > Voyager > Contributions > Vous avez vécu un quiproquo à l'étranger

## « Baiser japonais »

**Jean Rieu**, *Saint-Galmier*

**Dans quel pays / ville étrangère a eu lieu ce quiproquo ?**
Ça n'a pas eu lieu à l'étranger, mais avec une amie japonaise, dans le centre de la France, dans une très ancienne boulangerie.

**Que s'est-il passé ? Racontez-nous la situation dans son contexte.**
J'avais emmené un de mes amis japonais, professeur d'université, et son épouse visiter la plus ancienne boulangerie de la région, qui possède un four à bois extraordinaire et qui fait du pain comme autrefois. À la fin de la visite, la Japonaise a fait une courbette pour remercier et saluer. La vieille boulangère a pensé qu'elle s'inclinait pour lui faire la bise, lui a sauté au cou et lui a fait deux baisers sonores sur les joues. La Japonaise, stupéfaite, a ouvert de grands yeux... Quelque temps plus tard, la boulangère m'a montré une carte postale reçue du Japon et m'a dit : « Ah, ces Japonais, même très instruits, ils ne sont pas prétentieux : la dame m'a fait la bise ! » Je n'ai pas transmis ses propos à mes amis...

# S'exercer

## Leçon 1

### › Parler d'un pays et de ses habitants

**1. Associez les éléments des deux colonnes pour reconstituer les phrases.**

1. En France, les lycéens bénéficient de / d'
2. En France, on a droit à
3. Dans cette émission, les journalistes font toujours preuve de / d'
4. Dans ce magasin, les employés ont droit à
5. Les Français bénéficient de / d'
6. En France, les serveurs font parfois preuve de / d'

a. des réductions sur les articles.
b. un jour de congé si on déménage.
c. manque de politesse avec les clients.
d. objectivité.
e. deux mois de congés en été.
f. une bonne protection sociale quand ils sont malades.

### › Les pronoms relatifs *où* et *dont*

**2. Transformez comme dans l'exemple, puis donnez la réponse à chaque question.**

*Exemple :* Quel est le nom de ce pays (la devise de ce pays est : *Liberté, égalité, fraternité*) ? → *Quel est le nom de ce pays* **dont** *la devise est* Liberté, égalité, fraternité ? → *La France.*

1. Quel est ce plat d'origine nord-africaine (les Français sont fous de ce plat) ?
2. Quelle est cette ville du Sud de la France (un célèbre festival de cinéma a lieu en mai dans cette ville) ?
3. Quelle est cette jolie actrice française (les initiales de cette actrice sont « SM ») ?
4. Quel est ce footballeur français d'origine algérienne (on a beaucoup parlé de ce footballeur entre 1995 et 2005) ?

**3. Complétez avec les pronoms relatifs *où* et *dont*.**

*Mon séjour à Paris se passe très bien : jeudi matin, je suis allée au musée des Arts modernes … j'ai pu voir une exposition Picasso ; il y a peu de peintres modernes … j'apprécie les œuvres, mais j'admire la façon … Picasso peignait. Je te montrerai le catalogue de l'expo … sont représentées les toiles exposées. L'après-midi, j'ai visité le château de Versailles … des rois de France ont vécu. À l'intérieur, j'ai admiré la galerie des Glaces … les murs sont couverts de miroirs. J'ai apprécié la manière … le guide expliquait l'histoire de France. Pour finir, je suis allée dans le parc … j'ai fait une longue promenade. C'est une visite … je me souviendrai longtemps.*

### › Exprimer un pourcentage

**4. Lisez ces statistiques issues d'une enquête sur www.press.expedia.fr. Reformulez les pourcentages en utilisant les formules suivantes (faites les adaptations nécessaires). Plusieurs réponses sont parfois possibles.**

la majorité – (presque / environ) la moitié / un tiers / un quart / les trois quarts – une personne sur deux / trois / quatre / cinq / dix

1. 19 % des Français ne vont pas partir en vacances à cause de la crise et 30 % des Irlandais déclarent qu'ils resteront chez eux par mesure d'économie.
2. 58 % des Indiens et 46 % des Sud-Coréens ont des difficultés à programmer leurs vacances parce qu'ils ont trop de travail. C'est le cas pour seulement 25 % des Français et 13 % des Norvégiens.
3. 23 % des Indiens interrogés déclarent travailler plus de 50 heures par semaine mais 70 % des Français affirment qu'ils travaillent entre 31 et 40 heures par semaine.

### › Les pronoms démonstratifs *celui, celle, ceux, celles*

**5. Utilisez des pronoms démonstratifs pour éviter les répétitions.**

1. – Moi, je collectionne les cartes postales anciennes, les cartes qui représentent des rues et des monuments. J'aime bien cette carte-ci par exemple. C'est extraordinaire de voir les Champs-Élysées sans voitures !
– Et ces cartes-là ?
– Cette carte-ci, c'est le centre de Bruxelles dans les années trente, et cette carte-là représente un quartier de Bruges.
2. – Tu as vu le match hier soir à la télé ?
– Le match qui est passé sur Canal+, Nîmes-Quimper ?
– Mais non, ce match-là n'était pas important.
– Alors Italie-Belgique ?
– Bien sûr, tu sais bien que je ne regarde que les matchs des championnats d'Europe !
3. – Comment s'appelle cette actrice belge… ?
– L'actrice qui jouait joue dans *L'Instinct de mort* ?
– Oui !
– C'est Mathilde Seigner ?
– Mais non, cette actrice-là, elle est française !
– Alors, c'est Cécile de France !
– Oui, c'est exact ! Pour moi, c'est une des actrices qui jouent le mieux.

## Leçon 2

### › La question inversée

**6. Transformez les questions.**

*Exemples :*
– Il y a beaucoup d'expatriés au Pérou ?
→ *Y a-t-il beaucoup d'expatriés au Pérou ?*
– Est-ce que les expatriés sont nombreux ?
→ *Les expatriés sont-ils nombreux ?*

1. On trouve des locations pas chères, à Madrid ?
2. Est-ce que votre compagnon a travaillé dans la même société que vous ?
3. On a beaucoup de temps libre quand on est salarié expatrié ?
4. Est-ce que cette expérience d'expatriation a été positive pour vous ?
5. Est-ce que votre bureau est situé dans le centre de Tokyo ?
6. Il y a eu des moments difficiles, au début de votre expatriation ?

**7. a) Transformez les affirmations en questions.**

1. Il s'est décidé à partir travailler à l'étranger.
2. Vous vous habituez à votre vie d'expatrié.
3. Vous vous êtes levé un jour avec une grande envie de vous expatrier.
4. On se souvient de son année passée à l'étranger.
5. Il se débrouille seul pour trouver un logement sur place.

**b) Reformulez les questions. Utilisez les verbes donnés entre parenthèses.**

1. Êtes-vous bien dans ce pays ? (se sentir)
2. Votre adaptation à la nourriture locale a-t-elle été facile ? (s'habituer à)
3. Avez-vous parfois été mécontent(e) de vos conditions de vie d'expatrié ? (se plaindre de)
4. On parle anglais en réunion ? (s'exprimer en)
5. Y a-t-il eu une bonne entente entre collègues chinois et français ? (s'entendre entre collègues)

## › Exprimer son ressenti

**8. Complétez le texte à l'aide des éléments suivants. Faites les modifications nécessaires.**

manquer – manquer de – envie – se sentir – hâte de – vision – appréhension – se détacher – le sentiment

« J'ai encore des … face à un mode de vie inconnu : les codes sociaux, la langue, tout est différent et j'éprouve des difficultés à … de mes petites habitudes d'occidental. Mon travail occupe tout mon temps et le week-end je … énergie pour sortir. Heureusement, mes collègues vietnamiens sont très gentils et j'ai … que ma … des choses est en train d'évoluer : je … de mieux en mieux. Ici, la nourriture est délicieuse, mais de temps en temps j'ai des … de fromage et de vin français ! Mes amis et ma famille me … beaucoup, j'ai … les voir. »

## › Les marqueurs chronologiques

**9. Complétez avec les marqueurs suivants.**

au bout de – finalement – progressivement – au départ – petit à petit – à un moment

« … j'étais salarié, mais … la routine s'est installée et j'ai commencé à m'ennuyer un peu. … deux ans j'ai rencontré un Français qui avait monté sa propre entreprise, il m'a proposé de devenir son associé. J'ai beaucoup hésité, mais … j'ai décidé de quitter ma société pour le rejoindre. Nous avons traversé une période difficile, mais … les contrats sont arrivés. …, je ne regrette pas mon choix, parce qu'à présent je prends des risques et j'ai le sentiment de me réaliser pleinement. »

## › Pronoms indéfinis et adverbes

**10. Complétez avec *personne, rien, partout, quelqu'un, tout, quelque chose, quelque part, nulle part, tout le monde.***

1. Un jour, on s'est arrêté … dans le centre du pays pour déjeuner. On ne comprenait … au menu, alors on a choisi … au hasard et on nous a servi du serpent ! … n'a voulu goûter au plat, sauf Grégoire qui a … mangé !
2. … nous a dit que certains habitants de la campagne n'ont encore jamais vu d'occidentaux ; c'est vrai que quand on s'aventure dans le pays, … où nous allons, nous attirons la curiosité de … . On n'est seuls … : des dizaines d'enfants nous suivent !

# Leçon 3

## › Parler d'une ville

**11. Imaginez une ville idéale ! Formulez chaque avantage avec une phrase, à l'aide de ces verbes : *bénéficier, être adapté à, offrir, posséder.* Plusieurs réponses sont parfois possibles.**

*Exemple :* 350 jours de soleil par an → *Cette ville bénéficie de 350 jours de soleil par an.*

1. nombreuses activités culturelles et sportives
2. localisation idéale au bord de l'océan
3. crèches et garderies pour les enfants
4. nombreux parcs et jardins
5. nombreux bus et minibus pour les habitants
6. déplacements des personnes handicapées

## › Le superlatif

**12. Observez les fiches de Jacques et Christophe. Indiquez les « plus » et les « moins » de chacun, comme dans l'exemple.**

*Exemple : Jacques est le plus jeune (des deux). Christophe est le moins jeune.*

| Jacques, 35 ans | Christophe, 42 ans |
|---|---|
| **Marié, 2 enfants** | **Marié, 4 enfants** |
| Salaire : 1800 € net | Salaire : 2500 € net |
| Nombre d'heures travaillées par semaine : 35 | Nombre d'heures travaillées par semaine : 40 |
| Appartement : 80 m² | Appartement : 130 m² |

**13. Lisez la présentation du lieu de vie des familles Théron et Lamarque, puis indiquez les « plus » et les « moins » de chacune en matière de logement (âge de l'immeuble, situation géographique, exposition, surface de l'appartement, sécurité).**

*Exemple : Les Théron habitent dans l'immeuble le plus ancien / le moins récent. Les Lamarque occupent l'appartement le plus grand.*

Les Théron habitent un appartement de 70 m² exposé plein sud dans un immeuble du XIXe siècle, sans gardien ni digicode, à proximité des commerces et services du centre-ville.
Les Lamarque occupent un appartement de 100 m², exposition nord, dans un immeuble moderne avec digicode. Ils font leurs courses dans un centre commercial situé à 3 km de leur domicile.

## › *Ce qui / Ce que… c'est…*

**14. Transformez comme dans l'exemple.**

*Exemple :* Le climat du nord me déplaît.
→ *Ce qui me déplaît, c'est le climat du nord.*

1. J'adore l'architecture du centre-ville.
2. L'accent marseillais m'amuse énormément.
3. L'architecture moderne de la ville me plaît bien.
4. J'apprécie le calme de la province.
5. La pollution est très gênante pour moi.

**15. Répondez aux questions comme dans l'exemple.**

*Exemple :* Qu'est-ce qui vous choque dans une ville ?
→ *Ce qui me choque, c'est l'impolitesse de certaines personnes.*

1. Qu'est-ce que vous appréciez dans la vie urbaine ?
2. Qu'est-ce que vous préférez comme transport urbain ?
3. Qu'adorez-vous faire en vacances ?
4. Qu'est-ce qui vous plaît dans votre travail ?
5. Quel type de tâche ménagère vous déplaît le plus ?

# Vers le DELF A2

## Compréhension des écrits

10 points

**Lisez le document puis répondez.**

Philippe Abrams est directeur de la poste de Salon-de-Provence. Il est marié à Julie, dont le caractère dépressif lui rend la vie impossible. Pour faire plaisir à sa femme, Philippe essaie d'obtenir une mutation sur la Côte d'Azur, mais il ne l'obtient pas et sera muté à Bergues, petite ville du Nord de la France.

Pour ce couple du Sud plein de préjugés, le Nord, c'est l'horreur, une région glacée où tous les habitants sont impolis et parlent un langage incompréhensible, le « chtimi ». Julie ne veut pas y aller, Philippe ira seul. À sa grande surprise, il découvre un endroit charmant, une équipe chaleureuse, des gens accueillants, et se fait un ami : Antoine, le facteur du village, à la mère possessive et aux amours impossibles. Quand Philippe revient à Salon-de-Provence, Julie refuse de croire qu'il se plait dans le Nord. Elle pense même qu'il lui ment. Pour se simplifier la vie, Philippe lui fait croire qu'en effet, il est malheureux à Bergues. À partir de ce moment-là, il organise sa vie autour de ce mensonge confortable...

D'après allocine.fr.

**1. Dans ce texte on :**
a. fait une critique positive du film.
b. raconte l'histoire du film.
c. présente les comédiens et l'équipe du film.

**2. Philippe et Julie :**
a. vivent ensemble des moments difficiles.
b. forment un couple très heureux.
c. ont une relation franche.

**3. Philippe demande sa mutation sur la Côte d'Azur :**
a. pour obtenir un poste plus important.
b. pour raisons familiales.
c. parce que sa femme et lui n'aiment pas la région où ils habitent.

**4. Répondez et notez les informations du texte qui correspondent aux deux réponses correctes.**
Julie et Philippe ne souhaitent pas déménager à Bergues à cause :
a. du climat.
b. des paysages.
c. de l'alimentation.
d. du coût de la vie.
e. des gens.
f. de la pollution.

**5. Après son installation dans le Nord, Philippe :**
a. a de bonnes surprises mais garde une opinion négative.
b. déteste toujours autant cette région.
c. change complètement d'avis et apprécie cette région.

**6. Dites si les affirmations sont vraies ou fausses. Justifiez vos réponses.**
a. L'opinion de Julie sur le Nord change après l'installation de son mari à Bergues.
b. Antoine, l'ami de Philippe, vit une relation de couple stable.

## Production orale

10 points

### Monologue suivi

**Que faites-vous de votre temps libre ? Certaines activités sont-elles liées à votre région, à ses particularités ?**
**Si un jour vous quittez votre ville, où irez-vous ? Pourquoi ? Qu'est-ce qui changera dans votre vie ?**

# Dossier 4

# Médiamania




**Phonie-graphie** → activités 1 à 3 p. 168
**Lexique thématique** → p. 199-200

# Faites passer l'info

## › Rendre compte d'un évènement

12:00
DanyLECL Dany LECLERC
Un radar flashe des piétons trop pressés à Rouen!
huffingtonpost/article/2012/0...
via@LeHuffPost

**1**

a) **Observez et identifiez le type de message sur le portable ci-dessus :**
- ☐ un mail.
- ☐ un SMS.
- ☐ un tweet.

b) **Connaissez-vous ce mode de communication / d'information ? L'utilisez-vous ? Dans quel type de circonstances, dans quel but ?**

**2**

**Lisez le message et répondez.**

**1.** Quel évènement annonce-t-il (qui ? quoi ?) ?
En quoi cet évènement est-il surprenant ?

**2.** Que savez-vous de l'évènement évoqué ?
Dites quelles autres informations le message contient :
- ☐ lieu (où ?).
- ☐ moment (quand ?).
- ☐ raison (pourquoi ?).
- ☐ but (pour quoi faire ?).

**3.** Quelles hypothèses pouvez-vous faire pour expliquer cet évènement ?

**3**

**Lisez la définition suivante et observez la page Internet. Trouvez les indices qui montrent que *Le Huffington Post* est un média participatif.**

> **MÉDIA** [medja] (n. m.) – Les *médias participatifs* sont des sites d'information qui reposent sur les contributions de rédacteurs bénévoles qui postent des articles, des photos ou des vidéos. Leur force réside dans la dynamique communautaire, la réactivité et l'instantanéité de l'information.

**4**

**Lisez l'article et répondez : quelles informations complémentaires donne-t-il sur l'évènement ? Justifiez vos réponses.**
- L'évènement : qui ? / quoi ?
- Lieu : où ?
- Moment : quand ?
- Raison : pourquoi ?
- But : pour quoi faire ?

http://www.huffingtonpost.fr/

LE HUFFINGTON POST

Tous les posts | v | Politique | Faits-divers | Médias | Web | Conso | Près de che

il y a 2 heures : Tempête dans le nord de la France : 21 000 foyers sans électricité

**Rouen : un nouveau radar… pour les piétons !**

09/11/2011 à 14h39 – mis à jour le 09/11/2011 à 15h29 I 15624 vues I
**26 réactions**

L'auteur Arronax
Inscrit depuis le 23/06/2008

Si vous circulez à pied à plus de 3 km/h, rue Ganterie, à Rouen, un radar vous flashe ! Deux panneaux sont là pour vous avertir.
D'autres villes reprendront peut-être cette initiative, on ignore encore lesquelles… Alors attention ! Mais rassurez-vous, il s'agit d'une opération qui a pour but de faire ralentir et lever le nez aux promeneurs pour qu'ils admirent le patrimoine de la ville : plus loin, un autre panneau explique : « Piétons, lorsque vous marchez à une vitesse supérieure à 3 kilomètres par heure, votre vitesse est trop élevée pour avoir le temps d'observer en détail le patrimoine. » Alors, voilà donc un radar amusant qui permet de faire découvrir une ville et de rendre plus agréable une zone piétonnière, contrairement aux radars sur les routes… Ouf !

radars, code de la route, limitation de vitesse, près de chez moi, insolite

171 Recommander | 20 twitter | 2 +1 | Envoyer par mail

**Observez la photo et écoutez le dialogue.**
**Identifiez la situation et le lien avec l'article.**

**Réécoutez le dialogue.**

**1.** Identifiez les informations complémentaires qui permettent de comprendre le contexte de l'évènement évoqué.

**2.** Dites si le piéton était informé de cet évènement et de son contexte. Justifiez votre réponse.

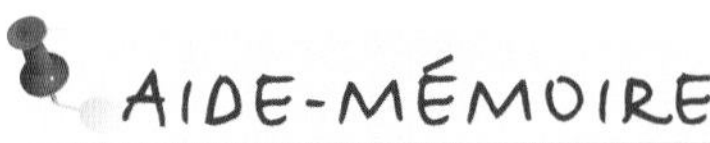

## AIDE-MÉMOIRE

### Informer sur un évènement

**De quoi s'agit-il ? Il s'agit d'**une opération culturelle.
L'artiste a imaginé cette œuvre **dans le cadre d'**un festival.
Le festival **a lieu** à Rouen chaque année.
Le festival **se déroule** du 17 septembre au 20 novembre.
La manifestation **s'adresse aux** amateurs d'art contemporain et au grand public.
L'opération **a pour but de** faire lever le nez aux piétons.

→ S'exercer n° 1 | p. 84

## POINT *Langue*

### Les pronoms interrogatifs

a) **Observez les phrases suivantes et proposez une question équivalente pour chaque mot en gras.**

- – Vous n'avez pas vu le panneau ? – **Lequel** ?
- – Le radar fait partie d'une opération culturelle. – **Laquelle** ?
- D'autres villes reprendront peut-être cette initiative, mais on ignore **lesquelles**.

b) **Complétez le tableau des pronoms interrogatifs.**

| | Masculin | Féminin |
|---|---|---|
| **Singulier** | ... | ... |
| **Pluriel** | lesquels | ... |

→ S'exercer n° 2 | p.84

## Phonétique 54-55

a) **Étonnement ou simple question ?**
**Écoutez et identifiez l'intonation.**

*Exemple :* a) C'est quoi ? → *Question pour s'informer.*
b) C'est quoi ? → *Intonation de l'étonnement.*

b) **Pour chaque numéro, écoutez la partie a, répétez, puis transformez avec l'autre intonation, comme dans l'exemple. Écoutez la partie b pour vérifier.**

**8**

**Échangez !**

Que pensez-vous de l'évènement *Radar piétons* imaginé par l'artiste ? Avez-vous déjà vu des œuvres / installations d'artistes surprenantes dans une ville ? Que pensez-vous de l'art contemporain dans la ville ? Existe-t-il dans votre ville une manifestation similaire à *Rouen impressionnée* ?

**À votre tour, vous transmettez l'information sur l'opération *Radar piétons* à Rouen.**

Rédigez, au choix :
– un mail à un ami ;
– un article sur le blog www.rouen.blogs.com.

Vous pouvez aussi rapporter un autre évènement en relation avec l'art contemporain dans la ville.

# › Intervenir dans la blogosphère

http://www.over-blog.com
overblog
ACTUALITÉ BLOGS COMMUNAUTÉS FORUMS
Première plateforme en France,
Overblog héberge plus de 1,5 million de blogs !
Chaque journaliste ou homme politique a le sien,
les artistes ont le leur...
Et si vous deveniez blogueur, vous aussi ?
Créez le vôtre en 30 secondes !
CRÉER MON BLOG
Grand concours de blogs !
Meilleur blog
Meilleur billet
Prix de l'originalité
Prix du public
PARTICIPER AU CONCOURS
BLOGS PAR CATÉGORIES
Vie personnelle / Journal intime
Opinions
Cuisine / Gastronomie / Œnologie
Art / Photos
Loisirs / Passions / Voyages
Actualités / Sport
Musique / Ciné / Jeux vidéo
Éducation / Pédagogie
Humour / Insolite
Inclassables

**Observez la page Internet ci-dessus et répondez.**
1. De quel type de site s'agit-il ?
2. Que propose le site sur sa page d'accueil ?

**Échangez !**
1. Connaissez-vous la plateforme over-blog.com ? Tenez-vous ou avez-vous déjà créé un blog ? Si oui, à quelle catégorie de la liste correspond-il ?
2. Est-ce que vous visitez souvent des blogs ? Avez-vous des blogs favoris ? Si oui, lesquels et pourquoi ?

**Vrai ou faux ? Écoutez l'enregistrement et répondez.**
1. Amélie et Baptiste tiennent un blog ensemble.
2. Amélie écrit un article chaque semaine sur le blog.
3. Beaucoup de personnes regardent ce qu'Amélie poste sur le blog.
4. Amélie va participer au concours de blogs.

a) **Réécoutez et regardez la page d'accueil d'Overblog. Dites dans quelles catégories les blogs de Baptiste et de Mélanie peuvent être classés.**

b) **Dites pourquoi Amélie ne souhaite pas participer au concours et pourquoi elle suggère à Baptiste de le faire.**

**Faire une suggestion, inciter à agir**
**Si vous deveniez** blogueur, vous aussi ?
**Si tu participais** au concours ?

→ S'exercer n° 3 | p. 84

**Observez la page de blog (page 73) et répondez.**
1. Quelles sont les spécificités de ce blog (thème, public...) ?
2. À quelle catégorie correspond-il ?
- ☐ Vie personnelle / Journal intime.
- ☐ Opinion.
- ☐ Loisirs / Passions / Voyages.
- ☐ Éducation / Pédagogie.

3. Quelle(s) fonction(s) a le texte de la page d'accueil, pour le lecteur ?

http://www.tempsreelsleblogdesados.jimdo.com
TEMPS RÉEL(S) ADOS
ACCUEIL
L'ATELIER
BOUQUINS
FILMS
MUSIQUES
LA COLLECTION
CNG
CONTACT
ARCHIVES
il y a 1 mois
il y a 2 mois
TAGS
Temps
Écriture
Rêve
blog
art
réalité
Ados
ateliers
perception du temps
LIENS
Médiathèque de Coulanges, Gonesse (95)
« Oublie ton passé, qu'il soit simple ou composé, et participe à ton présent pour qu'ensuite ton futur soit plus-que-parfait. »
Sois le / la bienvenu(e) sur ce blog qui attend juste de devenir le tien…
Il parle du temps, ce blog… Du temps ? Oui, du temps. Le tien, le sien, le nôtre… Agenda, horaires et emploi du temps organisent la vie quotidienne dans les moindres détails, mais chacun(e) vit le temps de manière personnelle.
Et toi, tu le vis comment, le temps ?
Dans ce blog, tu trouveras des exemples de livres, de BD, de films et de chansons qui abordent cette diversité du temps.
Tu trouveras également les créations de ceux qui participent à l'atelier, textes ou images qui parlent de leurs sensations du temps.
Nous mettrons en ligne les textes et images au fur et à mesure.


## POINT *Langue*

### Parler des blogs

**Complétez avec les mots ou expressions qui correspondent.**

tenir un blog – des archives – la page d'accueil – la blogosphère – publier / poster un billet – poster un commentaire – un tag – un lien

**Quoi ?** L'ensemble des blogs = ...
**Qui ?** Un blogueur / Une blogueuse = un(e) internaute qui ...
**Quelles actions ?** Écrire un article sur son blog = ...
Réagir par écrit à un article sur un blog = ...
**Sur le blog :** La page générale qui présente le blog = ...
Un renvoi vers un article, une vidéo, un site, etc. = ...
La liste des anciens articles = list of for
Un mot-clé = key words

→ S'exercer n° 4 | p. 84

## POINT *Langue*

### Les pronoms possessifs

**a) Dites ce que les pronoms en gras remplacent dans les pages de blogs (activités 10 et 14).**

- Chaque journaliste ou homme politique a **le sien**, les artistes ont **le leur**...
- Créez **le vôtre** !
- Ce blog parle du temps. **Le tien, le sien, le nôtre...**

**b) Complétez le tableau avec les formes manquantes.**

| | | à moi | à toi | à lui / à elle | à nous | à vous | à eux / à elles |
|---|---|---|---|---|---|---|---|
| Singulier | masculin | le mien | le tien | le sien | le nôtre | le vôtre | le leur |
| | féminin | la mienne | la tienne | la sienne | la nôtre | la vôtre | la leur |
| Pluriel | masculin | les miens | les tiens | les siens | les nôtres | les vôtres | les leurs |
| | féminin | les miennes | les tiennes | les siennes | les nôtres | les vôtres | |

NB : les pronoms possessifs peuvent représenter des personnes et des choses.

→ S'exercer n° 5 | p. 84

15 **En petits groupes, vous créez votre blog ; vous imaginez sa page d'accueil.**

1. Déterminez le thème et les catégories qui apparaîtront pour le classement de vos billets. Choisissez un nom pour le blog.
2. Rédigez le texte de votre page d'accueil.
3. Rédigez le premier billet à publier.

**PROJET DOSSIER 4**

Pour **contribuer à un média participatif**, vous allez :

**TÂCHE** LEÇON **1** Découvrir des médias participatifs et en présenter un

>>> internet - www.hachettefle.fr

# À la Une

## › Comprendre des titres de presse

**Vous souhaitez vous informer sur Internet : observez les sommaires de deux quotidiens français en ligne et échangez.**

**1.** Dites quel site vous allez consulter en priorité, aujourdhui-en-france.fr ou lemonde.fr., et expliquez pourquoi.

**2.** Dites sur quelle rubrique vous allez cliquer en premier, et pourquoi.

**Comparez les deux sommaires et répondez.**

**1.** Quelles différences remarquez-vous ? Retrouvez-vous les mêmes rubriques principales ? Dans la rubrique « Actualités », retrouvez-vous les mêmes sous-rubriques ?

**2.** En fonction des différences observées, quel type de lecteurs lisent ces deux journaux, d'après vous ?

### POINT Culture

### Les Français et l'information

a) **Lisez ce résultat d'enquête, puis répondez à la question posée.**

Pour vous informer, quel type de média préférez-vous consulter ?

| | |
|---|---|
| La télévision | 65 % |
| Internet | 52 % |
| La presse écrite | 38 % |
| La radio | 27 % |

Source : Opinion Way, « Comment les Français s'informent », 2012.

b) **Lisez, puis échangez.**

**46 % des Français de plus de 15 ans lisent chaque jour un quotidien*.**

Les principaux quotidiens nationaux en France sont, par ordre d'importance :

1) *Le Figaro* – 2) *Le Monde* – 3) *L'Équipe* – 4) *Aujourd'hui en France / Le Parisien* – 5) *Les Échos* – 6) *Libération*.

Source : OJD, premier trimestre 2011.

* presse payante nationale et régionale (papier / Internet) + presse gratuite

• Parmi les titres de quotidiens cités, lesquels connaissez-vous ? Lesquels sont facilement accessibles dans votre ville / votre pays ?

• Parmi ces six quotidiens, pouvez-vous identifier celui qui est à la fois national et régional, et celui qui est consacré au sport ? Existe-t-il dans votre pays des quotidiens de même type ?

**Échangez !**
**Vous participez au débat sur le média participatif newsring.fr.**
Échangez en petits groupes à partir de la question posée, puis votez. Justifiez votre opinion auprès des autres groupes.

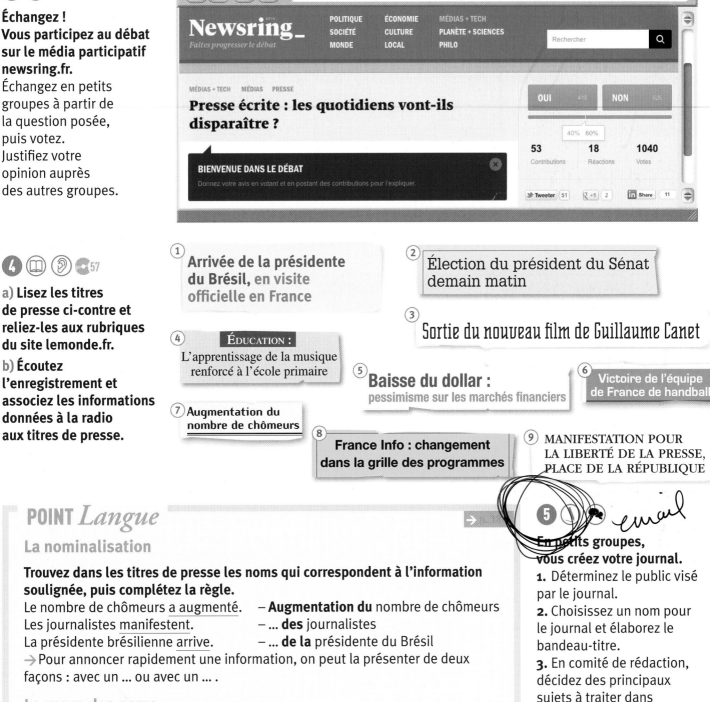

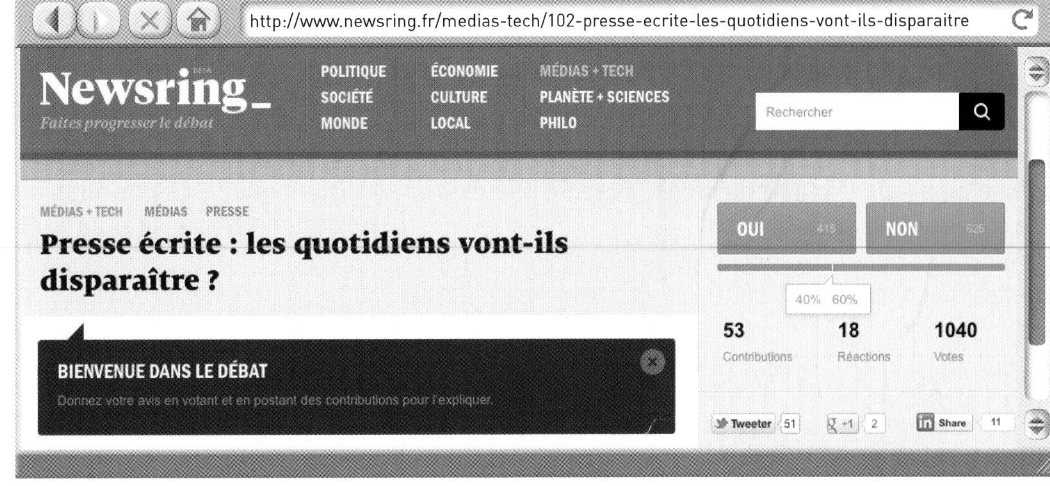

a) **Lisez les titres de presse ci-contre et reliez-les aux rubriques du site lemonde.fr.**
b) **Écoutez l'enregistrement et associez les informations données à la radio aux titres de presse.**

1 Arrivée de la présidente du Brésil, en visite officielle en France


2 Élection du président du Sénat demain matin

3 Sortie du nouveau film de Guillaume Canet

4 ÉDUCATION : L'apprentissage de la musique renforcé à l'école primaire

5 Baisse du dollar : pessimisme sur les marchés financiers

6 Victoire de l'équipe de France de handball

7 Augmentation du nombre de chômeurs

8 France Info : changement dans la grille des programmes

9 MANIFESTATION POUR LA LIBERTÉ DE LA PRESSE, PLACE DE LA RÉPUBLIQUE

## POINT *Langue*

→ p. 18

### La nominalisation

**Trouvez dans les titres de presse les noms qui correspondent à l'information soulignée, puis complétez la règle.**

Le nombre de chômeurs a augmenté. – **Augmentation du** nombre de chômeurs
Les journalistes manifestent. – ... **des** journalistes
La présidente brésilienne arrive. – ... **de la** présidente du Brésil
→ Pour annoncer rapidement une information, on peut la présenter de deux façons : avec un ... ou avec un ... .

### Le genre des noms

a) **Identifiez le genre (masculin ou féminin) des noms suivants. Vous pouvez vous aider du lexique (p. 199).**
changement – apprentissage – élection – liberté – arrivée – baisse – sortie – victoire – pessimisme – augmentation – manifestation – musique

b) **Complétez la règle avec : *-ion, -ment, -ée, -age, -ique, -té, -ie, -isme, -oire.***
Les terminaisons des noms indiquent leur genre.
- Sauf exceptions, les noms qui se terminent en *-sse*, ..., ..., ..., ..., ..., ..., sont féminins.
- Sauf exceptions, les noms qui se terminent en ..., ..., ... sont masculins.

→ S'exercer n° 6 à 8 | p. 84

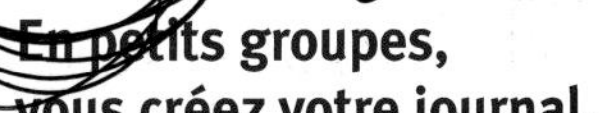

**En petits groupes, vous créez votre journal.**
1. Déterminez le public visé par le journal.
2. Choisissez un nom pour le journal et élaborez le bandeau-titre.
3. En comité de rédaction, décidez des principaux sujets à traiter dans la prochaine édition et préparez la Une.
4. Réalisez la Une : placez les gros titres, les photos / les illustrations, les débuts d'articles...

# › Donner son opinion sur une émission

**Écoutez l'extrait de radio et observez la coupure de presse ainsi que l'extrait de programme de télévision.**
1. Expliquez le titre de l'article.
2. Faites des hypothèses d'après le titre et les photos : quel est le concept de la série *Scènes de ménage* ?

**Observez le programme de télévision.**
**Dites quelle chaîne vous avez envie de regarder, à quelle heure, et pourquoi.**

## SCÈNES DE MÉNAGES (M6)
## DEVANT LE 20H DE FRANCE 2

**HERTZIEN TNT • mercredi 18**

| TF1 | France 2 | France 3 | arte | M6 |
|---|---|---|---|---|
| 20.00 **Journal**<br>20.40 **Après le 20h, c'est Canteloup**<br>Divertissement | 20.00 **Journal**<br>20.30 **Tirage du loto** | 19.00 **Le 19/20**<br>20.00 **Tout le sport**<br>20.10 **Plus belle la vie**<br>Feuilleton | 19.45 **Arte journal**<br>20.05 **28 minutes**<br>Magazine de société | 19.45 **Le 19.45**<br>20.05<br>**Scènes de ménages**<br>Série française |
| 20.50<br>**Interpol**<br>Série policière | 20.35<br>**Nos retrouvailles**<br>Téléfilm de Josée Dayan | 20.35<br>**Des racines et des ailes**<br>Magazine – Passion patrimoine : la Bourgogne | 20.35<br>**Signé Chanel**<br>Documentaire | 20.50<br>**Un dîner presque parfait**<br>Téléréalité |

## POINT *Langue*

### Parler de la radio et de la télévision

a) **Associez.**

| | | | |
|---|---|---|---|
| Un téléspectateur / Une téléspectatrice | regarde une émission | sur une station | de télévision. |
| Un auditeur / Une auditrice | écoute une émission | sur une chaîne | de radio. |

b) **Associez les types d'émission de télévision et leur fonction.**

1. Dans un reportage,
2. Dans un documentaire,
3. Dans un téléfilm, une série,
4. Dans un magazine de société,
5. Dans une émission de téléréalité,
6. Dans un débat,

a. on discute, on échange des opinions.
b. on parle de la vie des gens et de thèmes de société.
c. on informe sur un évènement de l'actualité.
d. on montre la vie des gens comme un spectacle.
e. on raconte une histoire fictive.
f. on porte un regard sur un sujet particulier, sans lien avec l'actualité.

→ S'exercer n° 9 | p. 84-85

**8** 59

**Écoutez l'enregistrement et identifiez la situation.**

**9** 59

a) **Réécoutez l'enregistrement et regardez le programme de télévision (p. 76). Trouvez les émissions que chaque téléspectateur regarde en début de soirée.**

b) **Réécoutez et relevez les justifications des téléspectateurs ainsi que leurs appréciations sur les émissions choisies.**

## POINT *Langue*

### La mise en relief

**Observez et complétez la règle.**

1. **C'est** le dynamisme de la présentation **qui** me plaît.
2. **C'est** le genre d'humour **que** j'adore !
3. Le journal sur France 2, **c'est** celui **que** je préfère.
4. **Ce sont** les émissions comme ça **qui** m'attirent.

- Pour mettre en relief le sujet du verbe, on utilise *C'est / Ce sont* + nom / pronom + ... + verbe. *Exemple(s) n°...*
- Pour mettre en relief le COD du verbe, on utilise *C'est / Ce sont* + nom / pronom + ... + verbe. *Exemple(s) n°...*

→ S'exercer n° 10 | p. 85

**10 Phonétique** 60

a) **Écoutez et repérez les groupes de mots prononcés avec une accentuation expressive.**

*Exemple : Ce sont les émissions comme ça qui m'attirent.*

b) **Réécoutez et répétez en respectant l'accentuation.**

**11**

**Échangez !**
Parmi les principales chaînes de télévision de votre pays, laquelle préférez-vous, laquelle détestez-vous, pourquoi ? Quel type d'émission regardez-vous ?

**12**

**Découvrez TV5 Monde, la chaîne francophone !**

**1.** Sur le site de TV5 Monde, consultez les programmes, choisissez une émission qui vous intéresse, regardez-la.
**2.** Présentez l'émission aux autres personnes et dites pourquoi vous l'appréciez / ne l'appréciez pas.
**3.** Rédigez un message sur le forum de TV5 Monde : exprimez vos réactions et votre opinion sur l'émission.

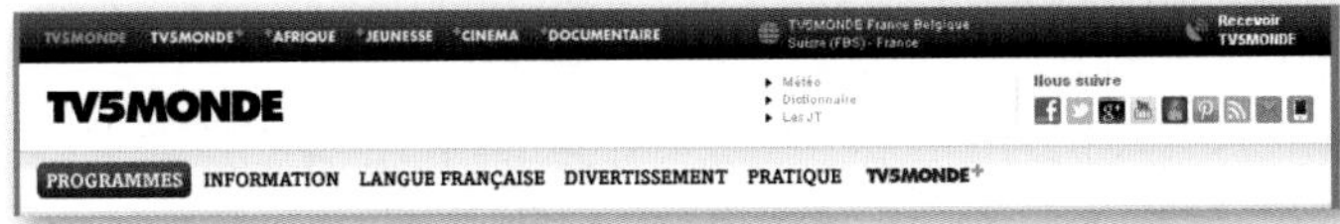


**PROJET DOSSIER 4**

Pour **contribuer à un média participatif**, vous allez :

**TÂCHE** LEÇON **2** Réagir à un article

# Pas de chance !

## › Comprendre un récit – Rapporter un fait divers

**metro** ACTU FRANCE

Samedi 14 janvier
www.metrofrance.com

### Le vendredi 13 lui porte chance… et malchance !

Hier, vendredi 13, une femme âgée d'une soixantaine d'années s'est fait voler son ticket gagnant d'un jeu de grattage. Vers 10 h 30, au moment où elle sortait d'un bureau de tabac, à Tarbes, la gagnante a été agressée par un homme qui lui a arraché son porte-monnaie avec le ticket gagnant, avant de prendre la fuite.

La vendeuse du tabac avait annoncé à la sexagénaire qu'elle avait gagné 600 euros avec ce ticket. Mais elle lui avait proposé de se rendre au siège local de la Française des Jeux, rue Larrey, pour toucher la somme, car elle n'avait pas assez d'argent en caisse. « L'homme attendait devant la porte, il faisait semblant de regarder les journaux, mais devait la guetter. Quand ma cliente est sortie, il lui a sauté dessus et a arraché son porte-monnaie, puis il s'est enfui », a déclaré la vendeuse.

Aussitôt alertée, la police s'est rendue sur place et a ouvert une enquête pour tenter de retrouver le malfaiteur. La victime, choquée, a été transportée à l'hôpital, mais elle va bien. •

### Pluie d'euros sur l'autoroute

Mercredi, les automobilistes qui roulaient sur l'autoroute A43, dans l'ouest de l'Allemagne, ont vu des centaines de billets d'euros voler et atterrir sur la route. Beaucoup se sont arrêtés pour les ramasser.

La police a été prévenue et la circulation a été interrompue aussitôt, pendant dix minutes, sur la partie de la route couverte de billets. Mais il était déjà trop tard : seulement 3 000 euros ont été récupérés, sur une somme totale de… 100 000 euros.

Ces billets provenaient d'une mallette qui avait été oubliée par un chef d'entreprise sur le toit de sa voiture. À un arrêt, l'automobiliste avait reçu un appel sur son téléphone portable. Il avait alors posé la mallette sur le toit de sa voiture et « après une longue conversation », il n'y avait plus pensé, et avait tout simplement repris l'autoroute. Avec la vitesse, la mallette de billets est tombée sur la route, avant d'être écrasée par un véhicule. « Cet automobiliste m'a suivi pour me dire ce qui venait de m'arriver », a raconté le conducteur distrait. Mais trop tard… •

**Lisez cette page de journal.**

**1.** Choisissez la rubrique correspondante :
☐ économie. ☐ jeux. ☐ faits divers. ☐ société.

**2.** Proposez un autre titre possible pour chaque article, plus explicite.

**Relisez les articles et trouvez, pour chacun, dans quel ordre les éléments suivants apparaissent.**

- Évènement principal (à l'origine de l'article).
- Contexte / circonstances de l'évènement.
- Conséquences / suites de l'évènement.
- Cause(s) / explication de l'évènement.

**Relisez les articles. Identifiez le personnage central de chaque fait divers, puis relevez toutes les expressions qui le désignent dans la suite de l'article.**

Article « Le vendredi 13 » : *une femme âgée d'une soixantaine d'années* → …

**Relisez l'article « Pluie d'euros sur l'autoroute ».**

**1.** Observez les dessins suivants et trouvez l'ordre correspondant au déroulement des faits (dans la réalité).

**2.** Observez la progression du récit : dites dans quel ordre ces faits sont évoqués. Expliquez les différences entre la chronologie des faits et le récit.

A

B

C

D

## POINT *Langue*

→ p. 186

### Les temps du passé pour raconter un fait divers

**Complétez la règle avec les termes suivants : *l'imparfait, le passé composé, le plus-que-parfait.* Justifiez vos réponses avec des exemples tirés des deux articles.**

Quand on raconte dans le passé :
– on utilise ... pour rapporter l'évènement principal : les faits, dans l'ordre chronologique.
*Exemples : ...*
– on utilise le ... pour parler du contexte, des circonstances. *Exemple : ...*
– on utilise le ... pour expliquer / préciser avec des faits antérieurs.
*Exemple : ...*
– on utilise le ... ou le présent pour indiquer les conséquences ou suites.
*Exemple : ...*

→ S'exercer n° 11 | p. 85

## AIDE-MÉMOIRE

**La superstition, les jeux de hasard**

- (croire que) quelque chose porte chance ≠ porte malheur
- une personne chanceuse ≠ malchanceuse
- avoir de la chance ≠ ne pas avoir / manquer de chance
- un joueur / une joueuse – un jeu de grattage – le loto
- un ticket gagnant – gagner / toucher une somme – le gros lot

**5**  61

**Écoutez l'enregistrement de radio et répondez.**

**1.** C'est : ☐ un débat. ☐ un flash info. ☐ un bulletin météo.
**2.** Le sujet principal est :
☐ la superstition. ☐ les jeux de hasard.
☐ un fait divers dramatique. ☐ un fait divers insolite.

**6**  61

**a) Relisez l'article. Relevez les précisions données dans l'enregistrement sur le fait divers du vendredi 13.**

**b) Retrouvez dans l'article les formulations correspondant aux informations suivantes :**
un homme a agressé la gagnante à sa sortie du bureau de tabac ; on a transporté la malchanceuse à l'hôpital ; une enquête a été ouverte.

## POINT *Langue*

→ p. 186

### La forme passive

1. **Observez les groupes de phrases puis répondez.**

a) **Relevez les différences dans les phrases de droite.**

| | |
|---|---|
| Un homme a agressé la gagnante. | La gagnante a été agressée par un homme. |
| On a transporté la malchanceuse à l'hôpital. | La victime a été transportée à l'hôpital. |
| La police a ouvert une enquête. | Une enquête a été ouverte par la police. |

Les phrases à gauche sont exprimées avec un verbe à la *forme active*, les phrases à droite avec un verbe à la *forme passive*. **D'après vous, pourquoi dit-on « forme active » et « forme passive » ?**

b) **Complétez la règle avec : *sujet, COD.***
Le ... de la phrase active devient le ... de la phrase passive.

c) **Complétez la règle.**
- Un verbe à la forme passive est formé avec le verbe ... au présent, futur, passé composé, etc. + le participe passé du verbe.
- Le participe passé s'accorde avec le ... .

2. **Relevez les cinq verbes à la forme passive dans l'article « Pluie d'euros ». Précisez à chaque fois le temps du verbe.**

**Attention !** Quand l'information est donnée avec un verbe à la forme passive, très souvent on ne sait pas (ou on ne précise pas) qui fait l'action. *Exemple : La victime a été transportée à l'hôpital.*
Quand on précise (ce) qui fait l'action, on l'indique avec la préposition ***par***.
*Exemple : Une mallette avait été oubliée **par** un chef d'entreprise.*

→ S'exercer n° 12 et 13 | p. 85

**7 Phonétique** 62

**Écoutez et répétez les phrases en respectant les enchaînements vocaliques.**

**Échangez !**
Avez-vous déjà entendu, lu ou vécu des faits divers insolites ? Racontez-les !

# › Témoigner d'un évènement

9 

**Écoutez l'enregistrement et répondez.**
1. Où se trouve Maxime ?
2. Dans la deuxième partie : que fait-il et pourquoi ?

10 

**Écoutez la deuxième partie de l'enregistrement et complétez la déclaration.**

Liberté • Égalité • Fraternité
RÉPUBLIQUE FRANÇAISE
MINISTÈRE DE L'INTÉRIEUR

RÉCÉPISSÉ DE DÉCLARATION

M. Maxime Hervieu, âgé de 21 ans
Demeurant 15, rue Jean Jaurès, à Brunoy

A déclaré avoir été victime de :
☐ vol simple. ☐ vol avec violence.
☐ agression.

Le mardi … à … h …, … à Brunoy.

**Détails sur le délit :** téléphone mobile arraché par ….

**Conséquences :** perte : À ÉVALUER – dégâts : AUCUN – blessure : NON.

Plainte déposée le ….
sous le numéro 2012/6-FTG

L'agent de police judiciaire

11 

**Réécoutez le dialogue et choisissez quel avis de recherche l'agent va lancer.**

① **AVIS DE RECHERCHE** — SIGNALEMENT
Deux voleurs à moto.
Conducteur : femme.
Femme à l'arrière : casque à dessins rouges – blouson noir – cheveux longs blonds.
Moto : marque : Honda – modèle : NC 700.

② **AVIS DE RECHERCHE** — SIGNALEMENT
Deux voleurs à moto.
Conducteur : homme.
Femme à l'arrière : casque à dessins rouges – blouson noir – cheveux longs blonds.
Moto : marque : Honda – modèle : NC 700.

③ **AVIS DE RECHERCHE** — SIGNALEMENT
Deux voleurs à moto.
Conducteur : homme.
Femme à l'arrière : casque à dessins rouges – blouson rouge – cheveux longs bruns.
Moto : marque : Honda – modèle : NC 700.

12 

**Réécoutez et relevez les précisions que Maxime donne sur les personnes et le véhicule.**

## POINT *Langue*

→ p. 161

### L'accord du participe passé

a) **Reliez les informations de la déclaration de Maxime.**

| | |
|---|---|
| 1. J'ai entendu la moto. | a. Ils étaient deux. |
| 2. Je les ai vu**s**. | b. C'était une Honda. |
| 3. La femme que j'ai aperçu**e**. | c. Elle avait des cheveux longs. |
| 4. Je l'ai reconnu**e**. | d. Elle arrivait à toute vitesse. |

b) **Observez le participe passé des verbes et complétez la règle.**
Pour les temps composés avec le verbe *avoir*, le participe passé s'accorde avec le complément d'objet direct :
☐ placé avant le verbe.
☐ placé après le verbe.

→ S'exercer n° 14 et 15 | p. 85

## POINT *Langue*

### Rapporter un évènement, témoigner

**Associez les personnes et les actions suivantes.**

- Personnes : une victime – un malfaiteur – un agent de police.
- Actions : se faire agresser / voler – s'enfuir / prendre la fuite – enregistrer une plainte – alerter / prévenir la police – commettre un vol a l'arraché / un délit – ouvrir une enquête – témoigner / faire un témoignage – voler / arracher (un portable / un sac) – déposer une plainte.

→ S'exercer n° 16 | p. 85

a) **Jouez la scène.**
Vous venez d'être témoin d'un vol. Sur place, un policier vous questionne sur ce que vous avez vu. Vous racontez les faits et leurs circonstances.

b) **Rédigez par deux le récépissé de la déclaration d'un des témoins.**

**RÉCÉPISSÉ DE DÉCLARATION**

…, âgé de … ans
Demeurant …

A déclaré avoir été témoin de :
☐ vol simple. ☐ vol avec violence.
☐ agression.

Le … à … h …, … à …

**Détails sur le délit :** …

**Conséquences :** perte : … – dégâts : … – blessure : …

Plainte déposée le … sous le numéro …

L'agent de police judiciaire

**Imaginez ! Vous travaillez pour le magazine *Courrier du monde* à la rubrique des faits divers.**

**1.** Choisissez une photo ou un titre.
**2.** En petits groupes, imaginez l'évènement principal (les faits), les circonstances, la (les) cause(s), les conséquences ou suites de l'évènement.
**3.** Rédigez l'article. Si vous avez choisi la photo, donnez un titre à votre article.

**Le cambrioleur endormi sur le canapé du salon**

**BLESSÉE PAR UN CANARD TOMBÉ DU CIEL**

**Un pilote coincé aux toilettes déclenche la panique dans le ciel new-yorkais**

**Elle oublie sa bague de 1,2 million d'euros dans les toilettes d'un grand hôtel**

**PROJET DOSSIER 4**

Pour **contribuer à un média participatif**, vous allez :

**TÂCHE** LEÇON **3** Élaborer une contribution

# Carnet de voyage

## Superstitieux, moi ?

**1**

**Observez cette coupure de presse.**

1. Identifiez le thème de l'article. Trouvez sur l'illustration ce qui est associé à ce thème.
2. Trouvez dans le titre et le début de l'article le mot-clé qui explique l'importance de la date citée.

**2**  65

**Écoutez l'extrait de radio et répondez.**

1. De quelle émission s'agit-il ?
2. Quel est le lien avec la coupure de presse : de quoi parlent le journaliste et les personnes qui témoignent ?
3. Pourquoi ce thème est-il évoqué par le journaliste ?

### LE VENDREDI 13,

### jour des Français superstitieux et des opérateurs de jeux

Trouver un trèfle à quatre feuilles, voir une étoile filante, glisser une patte de lapin dans sa poche, toucher du bois : les millions de Français superstitieux vont avoir fort à faire vendredi, premier vendredi 13 d'une série de trois cette année, avant de jouer au Loto ou à l'Euro Millions.

*La Montagne*, 11 janvier 2012.

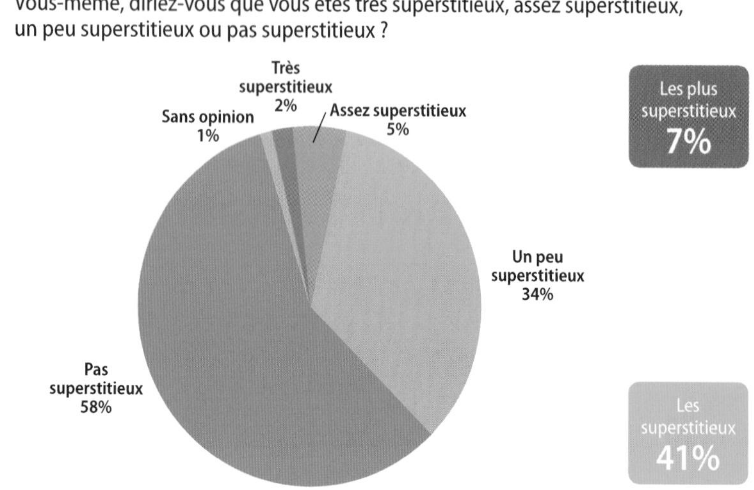


**3**

**Observez le schéma ci-contre.**

1. Retrouvez le chiffre cité par le journaliste.
2. Expliquez les chiffres dans les encadrés sur fonds vert et orange à côté du camembert.

**4**

**Échangez !**

1. Formez des groupes correspondant aux catégories de l'enquête : très superstitieux – assez superstitieux – un peu superstitieux – pas superstitieux
2. Comparez les résultats avec les réponses des Français.

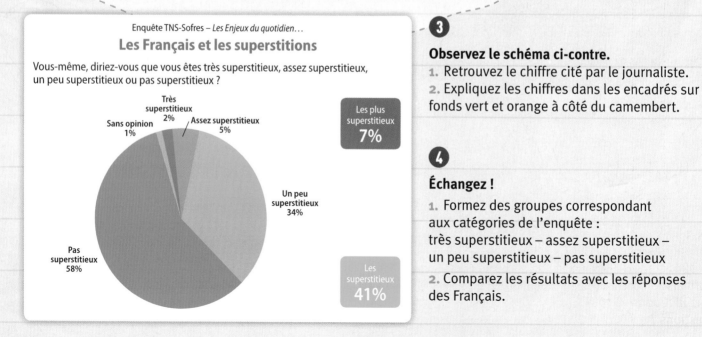

**Observez les dessins et réécoutez les témoignages dans l'extrait de radio.**

1. Identifiez les superstitions citées par Christiane, Stéphanie et Frédérique, et trouvez les dessins correspondants.
2. Dites si les situations évoquées sont liées à la chance ou à la malchance.

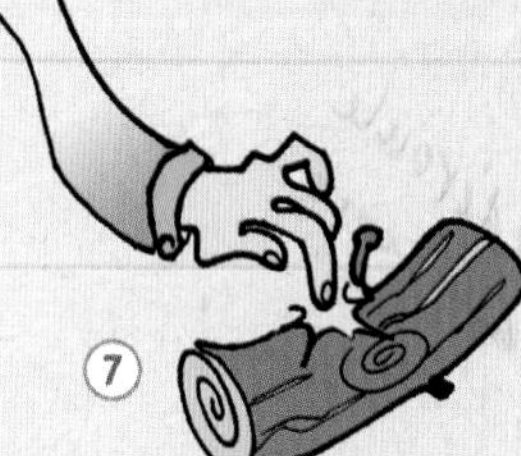

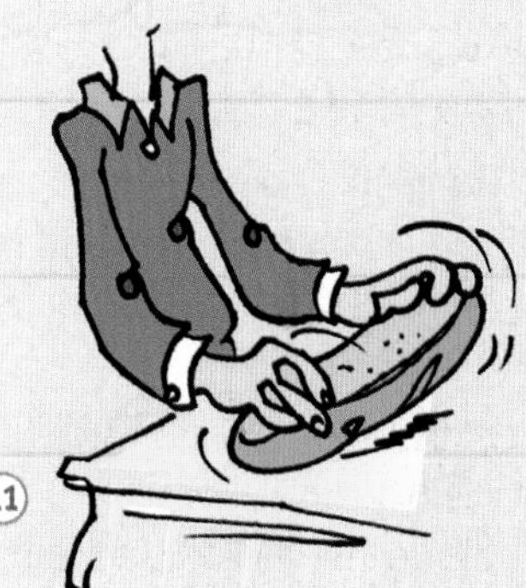

**Regardez les dessins que vous n'avez pas encore commentés.**

1. Pouvez-vous identifier les superstitions représentées ?
2. Classez les superstitions que vous reconnaissez en deux catégories : celles qui sont liées à la chance, celles qui sont liées à la malchance.

**Écoutez la fin du reportage radio et regardez la couverture du livre.**

1. Dites pourquoi Evelyne Keller parle dans le reportage et quelles informations elle apporte.
2. Identifiez les questions que pose la journaliste. Connaissez-vous la réponse à ces questions ?

**8**

**Échangez !**

**a) Quelles sont les superstitions du quotidien dans votre pays ?**

1. Citez des superstitions correspondant aux catégories citées par Evelyne Keller : coutumes, gestes, objets, couleurs, plantes, nombres, animaux...
2. Précisez si ces superstitions sont liées à la chance ou à la malchance.
3. Expliquez leur origine si vous la connaissez.

**b) Et vous ? Avez-vous des superstitions ? Lesquelles ?**

## Dossier 4 S'exercer

### Leçon 1

#### › Informer sur un évènement

**1. Complétez avec : *il s'agit de, s'adresser à, se dérouler, avoir pour but de, avoir lieu.* Faites les adaptations nécessaires (plusieurs réponses sont possibles).**

> **my French Film Festival.com**
>
> *My French Film Festival* ... faire découvrir la jeune création cinématographique française. ... un festival en ligne qui ... cette année du 14 au 29 janvier. Cette manifestation ... les internautes du monde entier, qui peuvent voter pour leurs films préférés. Grâce à Internet et aux réseaux sociaux, ce festival n'est pas limité à une ville : il ... dans le monde entier !

#### › Les pronoms interrogatifs

**2. Complétez les questions d'un quiz culturel. Utilisez le pronom interrogatif qui convient.**

1. Parmi les villes françaises suivantes, ... ont plus de 100 000 habitants ?
2. De nombreux festivals ont lieu dans le Sud de la France. ... se déroule en mai depuis plus de soixante ans ?
3. Parmi ces actrices, ... vient de sortir un album de chansons ?
4. Sur cette liste de films, ... ne sont pas des films français ?
5. Parmi ces politiciens français, ... a déjà été Premier ministre ?
6. ... de ces plats sont typiquement français ?

#### › Faire une suggestion, inciter à agir

**3. Transformez comme dans l'exemple.**

*Exemple :* Jouons / On peut jouer en ligne. → *Si on jouait en ligne ?*

1. Allons les voir !
2. Envoyez un message sur Twitter !
3. Tu peux aller à l'Opéra !
4. Publie un billet sur ce sujet !
5. Elle peut créer son blog.
6. On s'inscrit ?

#### › Parler des blogs

**4. Complétez avec les mots suivants. Faites les accords.**

archive – billet – commentaire – lien – page d'accueil – tag – blogosphère – blogueur

> **Bienvenue dans la ... !**
>
> – N'oubliez pas qu'un blog est en perpétuelle transformation : votre ... doit montrer ces changements ; vos ... les plus récents y apparaissent et tous les autres se trouvent automatiquement conservés dans les ... .
>
> – Pour les ... qui veulent transformer leur blog en espace de discussion, il faut mettre en valeur les ... des internautes et y répondre.
>
> – Si vous voulez montrer aux lecteurs de votre blog un article, une vidéo ou un blog que vous trouvez intéressant(e), vous pouvez l'indiquer avec un ... .
>
> – Quand vous publiez un billet, choisissez vos ... avec attention : il s'agit de mots-clés cliquables qui apparaissent sur votre blog.

#### › Les pronoms possessifs

**5. Complétez avec le pronom possessif qui convient. Faites les adaptations nécessaires.**

1. Je veux changer d'ordinateur, ... est vieux. Si tu es content de ..., je vais peut-être acheter le même.
2. J'ai reçu toutes les réponses que j'attendais par mail, excepté ... . Vous avez peut-être oublié de l'envoyer ?
3. Je voudrais mettre des photos de nos vacances en Grèce sur mon blog : j'ai déjà mis ..., peux-tu me passer ..., s'il te plaît ?
4. On reçoit beaucoup de commentaires de notre famille politique mais aussi de nos adversaires, et ... nous intéressent particulièrement.
5. Eh oui, j'ai bien gagné le concours ! Parmi toutes les félicitations qui me sont parvenues, ... m'ont fait particulièrement plaisir. Merci à vous !
6. Bien sûr, tous les partis politiques ont un blog ! Mais ... est le plus visité et nous en sommes fiers !
7. Le blog de tes copains est sympa, et si tu en créais un comme ... ?

### Leçon 2

#### › La nominalisation

**6. Transformez comme dans l'exemple.**

*Exemple :* Le Tour de France part demain.
→ *Départ du Tour de France demain.*

1. On élira un nouveau président en mai.
2. Un nouveau pays entre dans la zone euro.
3. Un reporter d'Europe FM a disparu depuis deux jours.
4. Le pouvoir d'achat des Français a diminué.
5. On va construire un nouvel aéroport.
6. On va développer l'apprentissage des langues à l'école.

**7. Trouvez le nom qui correspond à la définition.**

*Exemple :* C'est quand on multiplie. → *La multiplication.*

1. C'est quand on rémunère.
2. C'est quand on déménage.
3. C'est quand on classe.
4. C'est quand on est pessimiste.
5. C'est quand c'est nécessaire.
6. C'est quand on est gentil.

#### › Le genre des noms

**8. Choisissez l'article qui convient pour les titres de presse suivants.**

1. *Le / La* socialisme à la suédoise.
2. École : pour *un / une* égalité des chances.
3. Scandale financier : *le / la* polémique grandit.
4. Nouvelle loi sur *le / la* vitesse en centre-ville.
5. Accident de l'airbus : cérémonie à *le / la* mémoire des disparus.
6. Gauche-droite : *le / la* partage du pouvoir.

#### › Parler de la radio et de la télévision

**9. Complétez avec les mots suivants (faites les modifications nécessaires).**

émission – chaîne – station – débat – auditeur – téléspectateur – magazine de société – documentaire – émission de téléréalité – reportage

1. Tu regardes le JT de quelle ... ? Moi, je fais partie des ... qui apprécient celui de France 2 : il y a toujours des ... très intéressant(e)s sur les évènements dans le monde.

2. – Pas possible ! Tu regardes un(e) … sur l'élevage des vaches ?
   – Mais non, c'est un(e) … qui s'appelle *L'amour est dans le pré* : on aide des agriculteurs célibataires à rencontrer quelqu'un !
3. J'adore la radio ! J'écoute toujours Europe 1, c'est ma (mon) … préféré(e) ; c'est très interactif : les … peuvent téléphoner pour s'exprimer en direct.
4. – *C'dans l'air*, c'est quel type de … ?
   – C'est un(e) … : des experts échangent leur point de vue sur un thème d'actualité ; c'est le journaliste Yves Calvi qui anime les … .

### › La mise en relief

**10. Transformez comme dans l'exemple.**

*Exemple :* Je ne rate pas la météo. → *C'est la météo que je ne rate pas.*

1. La vie des gens ordinaires me fascine.
2. Les débats politiques m'ennuient.
3. J'écoute les émissions interactives à la radio.
4. Les séries battent un record d'audience.
5. J'apprécie le magazine de société *Envoyé spécial.*
6. Je ne manque jamais le foot sur Canal +.

## Leçon 3

### › Les temps du passé pour raconter un fait divers

**11. Conjuguez les verbes aux temps qui conviennent.**

**1. Avion contre voiture**

Le pilote d'un petit avion, qui … (décoller) de Marseille dix minutes plus tôt et … (se diriger) vers Paris, … (devoir) se poser hier soir en catastrophe sur l'autoroute A75 parce qu'il … (avoir) des problèmes de moteur. Au même moment, une voiture … (arriver) en sens opposé ; heureusement, le conducteur … (réussir) à freiner pour l'éviter. Les deux hommes … (avoir) très peur mais ils … (repartir) indemnes.

**2. Disparition d'un bébé ours**

Hier, en Savoie, un ourson … (disparaître) mystérieusement d'un cirque qui … (s'installer) la veille dans le village. Son gardien … (partir) déjeuner. À son retour, il … (constater) qu'un de ses trois oursons manquait et … (prévenir) la police, qui … (chercher) l'animal dans tout le voisinage. À cette heure, on … (ne pas encore retrouver) l'ourson.

### › La forme passive

**12. Transformez ces titres de presse à la forme passive ou active.**

*Exemple :* La police a découvert le tableau de Picasso volé le mois dernier. → *Le tableau de Picasso volé le mois dernier a été découvert par la police.*

1. On a retrouvé hier une valise pleine de billets de banque.
2. La Banque du Nord a été cambriolée la nuit dernière.
3. Plusieurs maisons ont été endommagées par la tempête d'hier.
4. Un nouveau système de contrôle sera installé dans les aéroports.
5. Le ministre de l'Éducation inaugurera ce matin le Salon de l'éducation.

**13. Conjuguez les verbes à la forme passive ou active aux temps qui conviennent.**

*Exemple :* Hier, à l'heure où les visiteurs du musée du Louvre *se dirigeaient* vers les sorties…

**Panique au musée du Louvre**

Hier, à l'heure où les visiteurs du Louvre … (se diriger) vers les sorties, l'alarme générale … (déclencher) par un homme qui … (décrocher) un tableau de Cézanne, *Les Joueurs de cartes*. La police … (prévenir) immédiatement et toutes les sorties … (bloquer), mais l'homme … (réussir) à se cacher dans le musée pendant plusieurs heures. On le … (retrouver) finalement vers 22 heures ; il … (trouver) une bonne cachette dans une des salles de réserve des tableaux, où il … (passer) le temps à admirer les toiles. Le tableau de Cézanne … (récupérer) en bon état, mais l'homme … (emmener) au commissariat.

### › L'accord du participe passé

**14. Choisissez la forme correcte pour chaque participe passé.**

*Exemple :* Est-ce que vous avez *vu* les voitures …

1. Est-ce que vous avez *vu / vue / vus / vues* les voitures au moment de l'accident ? Je les ai *entendu / entendue / entendus / entendues*, mais je ne les ai pas *vu / vus / vues*.
2. Regardez cette photo : avez-vous déjà *rencontré / rencontrés / rencontrées* cette personne ? Oui, c'est bien la personne que nous avons *trouvé / trouvée / trouvés / trouvées* dans le magasin en arrivant.
3. Qu'est-ce que tu as fait après le vol ? Je suis allé au commissariat, j'ai *déposé / déposée* une plainte. L'agent l'a *enregistré / enregistrée*, puis je l'ai *signé / signée*.

**15. Transformez en utilisant le passé composé. Faites l'accord du participe passé si nécessaire.**

*Exemple :* La victime est venue déposer une plainte et un agent de police vient de l'enregistrer. → *La victime est venue déposer une plainte et un agent de police l'a enregistrée.*

1. La police va bientôt arriver, nous venons de la prévenir.
2. Oui, ce sont bien les deux jeunes qui viennent d'agresser la dame.
3. Voilà, c'est exactement la déclaration que je viens de faire à la police.
4. L'enquête que la police vient d'ouvrir progresse rapidement.
5. Les malfaiteurs ne vont pas rester longtemps en liberté : plusieurs personnes viennent de les identifier.
6. Ces hommes sont dangereux mais la police vient de les arrêter.

### › Rapporter un évènement, témoigner

**16. Associez chaque expression à une des définitions données.**

*Exemple : 1a.*

1. Commettre un délit. 2. Un récépissé de déclaration. 3. Le signalement. 4. Témoigner / Faire un témoignage. 5. Ouvrir une enquête. 6. Commettre un vol à l'arraché. 7. Une victime. 8. Un agent de police. 9. S'enfuir / Prendre la fuite. 10. Un voleur / Un malfaiteur.

a. Faire une chose interdite par la loi.
b. Une personne qui travaille pour la sécurité des gens.
c. Prendre quelque chose à quelqu'un d'un geste violent.
d. Une personne qui prend des choses qui appartiennent aux autres.
e. Raconter ce qui s'est passé, ce qu'on a vu.
f. Le papier officiel qui rapporte un vol ou une agression.
g. Partir en courant.
h. La description d'une personne dans un avis de recherche.
i. Une personne qui a été volée, agressée, ou qui a eu un accident.
j. Commencer à rechercher les auteurs du délit.

# Vers le DELF A2

## Compréhension de l'oral

7 points

### Exercice 1 68

3 points

**Lisez les questions. Écoutez le document deux fois puis répondez.**

**1.** La femme laisse un message pour :
a. avoir une information.
b. rendre service.
c. demander de l'aide.

**2.** Elle :
a. laisse ses coordonnées.
b. fixe un rendez-vous.
c. dit où récupérer l'objet perdu.

**3.** Dans le sac, elle a trouvé :
a. de l'argent.
b. un téléphone.
c. des documents personnels.

### Exercice 2 69

4 points

**Lisez les questions. Écoutez le document deux fois puis répondez.**

**1.** Dans quelle rubrique de journal peut-on trouver cette information ?
a. Éducation.
b. Faits divers.
c. Société.

**2.** La directrice habite :
a. loin de l'école.
b. près de l'école.
c. dans l'école.

**3.** À la vue du cambrioleur, la femme :
a. a paniqué.
b. a réveillé l'homme.
c. a fait preuve d'autocontrôle.

**4.** L'homme avait pris des médicaments à cause de problèmes :
a. de couple.
b. de santé.
c. de famille.

## Production écrite

13 points

**Avec d'autres personnes du cours de français, vous avez créé un blog « Apprendre le français ». Vous écrivez votre premier texte, intitulé « Mes débuts en français », dans lequel vous parlez de votre premier cours de français, quand vous étiez débutant(e). Racontez le contexte, les activités, votre ressenti.**

Dossier 5

# Instants loisirs

Leçon 1 **Ciné, cinéma**
> Présenter un réalisateur / un film
> Exprimer des appréciations sur un film

Leçon 2 **Les inscriptions sont ouvertes !**
> Inciter à pratiquer une activité de loisirs
> Parler de ses loisirs et de la vie associative

Leçon 3 **Tourisme pour tous**
> Sélectionner une prestation touristique
> Faire une réservation touristique
> Informer sur un itinéraire

**Carnet de voyage**
> Rendez-vous festifs et culturels

**Épreuve DELF A2**

**Projet**
> Élaborer un projet de voyage autour des festivals

**Phonie-graphie** → activités 1 à 5 p. 169-170
**Lexique thématique** → p. 200-201

# Ciné, cinéma

## › Présenter un réalisateur / un film

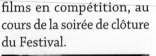

**Lisez l'extrait de presse et identifiez l'évènement annoncé.**

La Provence

MERCREDI 11 MAI 2011

**Festival de Cannes : une 64e édition très glamour**

La 64e édition du Festival international du film se déroule cette année du 11 au 22 mai. Le très célèbre Festival sera ouvert ce soir par l'actrice Mélanie Laurent. Le jury sera présidé par l'acteur et producteur Robert de Niro. Il devra décerner la Palme d'or à un des vingt films en compétition, au cours de la soirée de clôture du Festival.

**Écoutez l'extrait de radio et répondez.**

1. Quelle est la date de l'enregistrement ? Quel est le lien avec le titre de presse ?
2. Quelle précision est apportée concernant l'évènement ?
3. Quel thème complémentaire est développé par le journaliste ?

**Observez cette page d'allocine.com et réécoutez l'extrait de radio.**

1. Complétez la fiche technique du film *Minuit à Paris*.
2. Répondez aux deux questions posées :
– Avez-vous envie de voir ce film ? (Pourquoi ?)
– Si vous l'avez déjà vu, quelle note donnez-vous ?
3. Dites sur quel onglet vous avez envie de cliquer pour en savoir plus.

ALLOCINE.COM
Ne restez pas simple spectateur

Accueil | Cinéma | Séries TV | Vidéos | Communauté | News | Dossiers | DVD | Stars

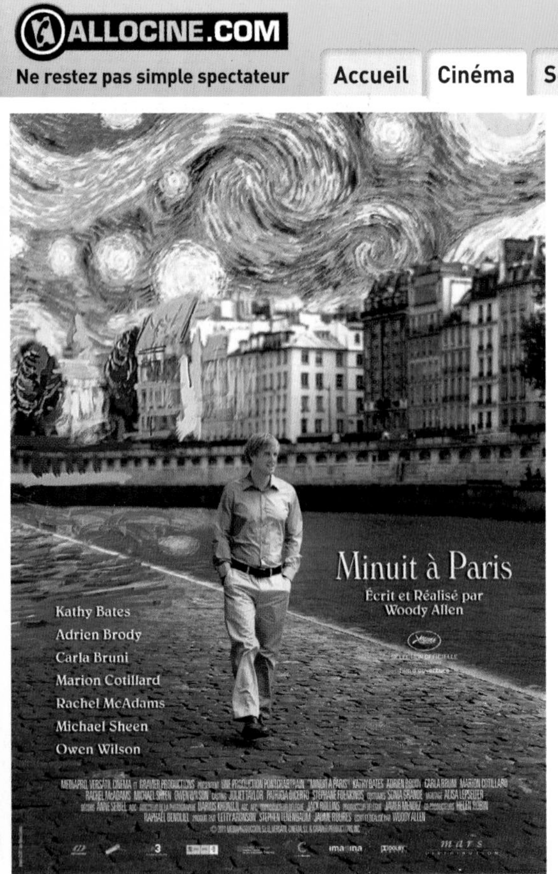

Minuit à Paris
Écrit et Réalisé par
Woody Allen
Kathy Bates
Adrien Brody
Carla Bruni
Marion Cotillard
Rachel McAdams
Michael Sheen
Owen Wilson


Accueil › Cinéma › Films Comédie

### Minuit à Paris

Séances | Bandes-annonces | Casting | Critiques | Photos

| | |
|---|---|
| Date de sortie | ... 2011 |
| Réalisé par | ... |
| Durée | 1 h 34 min |
| Avec | Owen Wilson, Rachel McAdams, Michael Sheen › plus |
| Genre | ... |
| Nationalité | ... |
| Presse | ★★★★★ 4,2 |
| Spectateurs | ★★★★★ 3,6 |

Voir la bande-annonce

Envie de voir ce film ? Oui | Non — Déjà vu ce film ? Votez : ★★★★★

### Synopsis

Un jeune couple d'Américains dont le mariage est prévu à l'automne se rend pour quelques jours à Paris. La magie de la capitale agit bientôt, particulièrement sur le jeune homme amoureux de la Ville-lumière, qui rêve d'une autre vie que la sienne.

**Vrai ou faux ? Réécoutez et répondez. Justifiez vos réponses avec les informations données.**

**1.** Woody Allen est un habitué du Festival de Cannes.

**2.** Il a obtenu la Palme d'or une fois.

**3.** C'est la première fois qu'un de ses films est projeté le premier soir du Festival.

**4.** Le public français aime beaucoup Woody Allen.

**5.** Le public n'a pas aimé ses films présentés ces dernières années à Cannes.

## POINT *Langue*

### La place de l'adverbe

**Observez les phrases suivantes où l'adverbe donne une précision sur le verbe, puis complétez la règle.**

Le réalisateur new-yorkais est **souvent** venu à Cannes.
Il n'a **jamais** obtenu de récompense...
Il a **toujours** refusé d'être en compétition.
*Hollywood Ending* avait **déjà** fait l'ouverture du Festival.
Cette comédie a été tournée **discrètement** l'été dernier.
Les spectateurs avaient **beaucoup** aimé *Vicky Cristina Barcelona*.
Ils ont **assez bien** accueilli son avant-dernier film.
Ce nouveau film connaîtra **également** le succès.

- (Rappel) **Avec une forme verbale simple,** l'adverbe se place en général : ☐ avant le verbe. ☐ après le verbe.
- **Avec une forme verbale composée,** on place certains adverbes entre ... et ... :
  – adverbes de fréquence / temps : *jamais* ≠ ..., *rarement* ≠ ..., ... ;
  – adverbes de quantité : *peu* ≠ ..., *trop*, *assez* ;
  – adverbes de manière : *mal* ≠ ..., *mieux*.

→ S'exercer n° 1 et 2 | p. 102

## POINT *Langue*

### Parler de cinéma

**Retrouvez les mots du cinéma dans les documents et associez.**

1. Un producteur
2. Un réalisateur
3. Un scénario
4. Une fiche technique
5. Un synopsis
6. Une bande-annonce
7. Une bande originale

a. contient les dialogues du film.
b. résume l'histoire du film.
c. présente le film en vidéo ou à la radio.
d. donne des informations sur le film.
e. fait / tourne le film.
f. regroupe les morceaux musicaux du film.
g. finance le film.

→ S'exercer n° 3 | p. 102

## POINT Culture

### Le Festival de Cannes

a) **Lisez le texte suivant.**

Depuis 1946, le Festival international du film de Cannes a lieu chaque année en mai. Pendant 12 jours, des professionnels de la communication et quelques privilégiés sont invités à voir des films en projection privée au Palais des Festivals. Un jury, dont le président est nommé tous les ans, décerne différents prix parmi les films en compétition. La plus haute récompense est la Palme d'or, qui est décernée au meilleur film du festival.

b) **Échangez en petits groupes : quels autres festivals de cinéma connaissez-vous ? Est-ce qu'il y a un festival de cinéma dans votre région ? dans votre pays ?**

**Échangez ! Êtes-vous cinéphile ?**

**1.** Allez-vous souvent au cinéma ?
Quels genres de films préférez-vous ?
comédie – drame – documentaire – thriller – film biographique – fantastique – policier – film d'aventure / de science-fiction / d'action / d'horreur / d'animation

**2.** Vous rappelez-vous quels films ont été récompensés dernièrement dans les grands festivals internationaux de cinéma ? Citez un / des film(s) récompensé(s) : indiquez le titre, le réalisateur, la nationalité, le genre.

**Choisissez l'invité d'honneur du prochain Festival de Cannes !**

En petits groupes, chacun propose un réalisateur de cinéma qu'il (elle) admire ou qui est admiré dans son pays : donnez des indications sur ses films, sa carrière et sa relation avec le public.
Chaque groupe choisit un invité d'honneur et le présente aux autres.

# › Exprimer des appréciations sur un film

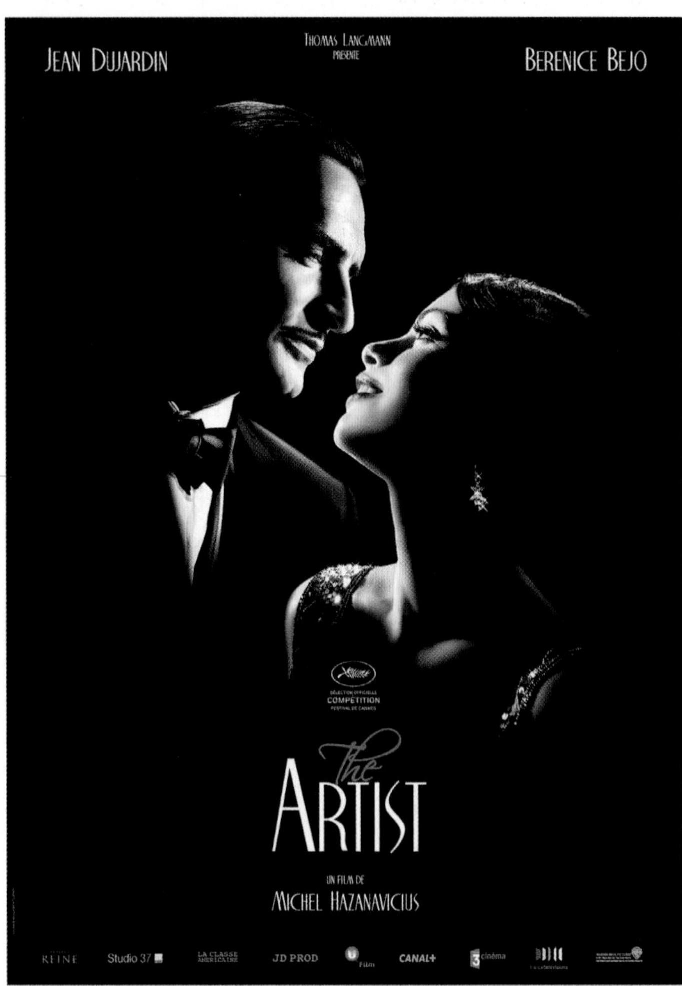

JEAN DUJARDIN
THOMAS LANGMANN PRÉSENTE
BERENICE BEJO
The ARTIST
UN FILM DE
MICHEL HAZANAVICIUS

**Écoutez l'extrait de radio et observez l'affiche.**

1. Dites à quelle occasion on parle du film dans l'extrait.
2. Dites de quel type de film il s'agit.
3. D'après l'affiche et le type de film, quelles hypothèses pouvez-vous faire sur le synopsis ? (Résumez-le si vous l'avez vu.)

a) **Réécoutez l'extrait et justifiez le terme *saga* utilisé par le journaliste.**

b) **Relevez les grandes dates et reconstituez le parcours du film depuis sa première projection.**

## AIDE-MÉMOIRE

**Évoquer le parcours / le succès d'un film**

Un succès historique – Une consécration
Un film / Un long-métrage **(res)sort** dans les salles = **est** (à nouveau) **à l'affiche.**
Une personne ou un film **gagne** / **remporte** / **obtient** un prix / une récompense.
Un prix / Un trophée **est attribué** / **est décerné à** un film / une personne.

Ne restez pas simple spectateur | Accueil | Cinéma | Séries TV | Vidéos | Communauté

Accueil › Cinéma › Films Comédie

**Synopsis**

**Hollywood, 1927. George Valentin est une vedette populaire du cinéma muet, que l'arrivée des films parlants va faire tomber dans l'oubli. Peppy Miller, jeune figurante, va, elle, devenir une star. C'est l'histoire de leurs destins croisés : comment la célébrité, l'orgueil et l'argent font obstacle à leur histoire d'amour.**

**Les critiques des spectateurs**

**Corinne**

*The Artist* s'impose comme un très grand film français et un bel hommage au cinéma américain. La musique est aussi belle que l'image en noir et blanc. On éprouve une grande émotion à retrouver le cinéma muet. Tout est réussi dans ce film ! À voir absolument.

**Vincent**

Grosse déception ! C'est nul ! Je me suis ennuyé, j'ai failli m'endormir ! Le film est muet, mais ce n'est pas le problème : l'histoire est banale et le jeu des acteurs est caricatural, seul le chien mérite un Oscar ! On voit de belles images et de beaux visages, mais il n'y a pas d'émotion ! Le succès de ce film est incompréhensible...

**Jacques**

*The Artist*, c'est un hommage au cinéma muet des années trente, moment où apparaît le son. L'histoire manque de suspense, l'intérêt faiblit vers le milieu du film, il y a des longueurs, mais c'est émouvant, surtout à la fin : le film se termine sur un happy end. Globalement, une belle surprise !

**Nina**

C'est vrai qu'il n'est pas mal, ce film : une jolie histoire d'amour, des acteurs sympathiques. Mais on est très loin du chef-d'œuvre. C'est un film agréable, on passe un bon moment, sans plus.

**Julia**

Un bon scénario, des acteurs remarquables, une réalisation impeccable... et les dialogues sont bien écrits ! Un véritable chef-d'œuvre, le succès du film est largement mérité ! Un film pour cinéphiles, mais pas seulement : un film pour tout public, toutes les générations. Un grand merci à Michel Hazanivicius pour ce petit bijou !

**Lisez la page du site allocine.com (p. 90).**

**1.** Confirmez vos hypothèses concernant le synopsis.

**2.** Trouvez le symbole correspondant à l'appréciation de chaque spectateur :

★★★★★ chef-d'œuvre
★★★★ très bon film
★★★ bon film / pas mal
★★ film moyen
★ (très) mauvais film

**Relisez les commentaires et précisez sur quoi portent les appréciations de chacun.**

les acteurs – la bande originale – la réalisation / mise en scène – le scénario – la photo / l'image – le rythme – les sentiments suscités chez le spectateur

## POINT *Langue*

### Exprimer des appréciations sur un film

a) **Relisez les avis des spectateurs. Complétez avec des avis similaires (≃) ou divergents (≠).**

1. Le succès du film est largement mérité. ≠ ... 2. C'est émouvant. ≃ ... ≠ ... 3. Un bon scénario, original. ≠ ... 4. Le rythme est inégal. ≃ ... / ... 5. Une mise en scène parfaite. ≃ ... 6. Les dialogues sont excellents. ≃ ... 7. Une belle surprise. ≠ ...

b) **Dites à quel avis correspondent les expressions suivantes : *positif, négatif, mitigé*.**

- Des acteurs sympathiques. – Des acteurs remarquables. – Le jeu des acteurs est caricatural.
- C'est nul. – Un film agréable. – Un véritable chef-d'œuvre. – Pas mal, ce film. – Un très grand film. – On passe un bon moment, sans plus. – On est très loin du chef-d'œuvre.

c) **Complétez.**

(Rappel) Certains adjectifs se placent en général avant le nom : *bon ≠ ... – petit ≠ grand – vieux ≠ ... – long – excellent – beau – ... – ... – ...*

**Attention !**

un **beau** film / un **bel** hommage – un **nouveau** film / un **nouvel** acteur – un **vieux** film / un **vieil** acteur

→ S'exercer n° 4 et 5 | p. 102

## 11 Phonétique 77-78

a) **Écoutez les réactions suivantes et dites ce qu'elles expriment : l'enthousiasme ou la déception ?**

b) **Réécoutez et répétez, puis transformez l'intonation.**

*Exemple :* Des acteurs remarquables ! (enthousiasme)
→ *Des acteurs remarquables ! (déception)*

**Vous proposez à linternaute.com votre sélection de films incontournables pour les années 2010.**

**Les 100 films qu'il faut avoir vus dans sa vie**

Toute la rédaction s'est mobilisée pour vous sélectionner la liste des 100 films incontournables, qu'il faut avoir vus au moins une fois dans sa vie. Les avez-vous vus ? Êtes-vous d'accord avec nous ? 100 films

Années 1920 | 1930 | 1940 | 1950 | 1960 | 1970 | 1980 | 1990 | 2000

**1.** Par deux, choisissez deux films de cette décennie que vous considérez incontournables.

**2.** Écrivez pour chaque film la fiche technique et votre commentaire critique, pour justifier votre choix.

**3.** Présentez vos deux films au grand groupe.

**4.** Établissez ensemble la liste des « films incontournables » pour tout le groupe.

**5.** Apportez votre contribution pour un des films de la liste, que vous avez vu : donnez votre avis pour appuyer ou contester le choix de ce film dans la sélection.

**Vous écrivez un mail à un(e) ami(e) pour lui recommander ou déconseiller un film que vous avez vu. Indiquez le titre du film, le réalisateur et les acteurs principaux. Résumez brièvement l'histoire. Parlez (au choix) du jeu d'acteurs, du scénario, de la mise en scène. Vous pouvez évoquer quelques scènes précises.**

**Pour élaborer un projet de voyage autour des festivals, vous allez :**

**TÂCHE** LEÇON **1** Présenter un panorama des festivals francophones >>> internet - www.hachettefle.fr

# Les inscriptions sc

## › Inciter à pratiquer une activité de loisirs

Maison Pour Tous

Saint-Germain, le 2 septembre

Chers adhérents,

Septembre est arrivé… C'est la rentrée ! C'est le moment de penser à vos loisirs pour l'année. Si vous ne l'avez pas encore fait, venez vous (ré)inscrire !

**Nos activités annuelles reprennent le 20 septembre :**

arts plastiques – bridge – club de conversation anglaise – club salsa – danse classique – danse modern'jazz – échecs – éveil corporel – éveil musical – guitare – gym douce – initiation à l'arabe – judo – œnologie – percussions – photographie – qi gong – théâtre –théâtre en anglais – yoga

**Nouvelles activités cette année :**

■ **Cirque** (à partir de 6 ans)
Vos enfants aiment bouger, s'ennuient le mercredi après-midi… Pourquoi ne pas les amener à l'atelier cirque ? Manu s'occupe d'eux de 14 à 16 h et les initie à l'acrobatie, à l'équilibre, au jeu de clown…

■ **Hip-hop**
Vous avez un(e) ado entre 12 et 16 ans, qui aime le rap ? Cet atelier s'adresse à lui / elle ! Le mardi soir, à 19 h. Animateurs : Steph et Karim.

■ **Groupe vocal**
Monsieur, vous chantez, mais jamais devant les autres ? Et si vous veniez chanter ? Le groupe vocal manque de voix de basse et ténor et a besoin de vous… Débutants acceptés après audition : n'hésitez pas, lancez-vous !

■ **Gym Fitness**
Angela est de retour à la Maison Pour Tous. Vous vous souvenez d'elle, c'est sûr ! Toujours aussi dynamique, elle vous propose un cours tonique. Inscrivez-vous sans tarder, il ne reste que quelques places !

**Adhésion MJC-Maison Pour Tous :** 17 € / an.
**Tarif annuel :** en fonction des activités.
**2e adhérent / 2e activité par famille :** 20 % de réduction.

**Bonne reprise à tous et à très bientôt ! L'équipe de la MJC-Maison Pour Tous.**

Maison des Jeunes et de la Culture – Maison Pour Tous – Saint-Germain – Affiliée à la CMJCF.

**Lisez cette lettre.**

**1.** Identifiez l'expéditeur et les destinataires de la lettre.

**2.** Observez la date et dites quel est l'objet de la lettre.

**Relisez la lettre et observez les activités proposées.**

**1.** Classez-les par catégorie : activités intellectuelles – arts créatifs – arts de la scène – danse – langues – musique – sport et bien-être – autres

**2.** Justifiez le nom de l'association : *MJC (Maison des Jeunes et de la Culture)-Maison Pour Tous.*

**Relisez la lettre et relevez les incitations à participer aux activités.**

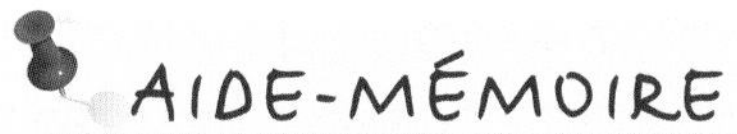


La **rentrée** (scolaire / politique...) = La **reprise** des activités (après les vacances)
Les activités **reprennent** = **recommencent**.

# ...nt ouvertes !

**Écoutez l'enregistrement.**

1. Identifiez la situation et le lien avec la lettre.
2. Dites quelles activités sont évoquées, et pour qui.

**Réécoutez le dialogue et répondez.**

Quelle est la réaction de l'homme à la proposition de sa femme ? Comment l'encourage-t-elle ?

**Inciter à pratiquer une activité**

Si vous ne l'avez pas encore fait, venez vous (ré)inscrire !
Vos enfants aiment bouger... Pourquoi ne pas les amener à l'atelier cirque ?
Vous avez un(e) ado entre 12 et 16 ans, qui aime le rap ? Cet atelier s'adresse à lui / elle !
Et si vous veniez chanter ? N'hésitez pas, lancez-vous !
Inscrivez-vous sans tarder, il ne reste que quelques places !
Vas-y, tu verras bien !

→ S'exercer n° 6 | p. 102

## POINT *Langue*

→ p. 176

### Les pronoms personnels après *à* et *de*

a) **Réécoutez le dialogue et observez les phrases suivantes. Retrouvez ce que les pronoms soulignés remplacent, puis complétez.**

Tu as pensé **à** lui ? Oui, je lui ai déjà parlé.

(Rappel) La majorité des verbes avec ***à*** fonctionnent avec les pronoms personnels indirects *me*, *te*, ..., *nous*, *vous*, ..., placés avant le verbe.

*Exemple : J'ai parlé à l'animateur. → Je lui ai parlé.*

b) **Observez les phrases suivantes et complétez la liste des verbes.**

J'ai pensé **à** toi.

Cet atelier s'adresse **à** lui / elle.

Le groupe vocal a besoin **de** vous.

Manu s'occupe **d'**eux.

Vous vous souvenez **d'**elle.

| Verbes construits avec *à* | Verbes construits avec *de* |
|---|---|
| ...<br>**s'**intéresser } à quelqu'un<br>... | parler<br>rêver<br>...<br>**se** désintéresser } de quelqu'un<br>...<br>... |

c) **Complétez la règle des pronoms utilisés pour représenter des personnes.**

- Pour les verbes pronominaux et le verbe ..., on utilise la construction ***à*** + pronom tonique (*moi*, ..., ... / ..., *nous*, ..., ... / *elles*).
- Pour tous les verbes construits avec ***de***, on utilise les pronoms toniques.

→ S'exercer n° 7 | p. 102

## POINT Culture

### Les MJC-Maisons Pour Tous

a) **Lisez et identifiez les éléments qui permettent de définir les MJC-Maisons Pour Tous.**

Les Maisons des Jeunes et de la Culture (MJC)-Maisons Pour Tous, associations locales du réseau de la CMJCF*, tissent jour après jour un lien social par les actions qu'elles mènent auprès des habitants. Un de leurs principaux objectifs est l'épanouissement de la personne par l'accès à l'éducation et à la culture. Le rythme des MJC-Maisons Pour Tous correspond en règle générale au calendrier scolaire : les activités annuelles démarrent peu après la rentrée de septembre.

* Confédération des Maisons des Jeunes et de la Culture de France

b) **Échangez : y a-t-il dans votre ville des structures similaires à la MJC ? Fréquentez-vous une association de ce type ?**

**6 Phonétique** 80

**Écoutez et répétez.**

**Vous travaillez à la MJC de Saint-Germain. La reprise approche et trois des activités proposées n'ont pas assez d'inscrits. Vous écrivez une lettre pour inciter les adhérents à s'inscrire ou à en parler autour d'eux.**

arts plastiques – bridge – club de conversation anglaise – club salsa – danse classique – danse modern' jazz – échecs – éveil corporel – éveil musical – guitare – gym douce – initiation à l'arabe – judo – œnologie – percussions – photographie – qi gong – théâtre – théâtre en anglais – yoga

# › Parler de ses loisirs et de la vie associative

Pornic Magazine

**on en parle... on en parle... on en parle... on en parle... on en parle...**

Comme chaque année, après la rentrée scolaire, c'est la rentrée des loisirs ! Le Forum des associations est devenu le rendez-vous incontournable. Certains habitants ont déjà une idée précise de l'association qui les intéresse et viennent s'y inscrire. D'autres viennent au forum pour s'informer et trouver leurs loisirs pour l'année à venir. D'autres ont des idées mais hésitent encore... Se (re)mettre au dessin ? Faire du roller ? de la randonnée ? de la danse ? S'initier à la calligraphie ?

Vous en rêvez... Vous vous y intéressez... Vous en avez envie... Votre activité est certainement au forum ! De nombreuses animations vous aideront à choisir.

C'est l'occasion d'avoir sur le même lieu tout ce qui est proposé dans la ville. Rendez-vous samedi 10 septembre au Val Saint-Martin. 108 associations seront présentes.

PENSEZ-Y !

**Observez la page du magazine de la ville de Pornic.**

**1.** Expliquez le titre en haut de page et identifiez l'objectif de cette page.

**2.** Dites à quel moment ce numéro du magazine est sorti.

**Relisez la page.**

**1.** Dites quel est l'objectif du Forum des associations.

**2.** Identifiez les trois catégories de personnes évoquées.

**Observez les noms des associations présentes sur le Forum des associations.**

**1.** Dites quelles catégories d'associations sont représentées au forum.

culture / loisirs / sport | économie / emploi | enfance / scolarité | quartiers | troisième âge | santé | solidarité / social

**2.** Identifiez les associations liées à une activité sportive. Précisez quel sport.

Amicale des retraités Pornicais

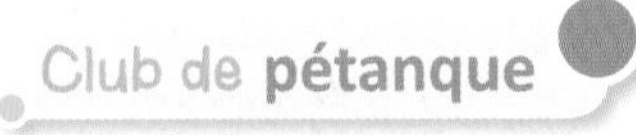

**Écoutez la conversation et regardez les noms des associations (p. 94).**

**1.** Dites qui parle, sur le stand de quelle association, et pour quoi faire.

**2.** Complétez le prospectus distribué par cette association pendant le forum.

> **Association ...**
> - Venez découvrir le ... avec nous, tous les ... !
> - Cours pour ... (niveaux ..., ..., ...) et pour ... à partir de 6 ans.
> - Sortie randonnée une fois ... à partir des beaux jours !
> - Inscription à l'année : ... (... cotisation + ... licence).

**Écoutez ces commentaires enregistrés sur le forum et dites à quelles associations les personnes appartiennent.**

**Réécoutez et relevez les commentaires des personnes sur :**
– la fréquentation de l'association ;
– ce que l'association et l'activité leur apportent ;
– les relations humaines dans l'association.

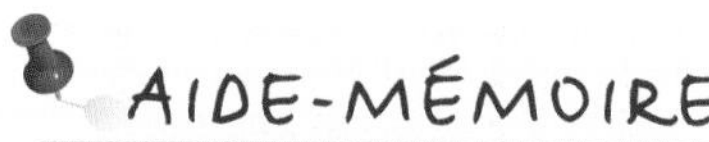


**Parler de la vie associative**

être membre / adhérent = faire partie d'une association
participer à un entraînement / une répétition
payer l'adhésion / la cotisation – la licence (sport)
Un(e) animateur (animatrice) / Un(e) bénévole s'occupe d'une activité / d'une association.
*L'ambiance est très sympa. – Il y a une bonne ambiance !*
*C'est convivial. On passe de très bons moments !*

→ S'exercer n° 8 p. 102-103

## POINT *Langue*

### Les pronoms indirects *en* et *y*

a) **Observez les phrases suivantes et dites à quoi renvoient les pronoms *en* et *y* (cf. article p. 94).**
1. Certains habitants viennent s'**y** inscrire.
2. Vous **en** rêvez... Vous vous **y** intéressez... Vous **en** avez envie...
3. Pensez-**y** !

b) **Trouvez la bonne réponse.**
- Pour trouver ce que *en* remplace, il faut poser la question :
  ☐ à quoi ? ☐ de quoi ? ☐ à qui ? ☐ de qui ?
- Pour trouver ce que *y* remplace, il faut poser la question :
  ☐ à quoi ? ☐ de quoi ? ☐ à qui ? ☐ de qui ?

c) **Complétez les listes suivantes avec d'autres verbes repérés dans l'article (activité 8) et les dialogues (activités 11 à 13).**
- Verbe + *à* quelque chose : *penser à* – ... – ... – ...
- Verbe + *de* quelque chose : *s'occuper de – parler de* – ... – ... – ... – ... – ... – ...

→ S'exercer n° 9 et 10 | p. 103

**Échangez !**

Faites-vous partie d'une association liée aux loisirs ? Parlez de votre fréquentation de l'association, votre pratique de l'activité, ce que cela vous apporte.

**Imaginez !**

Vous êtes membre d'une association où vous pratiquez une activité culturelle ou sportive.
À l'occasion de la rentrée, vous écrivez un mail à un(e) ami(e) pour l'inciter à rejoindre votre association : faites part de votre vécu (pourquoi vous aimez cette activité / l'association) pour lui donner envie de s'inscrire. Pensez aussi à donner des informations pratiques.

Pour **élaborer un projet de voyage autour des festivals**, vous allez :

**TÂCHE** LEÇON 2 Choisir un / des festival(s) et déterminer le séjour >>> internet - www.hachettefle.fr

# Tourisme pour tous

## › Sélectionner une prestation touristique

# Tourisme Autrement

ACCUEIL | INSCRIPTIONS | TARIFS | SALON | CONTACT | ESPACE PRO

Esprit Nature

Insolite Original

Sports et Loisirs

Vacances à Thèmes

## Idées du mois

Vous allez vivre un week-end inoubliable…

### … en construisant votre **igloo** pour la nuit !

Vous êtes passionné de montagne, mais vous voulez fuir la foule des stations de ski. Pour les plus aventuriers d'entre vous, cette formule week-end avec nuit dans un igloo offre l'alternative la plus originale. Le premier jour, vous découvrez les paysages et les secrets de la montagne hivernale en participant à une balade matinale en raquettes. L'après-midi est consacré à la construction de votre igloo (avec l'aide de nos guides spécialisés), face au superbe panorama du massif du mont Blanc ! Puis préparation du dîner, à base de produits locaux. Après une nuit rafraîchissante et dépaysante dans votre igloo, le week-end se conclut avec une randonnée en raquettes, à la découverte de la faune montagnarde.

**Lieu :** à proximité de Samoëns, en Haute-Savoie.
**Nombre de participants :** 4 à 16.
**Prix :** 119 € par personne (week-end complet).
**Renseignements et réservation :** www.cairn-fr.com

### … en menant l'enquête au **château** !

Vous êtes amateur de romans policiers, vous adorez le suspense et aimez jouer ? Ce concept très original conçu par l'association « Le Masque et la Tour » est fait pour les passionnés de jeux de rôle mais aussi pour les débutants : un château, une ambiance 1920, et… un meurtre ! Un scénario d'enquête inspiré d'auteurs comme Agatha Christie, où chaque participant tient un rôle précis qu'il garde secret. Vous devrez trouver le coupable, en cherchant les indices et en vous appuyant sur votre connaissance des énigmes policières… Une dizaine d'animateurs de l'association vous aideront à entrer dans le scénario en jouant des personnages et en intervenant dans les scènes.

**Lieu :** variable selon les scénarios.
**Nombre de participants :** 20.
**Prix :** à partir de 195 € par personne (jeu, repas et hébergement).
**Renseignements et réservation :** www.masquetour.free.fr

### … en dormant dans un **arbre** !

Enfant, vous aimiez grimper dans les arbres, vous rêviez en lisant l'histoire de Robinson Crusoé… Réalisez votre rêve d'enfant en faisant une expérience unique : dormir dans les arbres, dans une cabane perchée à dix mètres de hauteur. Situées en pleine nature dans un parc de neuf hectares, les cabanes dans les arbres offrent un dépaysement total, loin du bruit de la ville. Le dîner (en option) et le petit déjeuner sont déposés au pied de votre arbre : vous pouvez les déguster sur votre terrasse, en profitant de la vue et du calme.
En arrivant, vous recevrez un sac à dos avec tout le nécessaire pour votre installation et votre confort : la literie, des lampes frontales, une paire de jumelles et des bouteilles d'eau.

**Lieu :** château d'Usson, à 1 h de La Rochelle ou de Bordeaux.
**Prix :** le tarif d'une nuit pour un couple est de 128 € (avec petit déjeuner).
**Renseignements et réservation :** www.sur-un-arbre-perche.com

**Observez le bandeau d'introduction de la page Internet.**

**1.** Trouvez à quel type de tourisme les vacances suivantes correspondent.
séjour dans un village cheyenne (amérindien) – vacances à la ferme – séjour préhistorique troglodyte – séjour régions et gastronomie – séjour sports extrêmes – vacances bien-être et santé – vacances solidaires – vacances trekking / randonnée

**2.** Échangez : dites quel type de tourisme vous appréciez, et pourquoi.

**Lisez les « Idées du mois ».**

**1.** Dites de quoi il s'agit et à quel type de tourisme les propositions correspondent.

**2.** Pour chaque proposition, dites ce qui fait son originalité (le lieu, l'hébergement, les activités).

**Relisez et classez les trois propositions :**
– de la plus originale à la moins originale ;
– de la plus dépaysante à la moins dépaysante ;
– de la plus chère à la moins chère.

a) **Retrouvez le plan de chaque proposition : donnez l'ordre des éléments suivants.**
– type de week-end
– informations pratiques
– description de personnes qui peuvent être intéressées
– précisions sur le week-end

b) **Relevez comment chaque week-end « inoubliable » est annoncé.**

## POINT *Langue*

→ p. 162

### Le gérondif pour donner une précision sur une action

**Observez ces phrases et répondez.**
Vous allez vivre un week-end inoubliable, **en** construis**ant** votre igloo – **en** men**ant** l'enquête – **en** dorm**ant** dans un arbre.
Réalisez votre rêve d'enfant **en** fais**ant** une expérience unique.

a) **Dans ces phrases :**
- le gérondif apporte la précision :
  ☐ quand ? ☐ comment ?
- le gérondif indique une action : ☐ simultanée.
  ☐ postérieure à celle du verbe principal.
- le sujet des deux verbes est : ☐ identique. ☐ différent.

b) **Complétez.**
Pour former le gérondif, on utilise ... + participe présent.
Le participe présent = base de la ... personne du ... au présent + *ant*.

c) **Trouvez les autres gérondifs dans les propositions de week-ends et vérifiez ces règles.**
**Dites quelle précision le gérondif apporte dans la phrase suivante : temps ou manière ?**
En arrivant, vous recevrez un sac à dos.

→ S'exercer n° 11 et 12 | p. 103

### 5 Phonétique 83-84

a) et b) **Écoutez et répétez.**

**Échangez !**
Lequel des trois week-ends aimeriez-vous recevoir en cadeau, ou bien offrir à quelqu'un ?
Expliquez pourquoi.

**Vous travaillez pour l'agence *Voyage Insolite*.**
**Vous proposez de nouveaux week-ends insolites (activités, lieu, hébergement originaux).**
**Rédigez la présentation de la formule :**
– type de week-end / nature de la proposition ;
– description des personnes qui peuvent être intéressées ;
– description de la prestation ;
– informations pratiques (lieu, prix...).

# › Faire une réservation touristique

Ferme de Marance

Gîte rural en Cévennes
Randonnées

RANDONNÉE PÉDESTRE

*Partez sur les sentiers cévenols pour vivre une belle aventure : faites une randonnée avec un âne.*

Jean-Christophe, accompagnateur recommandé par le parc national des Cévennes, vous fera découvrir plusieurs circuits aux paysages inoubliables.
Les randonnées itinérantes sont de durée variable ;
vous marchez entre 16 et 24 km par jour, vos bagages sont transportés par les ânes. L'hébergement se fait dans des gîtes d'étape ou chez l'habitant ou bien en camping, avec votre tente personnelle.

**Tarifs**
Location d'ânes : 45 € par âne et par jour.
Accompagnement : 190 € par jour.
Hébergement : 34 € par jour et par personne, avec demi-pension (petit déjeuner et déjeuner ou petit déjeuner et dîner). Possibilité de pension complète.
Réductions pour les enfants.

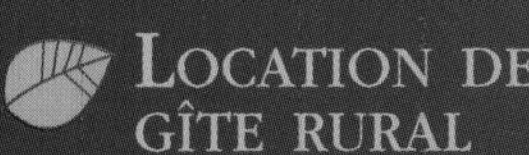

LOCATION DE GÎTE RURAL

**Gîte tout confort à louer, pour 4-5 personnes.**

Prix de la location par semaine :
- **270 €** hors saison ;
- **320 €** en moyenne saison (mai, juin, septembre et petites vacances scolaires) ;
- **400 €** en haute saison (juillet et août).

Contact : **info@fermedemarance.fr**
Tél. : 33 (0)4.66.44.70.30.

**De :** obertrand@free.fr
**À :** info@fermedemarance.fr
**Envoyé le :** samedi 3 mars à 11:15

Bonjour,
Suite à notre conversation téléphonique hier, je vous confirme mon intention de réserver pour … du mois d'août prochain.
Nous souhaitons faire d'abord une randonnée itinérante pendant … puis louer votre gîte rural la … .
Merci de m'envoyer un devis pour la prestation suivante :
– la semaine de location du gîte ;
– six jours de randonnée en demi-pension (nous ferons des pique-niques le midi) avec deux ânes et un accompagnateur (en intégrant la réduction enfant).
Pouvez-vous m'indiquer également les arrhes à verser maintenant ? Je vous remercie.
Bien cordialement,
Odile Bertrand

**8**

**Lisez le dépliant et répondez.**

1. L'offre proposée correspond à quel type de tourisme (cf. activité 1, p. 97) ?
2. À quoi correspondent les deux parties du dépliant ?

**9**

a) **Relisez le dépliant et trouvez :**
– dans la partie « Randonnée pédestre », les informations sur le logement / le programme proposé / les repas ;
– dans la partie « Location de gîte rural », les tarifs et les différentes saisons touristiques.

b) **Comparez : les saisons touristiques et périodes de vacances sont-elles les mêmes dans votre pays qu'en France ?**

**10** 85

**Écoutez la conversation téléphonique et regardez le dépliant.**

1. Identifiez la situation et dites pourquoi la personne téléphone.
2. Relevez la précision apportée concernant les tarifs.

**11** 85

**Réécoutez la conversation téléphonique et relisez le dépliant.**

1. Complétez le mail ci-dessus.
2. Calculez le montant qui sera indiqué dans le devis demandé.

## POINT *Langue*

### Les informations sur les prestations touristiques

**Associez les éléments suivants aux trois catégories d'information : le type d'hébergement – le type de séjour – les prix / tarifs.**
en pension complète – chez l'habitant – à l'hôtel – en basse saison / hors saison – en gîte rural – en demi-pension – en haute saison – en camping – nuit + petit déjeuner – en moyenne saison – en location

→ S'exercer n° 13 et 14 | p. 103

## POINT Culture

### Tourisme vert et randonnée

a) **Relisez la page de la Ferme de Marance et complétez avec les expressions suivantes.**
itinérant(e)(s) – pédestre(s) – circuit(s) – gîte(s) – chez l'habitant
Très populaire en France, le tourisme vert (ou écotourisme) permet de découvrir la nature sans nuire au cadre naturel et d'avoir des contacts avec les habitants. On peut loger ... : dans des « chambres d'hôte », ou louer un ... rural. La randonnée ... est la première activité sportive de plein air en France, avec environ 15 millions de pratiquants. Ceux-ci marchent plusieurs heures par jour en pleine nature, sur des sentiers balisés. Les plus longs ... permettent de visiter une région entière en une semaine, par exemple, en randonnée ... : les GR (sentiers de grande randonnée : 65 000 km).

b) **Échangez ! Le tourisme vert est-il développé dans votre pays ? La randonnée est-elle un sport largement pratiqué dans votre pays ?**

# › Informer sur un itinéraire

**12** 86

a) **Écoutez l'enregistrement et dites à quel moment cela se passe.**

b) **Reconstituez le programme de la journée de randonnée : complétez avec les heures.**
... : chargement des ânes et départ dans la montagne.
... : arrivée au village de Pradelles – pique-nique et repos.
... : départ vers le gîte pour la nuit.

### AIDE-MÉMOIRE

**Les pronoms *y* et *en* pour indiquer le lieu**
Direction le petit village de Pradelles.
On **y** arrivera vers 12 h 30. On va **y** rester le temps de manger.
→ **y** = à Pradelles
On **en** repartira vers deux heures.
→ **en** = de Pradelles (lieu de provenance)

→ S'exercer n° 15 p. 103

**13**

**Jouez la scène !**
Vous êtes intéressé(e) par une des formules de week-end (cf. activités 2 à 4, p. 96-97). Vous téléphonez pour avoir des précisions avant de réserver : prestations (non) incluses, tarifs et réductions, confort, disponibilité, etc.

**14**

**Vous écrivez un mail pour confirmer votre réservation.**
Vous indiquez les dates, le nombre de personnes. Vous demandez confirmation du prix. Vous demandez une ou deux informations complémentaires.

**PROJET DOSSIER 5**

**Pour élaborer un projet de voyage autour des festivals, vous allez :**

**TÂCHE** LEÇON **3** Envisager les modalités du séjour

>>> internet - www.hachettefle.fr

# Carnet de voyage

## Rendez-vous festifs et culturels

**1**

**Regardez les affiches. Connaissez-vous ces manifestations festives ? Existent-elles dans votre pays ?**

**Observez les affiches.**

1. Identifiez les symboles en relation avec le nom de la manifestation «Nuit Blanche». Quelle affiche préférez-vous, pourquoi ?
2. Dites comment l'esprit de la fête de la musique est représenté.

**Pour mieux découvrir les deux évènements, lisez les textes suivants.**

1. Associez textes et affiches.
2. Dites à quelle manifestation vous avez envie de participer, ou vous avez déjà participé.

Cette fête culturelle, artistique et éclectique fait rayonner la ville à travers une multitude de spectacles ou d'installations artistiques et permet aux noctambules de (re)découvrir différents artistes et lieux dans une ambiance hors du commun. À Paris, ville où elle a été créée, elle se déroule pendant la nuit du premier samedi au premier dimanche d'octobre.
Rendre l'art accessible à tous, mettre en valeur des espaces urbains par la création moderne, créer un moment de convivialité : ce sont les objectifs de cette manifestation.
Après sa première édition en 2002, elle a vu le jour à Montréal en 2004, puis elle s'est exportée aux quatre coins du monde, comme à Kyoto en 2011.

**Imaginée par le ministre de la culture français, la première édition de cette fête a eu lieu le 21 juin 1982. La date a été choisie parce que c'est celle du solstice d'été, jour le plus long de l'année.**
Son objectif est de promouvoir la musique de deux façons :
– avec le slogan *Faites de la musique !*, elle encourage les musiciens amateurs à se produire dans les rues ;
– par l'organisation de nombreux concerts gratuits, d'amateurs mais aussi de professionnels, elle permet à un large public d'accéder à des musiques de toutes sortes et de toutes origines. Elle a lieu dans plus de cent pays sur les cinq continents.

4

**Vous vous occupez des affaires culturelles pour votre ville. Vous décidez d'organiser une manifestation festive. En petits groupes, choisissez le thème, le moment de l'année, l'organisation, et décidez du nom de l'évènement. Présentez votre projet à la classe.**

**Imaginez (et réalisez si possible) une affiche pour votre manifestation culturelle : choisissez des symboles ou représentations en relation avec le concept et / ou le nom de l'évènement.**

Dossier 5 **S'exercer**

## Leçon 1

### › La place de l'adverbe

**1. Mettez les adverbes entre parenthèses à la place correcte. Faites les modifications nécessaires.**

1. On a diffusé ce film à la télévision. (souvent)
2. 18 millions de spectateurs ont vu le film *Les Intouchables*. (déjà)
3. On a parlé de la dernière sélection du Festival de Cannes. (beaucoup)
4. Ce film a plu au grand public. (bien)
5. Le public français s'est intéressé au cinéma américain. (toujours)
6. Cet acteur a remporté une récompense. (jamais)

**2. Donnez des précisions sur les verbes soulignés en utilisant les adverbes suivants.**

mieux – déjà – encore – patiemment – ne … jamais – bien

1. Le film marche : il a fait un million d'entrées la première semaine.
2. Le public attend les stars depuis deux jours devant le Palais : on n'avait pas vu ça avant !
3. Le tournage a été interrompu plusieurs fois à cause de la météo, mais ça va maintenant, il ne pleut plus.
4. Quel succès ! Le film a eu un prix ce week-end.

### › Parler de cinéma

**3. Complétez le texte avec les mots et expressions suivants.**

bande-annonce – bande originale – scénario – acteurs – producteur – réalisateur – synopsis

> *Pop corn* – dont le / la … est déjà diffusé(e) à la radio – est le premier long-métrage du jeune … Yannick Vargas. Il y a un an, il était encore un inconnu et cherchait un(e) … pour financer son film. C'est alors que Léonard Golberg a lu les cent pages du / de la … et a accepté tout de suite. À partir de mercredi, vous pourrez lire le / la … du film et découvrir le nom des … sur www.camera.com, où vous pourrez même visionner le / la … !

### › Exprimer des appréciations sur un film

**4. Complétez les formules avec les mots suivants. Faites les modifications nécessaires.**

impeccable – banal – incompréhensible – rythme – mise en scène – scénario – chef-d'œuvre – sans plus – largement mérité – longueur

1. – J'adore et je pense que le succès du film est… !
   – Ah, non ! Moi, je trouve ce succès … .
2. Tout le monde dit que l'histoire est …, mais moi je pense que le … est original.
3. – C'est un véritable … !
   – Pas d'accord ! On a passé un bon moment, … .
4. – On s'ennuie parfois, il y a des … .
   – C'est vrai, le … est inégal.
5. – La réalisation est … .
   – Tu as raison, la … est parfaite !

**5. Placez les adjectifs (donnés dans le désordre) avant ou après les noms soulignés. Faites les adaptations nécessaires.**

1. Quatre films sont sortis cette semaine, dont *La vérité si je mens 3*, qui a déjà remporté un succès dès le premier jour. (gros / nouveau)
2. Ce réalisateur de 32 ans nous offre un film, soutenu par une interprétation. (original / jeune / intelligent)
3. Allez voir ce film à budget (moins d'un million d'euros) mais qui révèle le talent de son réalisateur. (petit / véritable / joli)
4. Ce film inspiré du roman *Le Homme et la Mer* est régulièrement à l'affiche des cinémathèques. (meilleur / beau / vieux)

## Leçon 2

### › Inciter à pratiquer une activité

**6. Associez les éléments des deux colonnes. Parfois, plusieurs réponses sont possibles.**

| | |
|---|---|
| 1. Les cours de danse ont repris. | a. Cet atelier s'adresse à lui / elle. |
| 2. Votre enfant rêve de danse moderne. | b. N'hésitez pas, lancez-vous ! |
| 3. Si vous appreniez le chinois ? | c. Vas-y, tu verras bien ! |
| 4. Vos enfants aiment peindre ? | d. Pourquoi ne pas les inscrire à cet atelier ? |
| 5. Tu as peur de ne pas avoir le niveau ? | e. Si vous ne l'avez pas encore fait. |
| 6. Venez vous réinscrire. | f. Inscrivez-vous sans tarder, il ne reste que quelques places. |

### › Les pronoms personnels après *à* et *de*

**7. Complétez les phrases : utilisez le pronom qui convient, précédé ou non de la préposition *à* ou *de*.**

1. – Clémence Barret, tu la connais bien, on peut … faire confiance ?
   – Oui, bien sûr.
   – J'ai pensé … pour remplacer le prof de gym qui est malade.
   – Mais, la gym, ce n'est pas sa spécialité !
   – Comment ça ? On s'était déjà adressés … pour animer la section sport à la MJC.
   – Mais oui, bien sûr ! Et elle a un bon contact avec les enfants, elle s'occupera bien … .
   – Bon, je vais … dire qu'on a besoin … et je vais … proposer d'assurer les cours de gym.
2. – Je suis la maman de Justine. Voilà, je voudrais … parler … parce qu'elle a un problème : Justine a l'impression qu'on se désintéresse … pendant le cours de danse ; elle pense qu'elle n'est pas acceptée des autres enfants et que vous vous intéressez uniquement … .
   – Oh ! Je suis vraiment désolée, mais je ne sais pas ce que je … ai dit ou fait pour qu'elle pense ça ! Je … assure que je m'occupe … autant que des autres. Écoutez, au prochain cours, je … parlerai et tout ira mieux !

### › Parler de la vie associative

**8. Complétez avec : *licence, animateur, membre, cotisation, association, inscription, activité, entraînement*. Faites les adaptations nécessaires.**

**Journées « Portes ouvertes »**

Samedi 12 et dimanche 13 septembre, venez nombreux pour découvrir

tous les sports proposés par notre … . Nos … vous présenteront chacun leur … : football, judo, tennis, escrime, etc. À cette occasion, vous pourrez participer à un … .
Pour devenir …, il suffit de payer la … de la fédération sportive et une … de 80 euros pour l'année au moment de l'… .

## › Les pronoms indirects *en* et *y*

**9. Choisissez le pronom qui convient.**

**Association des fumeurs anonymes**

**Vous fumez beaucoup et vous ne pouvez pas vous *en / y* passer…**

**Arrêter de fumer ? Vous *en / y* avez envie, bien sûr, et vous *en / y* pensez même chaque jour…**

Savez-vous que des bénévoles anciens fumeurs peuvent vous *en / y* aider ?
Ils vous accueilleront dans le cadre de notre stage du dimanche 15 mars.

Pour *en / y* participer, il suffit de s'*en / y* inscrire avant le 13 mars, 18 h.
15 rue du Plateau
Villeurbanne 69 000

**10. Complétez avec un pronom personnel indirect (précédé ou non de *à* ou *de*) ou avec les pronoms *y* ou *en*.**

Témoignage

De nombreux séniors voudraient retrouver la forme de leur jeunesse. Ils … rêvent, mais ne font rien pour … arriver ! Je … conseille de faire du sport, mais ils … disent qu'ils n'… ont plus envie. Ils ne comprennent pas que le sport, c'est la santé, et qu'on … a tous besoin. Je … donne souvent l'exemple de Jean, pour qui le sport tient toujours une place importante dans sa vie : à 78 ans, il est bénévole dans un club de sport pour enfants, il s'occupe …, il … enseigne les bases du judo. Tous l'adorent parce qu'il sait s'adresser … avec gentillesse et persuasion. Son atelier a beaucoup de succès : tous les jeunes veulent … faire partie. Je suis certain qu'ils se souviendront … plus tard. Moi, je pense … tous les jours parce que Jean, c'est mon père !

# Leçon 3

## › Le gérondif

**11. Reformulez avec un gérondif.**

*Exemple :* Vous trouverez vos billets d'avion quand vous arriverez à l'aéroport.
→ *Vous trouverez vos billets d'avion en arrivant à l'aéroport.*

1. Dans l'attente de votre règlement, je maintiens la réservation jusqu'au 15 mars.
2. Tu devras laisser un acompte quand tu réserveras.
3. J'ai été agréablement surpris quand j'ai découvert la région pendant les vacances.
4. Je t'appelle quand je rentre de week-end.
5. N'oubliez pas de rendre les clés quand vous partez.
6. Vous pouvez réserver par téléphone.
7. J'ai eu le coup de foudre quand j'ai vu les photos des igloos.

**12. Reformulez : utilisez un gérondif à la place d'un des deux verbes.**

1. Je vais passer une nuit dans un igloo ! Je vais vivre une belle expérience.
2. Vous verrez le mont Blanc en face de vous : vous serez émerveillés !
3. Je suis revenu ici, je me suis souvenu de mon enfance.
4. On supporte très bien le froid : on met plusieurs pulls.
5. On a pu s'offrir ce week-end original : on a réuni toutes nos économies.
6. On fait du camping, on se sent plus libre.

## › Les informations sur les prestations touristiques

**13. Trouvez le mot ou l'expression correspondant à chaque définition.**

1. Période de l'année où les prix pour les touristes sont plus élevés.
2. Hébergement avec petit déjeuner et dîner inclus dans le prix.
3. Hébergement en tente, sur un terrain aménagé.
4. Maison à la campagne qu'on peut louer pour les vacances.
5. Période de l'année où il y a moins de touristes.
6. Une chambre dans la maison d'une famille.
7. Séjour avec trois repas par jour inclus dans le prix.
8. Hébergement à louer.

**14. Lisez les deux cartes postales suivantes. Identifiez pour chacune : la saison touristique, le type d'hébergement et le type de prestation choisis par les personnes.**

Chers amis,
Nous avons réussi à trouver une chambre en plein mois d'août et avec vue sur la Méditerranée ! Nous prenons tous nos repas sur place, le cadre est charmant et le personnel très efficace. C'est le farniente !
Baisers à vous deux
Jamila et Kamel

Coucou !
Ici, la nature est magnifique en automne ! Nous logeons actuellement dans un petit chalet au cœur de la montagne savoyarde. Le matin, copieux petit déjeuner puis promenades dans la nature toute la journée. Le soir, nous dînons en compagnie des propriétaires qui sont vraiment très accueillants.
On t'embrasse très fort,
Sébastien et Corinne

## › Les pronoms *en* et *y* pour indiquer le lieu

**15. a) Devinez : complétez chaque devinette avec le pronom qui convient, puis trouvez de quel lieu on parle.**

1. On … dépose les très jeunes enfants le matin et on … retourne le soir pour les récupérer. → …
2. On … entre avec un ticket et on … sort environ deux heures plus tard. → …
3. Pendant les soldes, les gens … ressortent avec des paquets et des sacs dans les mains. → …
4. On … arrive sec, mais on … repart souvent avec les cheveux mouillés. → …
5. On s'… installe avant le décollage, on … sort après l'atterrissage. → …
6. Quand on … sort, on a appris beaucoup de choses. → …

**b) Créez d'autres devinettes sur des lieux touristiques.**

## Compréhension des écrits 25 points

### Exercice 1 5 points

**Associez chaque affiche de film au commentaire qui lui correspond. Attention, il y a cinq affiches et six commentaires ! Pour chaque affiche, notez la lettre du commentaire qui convient.**

**a.** Ce film raconte la rencontre de deux mondes qui coexistent sans se connaître : les hommes de la finance et les femmes de ménage qui sont à leur service.

**b.** Le réalisateur rend un bel hommage aux comédies italiennes. Un film rythmé et sympathique sur, entre autres, les relations d'un père et d'une adolescente.

**c.** Une jolie troupe de comédiens dans un film émouvant, tendre et parfois mélancolique, qui peint avec sincérité les tourments de la vie familiale.

**d.** Ce thriller d'animation sur la double vie d'un animal domestique a été nominé dans la catégorie du meilleur long-métrage d'animation aux Oscars 2012.

**e.** Ce film bouleversant, qui raconte le combat d'un couple face à la maladie de leur enfant, a été salué par la critique.

**f.** Un film sur la séduction qui peut se transformer en amour : une jolie comédie avec un duo d'acteurs épatant !

## Exercice 2 — 11 points

**Lisez le document puis répondez.**

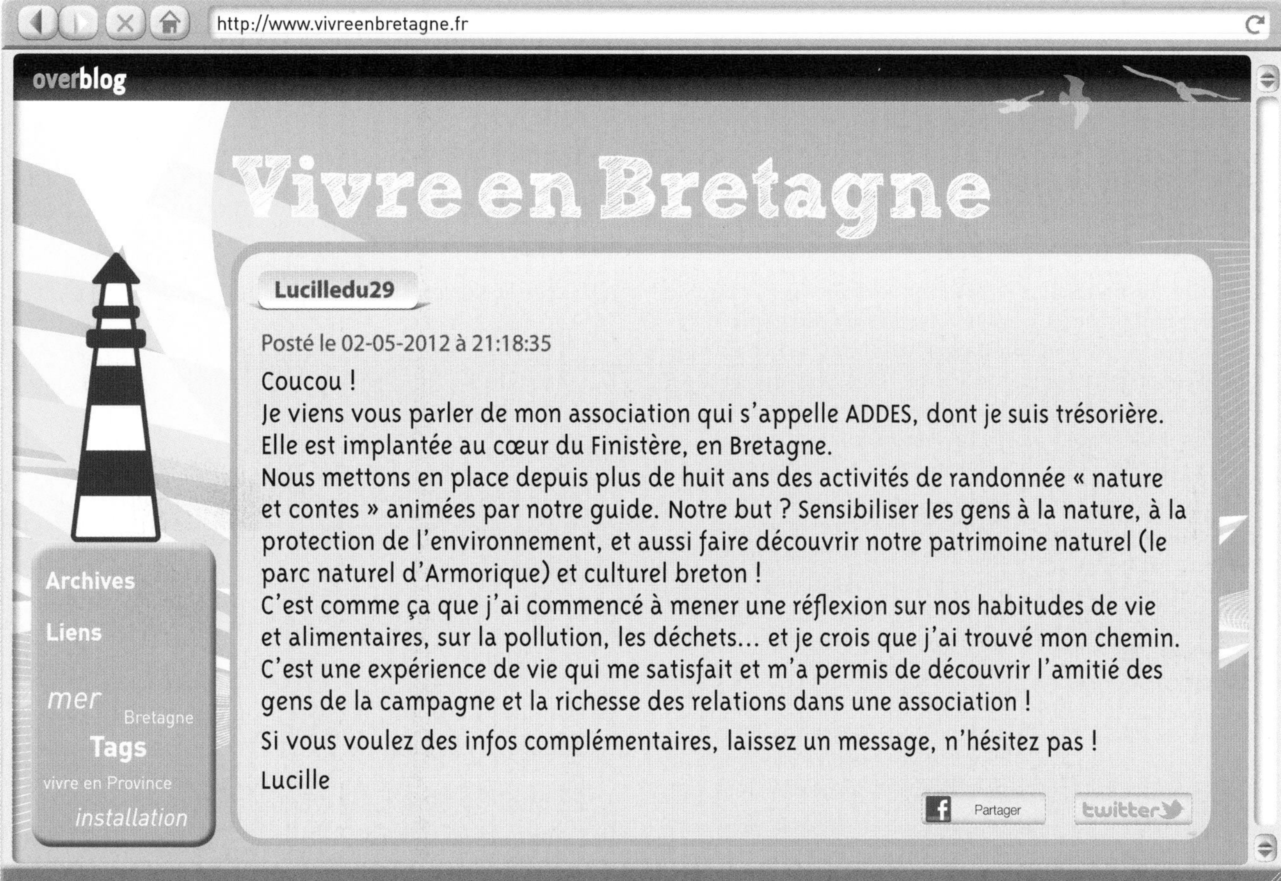


Posté le 02-05-2012 à 21:18:35

Coucou !

Je viens vous parler de mon association qui s'appelle ADDES, dont je suis trésorière. Elle est implantée au cœur du Finistère, en Bretagne.

Nous mettons en place depuis plus de huit ans des activités de randonnée « nature et contes » animées par notre guide. Notre but ? Sensibiliser les gens à la nature, à la protection de l'environnement, et aussi faire découvrir notre patrimoine naturel (le parc naturel d'Armorique) et culturel breton !

C'est comme ça que j'ai commencé à mener une réflexion sur nos habitudes de vie et alimentaires, sur la pollution, les déchets... et je crois que j'ai trouvé mon chemin. C'est une expérience de vie qui me satisfait et m'a permis de découvrir l'amitié des gens de la campagne et la richesse des relations dans une association !

Si vous voulez des infos complémentaires, laissez un message, n'hésitez pas !

Lucille

**1. Ce texte est :** 1 point

a. un article de magazine.

b. une lettre amicale.

c. un extrait de blog.

**2. Vrai ou faux ? Justifiez votre réponse.** 6 points (4 x 1,5)

a. Lucille a des responsabilités dans cette association. V☐ F☐

*Justification :* ...

b. Ce texte est écrit à l'occasion de la création de l'association. V☐ F☐

*Justification :* ...

c. Lucille encadre et anime des randonnées. V☐ F☐

*Justification :* ...

d. L'association propose des activités dans un cadre montagnard. V☐ F☐

*Justification :* ...

**3. Citez les deux principaux objectifs de l'association.** 2 points

a. ..................................................................

b. ..................................................................

**4. L'association a amené Lucille à :** 1 point

a. découvrir de nouvelles activités sportives.

b. rencontrer de nouvelles personnes.

c. prendre conscience de la beauté de sa région.

**5. Lucille :** 1 point

a. recommande des visites dans la région.

b. donne les coordonnées de l'association.

c. propose de la contacter pour en savoir plus.

## Exercice 3

9 points

**Lisez le document puis répondez.**

ATELIER **COUTURE**

# Le cœur à l'ouvrage

*Débutantes ou expérimentées, des « couturières » de 9 à 78 ans se retrouvent toutes les semaines à la Maison de quartier. Un moment (ré)créatif.*

**Associer l'utile, le beau et l'agréable.** Elles sont écolières, étudiantes, mères au foyer, femmes actives ou retraitées, unies par une passion commune, les activités manuelles : la couture, la broderie, le tricot ou le crochet.

Chaque semaine, elles se réunissent pour se perfectionner et passer un bon moment. À l'âge où l'on préfère suivre des cours de danse, Anna, 9 ans, la plus jeune, a choisi d'apprendre à coudre. Tout comme Huguette, 78 ans, qui, il y a encore deux ans, ne savait que recoudre des boutons. Intergénérationnel et interculturel, l'atelier de couture de la Maison de quartier accueille une trentaine d'apprenties.

« Quand on voit le prix demandé pour raccourcir un pantalon ou réparer un vêtement, il vaut mieux savoir le faire soi-même, explique Nicole Jourdain, 64 ans, animatrice de l'atelier. Mais la plupart des participantes veulent très vite faire des créations plus élaborées. » Pour preuve, l'atelier réalise un patchwork sur le thème de la diversité : une œuvre collective où le mot « Bienvenue » sera brodé dans plusieurs langues, avec des dessins représentant tous les continents. Ce travail énorme, qui représente plusieurs centaines d'heures d'atelier, sera certainement terminé avant l'été.

■ Sylvie Moisy

Appel : en raison de son succès, l'atelier ne peut plus prendre de nouvelles inscriptions et recherche une animatrice bénévole. Faites passer le mot ! Contact : 01 72 04 66 54.

D'après *Ivry ma ville*, journal municipal, janvier 2012.

**1. Ce texte présente une initiative :** 1 point

a. locale.
b. nationale.
c. internationale.

**2. Vrai ou faux ? Justifiez votre réponse.** 6 points
**(4 x 1,5)**

a. L'atelier se réunit quotidiennement. V☐ F☐
*Justification :* ...

b. Les femmes qui fréquentent l'atelier ne travaillent pas. V☐ F☐
*Justification :* ...

c. Certaines femmes viennent là pour faire des économies. V☐ F☐
*Justification :* ...

d. Il reste des places libres à l'atelier. V☐ F☐
*Justification :* ...

**3. Comment comprenez-vous : « Associer l'utile, le beau et l'agréable » ?** 1 point

**4. En quoi l'œuvre collective réalisée est-elle sur le thème de la diversité ?** 1 point

# Production orale

25 points

## 1^re^ partie : entretien dirigé

**Présentez-vous : parlez de vous, de votre famille, de vos goûts et de vos activités. Votre voisin(e) vous pose des questions pour vous amener à compléter ces informations.**

## 2^e^ partie : monologue suivi

**Parlez d'un acteur (ou d'une actrice) que vous appréciez : présentez-le (la), dites dans quels films il (elle) joue, expliquez pourquoi vous aimez son travail, son style.**

## 3^e^ partie : exercice en interaction

**Vous avez du temps et vous souhaitez participer à l'organisation d'un évènement dans votre ville. Présentez-vous au service « Évènements » de votre mairie. Dites pour quel type de manifestation (culturelle, sportive...) vous vous sentez compétent(e) et expliquez ce que vous pouvez faire pour participer. Jouez la scène à deux.**

# Dossier 6

# Le monde est à nous !

Leçon 1 **Penser l'avenir**
> Envisager l'avenir
> Exprimer des souhaits, faire des suggestions

Leçon 2 **Ça dépend de vous !**
> Parler de ses centres d'intérêt, de ses engagements
> Présenter un projet
> Imaginer une situation hypothétique

Leçon 3 **Vivre ses rêves**
> Présenter / Résumer un livre
> Donner son avis, justifier ses choix

**Carnet de voyage**
> Portraits chinois
> Si j'étais...

**Épreuve DELF A2**

**Projet**
> Concevoir une initiative liée à la culture francophone

**Phonie-graphie** → activités 1 à 4 p. 170
**Lexique thématique** → p. 201-202

# Penser l'avenir

## › Envisager l'avenir

# Sinsemilia fête ses

1991-2011 : Sinsemilia fête ses 20 ans – Interview avec un des membres du groupe, Mike

**– 20 ans de tournée avec Sinsemilia : quel est le bilan ?**

– Un bilan génial : plus de 1000 concerts, on a vécu des choses incroyables, et tout cela entre amis ! Vraiment on a eu une chance extraordinaire !

**– Vous venez de sortir un album *Best of*, avec deux titres inédits : *Le Sourire* et *Entre nos mains*. Quels messages avez-vous souhaité faire passer avec ces chansons ?**

– On a l'habitude d'écrire des textes pas très joyeux, mais cette fois, on voulait une touche d'optimisme. C'est cette touche qu'on retrouve dans *Entre nos mains*... car tant de choses dépendent de nous ! « Entre nos mains il y a la lumière ». À nous de faire « que demain soit plus beau qu'hier ». Et pour *Le Sourire*, la chanson correspond à ma façon de vivre...

**– Racontez-nous la création du groupe.**

– On était des copains d'enfance ou d'adolescence, à Grenoble. On écoutait tout le temps du reggae, et on a commencé à en jouer. On a donné notre premier concert à la Fête de la musique, en 1991, et voilà, c'était parti ! On a commencé à tourner dans les salles de la région et on a enregistré notre premier album en 1995. Et on a sorti le sixième, *En quête de sens*, en 2009.

**– La chanson *Tout le bonheur du monde* est devenue partie intégrante de la culture musicale française... Qu'est-ce que ça vous fait ?**

– Comment dire... On a écrit une simple chanson et c'est devenu la chanson la plus diffusée sur les ondes françaises au cours des six dernières années, tous styles confondus : c'est époustouflant ! Tout le monde connaît cette chanson, elle fait les mariages, les enterrements... Pour nous, c'est fou, touchant, émouvant. Imaginez, on a écrit cette chanson en pensant aux enfants, et maintenant elle est enseignée dans les écoles ! On peut être fiers et heureux. Beaucoup la considèrent comme une chanson joyeuse, mais en réalité elle exprime

D'après une interview de *www.reggae.fr*

**Observez la photo et le titre de l'article puis répondez.**

**1.** Qui sont Sinsemilia et Mike ?

**2.** À quelle occasion Mike est-il interviewé ?

**Lisez l'article et complétez la fiche ci-contre.**

**SINSEMILIA**

**Lieu de naissance :** ...
**Début de carrière :** ...
**Style musical :** ...

**Discographie :**

| | | | |
|---|---|---|---|
| ... | : *Première récolte* | 2004 | : *Debout les yeux ouverts* |
| 1998 | : *Résistances* | ... | : ... |
| 2000 | : *Tout c'qu'on a* | ... | : ... |
| 2002 | : *Sinse part en live* | | |

**Écoutez la chanson évoquée dans l'interview :**
***Tout le bonheur du monde*.**

**1.** Observez la structure de la chanson : repérez l'alternance entre les couplets et le refrain.

**2.** Repérez la phrase-clé qui revient plusieurs fois dans le refrain.

**Réécoutez la chanson et répondez.**

**1.** Qui s'adresse à qui dans la phrase-clé du refrain ?
☐ Des adultes à leurs enfants.
☐ Des enfants à leurs parents.
☐ Des adultes à d'autres adultes.

**2.** De quelle période parle-t-on dans l'ensemble de la chanson ?
☐ Du présent. ☐ De l'avenir. ☐ Du passé.

a) **Lisez les paroles (cf. transcription page 217) pour confirmer vos réponses à l'activité 4.**

b) **Trouvez dans quels passages les thèmes suivants sont évoqués.**
la liberté – la paix – le bonheur – l'amour

c) **Sélectionnez dans la liste ce qui est exprimé.**
des peurs – des certitudes – des souhaits – des ordres – des espoirs

a) **Dites si la chanson vous semble optimiste ou pessimiste et justifiez votre réponse.**

b) **Interprétez les propos de Mike sur la chanson à la fin de son interview et complétez sa phrase : « Beaucoup la considèrent comme une chanson joyeuse, mais en réalité elle exprime... »**

## POINT *Langue*

### Exprimer un souhait / un espoir

a) **Associez pour retrouver les souhaits et espoirs exprimés dans la chanson.**

1. **On** souhaite que
2. **J'**espère que

a. **votre soleil** éclaircisse l'ombre, qu'il brille d'amour.
b. **vous** prendrez le temps de profiter de chaque instant.
c. **quelqu'un** vous tende la main.
d. **votre chemin** évite les bombes, qu'il mène vers de calmes jardins.
e. **cela** suffira.

b) **Observez les formes verbales puis choisissez la bonne réponse.**
Lorsqu'on exprime un souhait, le verbe dans la deuxième partie de la phrase est : ☐ à l'indicatif. ☐ au subjonctif.
Lorsqu'on exprime un espoir, le verbe dans la deuxième partie de la phrase est : ☐ à l'indicatif. ☐ au subjonctif.

**Attention !** On utilise *que* après le verbe de souhait seulement quand les sujets sont différents dans les deux parties de la phrase. Avec le verbe *espérer*, les deux constructions sont possibles.

→ S'exercer n° 1 et 2 | p. 122

**Échangez !**
Aimez-vous cette chanson ? Pourquoi ? Et son style ? Y a-t-il dans votre pays une chanson qui a marqué une époque, comme *Tout le bonheur du monde* ?

a) **Lisez ce message envoyé à l'occasion du Nouvel An. Identifiez les vœux fantaisistes ou inhabituels. Justifiez.**

b) **Écrivez deux messages de vœux pour le Nouvel An : à un(e) / des ami(e)(s), à un membre de votre famille, à une relation professionnelle, à une personnalité...**

Tous mes vœux pour cette nouvelle année !
- Qu'elle soit douce et t'apporte beaucoup de joies.
- Que tes rêves les plus chers puissent se réaliser.
- Que tu répondes à mes messages.
- Que ton cœur soit toujours amoureux.
- Que tu sois toujours de bonne humeur.

J'espère que cette année, on arrivera à se voir plus souvent !

Élodie

# › Exprimer des souhaits, faire des suggestions

http://www.fansdeSinse.com

**FANS DE SINSE**

**« La Terre n'est pas tout à fait ronde, mais le reste est entre nos mains ! »**
Modérateurs : **Ivan, Jess.**

**NOUVEAU MESSAGE** **RÉPONDRE À CE SUJET** page 1 sur 18 [175 messages] Aller à la page 1, 2, 3, 4, 5 ... 18 Suivante

| Auteur | Message | |
|---|---|---|
| **Jess – Modérateur** | Fans de Sinsemilia, vous avez écouté leur nouveau titre... : « Je dessinerais bien des sourires / sur nos visages / parfois éteints / j'y ajouterais du désir / de la douceur / un peu d'entrain / un peu de couleur sur ce monde / ça ferait tellement de bien... » « Entre nos mains », entre vos mains... ça dépend de nous tous ! Et vous ? Vous feriez quoi pour un monde meilleur ? Vous voudriez quoi pour l'avenir ? | Posté : 15 décembre |
| **filou** | Je souhaite qu'il y ait moins d'inégalités dans le monde. Les pays riches pourraient aider les pays pauvres. Chacun devrait acheter des produits du commerce équitable. Moi, c'est décidé, je choisis ce type de produits ! | Posté : 15 décembre |
| **youf** | J'aimerais que les gens soient plus tolérants, respectueux, généreux. Je rêve d'un monde sans violence... À l'école, nous pourrions avoir une réflexion humaniste. Il y a en ce moment des expériences positives avec les petits en maternelle ; on devrait généraliser ça. | Posté : 15 décembre |
| **anaïs** | Je trouve que l'énergie nucléaire est un vrai danger pour la planète. Chez moi, j'ai installé des panneaux solaires sur le toit ! Il faudrait que l'État donne des aides pour que d'autres énergies remplacent petit à petit le nucléaire. | Posté : 15 décembre |
| **lilie** | Aujourd'hui trop de maladies sont liées à notre alimentation. Je voudrais qu'on fasse plus pour la prévention : à l'école, on pourrait éduquer davantage les enfants aux bonnes habitudes alimentaires. | Posté : 15 décembre |

**9** **Lisez cette page de forum. Identifiez le thème de la discussion et expliquez la phrase extraite de la chanson de Sinsemilia.**

b) **Pour chaque intervention, choisissez le domaine concerné.**
politique – santé – économie – société – famille – environnement

**10** a) **Relisez la page. Identifiez la question posée et dites ce qui est demandé aux participants :**
- ☐ leurs certitudes sur le monde actuel.
- ☐ leurs projets et prévisions pour l'avenir.
- ☐ leurs souhaits et suggestions pour un monde meilleur.

**11** a) **Identifiez les souhaits exprimés sur le forum et dites si vous les partagez.**

b) **Repérez les suggestions des intervenants et dites si elles vous semblent bonnes ou mauvaises, réalistes ou irréalistes.**

## POINT *Langue*

### Le conditionnel présent pour exprimer un souhait, faire une suggestion

a) **Lisez ces phrases et relevez les formes verbales utilisées pour exprimer un souhait ou faire une suggestion.**

Chacun devrait acheter des produits du commerce équitable.
Il faudrait que l'État donne des aides.
J'aimerais que les gens soient plus tolérants.
Nous pourrions avoir une réflexion humaniste.
Les pays riches pourraient aider les pays pauvres.
On pourrait éduquer davantage les enfants.
Je voudrais qu'on fasse plus pour la prévention.

b) **Observez les verbes et trouvez les infinitifs.**

j'**aimer**ais → ... je **voudr**ais → ...
on **devr**ait → ... on **pourr**ait, nous **pourr**ions, ils **pourr**aient → ...

### La formation du conditionnel

a) **Comparez avec les conjugaisons que vous connaissez déjà et complétez la règle.**

Le conditionnel se forme avec la base :
☐ du présent ☐ de l'imparfait ☐ du futur
et les terminaisons :
☐ du présent ☐ de l'imparfait ☐ du futur.

b) **Conjuguez le verbe *faire* au conditionnel.**

c) **(Rappel) Retrouvez les bases irrégulières des verbes suivants.**

être, faire – avoir, savoir – aller – pouvoir, courir, mourir – voir, envoyer – (de)venir, tenir – devoir, recevoir – vouloir

**Attention !** Une seule forme pour *falloir (il faut) : il faudrait.*

→ S'exercer n° 3 et 4 | p. 122

## 12 Phonétique  94-95

a) et b) **Écoutez et répétez.**

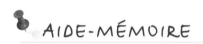

### AIDE-MÉMOIRE

**Exprimer un souhait**

**Je souhaite qu'**il y ait moins d'inégalités.
**J'aimerais que** les gens soient plus tolérants.
**Je voudrais que** les guerres s'arrêtent.
**Je rêve d'**une société sans violence...

→ S'exercer n° 5 | p. 122

## 13

**Vous participez au forum sur fansdeSinse.com.**

1. Choisissez le sujet qui vous intéresse et rédigez votre intervention. Exprimez vos souhaits et suggestions.
2. Prenez connaissance des messages rédigés par les autres personnes du groupe sur le même sujet. Réagissez : intervenez dans le fil de discussion.
3. Réagissez aux autres messages qui vous intéressent (autres thèmes et fils de discussion).

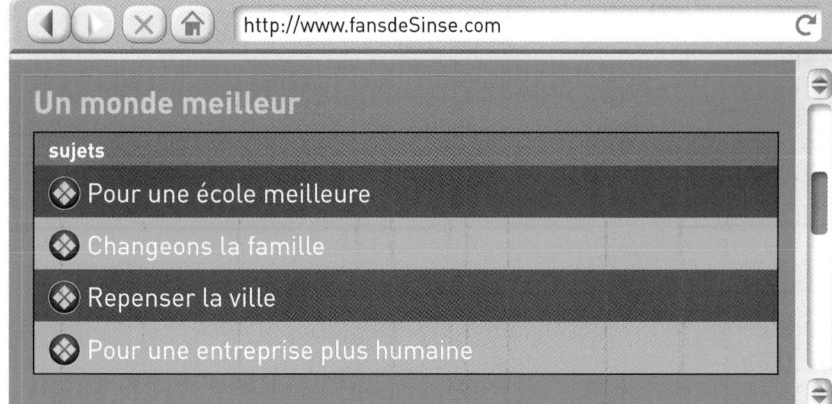


**PROJET DOSSIER 6**

Pour **concevoir une initiative liée à la culture francophone**, vous allez :

**TÂCHE** LEÇON **1** Envisager des initiatives en fonction d'aspirations communes

>>> internet - www.hachettefle.fr

# Ça dépend de vous

## › Parler de ses centres d'intérêt, de ses engagements

Insertion
Humanitaire
Développement
Commerce équitable
Coopération internationale
Bénévolat
4e SALON DES SOLIDARITÉS
1-2-3 juin 2012
Paris-Porte de Versailles
www.salondessolidarites.org
HANDICAP INTERNATIONAL
Aide et Action
L'Éducation change le monde
ACTION FAIM
AMNESTY INTERNATIONAL
croix-rouge française
MEDECINS SANS FRONTIERES

**Observez cette affiche.**

1. À partir de l'illustration et du nom du salon, dites quel est son objectif.
2. Regardez les logos et répondez : connaissez-vous ces ONG (organisations non-gouvernementales) ? Lesquelles sont aussi présentes dans votre pays ?
3. Regardez la liste des domaines représentés dans le salon et identifiez le mot-clé qui désigne l'action de ces ONG.

**Lisez les phrases suivantes et référez-vous aux logos sur l'affiche pour identifier les ONG dont il est question.**

1. Créée en 1979, c'est l'une des plus importantes organisations humanitaires de lutte contre la malnutrition dans le monde.
2. Cette organisation internationale cherche à prévenir et empêcher les atteintes aux droits des personnes.
3. Cette ONG a pour objectif de faciliter la réadaptation physique et professionnelle des personnes en situation de handicap.
4. Depuis sa fondation, cette organisation a pour vocation de venir en aide à toutes les personnes en difficulté.
5. C'est une organisation d'aide médicale d'urgence en cas de guerre ou de catastrophe.
6. Cette association a pour objectif le développement de la scolarisation et le maintien de l'école dans les situations d'urgence.

### AIDE-MÉMOIRE

**Indiquer l'objectif d'une organisation / d'une association**

Cette organisation **lutte contre *la malnutrition*** / **cherche à prévenir et empêcher** les atteintes...
Cette organisation **a pour objectif de faciliter** la réadaptation / **a pour objectif le développement *de...***
Cette association **a pour vocation de venir** en aide aux personnes / **a pour vocation l'aide** aux personnes en difficulté

### POINT Culture

**Les ONG**

Une ONG, c'est une organisation non-gouvernementale d'intérêt public ou humanitaire.

À la différence des organismes internationaux, les ONG ont avant tout des valeurs particulières : gratuité, bénévolat, désintéressement, partage et respect des droits de l'homme.

Ces associations veulent rester indépendantes des États et des gouvernements. Leurs principales actions sont : l'aide d'urgence, les projets de développement (agriculture, santé, éducation...).

**3**

a) **Lisez les deux annonces suivantes et dites de quoi il s'agit :**

☐ des appels à bénévolat.
☐ des offres d'emploi.
☐ des offres de service.

b) **Trouvez quel logo d'ONG manque sur chaque annonce.**

1)

**Vous êtes enseignant(e) à la retraite ou vous avez exercé un métier en relation avec l'éducation, vous avez du temps libre.**

**Vous êtes passionné(e) par la littérature, les mathématiques, la musique, l'informatique.**

**Vous vous intéressez aux projets éducatifs et vous aimez les enfants.**

**Donnez une partie de votre temps libre pour aider ceux qui n'ont pas la chance d'aller à l'école. Partez quelques semaines ou quelques mois afin que des enfants puissent (re)découvrir le plaisir d'apprendre.**

Contactez notre organisation sur le Salon ou sur notre site.

2)

**Spécialiste en développement ou en logistique, médecin, vous maîtrisez l'anglais et savez vous adapter rapidement. Vous pouvez vous rendre disponible facilement.**

Vous êtes intéressé(e) par l'action humanitaire et êtes motivé(e) par la lutte contre la faim. Vous vous passionnez pour d'autres cultures.

**Vous pourriez consacrer une année ou plus à l'étranger afin d'encadrer les équipes locales.**

Envoyez votre CV sur notre site ou passez à notre stand sur le Salon.

**4**

**Relisez les annonces et trouvez leur organisation : dites dans quel ordre les éléments suivants apparaissent.**

les centres d'intérêt de la personne recherchée – les façons de contacter l'organisation – l'action proposée et ses objectifs – le profil de la personne recherchée

**5** 96

**Écoutez le témoignage de Jean-Pierre et dites à quelle annonce il a répondu.**

**6** 96

a) **Réécoutez et dites si Jean-Pierre correspond au profil décrit dans l'annonce.**

b) **Relevez la motivation première de Jean-Pierre pour être bénévole, puis son action dans l'organisation et le but de cette action.**

## POINT *Langue*

→ p. 185

### Exprimer le but

a) **Relisez les annonces, réécoutez le témoignage et complétez les phrases suivantes avec une des expressions de but : *pour, pour que, afin de, afin que*.**

Partez quelques mois ... des enfants puissent découvrir le plaisir d'apprendre.
Vous pourriez consacrer une année ou plus à l'étranger ... encadrer les équipes locales.
J'ai décidé de faire du bénévolat ... être utile et aider des gens.
Depuis février, je la diffuse chaque mois ... toutes les personnes soient régulièrement informées.

b) **Complétez la règle.**

On utilise *pour que / afin que* quand le sujet dans la deuxième partie de la phrase est :
☐ le même que le premier.
☐ différent du premier.

Le verbe après *pour que / afin que* est :
☐ à l'infinitif. ☐ au subjonctif.

Le verbe après *pour / afin de* est :
☐ à l'infinitif. ☐ au subjonctif.

**NB.** *Afin de* et *afin que* appartiennent à un registre plus soutenu que *pour* et *pour que*.

→ S'exercer n° 7 | p. 122

## AIDE-MÉMOIRE

### Parler des centres d'intérêt

**Vous êtes passionné(e) par** la musique.
**Vous vous passionnez pour** d'autres cultures.
**Vous êtes intéressé(e) par** l'action humanitaire.
**Vous vous intéressez aux** projets éducatifs.

→ S'exercer n° 6 | p. 122

**7**

**Échangez ! Si vous ou une personne que vous connaissez a fait une expérience de bénévolat, dites :**

– dans quelle association / organisation ;
– les actions effectuées et leurs objectifs.

# › Présenter un projet

**8** **Écoutez l'interview et dites pourquoi Ondine Khayat et Frédéric Koskas passent à la radio.**

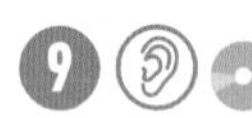

**9** **Réécoutez l'enregistrement et répondez.**

1. Quel est le but de Frédéric Koskas et d'Ondine Khayat ?
2. Quel est leur slogan ?

**10** **Réécoutez l'enregistrement et repérez comment Ondine Khayat et Frédéric Koskas envisagent le loto humanitaire.**

## POINT *Langue*

→ p. 183

### Le conditionnel pour présenter un projet

a) **Réécoutez l'enregistrement et choisissez les formes verbales entendues.**

Ça se *présentera / présenterait* comment ?
Il y *aura / aurait* un tirage supplémentaire.
Tous les gagnants *donneront / donneraient* 20 % de leurs gains.
Un collectif *distribuera / distribuerait* tout l'argent.

b) **Choisissez la bonne réponse.**

Pour indiquer qu'un fait n'est pas encore réel, mais existe seulement à l'état de projet, on utilise : ☐ le futur. ☐ le conditionnel présent.

→ S'exercer n° 8 | p. 122

**11** **En petits groupes, imaginez un évènement / une manifestation pour récolter des fonds pour une association.**

1. Mettez-vous d'accord sur l'initiative.
2. Réfléchissez à l'organisation et aux modalités.
3. Présentez votre projet aux autres groupes.

# › Imaginer une situation hypothétique

**« LA PAROLE EST À VOUS ! »**

**Ambre Guarrisson,**
*26 ans, chargée de projets, Meudon*

« C'est une excellente idée ! Ça peut ressembler à une goutte d'eau dans l'océan, mais c'est mieux que rien. Moi, si je gagnais une grosse somme, j'accepterais sans difficulté d'en donner le cinquième. Je suis convaincue que c'est par des actions concrètes comme celle-là qu'on pourra changer le monde. »

**Denis Lefrançois,**
*38 ans, agent SNCF, Sèvres*

« Si ce type de loto existait, je ne participerais pas. Je me méfierais trop de l'utilisation qui pourrait être faite de mon argent.
De toute façon, si je gagnais le gros lot, je préférerais faire un don à une petite association, comme *Les Nez rouges* qui s'occupent des enfants hospitalisés. Comme ça, je saurais où irait mon argent. »

**12** **Lisez cette coupure de presse et choisissez la bonne réponse. Justifiez votre réponse.**

1. La question posée aux personnes est :
☐ Participez-vous au loto humanitaire ?
☐ Seriez-vous prêt(e) à participer à un loto humanitaire ?
☐ Participerez-vous au loto humanitaire ?

2. Les personnes évoquent une situation :
☐ réelle.
☐ imaginaire.
☐ passée.

**13**

a) **Relisez et dites quelle est la position de chaque personne sur cette question : favorable ou non ? Justifiez votre réponse.**

b) **Relevez la réaction imaginée par chaque personne en cas de gros gain au loto.**

## POINT *Langue*

→ p. 184

### Imaginer une situation hypothétique, irréelle

a) **Observez.**

Si ce type de loto existait, je ne participerais pas.
Si je gagnais une grosse somme, j'accepterais d'en verser le cinquième.

b) **Choisissez la bonne réponse.**

- Les deux personnes utilisent la structure *si* + imparfait, suivie du conditionnel présent, pour :
  - ☐ faire une hypothèse qui concerne le passé et en imaginer la conséquence.
  - ☐ faire une hypothèse qui concerne le présent et en imaginer la conséquence.
- Dans ces cas, le conditionnel présent exprime :
  - ☐ l'irréel dans le présent.
  - ☐ l'irréel dans le passé.
  - ☐ un potentiel dans le futur.

→ S'exercer n° 9 et 10 | p. 123

## 14 Phonétique 98-99-100

a) **Écoutez et répétez.**

1. Trois très grosses tortues très grasses grimpaient sur trois toits très étroits.
2. Quatre crocodiles dociles servaient des croûtons croustillants à trois dragons trapus dans un grand restaurant.

b) **Écoutez et indiquez quelle forme vous entendez.**

1. a) Vous donnerez. b) Vous donneriez.
2. a) Nous protégerons. b) Nous protégerions.
3. a) Vous voyagerez. b) Vous voyageriez.
4. a) Nous mangerons. b) Nous mangerions.
5. a) Nous travaillerons. b) Nous travaillerions.

c) **Écoutez et répétez.**

1. Vous donneriez ce que vous pourriez.
2. Nous protégerions ce que nous aurions.
3. Vous voyageriez où vous voudriez.
4. Nous mangerions ce que nous préférerions.
5. Nous travaillerions quand nous le voudrions.
6. Vous préserveriez ce que vous aimeriez.

## 15

**Échangez !**

Répondez à la question de l'article : « Si vous gagniez le gros lot à un jeu, que feriez-vous de votre argent ? »

## 16

**Rédigez une troisième prise de position pour compléter la rubrique « La parole est à vous ! » (un de ceux entendus ou le vôtre).**

**PROJET DOSSIER 6**

**Pour concevoir une initiative liée à la culture francophone, vous allez :**

**TÂCHE** LEÇON **2** Définir l'initiative : actions, buts, moyens

>>> internet - www.hachettefle.fr

# Vivre ses rêves

## › Présenter / Résumer un livre

**1** **Regardez les couvertures et faites des hypothèses.**

**1.** De quel(s) type(s) de livres s'agit-il ?
roman d'aventures – essai de philosophie – récit de voyage – livre d'art

**2.** Quel est le point commun entre les deux livres ?

**2** **Écoutez cet extrait de radio avec l'auteur Frédéric Lecloux. Confirmez vos hypothèses et précisez le lien entre les deux livres.**

**3** **Réécoutez et répondez.**

**1.** Quel était l'objectif de Frédéric Lecloux en faisant ce voyage ?

**2.** Quelle est l'explication du titre de son livre : *L'Usure du monde* ?

**3.** Qu'est-ce qui est primordial dans le voyage, pour Frédéric Lecloux ? Justifiez votre réponse.

**4** **Lisez cet article et observez la photo. Dites qui a pris la photo, où et pourquoi. Justifiez avec un passage de l'article.**

### DE *L'USAGE* À *L'USURE DU MONDE*

C'est grâce à *L'Usage du monde* que le photographe Frédéric Lecloux a décidé de prendre la route cinquante ans après Nicolas Bouvier, pour effectuer approximativement le même parcours. Et c'est grâce à ce voyage que nous avons le bonheur de découvrir *L'Usure du monde.*

Pendant un an, il a cherché avec ses photos à capter l'esprit de son illustre prédécesseur. Comme la longue « flânerie » de Nicolas Bouvier s'était achevée à la passe de Khiber (à la frontière pakistano-afghane), le photographe y a également terminé son périple. C'est pourquoi il a photographié à cet endroit précis son exemplaire usé du livre, puis l'a laissé symboliquement sur place, dans la poussière. Ce grand voyage, c'est la réalisation d'un rêve d'enfance car, tout petit, il voulait déjà partir en Inde en voiture. À la lecture de l'ouvrage de Nicolas Bouvier, ce rêve a ressurgi et est devenu une véritable obsession. Il a alors décidé de vivre la même aventure, autour d'un projet photographique. Son objectif était de faire « un voyage pour le voyage, pour ce qu'il est », de prendre son temps, « le temps du monde des gens ». Il a donc privilégié les rencontres et les contacts humains, d'où les nombreux portraits dans le livre.
Loin d'être une copie modernisée du chef-d'œuvre de Nicolas Bouvier, *L'Usure du monde* retrouve la poésie et le sens de la lenteur du célèbre voyageur. Mais l'auteur révèle aussi les dégâts du monde…

a) **Relisez l'article (p. 116) et identifiez les informations concernant la naissance du projet de Frédéric Lecloux.**

b) **Dites en quoi la présence de portraits dans le livre illustre sa conception du voyage.**

## POINT *Langue*

### Présenter un récit de voyage

**Relisez l'article et trouvez les termes utilisés pour désigner :**
– Nicolas Bouvier : ..., ... ; – Frédéric Lecloux : ..., ... ;
– un grand voyage : ..., ... ; – le livre : ..., ... .

## POINT *Langue*

→ p. 184

### Exprimer la cause et la conséquence

a) **Relisez l'article et trouvez les explications données pour les informations suivantes.**
Le photographe Frédéric Lecloux a décidé de prendre la route.
Le photographe a également terminé son périple dans ce site.
C'est pourquoi il a photographié à cet endroit précis son livre.
Ce grand voyage, c'est la réalisation d'un rêve d'enfance.
Il a alors décidé de vivre la même aventure.
Il a donc privilégié les rencontres.

b) **Complétez la liste des termes qui introduisent :**
– une cause : *parce que*, ... ; ... ; *à cause de* (+ nom) ≠ ... ;
– une conséquence : *c'est pourquoi* ; ..., ... .

c) **Repérez quelle expression permet d'exprimer la cause en première position dans une phrase. Repérez quelle expression de conséquence se place entre l'auxiliaire et le participe passé avec les temps composés.**

→ S'exercer n° 11 et 12 | p. 123

**Échangez !**

**1.** Avez-vous déjà effectué un long voyage, loin de chez vous ? Racontez : où, combien de temps, comment, etc.

**2.** Rêvez-vous de faire un voyage semblable à ceux de Nicolas Bouvier et Frédéric Lecloux ? Pourquoi ? Comment imaginez-vous ce voyage ?

a) **Écoutez l'extrait de radio et relevez les informations concernant *L'Usage du monde*.**

b) **Une nouvelle édition du livre est en préparation.
À l'aide de vos notes et des informations présentes dans les activités 2 à 5, rédigez la quatrième de couverture : présentation du livre et commentaire de l'éditeur.**

Un voyage se passe de motif,
il ne tarde pas à prouver qu'il se suffit à lui-même
Certains pensent qu'ils font un voyage,
En fait, c'est le voyage qui vous fait ou vous défait.

*Nicolas Bouvier,* L'Usage du Monde, *1953.*

# › Donner son avis, justifier ses choix

## Festival du film Curieux Voyageurs

### Les résultats

Du 1er au 3 avril, le festival Curieux Voyageurs a eu lieu à Saint-Étienne. Ce festival, qui donne une place importante à l'engagement citoyen et aux ONG, a rassemblé de nombreux films destinés à sensibiliser les spectateurs au tourisme responsable et solidaire. Ces trois jours de rencontres, de découvertes et de partage d'émotions se sont clôturés avec le palmarès suivant : ***Nomad's land, sur les traces de Nicolas Bouvier*** de Gaël Métroz, Grand Prix du festival ; ***Carnets de voyage : Namibie*** de Yan Prœfrock avec Elsie Herberstein, prix du Curieux Voyageur ; ***Gold Men, résistants pour la terre*** de Cyril Peyramond, prix du film du Voyageur éco-responsable.

**Lisez l'article ci-dessus et dites de quel festival il est question. Identifiez sa thématique et ses valeurs.**

**Observez cette affiche (titre et image).**

**1.** Faites des hypothèses sur le film : de quoi / de qui s'agit-il ? où ?

**2.** Retrouvez dans l'article l'actualité concernant le film.

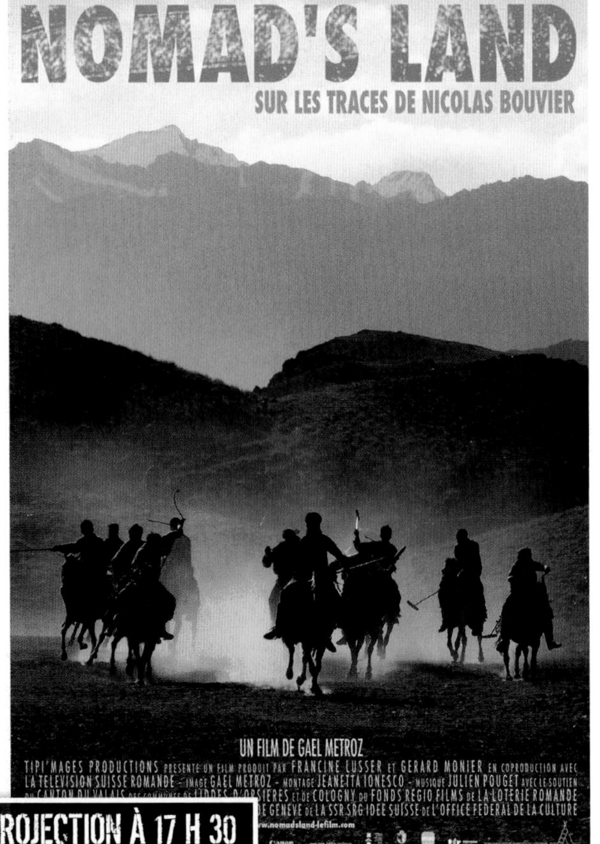

**Lisez le témoignage du réalisateur sur son site Internet et confirmez vos hypothèses.**

**1.** Identifiez le lien entre le film et Nicolas Bouvier.

**2.** Expliquez le titre du film et justifiez avec un passage du texte.

« Si je devais ne pas revenir,
ne venez pas me chercher, vous y resteriez... »
(Carnet de route de Gaël Métroz,
frontière pakistano-afghane.)

### LE MONDE COMME INTIMITÉ

« Les voyages de Nicolas Bouvier m'avaient tant fait rêver que, à l'automne 2005, je suis parti seul pour tourner pendant six mois un documentaire sur la route qu'il avait effectuée en 1953. Un an plus tard, je n'étais toujours pas rentré. Ce livre de *L'Usage du monde*, que j'avais jusque-là pris comme simple guide de voyage, était devenu un réel compagnon. Ses premiers mots étant "un voyage se passe de motif. Il ne tarde pas à prouver qu'il se suffit à lui-même", le documentaire perdait son scénario : il ne fallait plus simplement suivre scrupuleusement la route de Bouvier, mais plutôt laisser libre cours aux hasards de la route. Oser partir seul et permettre au voyage de tout changer.

En arrivant à Tabriz, ville que Nicolas affectionnait entre toutes et où il a passé tout un hiver, je n'ai plus rien trouvé des descriptions d'antan. À la différence de Nicolas, je n'avais pas de Topolino, et surtout, je n'aimais pas les villes. La suite, et l'essentiel du voyage, m'a donc mené par les chemins de traverse avec d'autres gens du voyage. En train, puis en bus, en jeep, en chameau, yak, dromadaire, et surtout à pied, j'ai suivi les traces nomades. Parce que je m'y sentais bien, surtout, parce que, pour la première fois peut-être, je m'y sentais chez moi, nulle part, perdu et heureux de l'être. »

**Échangez !**

Maintenant que vous connaissez Nicolas Bouvier, avez-vous envie de lire *L'Usage du monde* ? Avez-vous envie de découvrir des œuvres comme *Nomad's Land* ou *L'Usure du monde* ? Pourquoi ?

**Écoutez le micro-trottoir à la sortie de la projection de *Nomad's Land*.**

**1.** Dites combien de votes le film obtiendrait auprès de ces quatre personnes si l'attribution du Grand Prix du festival dépendait du choix du public.
Justifiez avec l'opinion de chaque personne sur le film (positive – mitigée – négative).

**2.** Dites quels sont les points forts et les points faibles du film, d'après ces spectateurs.

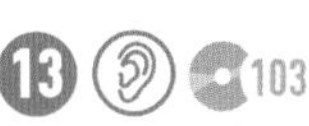

a) **Réécoutez et repérez comment les personnes expriment leur accord / leur désaccord.**

b) **Réécoutez le couple et repérez comment l'homme et la femme justifient leur avis.**

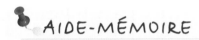

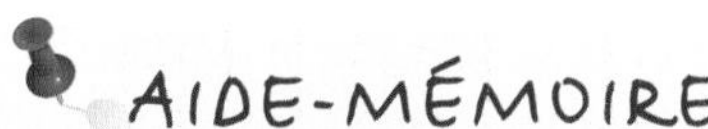

- **Donner son avis**

**Je pense que / Je trouve que** c'est un hommage extraordinaire !
**Selon moi / D'après moi / Pour moi,** le film qu'on a vu ce matin est plus riche.
**À mon avis,** ce film, c'est le meilleur de la programmation.

- **Exprimer l'accord / le désaccord**

Je (ne) suis (pas) d'accord avec toi / vous. – Je (ne) suis (pas) de ton avis. – Je (ne) pense (pas) comme toi / vous. – Tu (n')as (pas) / Vous (n')avez (pas) raison.
Je suis **entièrement / tout à fait** d'accord. > Je suis **assez / plutôt** d'accord. > Je **ne** suis **pas entièrement / pas tout à fait** d'accord. > Je **ne** suis **pas du tout / vraiment pas** d'accord.

→ S'exercer n° 13 et 14 | p. 123

## POINT *Langue*

→ p. 184

### La cause et la conséquence pour justifier ses choix

**Reliez les deux phrases ci-dessous à l'aide des expressions suivantes, pour exprimer la cause ou la conséquence : *c'est pour ça que – en effet – c'est pour cette raison que.***
C'est un film engagé qui fait réfléchir, et c'est super important, la défense de la planète !
Ce film devrait gagner le Grand Prix.

→ S'exercer n° 15 et 16 | p. 123

## 14 Phonétique 104

**Écoutez et repérez les mots qui sont accentués de manière expressive. Puis répétez les phrases en accentuant comme dans l'enregistrement.**
*Exemple :* 1. À mon avis, ce film, c'est le meilleur de la programmation !

**Échangez en petits groupes !**

**1.** Que pensez-vous de la conception du voyage que partagent Nicolas Bouvier, Frédéric Lecloux et Gaël Métroz ?

**2.** Parmi vous, quelles sont les conceptions du voyage, qu'est-ce qui est important pour vous ? Avez-vous les mêmes priorités, partagez-vous les mêmes valeurs ?

**Le magazine *Vagabondages* donne la parole aux lecteurs dans sa rubrique *Coups de cœur*. Écrivez la présentation d'une œuvre que vous appréciez particulièrement, sur le thème du voyage (littérature, cinéma...).**

**1.** Résumez brièvement son contenu.

**2.** Dites dans quelles circonstances vous avez découvert cette œuvre et pourquoi vous l'aimez. Précisez si elle vous a influencé(e), si elle a eu des conséquences sur votre vie.

**Pour concevoir une initiative liée à la culture francophone, vous allez :**

**TÂCHE** LEÇON **3** Présenter le projet et en débattre

>>> internet - www.hachettefle.fr

# Carnet de voyage

## Portraits chinois

### Nicolas VANIER,
président des Trophées du Tourisme Responsable

Amoureux du Grand Nord qu'il a découvert dans les romans de Jack London, Nicolas Vanier, né en 1962, explore depuis toujours les grands espaces vierges, à cheval, en canoë ou en traîneau à chiens. Écrivain, photographe, réalisateur, il a livré ses découvertes, ses rencontres et ses émotions dans une vingtaine d'ouvrages (albums, romans et récits de voyage), dont *L'Enfant des neiges*. Son dernier roman, *Loup*, a connu un immense succès, tout comme son adaptation au cinéma, un grand film d'aventures tourné par Nicolas Vanier en Sibérie.

D'après www.pocket.fr

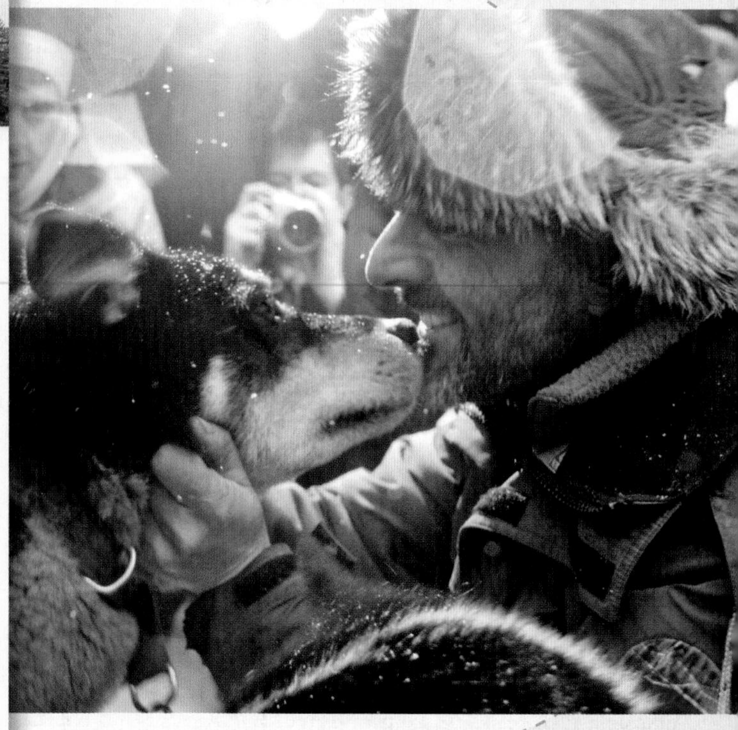

**1**

**Connaissez-vous Nicolas Vanier ? Lisez l'article pour savoir pourquoi il est connu.**

**2** 105

**Écoutez une interview où Nicolas Vanier se présente à travers un portrait chinois.**

D'après ce que vous avez entendu, pouvez-vous dire ce qu'est un portrait chinois ? Est-ce que dans votre pays cette technique est utilisée pour parler de soi ? Si oui, comment appelle-t-on ce type de portrait ?

**3** 105

**a) Réécoutez et retrouvez les questions : *Si... ?***

**b) Quelles réponses de Nicolas Vanier sont en lien avec les informations données dans sa fiche ?**

**4** 106

**Écoutez des extraits de différents portraits chinois et trouvez pour chacun la question qui a été posée.**

*Exemples : Si vous étiez un paysage ?*
*Si tu étais une chanson ?*

**5**

**a) En petits groupes, préparez une liste de questions pour un portrait chinois. Interviewez quelques personnes du groupe. Qu'apprenez-vous sur ces personnes ?**

**b) Choisissez les questions qui vous inspirent et écrivez votre propre portrait chinois.**

# Si j'étais...

*Remise des Césars pour* ***Leila Bekhti****, comédienne française d'origine algérienne, et* ***Omar Sy****, comédien français de père sénégalais et de mère mauritanienne.*

***Charles Aznavour,*** *chanteur français d'origine arménienne.*

***Carla Bruni :*** *ancienne mannequin et chanteuse d'origine italienne.*

« Parfois, j'essaie de m'imaginer ce que je ferais si j'étais d'origine polonaise ou russe au lieu de marocaine... Je ferais peut-être du patinage artistique, mais pas dans des concours locaux à deux sous où on gagne des médailles en chocolat et des tee-shirts. Non, du vrai patinage, celui des jeux Olympiques, avec les plus belles musiques classiques, des mecs venus du monde entier qui notent tes performances comme à l'école, et des stades entiers qui t'applaudissent. [...]

Et puis, si j'étais russe, j'aurais un prénom super compliqué à prononcer et je serais sûrement blonde. Je sais, c'est des préjugés [...]. Ça doit exister, des Russes brunes avec des prénoms hyper simples à prononcer, tellement simples qu'on les appellerait rien que pour le plaisir de dire un prénom aussi facile à prononcer. Et puis y a peut-être carrément certaines Russes qui ont jamais enfilé de patins de leur vie. Bref, en attendant, tout le monde se casse* et moi je vais rester au quartier pour surveiller la cité** comme un chien de garde en attendant que les autres reviennent de vacances tout bronzés. Même Nabil a disparu. Peut-être que lui aussi est parti avec ses parents en Tunisie. »

Faïza Guène, *Kiffe kiffe*** demain*, Fayard, 2005.

* se casser (fam.) : partir
** une cité : groupe d'immeubles situé en général dans les banlieues des grandes villes
*** Kiffe kiffe : jeu de mots entre *kif-kif* (fam.) : pareil, la même chose, et *kiffer* (argot) : aimer

**6**

**Lisez l'extrait et choisissez l'information juste.**

**1.** La narratrice est :

- ☐ française d'origine russe.
- ☐ française d'origine polonaise.
- ☐ française d'origine marocaine.
- ☐ française d'origine tunisienne.

**2.** Que fait-elle dans cet extrait ?

- ☐ Elle imagine la vie des Français d'origine russe.
- ☐ Elle décrit sa vie quotidienne.
- ☐ Elle imagine sa vie avec une origine différente.

**7**

**La narratrice évoque Nabil, un ami qui habite dans le même quartier qu'elle.**

**1.** Trouvez dans l'extrait une information qui indique de quelle origine est cet ami.

**2.** Observez le graphique ci-dessous et situez les parents de la narratrice et Nabil.

**Personnes immigrées (> 18 ans) en 2008 selon le pays de naissance**

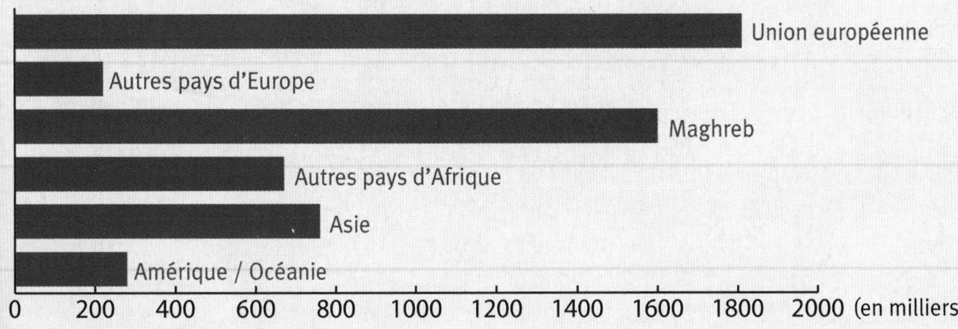


NB : les jeunes étrangers nés en France deviennent français de plein droit à 18 ans.

**8**

**Comparez avec votre pays : les personnes d'origine étrangère sont-elles issues des mêmes pays qu'en France ? Reportez-vous au graphique.**

**9**

**Relisez et trouvez trois stéréotypes que la narratrice associe aux gens d'origine russe.**

**10**

**Devenez quelqu'un d'autre le temps d'un rêve !**

**1.** Si vous étiez d'origine... Imaginez-vous dans la peau d'une personne d'origine étrangère. Quel serait votre prénom ? Comment seriez-vous physiquement ? Quelles seraient vos activités préférées ?

**2.** Trouvez les personnes dans le groupe qui ont choisi la même origine que vous et comparez : avez-vous la même vision des personnes de cette nationalité ?

# S'exercer

## Leçon 1

### › Exprimer un souhait / un espoir

**1. Associez chaque phrase à une des situations suivantes et mettez les verbes entre parenthèses au temps et au mode qui conviennent.**

un mariage – avant un examen – le Nouvel An – un départ à la retraite

1. Je souhaite que vous … (profiter) pleinement de votre temps libre.
2. Nous souhaitons que vous … (être) toujours heureux ensemble.
3. On espère que tu … (réussir) brillamment.
4. Je souhaite que vous … (savoir) trouver de nouvelles passions.
5. Nous souhaitons que vous … (être) toujours en bonne santé.
6. J'espère que vous … (avoir) beaucoup d'enfants.
7. On souhaite que l'année … (être) belle et prospère.

**2. a) Transformez les souhaits en espoirs et les espoirs en souhaits.**

1. *Pour Johan, 20 ans, étudiant.*
   Je souhaite que tu réussisses tous tes examens, que tu aies d'excellentes notes et que tu obtiennes ton diplôme à la fin de l'année.
2. *Pour Romain, 16 ans, lycéen.*
   J'espère que tes parents seront moins sévères, que tu auras l'autorisation de regarder la télé tous les soirs et surtout que tu pourras avoir un ordinateur dans ta chambre.
3. *Pour Augustin, jeune acteur de cinéma.*
   Je souhaite que vous deveniez très vite célèbre et qu'on vous fasse tourner dans des films intéressants.

**b) Transformez en souhaits et espoirs personnels.**

*Exemple : Johan – Je souhaite réussir tous mes examens…*

1. Johan – Je souhaite…
2. Romain – J'espère…
3. Augustin – Je souhaite…

### › Le conditionnel présent

**3. a) Conjuguez les verbes au conditionnel présent.**

*Pour améliorer la circulation*
Nous (devoir) circuler à vélo.
Les responsables politiques (pouvoir) limiter les voitures dans les centres-ville.
On (pouvoir) développer les transports en commun.
*Pour prévenir les maladies*
Les gens (devoir) consulter régulièrement le médecin.
Il (falloir) que tout le monde fasse du sport.
Nous (devoir) manger cinq fruits et légumes chaque jour.
Le ministère de la Santé (devoir) faire plus de prévention.

**b) Complétez en faisant une suggestion ou en exprimant un souhait.**

*Exemple :* Les enfants n'apprennent pas à parler une langue étrangère à l'école. → *On devrait enseigner une langue étrangère aux enfants…*

1. On laisse souvent les pièces éclairées sans raison.
2. Les automobilistes trouvent difficilement une place pour se garer.
3. À cause des contrôles de sécurité, les temps d'attente dans les aéroports sont très longs.
4. Il y a trop de publicité à la télévision !
5. Les footballeurs gagnent de véritables fortunes, c'est trop !
6. Presque tous les magasins sont fermés le dimanche.

**4. Transformez au conditionnel présent.**

*Exemple :* tu peux → *tu pourrais.*

1. nous faisons – 2. ils envoient – 3. on veut – 4. tu sais – 5. vous voyez – 6. nous prenons – 7. vous buvez – 8. nous venons – 9. il faut – 10. il va – 11. tu es – 12. vous avez – 13. vous finissez

### › Exprimer un souhait

**5. Voici deux thèmes polémiques :**

a. l'énergie nucléaire ;
b. l'augmentation de la durée du travail.

**Imaginez deux souhaits venant de personnes qui sont « pour », puis deux souhaits de personnes qui sont « contre ». Complétez les phrases.**

Je rêve de… – Je voudrais / J'aimerais que… – Je souhaite que…

## Leçon 2

### › Parler des centres d'intérêt

**6. Transformez selon les modèles.**

Ma passion ? Les autres cultures.
→ *Je me passionne pour / Je suis passionné(e) par les autres cultures.*
Mes centres d'intérêt ? Les langues.
→ *Je suis intéressé(e) par les langues. / Je m'intéresse aux langues.*

1. Vos centres d'intérêt : la défense de l'environnement.
2. Sa passion ? La recherche médicale.
3. Ma passion : l'archéologie.
4. Nos centres d'intérêt : l'aide aux enfants en difficulté.

### › Exprimer le but

**7. Complétez avec : *afin de / pour – afin que / pour que* (plusieurs réponses sont possibles).**

1. Notre équipe part à l'étranger … construire un centre médical.
2. Vous désirez travailler dans une ONG … vous sentir utile.
3. On a construit un hôpital … la population puisse être soignée.
4. Nous venons d'ouvrir une école … les enfants apprennent à lire et à écrire.
5. La Croix-Rouge a reçu de l'argent … venir en aide aux plus pauvres.

### › Le conditionnel pour présenter un projet

**8. Mettez les verbes entre parenthèses au conditionnel présent.**

Nous voulons ouvrir un centre pour les personnes en difficulté…

1. On (aller) à leur rencontre pour leur proposer nos services.
2. On les (accueillir) 24 heures sur 24.
3. Elles (pouvoir) se reposer.
4. On leur (offrir) un repas.
5. Nous (être) à leur disposition pour les assister.
6. Nous (rédiger) leur courrier et (envoyer) des mails en leur nom.

## › Imaginer une situation hypothétique, irréelle

**9. Mettez les verbes aux temps qui conviennent.**

1. Si je (pouvoir), je (jouer) au loto humanitaire.
2. Tout (aller) mieux si les pays riches (être) plus généreux.
3. Si chaque personne (donner) un euro à une ONG, la pauvreté (être) moins grande.
4. Si tu (économiser) un peu d'argent, tu (pouvoir) faire un don à une association humanitaire.
5. Vous (avoir) un comportement responsable, si vous (choisir) d'aider une ONG.

**10. Imaginez une fin pour les phrases suivantes.**

**A.**
Si la pauvreté n'existait plus, ...
S'il n'y avait plus de guerres, ...
Si les ONG n'existaient pas, ...
Si le commerce devenait équitable, ...
Si tous les enfants allaient à l'école, ...

**B.**
On vivrait mieux si...
Les hommes seraient plus heureux si...
Le monde serait plus juste si...
Il y aurait moins de maladies si...
J'aiderais financièrement des ONG si...
Vous donneriez un peu de votre temps si...

# Leçon 3

## › Exprimer la cause et la conséquence

**11. a) Reformulez en utilisant l'expression entre parenthèses.**

1. On a été bien reçus car nous avions des relations sur place. (grâce à)
2. J'achète des guides parce que j'organise mon prochain voyage. (comme)
3. Comme il neigeait, il a fallu attendre une semaine avant de partir. (à cause de)
4. On a pu traverser facilement la région grâce à un laissez-passer des autorités. (car)

**b) Reformulez librement. Variez les formules.**

1. Je suis parti en Thaïlande car j'adore ce pays.
2. Comme nous étions restés au soleil pendant des heures, nous avons été malades.
3. Nous avons vu des sites extraordinaires parce que nous avions un très bon guide.
4. Nous logerons chez l'habitant parce que nous recherchons les contacts.

**12. Associez deux par deux les propositions et identifiez celle qui indique la conséquence. Puis exprimez cette idée à l'aide de : *donc, alors, c'est pourquoi*. Variez les formules.**

*Exemple :* 1. j'ai écrit cet ouvrage / e. je voulais rendre hommage à l'auteur
→ *Je voulais rendre hommage à l'auteur, c'est pourquoi j'ai écrit cet ouvrage.*

1. j'ai écrit cet ouvrage
2. nous avons dû trouver un garage
3. il fallait absolument arriver avant la nuit
4. nous avons dormi dans la voiture
5. On a décidé de vendre quelques objets personnels

a. on avait dépensé tout notre argent
b. tous les hôtels étaient complets
c. on ne s'est pas arrêtés en route
d. nous sommes tombés en panne
e. je voulais rendre hommage à l'auteur

## › Donner son avis ; exprimer l'accord / le désaccord

**13. Choisissez l'expression qui convient.**
**Qu'est-ce qui donne l'envie de voyager ?**

**Patricia :** *Je pense / À mon avis*, pour tout le monde, c'est la recherche du dépaysement qui pousse à voyager.

**Jérôme :** Oui, mais *je suis de ton avis / je ne suis pas tout à fait d'accord*, parce qu'on n'est jamais attiré uniquement par « l'inconnu ». On a envie de partir en Chine, par exemple, parce qu'on veut réaliser des rêves précis comme voir la Cité interdite. *Pour moi / Je trouve*, on décide de voyager parce qu'on veut passer du rêve à la réalité.

**Erica :** Patricia, *tu es d'accord / tu as raison*, mais je trouve que quelquefois ce qui fait envie nous fait peur aussi : on imagine des tas de problèmes et on ne part pas !

**Jérôme :** Erica, *je suis de ton avis / à ton avis*, partir c'est abandonner ses habitudes. Mais je *pense que / selon toi* avec un minimum de faculté d'adaptation, on y arrive facilement.

**14. À vous ! Réagissez à ces différentes opinions : exprimez votre accord ou votre désaccord, puis donnez votre avis.**

1. Il n'y a plus de véritables voyageurs, il n'y a que des touristes à présent.
2. Voyager, c'est fuir sa réalité.
3. Ce qui est intéressant à découvrir dans les voyages, ce sont les paysages et les monuments.

## › La cause et la conséquence pour justifier ses choix

**15. Choisissez l'expression correcte.**

J'ai découvert cet auteur par hasard : je me trouvais dans une librairie et je ne savais pas quel livre acheter, *alors / parce que* j'ai pris le premier qui se présentait à moi et je l'ai lu le soir même. *Car / Comme* je suis originaire d'un pays méditerranéen, j'ai adoré ce récit : *donc / en effet*, chaque page m'a replongé dans les ambiances de mon enfance. *Grâce à / À cause de* ce livre, j'ai revécu les plus belles heures de ma vie ! Le jeune auteur n'est pas encore connu du grand public, mais il mérite vraiment de l'être. C'est *pour cette raison que / parce que* je vous en parle aujourd'hui.

**16. Faites deux phrases en reliant les deux informations pour exprimer la cause puis la conséquence. Utilisez : *c'est pour ça que – en effet – c'est pour cette raison que.***

1. Je n'ai pas apprécié le film. Je n'ai pas cru à l'histoire.
2. Les paysages sont magnifiquement filmés. On a envie d'aller les admirer sur place !
3. Le film est remarquable. Les spectateurs ont longuement applaudi après la projection.
4. C'est une histoire que les enfants vont aimer. Elle est facile à comprendre.
5. L'auteur a un vrai talent de réalisateur. J'ai adoré son film.

# Épreuve DELF A2

## Compréhension de l'oral 25 points

### Exercice 1  6 points

**Écoutez le document deux fois puis répondez aux questions.**

**1. Ce document est :** 1,5 point
a. la présentation d'un livre à la radio.
b. une publicité pour un livre.
c. la critique d'un roman dans une émission télévisée.

**2. L'ouvrage parle de quel type de voyage ?** 1 point

**3. Selon l'auteur, quelles sont les deux principales caractéristiques de cette façon de voyager ?** 2 points
Elle est : a. peu coûteuse. b. moderne. c. peu rapide. d. fatigante. e. sportive. f. naturelle.

**4. Dans ce livre, l'auteur :** 1,5 point
a. donne des conseils pratiques pour les voyageurs.
b. fait le récit d'une aventure qu'il a menée.
c. partage des sensations à partir de son expérience.

### Exercice 2 108 8 points

**Écoutez le document deux fois puis répondez aux questions.**

**1. Cette conversation est entre deux :** 1,5 point
a. amis. b. collègues. c. bénévoles.

**2. Tristan dit que cette expérience lui apporte beaucoup au niveau :** 1,5 point
a. personnel. b. social. c. professionnel.

**3. L'association s'adresse à qui ? Pour quel type d'activités ?** 2 points

**4. Les membres de l'association de Tristan :** 1,5 point
a. ont tous un profil commun.
b. interviennent sur le même projet.
c. animent tous les mêmes ateliers.

**5. Les membres de l'association sont :** 1,5 point
a. étudiants. b. dans la vie active. c. de toutes les générations.

### Exercice 3  11 points

**Écoutez le document deux fois puis répondez aux questions.**

**1. Les personnes invitées sont là pour :** 2 points
a. annoncer quels seront les changements du centre-ville. b. dire ce qu'elles voudraient voir comme changements. c. critiquer les futurs changements du centre-ville.

**2. Qui sont ces personnes ? Notez le prénom de la personne concernée.** 3 points
a. Qui a des enfants ? b. Qui est à la retraite ?
c. Qui habite dans le centre-ville ?

**3. Qui dit quoi ? Notez pour chaque problème évoqué le prénom de la personne qui en parle.** 6 points
a. le manque d'espaces verts. b. l'absence de magasins. c. le manque de jeux extérieurs.
d. la circulation trop importante.

## Production écrite 25 points

### Exercice 1 13 points

**Vous lisez cet appel à témoignage et décidez d'y répondre. Racontez votre expérience et donnez vos impressions (60 à 80 mots).**

> **M Appel à témoignages**
>
> **Bénévoles, racontez votre expérience**
>
> LEMONDE.FR | 21.03.12 | 12h22 • Mis à jour le 21.03.12 | 17h11
>
> Vous avez choisi d'être bénévole auprès d'une association : quelles ont été vos motivations ? Êtes-vous pleinement satisfait de cet engagement ? Une sélection de témoignages sera publiée sur Le Monde.fr.

### Exercice 2 12 points

**Vous avez reçu ce mail : lisez-le, puis répondez à Lucien pour lui donner des idées, des conseils et des suggestions pour réaliser son voyage (60 à 80 mots).**

> **De :** lulu@hotmail.com
>
> Chers amis,
> J'ai enfin trouvé un peu de temps et surtout le budget pour partir et réaliser un de mes rêves : faire un grand voyage et découvrir plusieurs pays, plusieurs cultures !
> Avez-vous des idées, des destinations à me conseiller ?
> J'attends votre réponse et vos suggestions. Merci d'avance !
> Amitiés,
> Lucien

# Dossier 7

# Alternatives

Leçon 1 **Nouveau départ**
> Évoquer un changement de vie
> Comprendre une biographie

Leçon 2 **Relevons le défi !**
> Rapporter une conversation
> Rapporter un exploit

Leçon 3 **Rétrospectives**
> Imaginer un passé différent
> Exprimer un regret

**Carnet de voyage**
> Double sens

**Vers le DELF B1**

**Projet**
> Participer au concours littéraire *Un personnage hors du commun*

**Phonie-graphie** → activités 1 à 3 p. 171-172
**Lexique thématique** → p. 202-203

# Nouveau départ

## › Évoquer un changement de vie

**Voici le DVD d'un spectacle.**

a) **Observez et faites des hypothèses.**

De quel type de spectacle s'agit-il ?

☐ D'une pièce de théâtre.

☐ D'un spectacle de chansons.

☐ D'un one-man show humoristique.

☐ D'une comédie musicale.

b) **Identifiez le nom de l'artiste.**

c) **Écoutez l'extrait du spectacle et confirmez vos hypothèses.**

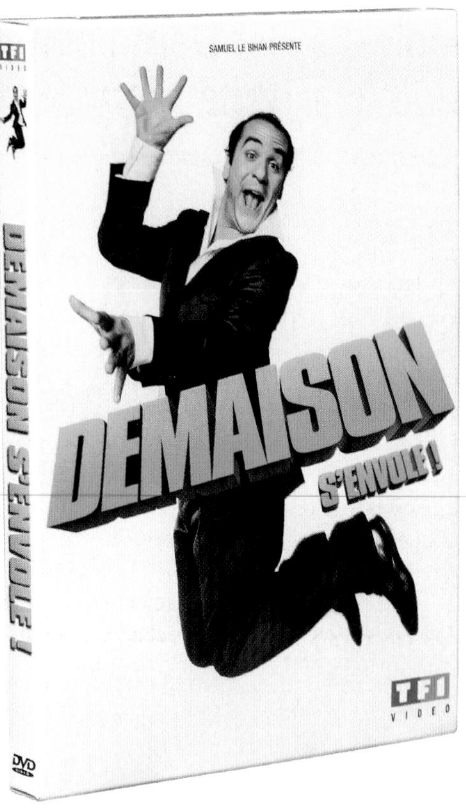

a) **Réécoutez l'extrait du sketch et complétez la fiche.**

b) **Imaginez l'intervention du personnage qu'on n'entend pas : pourquoi il est là, sa situation actuelle / ancienne.**

**1er sketch**
- contexte / lieu : …
- personnage joué sur scène : …
- il s'adresse à … (qu'on n'entend pas).

**Lisez l'extrait du livre issu du spectacle.**

1. Expliquez la phrase dite par le comédien à la fin du premier sketch : « François, c'est moi ! »
2. Reconstituez le parcours (études et professionnel) de l'humoriste. Identifiez l'évènement qui a provoqué une rupture dans sa vie professionnelle.
3. Dites quand et où est née l'idée du spectacle et expliquez son titre : *Demaison s'envole !*

**Les one-man shows humoristiques sont-ils populaires dans votre pays ? En avez-vous déjà vu / en voyez-vous parfois ?**

**Lisez l'article (p. 127) et dites pourquoi François-Xavier Demaison est dans l'actualité.**

### L'histoire d'un spectacle

François-Xavier Demaison

Je voulais vraiment faire ce métier, mais mes parents m'avaient dit « attention ». J'ai donc suivi des études de droit parallèlement aux cours de comédie. J'ai fait Sciences Po* à Paris, puis j'ai arrêté le théâtre et je suis devenu fiscaliste. Ce métier m'a envoyé à New York jusqu'au 11 septembre 2001, jour où j'ai pris une grosse claque**.
J'ai réalisé que la vie était vraiment courte, que je n'étais pas satisfait de ce qui se passait dans ma vie au quotidien… Je gagnais bien ma vie, j'étais avec des gens intéressants, je faisais un boulot intéressant, j'étais dans une ville passionnante, mais ça ne suffisait pas. Il y avait cette passion pour le spectacle, plus forte que tout, et donc j'ai commencé sur mon ordinateur de bureau à écrire un spectacle, une espèce de mélange de New York à Paris en passant par Vierzon, un truc hybride*** qui me ressemble un peu… Et puis finalement je suis rentré en France.

© *Demaison s'envole*, Éditions Fetjaine, 2009.

* Sciences Politiques : une des prestigieuses « grandes écoles »
** prendre une claque (fam.) : subir un choc
*** un truc (fam.) : quelque chose, un objet – hybride : issu d'origines différentes

Sortir — 10 septembre

# François-Xavier Demaison s'évade à la Gaîté Montparnasse

*Il y a eu* Demaison s'envole, *voici maintenant* Demaison s'évade…

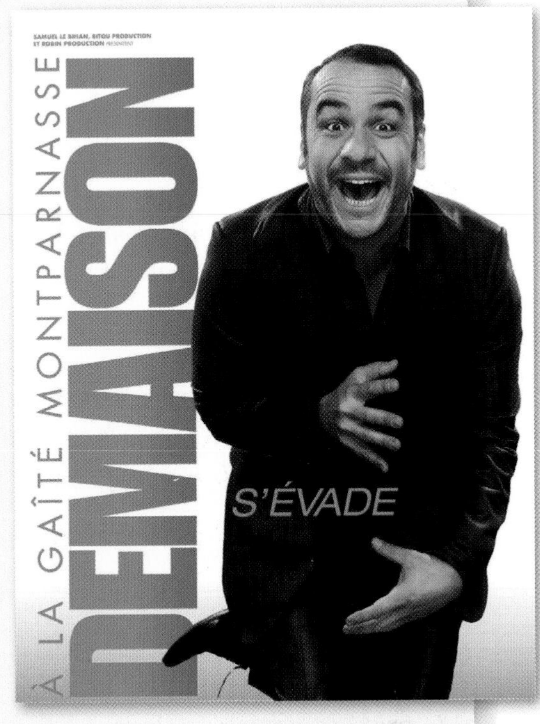


Il s'évade, en effet, de son extraordinaire histoire que tout le monde connaît : diplômé de Sciences Po, il exerce pendant trois ans le métier de fiscaliste et est envoyé en 2001 à New York. Le jour où il voit les tours jumelles s'effondrer, sa vie bascule… C'est un électrochoc, une révélation sur le sens de sa vie. Il réalise que désormais, il ne veut plus « perdre sa vie à la gagner ». En quelques jours, il prend sa décision : il plaque* tout et rentre en France pour revenir à ses premières amours, le théâtre.
Fin 2002, il loue le théâtre du Gymnase pour une soirée et présente son premier spectacle, seul sur scène, devant 800 invités. En un an, le fiscaliste est devenu humoriste !
Récit humoristique de sa vie américaine où il joue tous les rôles, son one-man show *Demaison s'envole* triomphe sur différentes scènes pendant plusieurs années. Le comédien se consacre ensuite au cinéma où il enchaîne dix-neuf films en six ans, jusqu'au moment où il décide de remonter sur les planches car la scène lui manque.
Il sera dans quelques jours sur la scène de la Gaîté Montparnasse avec ce nouveau spectacle en solo, où on aura le bonheur de retrouver certains personnages du premier spectacle.

* plaquer (fam.) : quitter

**6**

a) **Relisez l'article et dites si la réorientation professionnelle de François-Xavier Demaison a été une réussite. Justifiez votre réponse avec les informations sur la suite de son parcours.**

b) **Identifiez les informations complémentaires sur sa période new-yorkaise et sa décision de reconversion.**

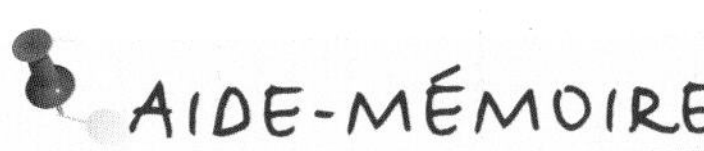

## AIDE-MÉMOIRE

**Indiquer un moment**
**Le jour où** il voit les tours s'effondrer…
… **jusqu'au moment où** il décide…
**Désormais** (= à partir de maintenant) il ne veut plus…

→ S'exercer n° 1 | p. 140

## POINT *Langue*

→ p. 179

### Indiquer une durée

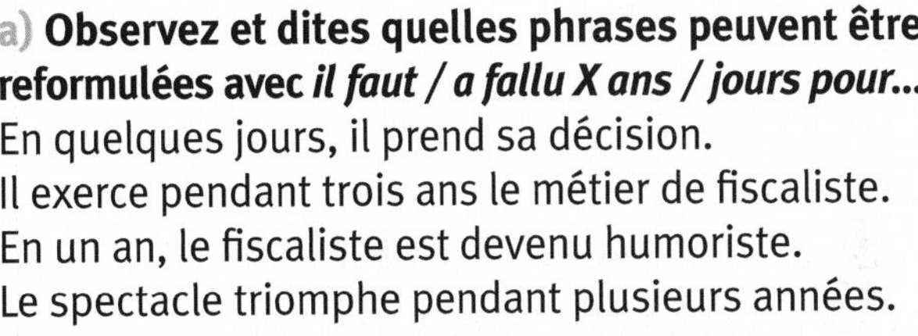

a) **Observez et dites quelles phrases peuvent être reformulées avec *il faut / a fallu X ans / jours pour…***
En quelques jours, il prend sa décision.
Il exerce pendant trois ans le métier de fiscaliste.
En un an, le fiscaliste est devenu humoriste.
Le spectacle triomphe pendant plusieurs années.

b) **Complétez la règle avec *en* ou *pendant*.**
- … + durée chiffrée : indique la durée de temps nécessaire pour réaliser une action.
- … + durée chiffrée : indique une période / durée de temps délimitée, entre le début et la fin d'une situation / action (présente, passée ou future).

→ S'exercer n° 2 | p. 140

## POINT *Langue*

### Le monde du spectacle

**Trouvez dans l'article les équivalents des expressions suivantes :** un acteur de théâtre – un comédien comique – se produire sur (la) scène – avoir un gros succès – un one-man show.

→ S'exercer n° 3 | p. 140

**7**

**Imaginez !**
Vous rédigez une « histoire vraie » pour la proposer à l'émission de télévision *Le jour où ma vie a basculé*. Comme pour François-Xavier Demaison, à la suite d'un évènement imprévu, votre vie ou celle d'une personne de votre entourage a totalement changé de manière positive. Racontez l'évènement déclencheur et l'enchaînement des faits qui ont permis ce « nouveau départ ».

# › Comprendre une biographie

**Regardez cette page Internet d'une chaîne de télévision et écoutez l'extrait de radio. Dites pour quelle raison un documentaire sur Yannick Noah est programmé.**

www.w9.fr
W9
W9.FR
Programme W9 Replay guide TV W9 et vous plus
Accueil | Émissions | Forum
Émission du mercredi 01 juin – 20 h 50
Absolument Yannick Noah
(Documentaire)
Retour sur le parcours de Yannick Noah, ancien tennisman de renom, homme au grand cœur, l'un des rares sportifs à avoir réussi une reconversion sur la scène musicale.

a) **Réécoutez et expliquez pourquoi le résumé de l'émission mentionne une « reconversion réussie » pour Yannick Noah.**

b) **Écoutez et identifiez les différentes activités menées par Yannick Noah.**

**Réécoutez et complétez les dates dans la biographie de Yannick Noah ci-contre.**

## Yannick Noah : un parcours exceptionnel

| | |
|---|---|
| 1960 | Naissance à Sedan, dans les Ardennes. |
| 1963 | Installation de la famille Noah à Yaoundé, au Cameroun. |
| 1971 | Arrivée en France – lycée sport-études de tennis à Nice. |
| … | Victoire à Roland-Garros. |
| 1988 | Création de l'association « Les Enfants de la Terre » avec sa mère. |
| … | Capitaine de l'équipe de France de tennis. |
| … | Victoire de l'équipe en coupe Davis. |
| 2000 | Sortie de l'album *Yannick Noah*. |
| … | Séjour au Népal. |
| … | Sortie de l'album *Pokhara*. |
| 2005 | Sortie de l'album *Métisse(s)*. |
| … | Sortie de l'album *Charango*. |
| … | Sortie de l'album *Frontières*. |

## POINT *Langue*

→ p. 185

### Les marqueurs chronologiques dans une biographie

**Remplacez les éléments soulignés par les expressions suivantes : *à l'âge de ... ans – ... ans plus tard / après – l'année suivante – la même année.***

Je suis née en 1963. J'ai commencé à travailler quand j'avais 23 ans. En 1989, j'ai suivi une formation.
En 1990, j'ai changé de profession. En 1991, j'ai obtenu un poste à l'étranger. Je suis rentrée en France en 1995.
En 1995, je me suis mariée. Mon premier enfant est né en 1997.

→ S'exercer n° 4 | p. 140

### Indiquer la chronologie de deux actions

a) **Observez et trouvez l'ordre chronologique des deux actions.**

Noah devient chanteur **après avoir été** entraîneur.
n° ... n° ...

**Après être devenu** capitaine de l'équipe de France, il mène son équipe à la victoire.
n° ... n° ...

**Avant de** lancer son deuxième album, il séjourne au Népal.
n° ... n° ...

b) **Complétez la règle.**

***Après*** + verbe à l'infinitif passé indique : ☐ une action accomplie. ☐ une action à venir.
On le forme avec ... + participe passé.
Avec ***avant de***, on utilise un verbe à ... .

→ S'exercer n° 5 | p. 140

## 11 Phonétique 118-119

a) **Liaisons.**

**– Écoutez et observez la liaison :**
un homme = un + n + homme
le dernier album = dernier + r + album

**– Écoutez et répétez :**
son **é**quipe – un **an** – un **h**omme – le dernier **a**lbum –
les **en**fants de la terre – il est **en** tournée.

b) **Enchaînements.**

**– Écoutez et observez les deux enchaînements :**
homme **au** grand cœur = consonne + voyelle = **m + au**
après **a**voir joué = voyelle + voyelle = **è + a**

**– Écoutez et répétez :**
homme **au** grand cœur – star **h**ors du commun – il mène l'équipe **à** la victoire – rare sportif **à** **a**voir réussi – après **a**voir joué **au** tennis – après **a**voir créé **a**vec sa mère – après **ê**tre devenu **en**traîneur – après **a**voir **é**té capitaine – le **h**éros **est** réélu.

## 12

**Échangez !**

En petits groupes, dites si vous connaissez d'autres exemples de personnalités comme Yannick Noah. Présentez une de ces personnalités et expliquez ses différentes activités.

## 13

**Imaginez !**

Cette personnalité (activité 12) est à la une de l'actualité. Pour son site Internet, vous présentez l'évènement, vous rappelez sa biographie et son parcours.

**PROJET DOSSIER 7**

**Pour participer au concours littéraire *Un personnage hors du commun*, vous allez :**

**TÂCHE** LEÇON **1** Imaginer le personnage principal et la trame d'un récit

>>> internet - www.hachettefle.fr

# Relevons le défi !

## › Rapporter une conversation

### Le dossier de la semaine

Les petites filles s'habillent en rose et les garçons en bleu, elles jouent avec des poupées et eux avec des petites voitures, elles deviendront infirmières et eux médecins… Cette vision archaïque des différences entre les genres appartient-elle vraiment au passé ? Les choses ont déjà beaucoup changé en matière d'égalité professionnelle, mais certains postes restent résolument masculins et d'autres accueillent une large majorité de femmes. C'est ce que démontre une étude de l'INSEE sur les métiers et parcours professionnels des hommes et des femmes*. Découvrez ces métiers traditionnellement réservés à l'un des deux sexes… mais que le sexe opposé pourrait occuper avec autant de succès.

Armée, police, pompiers : **14 %** de femmes.

Ouvriers de la réparation automobile : **2 %** de femmes.

Aides à domicile et aides ménagères : **2 %** d'hommes.

Assistantes maternelles : **1 %** d'hommes.

**Découvrez** p. 5 à 8 : Christophe, assistant maternel ; Céline, jardinière ; Françoise, bouchère charcutière ; Gabriel, esthéticien ; Charles, secrétaire ; Marie-Claire, chef d'orchestre.

10 **Modes** de vie – semaine du 5 mars

* cf. *Point Culture* p. 132

**1 Échangez !**

**1.** Lisez cette page de magazine et imaginez le titre du dossier de la semaine.

**2.** Observez les photos et dites si les chiffres vous surprennent.

**2** 120

a) **Écoutez l'enregistrement. Dites quelle est la situation et de qui on parle.**

b) **Repérez sur l'article de magazine l'information qui explique la réaction du couple.**

**3** 120

**a) Réécoutez l'enregistrement et complétez le mail que Frédérique envoie.**

**b) Choisissez quelle photo elle envoie avec le mail.**

**De :** fred18@gmail.com
**À :** paulaurence@free.fr **Objet :** photos

1 photo

Salut les cousins !

Eh oui ! Je suis bien … depuis une … ! Sur la photo, je suis devant la caserne le premier jour où j'ai porté l'… de … . Alors, vous êtes fiers de moi ?

Bises

Frédérique

**4** 120

**Vrai ou faux ? Réécoutez et répondez.**

1. Frédérique est la cousine de Laurence.
2. Elle est pompier bénévole.
3. Elle a suivi une formation pour devenir pompier.
4. Elle a changé de profession.

**5** 120

**Réécoutez l'enregistrement et reconstituez la conversation entre Laurence et Frédérique.**

## POINT *Langue*

→ p. 137

### Le discours rapporté au passé

**Observez les phrases de la conversation en direct (1re colonne) et de la conversation rapportée (2e colonne), puis complétez la règle (3e et 4e colonnes) avec les temps des verbes.**

| Paroles en direct (entre Frédérique et Laurence) | Discours rapporté (de Laurence à Paul) | Pour rapporter... | On utilise... |
|---|---|---|---|
| *– Qu'est-ce que tu **fais** dans cette tenue ? C'**est** un déguisement ?* | *Je lui **ai demandé** ce qu'elle **faisait** dans cette tenue, si c'**était** un déguisement.* | un fait actuel, exprimé avec le ... | le ... |
| *– J'en **rêvais**.* | *Elle m'**a expliqué** qu'elle en **rêvait**...* | une situation ancienne, exprimée avec l'... | le ... |
| *– J'**ai suivi** une formation et je suis pompier depuis une semaine.* | *... qu'elle **avait suivi** une formation et qu'elle était pompier.* | un fait passé, exprimé avec le ... | le ... |
| *– Paul (ne) **va** pas me **croire** !* | *Je lui **ai dit** que tu n'**allais** pas me croire.* | un fait futur, exprimé avec le ... | le ... |
| *– Je vous **enverrai** une photo.* | *Elle **a dit** qu'elle nous **enverrait** une photo.* | un fait futur, exprimé avec le ... | le ... |

→ S'exercer n° 6 et 7 | p. 141

**6** 121

**a) Imaginez !**
Vous êtes journaliste à *Modes de vie* et vous avez rencontré plusieurs personnes pour préparer le dossier de la semaine (cf. activité 1). Écoutez le témoignage de Christophe et prenez des notes. Puis rédigez le premier article du dossier.

Nous avons rencontré Christophe, qui exerce un « métier de femme » : il est assistant maternel. Il nous a raconté… Il nous a expliqué que…

**b)** Rédigez un article sur une des autres personnes citées dans le dossier.

# › Rapporter un exploit

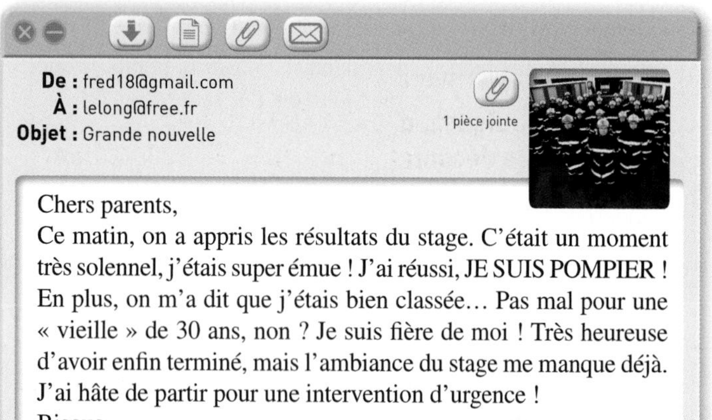

**De :** fred18@gmail.com
**À :** lelong@free.fr
**Objet :** Grande nouvelle

1 pièce jointe

Chers parents,
Ce matin, on a appris les résultats du stage. C'était un moment très solennel, j'étais super émue ! J'ai réussi, JE SUIS POMPIER ! En plus, on m'a dit que j'étais bien classée... Pas mal pour une « vieille » de 30 ans, non ? Je suis fière de moi ! Très heureuse d'avoir enfin terminé, mais l'ambiance du stage me manque déjà. J'ai hâte de partir pour une intervention d'urgence !
Bisous
Frédérique

**De :** fred18@gmail.com
**À :** phil.carmet@hotmail.fr
**Objet :** Dur, dur

Mon Philou,
Je suis contente d'avoir enfin commencé ce stage incendie... Mais quatre semaines, ça risque d'être long, tu me manques déjà... Accepter la discipline, c'est dur ! En plus, je suis une des plus âgées, et on n'est que sept filles pour trente gars ! Hier, j'étais démoralisée, découragée... Mais je l'ai voulu, il faut que je tienne bon, c'est le dernier stage de la formation.
Gros bisous,
Fred

**De :** fred18@gmail.com
**À :** karinefogier@gmail.com
**Objet :** Des nouvelles

Salut Karine,
Est-ce que tu peux m'imaginer dans ce stage incendie ?
Les journées passent très vite et le moral change au fil des heures... Je trouve ça très dur physiquement et moralement, quelquefois j'ai envie de tout plaquer. Hier, on a dû faire un parcours militaire chronométré : j'ai cru que je n'y arriverais pas, j'ai failli arrêter. Mais finalement, j'ai réussi à surmonter ma peur, et je l'ai terminé ! J'étais soulagée, et j'ai décidé que je ne me découragerais plus ! Je suis au milieu du stage, et certains ont déjà abandonné...
Si j'arrive au bout, on arrosera ça ! ;-)
Et toi, comment vas-tu ?
Bisous
Fred

**Lisez les trois mails de Frédérique.**

1. Dites à qui elle écrit et dans quel contexte.
2. Trouvez dans quel ordre chronologique ces mails ont été écrits.

**a) Relisez les trois mails et dites, pour chacune des trois étapes du stage, si l'état d'esprit de Frédérique est très négatif, plutôt négatif, mitigé, plutôt positif ou très positif. Justifiez votre réponse.**

**b) Comment caractériseriez-vous la personnalité de Frédérique ?**

## POINT Culture

### « Métiers d'hommes », « métiers de femmes »

**Prenez connaissance des chiffres et comparez avec la situation dans votre pays.**

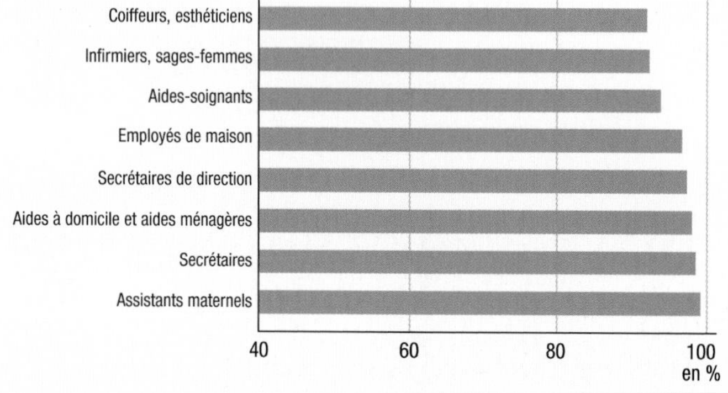


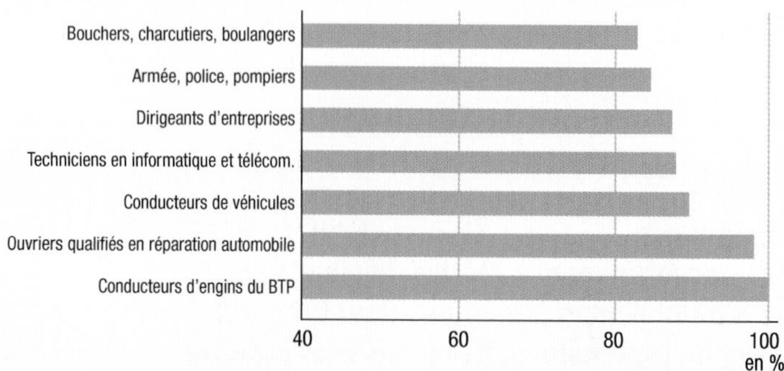


Source : INSEE (Institut National de la Statistique et des Études Économiques) – Regards sur la parité, édition 2012.

## POINT *Langue*

### Rapporter un exploit / exprimer des sentiments et des réactions

a) **Relisez les documents et trouvez dans quel ordre Frédérique a ressenti les sentiments suivants. Puis classez-les.**
J'étais... émue – démoralisée – découragée – contente – soulagée – fière.

| Négatif | Positif |
|---|---|
| | |

b) **Classez les expressions suivantes selon qu'elles expriment le découragement ou la détermination.**
J'ai réussi à surmonter ma peur. – Il faut que je tienne bon. – J'ai failli arrêter. – Accepter la discipline, c'est dur ! – J'ai cru que je n'y arriverais pas. – J'ai décidé que je ne me découragerais plus. – J'ai envie de tout arrêter.

| Découragement | Détermination |
|---|---|
| | |

→ S'exercer n° 8 | p. 141

## 9 Phonétique 122-123

a) **Écoutez et répondez : découragement ou détermination ?**

1. Quatre semaines, c'est pas long ! = ...
2. Je crois que j'y arriverai pas ! = ...

b) **Écoutez et indiquez, d'après l'intonation, si on exprime le découragement ou la détermination.**

c) **Réécoutez et répétez en respectant l'intonation.**

## 10 

**Échangez !**

Avez-vous déjà eu à relever un défi ? Racontez un de vos « exploits », une de vos réussites personnelles (sports, études, loisirs, travail...).

## 11 

**Échangez !**

1. Découvrez les Trophées de Femmes en Or et une des lauréates, « Femme d'exploit ». Que pensez-vous de ces Trophées ? Selon vous, sont-ils utiles ? Est-ce qu'un concept similaire existe dans votre pays ?
2. Quelle femme proposeriez-vous dans cette catégorie pour les prochains Trophées des Femmes en Or ? Pourquoi ? Racontez son exploit / son parcours.

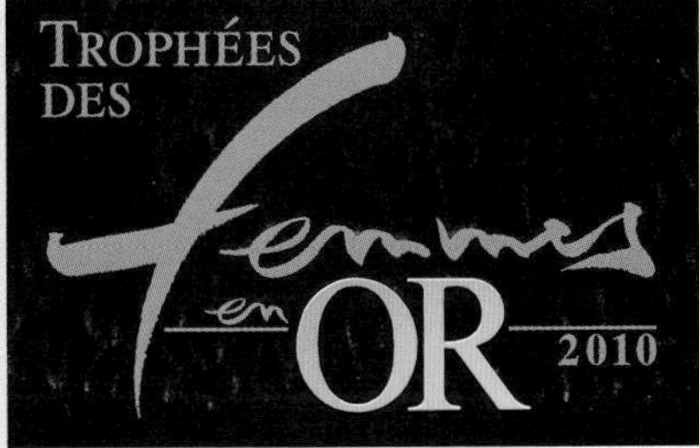

***Les lauréates sont choisies pour l'exemplarité de leurs actions et de leur parcours.***

**Virginie Guyot** est pilote de chasse. Elle a été la première femme à intégrer la Patrouille de France et en assure désormais le commandement. Élue « Femme en Or 2010 » dans la catégorie *Femme d'exploit*.

Pourquoi élire des Femmes en Or ?

Chacune, dans son domaine, contribue à valoriser le rôle et la place des femmes dans le monde, constitue un exemple et fait bouger les lignes.

Des Femmes en Or pour...

Mettre en lumière et célébrer ces parcours, ces histoires fortes, ces réussites, ces engagements pour qu'ils s'affirment à tous.

- Femme de l'Art
- Femme de Cœur
- Femme d'Entreprise
- Femme d'Environnement
- Femme d'Exploit
- Femme d'Innovation
- Femme de Média
- Révélation de l'année
- Femme de Spectacle
- Femme de Style

**PROJET DOSSIER 7**

Pour **participer au concours littéraire** ***Un personnage hors du commun***, vous allez :

**TÂCHE** LEÇON **2** Rédiger le récit

>>> internet - www.hachettefle.fr

# Rétrospectives

## › Imaginer un passé différent

**Écoutez l'enregistrement et répondez.**

**1.** Quel est le thème de l'émission de radio ?

**2.** Que font les personnes interviewées ?

**Réécoutez et repérez pour chaque personne : la situation de départ, l'évènement lié au hasard et ses conséquences.**

LUCIE

FÉVRIER

MERCREDI 15

10 h Pôle emploi envoyer CV

20 h

JEUDI 16

10 h Pôle emploi envoyer CV

20 h Camille vient dîner

VENDREDI 17

10 h Pôle emploi

FÉVRIER

SAMEDI 18

Benjamin

JUIN 9 Lundi

8h06 TGV

10h30 réunion agence Marseille

17h Réunion CA

20h03 TGV pour Lyon

JUIN 10 Mardi

9h RV nouveau directeur agence Lyon

14h Visite des ateliers

20h Cinéma Patrick

**3** 124

**Réécoutez et observez les agendas de Lucie et de Benjamin. Faites les modifications en fonction des imprévus évoqués.**

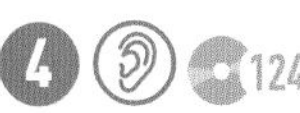

**Réécoutez la fin des deux témoignages et répondez. Justifiez votre choix.**

Pour souligner la chance qu'elles ont eue, les personnes :

☐ résument ce qui s'est réellement passé ce jour-là.

☐ imaginent la suite de ce jour-là sans intervention de la chance.

☐ évoquent un autre jour de chance.

## POINT *Langue*

### *Si* + plus-que-parfait pour imaginer un passé différent

**Observez les déclarations des personnes, puis choisissez et complétez pour expliquer la règle.**

**Si mon amie n'avait pas insisté** pour que je sorte, **je n'aurais** sans doute **jamais rencontré** mon directeur.

**Si je n'avais pas raté** mon train, **nous ne serions pas** aujourd'hui parents...

→ Si je n'avais pas raté = ☐ j'ai raté le train.
☐ je n'ai pas raté le train.

- On utilise la structure *si* + plus-que-parfait pour faire une hypothèse :
☐ qui concerne le présent. ☐ qui concerne le passé.
- Dans la première phrase, la personne utilise le conditionnel passé pour imaginer une conséquence : ☐ actuelle. ☐ passée.
- Dans la deuxième phrase, la personne utilise le conditionnel présent pour imaginer une conséquence : ☐ actuelle. ☐ passée.
- Dans les deux cas, il s'agit de faits :
☐ réels. ☐ irréels.
- On forme le conditionnel passé avec l'auxiliaire (*avoir* ou *être*) au ... + le ... .

→ S'exercer n° 9 et 10 | p. 141

## AIDE-MÉMOIRE

**Situer un évènement dans un récit au passé**

Quand nous nous sommes rencontrés,
**je venais** de rater mon train *(juste avant)*,
**j'allais** être en retard à mon rendez-vous à Marseille *(juste après)*.

**a) Observez ce dessin. Identifiez le jeu de mots et retrouvez le dicton.**

**b) À votre tour, vous pouvez « refaire le monde » !**
Imaginez des hypothèses concernant un passé différent et les conséquences. Par exemple :
– si j'étais allé(e) au café ce jour-là...
– si Ève n'avait pas mangé la pomme...
– si on n'avait pas donné le droit de vote aux femmes...
– s'il / si elle était arrivé(e) à ce moment-là...
– si je n'avais jamais quitté mon pays...
– si j'avais dit « oui »...
– si le mur de Berlin n'était pas tombé...

**Imaginez !**
Pour la première page de vos mémoires, vous imaginez des points de départ différents dans votre vie (lieu / époque de naissance, parents, famille, choix professionnels, etc.) et les conséquences sur votre vie passée et / ou actuelle.

# › Exprimer un regret

**Écoutez l'enregistrement.**

1. Identifiez la situation, les deux moments.
2. Choisissez le sentiment exprimé : la satisfaction ou l'insatisfaction ?
Repérez le mot-clé qui justifie votre réponse.

**Regardez cette page de forum et identifiez le thème des interventions.**

**Lisez les interventions des participants.**

1. Identifiez les informations données par chacun sur sa vie.
2. Repérez les regrets de chaque personne et dites à quel aspect de la vie ils correspondent : amour, famille, profession, loisirs ou autre. Justifiez votre réponse.

| Auteur | Sujet : quels sont vos regrets, petits ou grands ? |
|---|---|
| **Danièle** | Mon grand regret ? J'aurais voulu voyager, découvrir des horizons nouveaux. Je serais allée très loin, en Afrique, en Chine, j'aurais découvert d'autres manières de vivre. Mais je n'ai jamais eu les moyens de voyager, alors je suis restée dans ma province natale, et je voyage grâce aux documentaires qui passent à la télé... Imaginez... je ne suis allée qu'une seule fois à Paris, pour le mariage de mon neveu ! |
| **Poulopo** | Je suis fils unique et j'ai eu une enfance solitaire ; je m'ennuyais souvent. J'aurais voulu avoir des frères et sœurs, j'aurais aimé jouer avec eux, parler... On se serait sans doute disputés, mais au moins je n'aurais pas été seul ! |
| **Damien** | Moi, j'ai commencé à travailler à l'âge de 14 ans dans la ferme familiale, je n'ai pas eu le choix et je regrette d'avoir été obligé de travailler si tôt, de ne pas avoir fait d'études. J'aurais aimé passer mon bac, puis je serais allé à la fac, j'aurais suivi des études scientifiques pour devenir ingénieur. C'est dommage... Mais on ne peut pas toujours faire ce qu'on veut dans la vie. |
| **Fatjab** | Ne pas avoir eu de sœur, ne pas avoir pu devenir astronaute ou enseignante, ne pas m'être mariée ni être devenue mère de famille à 20 ans comme j'en rêvais, etc. |

## POINT *Langue*

→ p. 188

### Exprimer un regret

a) **Observez et complétez.**
La personne qui déclare : « J'aurais voulu avoir des frères et sœurs » :
☐ a eu des frères et sœurs.
☐ n'a pas eu de frères et sœurs.
Dans cette phrase, le regret s'exprime avec le verbe ... au conditionnel :
☐ présent.
☐ passé.

(Rappel) Ce même verbe au conditionnel présent exprime un souhait, un désir (cf. dossier 6, leçon 1, p. 109).

b) **Cherchez, dans les témoignages, deux autres verbes pour exprimer le regret.**
- *j'aurais voulu* + infinitif
- ... + infinitif
- ... + *de* + *(ne pas)* infinitif passé (action accomplie)

c) **Reformulez le regret suivant avec les formules identifiées.**
- J'aurais voulu voyager.
- ...
- ...

→ S'exercer n° 11 et 12 | p. 141

## 10 Phonétique 126

a) **Écoutez et dites si on exprime la satisfaction ou le regret.**
*Exemples :*
*1re phrase → satisfaction*
*2e phrase → regret.*
b) **Réécoutez et répétez avec la même intonation.**

## 11

**Observez le dessin et imaginez la réponse de l'homme.**

J'aurais aimé que tu sois quand je t'ai rencontré un artiste pauvre et malade. Je t'aurais soigné. Je t'aurais aidé de toutes mes forces. Nous aurions eu des périodes de découragement, mais aussi des moments de joie intense. Je t'aurais évité, dans la mesure de mes possibilités, tous les mille et un tracas de la vie afin que tu te consacres à ton art. Et puis, petit à petit, ton talent se serait affirmé. Tu serais devenu un grand artiste admiré et adulé, et, un jour tu m'aurais quitté pour une femme plus belle et plus jeune. C'est ça que je ne te pardonne pas !

Sempé, *Sauve qui peut*, Denoël, 1974.

## 12

**Imaginez !**
Une personnalité vous engage pour rédiger ses mémoires. En petits groupes, choisissez une personnalité (du monde du spectacle, de la politique, des affaires...). Rédigez un extrait de ses mémoires où cette personnalité donne des informations sur sa vie, puis exprime ses regrets.

**PROJET DOSSIER 7**

Pour **participer au concours littéraire** ***Un personnage hors du commun***, vous allez :

**TÂCHE** LEÇON **3** Lire les récits et désigner les gagnants

>>> internet - www.hachettefle.fr

# Carnet de voyage

## Double sens

Pourquoi mon prof de français a dit que je ne devais pas tout prendre au pied de la lettre ?
Pourquoi Armelle m'a dit que son frère avait plusieurs cordes à son arc ?
Pourquoi mon collègue a dit à Armelle d'arrêter de coup les cheveux en quatre ?
Pourquoi ma voisine a dit qu'elle avait plusieurs casquettes ?
Pourquoi Xavier a dit qu'il pourrait décrocher la lune ?

**Naoko vit en France depuis un an**

a) **Observez la situation et expliquez l'expression perplexe de l'étudiante et la question qu'elle se pose (« Pourquoi mon prof... ? »).**

b) **Dites ce que les dessins représentent.**

c) **Faites des hypothèses sur le sens véritable des expressions entendues par Naoko.**

**Trouvez le sens des quatre expressions idiomatiques / imagées.**

1. Avoir plusieurs cordes à son arc.
2. Avoir plusieurs casquettes.
3. Couper les cheveux en quatre.
4. Décrocher la lune.

a. Exercer plusieurs rôles / fonctions, dans différentes activités.
b. Se perdre dans des détails inutiles et compliquer les choses.
c. Être prêt(e) à faire l'impossible (par amour).
d. Avoir différentes compétences, plusieurs moyens d'arriver à un but.

**3**

**Observez ces autres dessins et associez-les aux expressions suivantes. Imaginez le sens véritable des expressions (vérifiez avec le dictionnaire ou avec votre professeur).**
faire le pont – chercher une aiguille dans une botte de foin – passer du coq à l'âne

**4**

**Comparez avec votre langue : est-ce qu'il existe des expressions imagées pour dire la même chose ? Existe-t-il des expressions imagées courantes avec des parties du corps ? avec des éléments de la nature / des noms d'animaux ?**

**Traduisez ces expressions en dessins et en français (mot à mot) pour les autres personnes de votre groupe.**
*Exemple : en français, on dit : « il pleut des cordes » ; en anglais, on dit : « il pleut des chats et des chiens » (it's raining cats and dogs).*

**5**

a) **Connaissez-vous le sens des expressions idiomatiques suivantes ? (Si nécessaire, aidez-vous du dictionnaire.)**
dévorer un livre – avoir un chat dans la gorge – avoir une fièvre de cheval

b) **Connaissez-vous d'autres expressions imagées en français ?**

c) **Imaginez et dessinez des illustrations correspondant à une interprétation littérale de certaines expressions.**

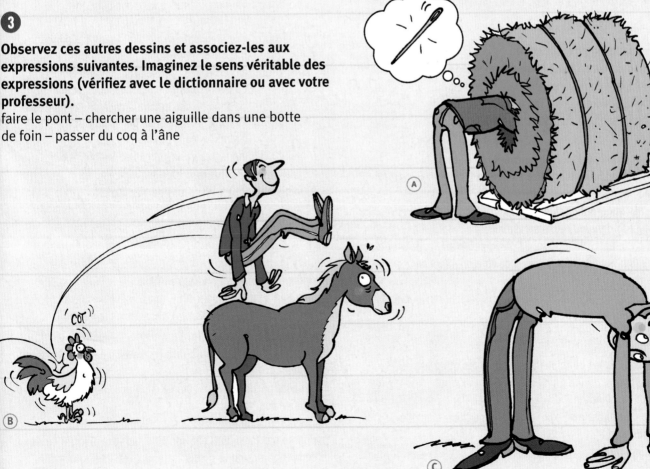

# S'exercer

## Leçon 1

### › Indiquer un moment

**1. a) Précisez pour chaque phrase si *où* indique le lieu ou le temps.**
1. Ma vie professionnelle a évolué l'année où je suis parti aux États-Unis.
2. J'ai repris mes études dans la même université, celle où j'avais obtenu mon diplôme de juriste.
3. Ce producteur avait une existence sans histoire jusqu'au jour où il a rencontré cette femme.
4. L'humoriste a remporté un grand succès dans toutes les villes où il a donné son spectacle.
5. Il attendait chaque soir avec angoisse le moment où il devait entrer en scène.

**b) Reformulez en précisant le moment, comme dans l'exemple.**
*Exemple :* Quand j'étais à la montagne, il a fait très froid. (semaine)
→ *Il a fait très froid la semaine où j'étais à la montagne.*
1. Quand j'ai vu le spectacle, la salle était pleine. (soir)
2. Quand tu passeras me voir, n'oublie pas de me rapporter mon livre. (jour)
3. Quand je suis rentré de voyage, une grosse surprise m'attendait. (matin)
4. Quand nous avons visité ce pays, il n'y avait pas encore de touristes. (moment)
5. Quand il a débuté dans la profession, personne ne croyait en lui. (époque)
6. Quand je terminerai mes études, je ferai un grand voyage. (année)

### › Indiquer une durée

**2. a) Complétez avec *en* ou *pendant*.**
1. Les spectateurs ont applaudi … un quart d'heure à la fin du spectacle.
2. Le comédien est entré dans la peau du personnage … une heure.
3. J'ai fait les premières parties de spectacles … plus de dix ans.
4. … six mois, j'ai tourné trois films : je n'arrête pas !
5. Je suis sorti de l'anonymat … quelques jours grâce à ce film.

**b) Choisissez la préposition qui convient.**
1. Le prix des billets de théâtre a augmenté de 20 % *en / pendant / dans* cinq ans.
2. Le one-man show débutera *en / pendant / dans* trois jours et restera à l'affiche *en / pendant / dans* six semaines.
3. Cet humoriste est resté inconnu du grand public *en / pendant / dans* plusieurs années, mais il est devenu célèbre *en / pendant / dans* quelques jours.
4. Ne tardez pas : la dernière représentation aura lieu *en / pendant / dans* deux semaines.

### › Le monde du spectacle

**3. Complétez avec les mots suivants (faites les adaptations nécessaires).**
tournée – sur les planches – décerner – tourner – spectateur – interprétation – spectacle en solo – rôle – humoriste – comédie – succès – comédien

« Nous allons à présent accueillir un … que vous connaissez bien : après des années au théâtre, il est passé au cinéma et … de nombreux films. On vient de lui … un prix de … pour son … dans la … *Fais-moi peur !*, qui triomphe à l'écran en ce moment. Mais aujourd'hui ce brillant … a choisi le music-hall : il se produit … de Bobino* où il remporte chaque soir un énorme … : son … enthousiasme les … et cet été il va partir en … dans toute la France. Mesdames et messieurs, voici : Patrick Maurice !!! »
* salle de spectacle parisienne

### › Les marqueurs chronologiques dans une biographie

**4. À partir des notes suivantes, rédigez la biographie de Jamel Debbouze pour le site de *Plurielles*, en évitant les répétitions de dates.**

**JAMEL DEBBOUZE**

PROFESSION
humoriste, acteur, producteur et réalisateur français d'origine marocaine.

DATE ET LIEU DE NAISSANCE : 18 juin 1975 à Paris.

| | |
|---|---|
| 1995 : | débuts à Radio Nova. |
| 1999 : | un des rôles principaux dans la série télévisée *H*. |
| 1999 : | premier one-man show *Jamel en scène* – début de la célébrité. |
| 2001 : | rôle dans *Le Fabuleux Destin d'Amélie Poulain*. |
| 2002 : | rôle dans version cinématographique de *Astérix et Cléopâtre*. |
| 2003 : | tournée en France avec son deuxième one-man show. |
| 2005 : | rôle principal dans le film *Angel-A* (réalisateur : Luc Besson). |
| Mai 2006 : | prix collectif d'interprétation avec ses partenaires du film *Indigènes* au Festival de Cannes. |
| Avril 2008 : | création de son théâtre à Paris, le *Comedy Club* → objectif : révéler au public de jeunes talents d'humoristes. |
| 7 mai 2008 : | mariage avec la journaliste Mélissa Theuriau. |
| 3 décembre 2008 : | naissance de leur fils Léon. |
| 30 septembre 2011 : | naissance de leur fille Lila. |

### › Indiquer la chronologie de deux actions

**5. Transformez comme dans l'exemple.**
*Exemple :* Il vit à Paris pendant deux ans, puis il s'installe à Londres.
→ *Il s'installe à Londres après avoir vécu deux ans à Paris.*
→ *Il vit deux ans à Paris, avant de s'installer à Londres.*
1. J'ai fait des études littéraires, puis j'ai travaillé dans une maison d'édition.
2. Il est passé plusieurs fois à côté de la chance, puis il a remporté le Prix du meilleur acteur.
3. Vous avez été acteur, puis vous êtes devenu réalisateur.
4. Elle passe par Tahiti, puis elle continue son voyage jusqu'au Japon.
5. Ils se sont perdus de vue, puis ils se sont retrouvés par hasard.
6. J'ai hésité longtemps, puis j'ai changé de travail.

## Leçon 2

### › Le discours rapporté au passé

**6. Conjuguez les verbes aux temps qui conviennent.**

1. – Tu te souviens de Jamila ? Je l'ai rencontrée dans le métro.
   – Ah oui ? Et alors ?
   – Elle a beaucoup minci, je ne l'avais pas reconnue !
   – Tu lui as demandé ce qu'elle … (faire) pour maigrir ?
   – Oui. Elle m'a expliqué qu'elle … (faire) beaucoup de course à pied, et qu'elle … (courir) le marathon de Paris le mois dernier. Elle a même dit qu'elle … (aller) à New York pour le marathon l'an prochain !
2. – J'ai repris contact avec Maxime grâce à Facebook. Il m'a dit qu'il … (se trouver) actuellement en Chine, parce que sa boîte le … (envoyer) là-bas pour trois ans.
   – Sa copine Fiona l'a suivi ?
   – Non, pas du tout, il m'a expliqué qu'ils … (rompre) juste avant son départ et qu'il … (se marier) le mois prochain avec une jeune chinoise de Hong-Kong !

**7. Lisez le dialogue et écrivez le récit comme dans l'exemple.**

*Exemple :* → J'ai rencontré Elsa hier. Je lui ai demandé ce qu'elle …

– Salut Elsa, qu'est-ce que tu fais dans la région ?
– Je fais du parachutisme, il y a un centre ici.
– Ah bon ! Depuis quand ?
– Depuis un an. Mes amis m'ont offert un stage pour mon anniversaire et j'ai adoré ça ! J'ai fait plusieurs stages, et maintenant je viens une fois par mois pour sauter.
– Je viendrai te voir sauter un jour, si tu veux bien.

### › Rapporter un exploit / exprimer des sentiments et des réactions

**8. a) Complétez avec *soulagé, ému, fier, content, découragé* (plusieurs réponses sont parfois possibles).**

1. J'ai réussi à surmonter ma peur : je suis … !
2. J'ai envie de tout arrêter : je suis … !
3. Ouf ! J'ai fait le plus dur : je suis … !
4. J'ai les larmes aux yeux : je suis … !

**b) Complétez avec les expressions suivantes.**

il faut que je tienne bon – j'ai envie de tout plaquer – j'ai décidé que je ne me découragerais plus – j'ai failli arrêter – j'ai réussi à surmonter ma peur

1. C'était dangereux, mais … et je suis allé jusqu'au bout.
2. J'en ai assez, … !
3. Il ne reste que 20 mètres avant l'arrivée : … !
4. Je sais que j'ai pu le faire, alors … !
5. À mi-chemin, je ne sentais plus mes jambes et …, mais finalement je suis reparti !

## Leçon 3

### › Imaginer un passé différent

**9. Transformez comme dans l'exemple.**

*Exemple :* Je n'ai pas révisé et j'ai raté mon examen.
→ *Si j'avais révisé, je n'aurais pas raté mon examen.*

1. Ils sont allés voir ce film et ils se sont ennuyés.
2. Tu ne m'as pas donné ton numéro de téléphone, je n'ai donc pas pu t'inviter.
3. Vous n'avez pas composté votre billet et vous avez eu une amende.
4. J'ai pris ma voiture et je suis arrivé en retard.
5. Elle l'a épousé et elle a été obligée de quitter sa ville.
6. Je suis sorti sans manteau et j'ai eu froid.
7. Nous avons mangé des champignons et nous avons été malades.

**10. Imaginez une conséquence (présente ou passée).**

*Exemple :* Si je ne t'avais pas réveillé, *tu aurais dormi toute la journée / tu dormirais encore.*

1. Si tu étais resté chez toi, …
2. Si je n'avais pas dîné dans ce restaurant, …
3. S'ils avaient été correctement habillés, …
4. Si vous n'étiez pas partis sans payer, …
5. Si vous n'aviez rien dit, …
6. Si nous étions restés ici plus longtemps, …

### › Exprimer un regret

**11. Transformez comme dans l'exemple.**

*Exemple :* Je regrette de ne pas vous avoir connu plus tôt.
→ *J'aurais aimé / voulu vous connaître plus tôt.*

1. Vous regrettez de ne pas vous être inscrit à ce concours.
2. Il regrette de ne pas l'avoir épousée.
3. Je regrette de ne pas avoir eu le temps de passer vous voir.
4. Nous regrettons de ne pas avoir été là pour votre mariage.
5. On regrette de t'avoir déçu.

**12. Imaginez leurs regrets. Formulez-les comme dans l'exemple.**

*Exemple :* Il a fait des études d'ingénieur parce que ses parents le voulaient. Il n'est pas devenu reporter international, il n'a pas fait le tour de monde.
→ *Il aurait voulu / aurait aimé être reporter international ; il aurait fait / il aurait pu faire le tour du monde.*

1. Il a raté sa carrière de champion olympique. Il n'a pas gagné de médaille d'or, il n'est pas monté sur les podiums.
2. Elle faisait de l'équitation, mais un accident l'a obligée à arrêter. Elle n'a pas pu participer aux concours internationaux.
3. J'ai dû arrêter mes études, je ne suis pas devenu avocat. Je n'ai pas pu défendre de grandes causes.
4. J'étais malade, je ne suis pas allé voir le spectacle. Je voulais demander un autographe aux chanteurs.
5. On voulait aller avec vous à Cannes, mais on avait trop de travail. Dommage, on n'a pas vu les acteurs.

# Vers le DELF B1



## Compréhension des écrits

10 points

**Lisez le document puis répondez.**

Marin-pêcheur, sapeur-pompier, conducteur de trains… Elles se sont imposées dans des métiers longtemps réservés aux hommes.

Patricia se moque des « réflexions ». Elles sont à peine une centaine, comme elle, à conduire des trains en France, où l'on ne compte pas moins de 18 000 conducteurs. « Vous savez, "les femmes à la maison", on l'entend encore ! Mais, moi, il m'en faut plus pour me décourager, même si parfois ça m'a fait de la peine. » 38 ans, deux enfants, et un mari qui « comprend » et qui « assure » à la maison. Voilà. « J'adore ma vie », dit-elle. Elle accepte toutes les contraintes du métier : le travail la nuit, les week-ends, les jours fériés…

Mariam, elle, a déjà une petite fille. Les enfants, voilà ce qui la retient d'aller plus loin dans sa « passion », celle de soldat du feu. À 26 ans, Mariam est sapeur-pompier volontaire depuis 1997. Elle a renoncé à devenir professionnelle. Pourtant, l'idée ne lui aurait pas déplu. « J'ai toujours été un peu garçon manqué, raconte-t-elle. Je voulais aller dans l'armée, mais je n'ai pas été prise parce que j'étais trop petite et maigre. Et puis, un jour, j'ai assisté à un accident sur lequel il a fallu intervenir avant l'arrivée des pompiers. C'est cet évènement qui m'a décidée à présenter ma candidature pour être sapeur-pompier. Au début, mes collègues étaient toujours prêts à me taquiner. Et puis, ça s'est calmé. En réalité, ils cherchaient à savoir jusqu'où ils pouvaient aller », s'amuse Mariam, qui sait bien que, face au feu, « tout le monde est au même niveau ».

Les femmes sapeurs-pompiers, comme les conductrices de train, ne sont pas nombreuses. Les « chefs » non plus. Lydia se présente tout simplement : « Je suis cuisinière. » Élue chef régionale en 1992, parmi les « Grands de demain » du Gault et Millau en 1996, trois étoiles au Bottin gourmand en 2000, elle est entrée la même année à l'association des maîtres cuisiniers de France.

« Dans ce milieu-là, on est encore un peu au régime du "sois belle et tais-toi", s'amuse Lydia. Ce qui ne l'empêche pas de continuer à régaler ses hôtes. « On admet bien qu'une femme puisse diriger une bonne petite auberge, mais on n'imagine pas vraiment qu'une femme prenne la tête d'un grand restaurant ! »

■ © *La Croix*, 9 mars 2004.

**1. Proposez un titre pour cet article.**

**2. Lisez les affirmations et indiquez pour chacune de quelle personne on parle.**

a. Elle a dû changer de projet à cause de son physique.

b. Elle travaille en horaires décalés.

c. Elle a obtenu de nombreuses récompenses professionnelles.

**3. Dites si les affirmations sont vraies ou fausses. Justifiez vos réponses.**

a. Patricia bénéficie de conditions de travail aménagées. V☐ F☐

b. Mariam avait déjà porté secours avant d'être pompier. V☐ F☐

c. Les collègues de Mariam passent leur temps à lui faire des réflexions. V☐ F☐

**4. Comment comprenez-vous l'expression : « Sois belle et tais-toi » ?**

## Production orale

10 points

### Exercice en interaction

**Jouez la situation à deux.**

Vous étiez invité(e) à passer le week-end à la campagne chez un(e) ami(e), mais vous avez manqué le dernier train pour y aller.

Téléphonez à votre ami(e) pour expliquer la situation, excusez-vous et exprimez vos regrets.

Dossier 8

# Educ'actions



B1.1

Dossier 8 Leçon 1

# Défi pour la Terre

## › Comprendre un manifeste – Inciter à agir

### POUR UN MONDE ÉCOLOGISTE ET SOLIDAIRE !

**Nous savons tous que la planète est en danger, que l'humanité est menacée.**

**Parce que nous constatons que :**

- le climat est bouleversé ;
- la pollution ne cesse d'augmenter ;
- les ressources naturelles s'épuisent ;
- la biodiversité est attaquée.

**Parce que nous sommes conscients que la Terre ne nous appartient pas, qu'elle appartient aux générations futures.**

**Nous, écologistes de l'université, appelons à l'engagement.**

**Il faut réagir, vite, pour les générations futures : il est temps que chacun prenne conscience de son impact sur l'environnement, que chacun agisse !**

- Il est important de développer et généraliser le tri sélectif des déchets.
- Il est essentiel d'utiliser les transports en commun, de diversifier les sources d'énergie.
- Il est urgent d'économiser l'eau, de plus en plus rare.
- Il faut préserver les milieux naturels pour empêcher la disparition des espèces animales et végétales.
- Il est primordial que les consommateurs choisissent les produits qui respectent l'environnement.
- Il est nécessaire que chacun économise les ressources naturelles, qui diminuent de jour en jour.
- Il est indispensable que nous apprenions aux enfants les économies d'énergie au quotidien.

**Avec nous, engagez-vous !**

**Ensemble, avec le réseau Université verte, « écologisons » l'université !**
**Pour que votre prise de conscience devienne un véritable engagement concret, faites des gestes concrets pour la planète !**

Assistez à nos rendez-vous hebdomadaires !

Retrouvez-nous sur Internet : www.univerte.org

**Lisez le manifeste.**

1. Trouvez : ses auteurs, son thème, son objectif, les destinataires.
2. Expliquez le choix de la couleur verte dans le nom de l'association.

**Relisez le manifeste et repérez son plan.**
**Donnez un titre à chacune des trois parties en choisissant dans la liste suivante.**

mesures, actions nécessaires – prévisions sur la situation future – incitation à s'engager – constat sur la situation – historique de l'association

**Lisez « Les bons gestes au quotidien » du *Défi pour la Terre* de la fondation Nicolas-Hulot (p. 145).**
**Reliez les gestes aux actions écologiques nécessaires indiquées dans le manifeste.**

Les bons gestes au quotidien
1. J'éteins la lumière et les appareils électriques sans les laisser en position veille.
2. Je baisse le chauffage.
3. Je prends une douche rapide plutôt qu'un bain.
4. Je n'utilise l'eau chaude que quand j'en ai vraiment besoin.
5. Je ne gaspille pas le papier, par exemple, j'utilise les deux faces d'une feuille.
6. J'achète des produits respectueux de l'environnement.
7. Je trie mes déchets.
8. Je ne jette pas les piles, les médicaments ou les ampoules avec les autres déchets.
9. Je me déplace à pied ou à vélo pour les petits trajets.
10. Si je le peux, pour les grands voyages, je choisis le train.


## POINT *Langue*

→ p. 182

### Indiquer la nécessité d'agir

**Observez et complétez la règle.**

| | | |
|---|---|---|
| Il est | important<br>essentiel<br>urgent | **de** développ**er** le tri. |
| Il faut | | préserv**er** ... |
| Il est | nécessaire<br>primordial<br>indispensable | **que nous** apprenions les économies d'énergie. |

- On exprime la nécessité de manière générale, sans personnaliser, avec :
  – *Il faut* + verbe ...
  – *Il est important / nécessaire / indispensable / essentiel* + ... + verbe ...
- On exprime la nécessité pour une personne ou un groupe spécifique avec :
  – *Il faut* + ... + sujet + verbe ...
  – *Il est important / nécessaire / indispensable / essentiel* + ... + sujet + verbe ...

**Attention !**
La formulation *il est temps de / que* exprime, en plus de la nécessité, l'idée d'urgence.

→ S'exercer n° 1 et 2 | p. 158

## POINT *Langue*

### Parler de l'environnement et de l'écologie

**Placez les verbes suivants dans la bonne colonne. (Plusieurs réponses sont possibles.)**
disparaître – diminuer – être bouleversé – développer – économiser – s'épuiser – préserver – diversifier – être attaqué

| | Phénomènes | Action écologiste | |
|---|---|---|---|
| les ressources naturelles | ... | ... | l'eau |
| les espèces animales | ... | ... | les milieux naturels |
| le climat | ... | ... | les ressources naturelles |
| la biodiversité | ... | ... | l'énergie |
| | | ... | le tri sélectif |
| | | ... | les énergies |

→ S'exercer n° 3 | p. 158

4 

**Échangez !**
Y a-t-il dans votre pays des initiatives similaires au *Défi pour la Terre* ? Pensez-vous que ces initiatives peuvent être efficaces ?

5 

**Imaginez !**
En petits groupes, écrivez le manifeste d'une association que vous avez créée. Faites le constat de la situation et des problèmes. Indiquez les actions nécessaires. Incitez les gens à l'engagement.

*Exemples : Association des propriétaires de chiens – Association des fumeurs de pipe – Association pour la protection des forêts – Association des amis de la Mer et des Eaux – Association des usagers des transports en commun...*

# › Prendre position, exprimer une opinion

**6** 132

**Écoutez les échanges et identifiez le contexte (où, quand, qui, quoi ?).**

22 avril : Journée de la Terre au collège


**7** 132

a) **Réécoutez les échanges et identifiez les trois propositions.**
b) **Dites qui est visé par chacune de ces propositions.**
c) **Dites quelle proposition reçoit un accueil mitigé.**

**8** 132

a) **Réécoutez et relevez les justifications données pour chaque proposition.**
b) **Relevez les réactions et dites ce que chacune exprime.**
la moquerie – l'approbation – le désaccord – le doute

## POINT *Langue*

### Prendre position, exprimer une opinion

a) **Indiquez pour chaque phrase la nuance de sens : *opinion, certitude, doute, volonté* ou *constat*.**
1. On pense qu'on peut éveiller les consciences.
2. Je ne crois pas qu'on puisse atteindre facilement tous les publics.
3. Je suis sûre que c'est mieux de viser surtout les jeunes.
4. Je trouve que vous êtes très optimistes ! Ça m'étonnerait que les gens veuillent laisser leur voiture.
5. On sait bien que le nombre de voitures est en augmentation.
6. On veut que les gens soient actifs.
7. Vous voulez qu'on agisse.
8. Je propose qu'on devienne ambassadeurs...

b) **Complétez avec les verbes utilisés.**
Opinion pure : *croire que* – ... – ...
Certitude : *être certain(e) que* – ...
Constat : *constater que* – *être conscient(e) que* – ...
Doute : *ne pas penser que* – *ne pas trouver que* – ... – ...
Volonté : ... – ...

c) **Trouvez la règle.**
• Après une expression d'opinion, de certitude, de constat, on utilise : ☐ l'indicatif. ☐ le subjonctif.
• Après une expression de doute, de volonté, on utilise : ☐ l'indicatif. ☐ le subjonctif.

→ S'exercer n° 4 et 5 | p. 158

## POINT Culture

### Les Français et l'environnement

a) **Prenez connaissance des informations et chiffres suivants.**

**Un militant connu des Français**
Journaliste et reporter aventurier, Nicolas Hulot s'est fait connaître du grand public par ses émissions de télévision sur la nature. Il a fondé en 1990 sa fondation, qui s'appelle depuis 1995 *Fondation Nicolas-Hulot pour la nature et l'homme*. En mai 2005, il a lancé une opération de mobilisation nationale, le *Défi pour la Terre*, avec l'ADEME (Agence de l'environnement et de la maîtrise de l'énergie).

**Quelques chiffres**
95 % des Français déclarent faire des petits gestes écologiques pour respecter l'environnement.
Les quatre comportements écologiques les plus fréquents :
– 90 % trient leurs déchets ;
– 81 % surveillent leur consommation énergétique (chauffage, eau...) ;
– 49 % achètent des équipements / produits / consommables à basse consommation ;
– 38 % utilisent les transports en commun chaque fois que c'est possible.

Source : Enquête Ipsos, avril 2011.

b) **Échangez : quels gestes écologiques faites-vous / (n')êtes-vous (pas) prêt(e) à faire dans votre vie quotidienne ?**

## 9 Phonétique 

**a) Écoutez et dites quelle est la forme entendue.**

1. Que j'aie. Que j'aille.
2. Que tu aies. Que tu ailles.
3. Qu'il ait. Qu'il aille.
4. Que nous ayons. Que nous allions.
5. Que vous ayez. Que vous alliez.
6. Qu'ils aient. Qu'ils aillent.

**b) Écoutez et répétez avec l'intonation.**

## 10

**Échangez en petits groupes.**

**Observez les deux affiches pour la Journée de la Terre.**

1. Identifiez la stratégie utilisée sur chacune pour interpeller ou sensibiliser le public. Quel est le message véhiculé par chaque affiche ? Laquelle préférez-vous ? Quelle est selon vous la plus efficace ?
2. Imaginez des affiches et des slogans pour la Journée de la Terre, en fonction de la stratégie que vous préférez.
3. Montrez et expliquez vos propositions aux autres groupes. Ensemble, évaluez la pertinence et l'efficacité des différentes propositions.

**PROJET DOSSIER 8**

**Pour concevoir une action à visée éducative, vous allez :**

**TÂCHE LEÇON 1** Identifier une problématique, les besoins et les objectifs – Imaginer le type d'action

>>> internet - www.hachettefle.fr

# À vous de lire !

## › Comprendre l'historique d'un évènement – Parler de ses lectures

### HISTORIQUE

La Fête du livre et de la lecture existe depuis 1989. Cette année-là, le ministre de la Culture crée la *Fureur de lire* qui permet, un week-end par an, de promouvoir la lecture.

En 1994, la *Fureur de lire* change de nom et devient le *Temps des livres*. La manifestation dure alors 15 jours pour permettre des actions durables en milieu scolaire et universitaire.

À partir de 1998, la manifestation prend le nom de *Lire en fête*. L'objectif de cette nouvelle formule est plus large : faire la promotion de la lecture sous toutes ses formes (livre, presse, textes de théâtre, etc.).

En 2010, *Lire en fête* est remplacé par *À vous de lire*, sur un principe qui se veut plus participatif pour accroître son impact populaire. *À vous de lire* constitue, avec le Salon du livre à Paris, un des moments majeurs consacrés au livre en France.

Dès sa création en 1989, la Fête du livre a remporté un grand succès auprès d'un large public.

**Observez l'affiche et écoutez la présentation de la première édition de *À vous de lire*.**

**1.** Dites qui est à l'origine de cette initiative.

**2.** Identifiez l'objectif de l'opération, le type de manifestations organisées et les intervenants.

**Lisez l'historique de la Fête de la lecture.**

**1.** Repérez pour ses formules successives : les dates, les noms donnés à l'évènement et les objectifs.

**2.** Vrai ou faux ? Répondez et justifiez votre réponse.
– La Fête du livre n'a existé qu'en 1989.
– Depuis 1998, la Fête du livre s'appelle *Lire en fête*.
– Le succès de la Fête du livre n'a pas été immédiat.

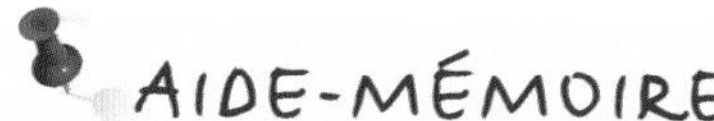

**Indiquer un point de départ (Rappel)**

- La Fête de la lecture existe **depuis 1989**.
  = Elle a commencé en 1989 et elle continue d'exister.
- La Fête du livre a remporté un grand succès **dès sa création** en 1989.
  = Le succès est venu immédiatement après sa création.
- **À partir de 1998**, la manifestation prend le nom de *Lire en fête*. = Cela commence en 1998 (mais cela ne dit rien sur la situation actuelle).

→ S'exercer n° 6 | p. 158

**Échangez !**

**1.** Que pensez-vous de cette manifestation ? Réagissez aux propos du ministre de la Culture et de la Communication dans son discours de lancement de la manifestation *À vous de lire* : « On ne naît pas lecteur, on le devient. Et l'on a besoin, pour y parvenir, d'une sensibilisation, d'une acclimatation, et donc, d'une médiation. »

**2.** Dites s'il existe un évènement semblable dans votre pays et, si oui, sous quelle forme.

**Lisez les extraits de sondages suivants.**

**1.** Trouvez le titre commun aux deux études.

**2.** Commentez les informations : y a-t-il des données qui vous étonnent ?

**En moyenne, combien de livres (romans, nouvelles, BD, essais) – hors livres d'étude – lisez-vous par an ?**

| | mars 2006 (%) | mars 2011(%) |
|---|---|---|
| aucun | 11 | 10 |
| de 1 à 4 | 23 | 34 |
| de 5 à 9 | 13 | 21 |
| de 10 à 15 | 25 | 15 |
| plus de 15 | 27 | 20 |

Source : IFOP, mars 2011.

**CRITÈRES DE CHOIX D'UN LIVRE**

**D'une manière générale, qu'est-ce qui vous incite avant tout à lire un livre ?**

| | |
|---|---|
| le sujet d'un livre | **40 %** |
| l'auteur du livre | **11 %** |
| les conseils d'amis, de parents, de proches | **9 %** |
| les critiques vues ou entendues à la télévision ou à la radio | **3 %** |
| les critiques lues dans la presse ou sur Internet | **4 %** |
| la renommée du livre | **3 %** |

Source : TNS-Sofres, 2009.

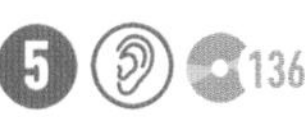

**Écoutez l'enregistrement et choisissez quelles informations les deux amies échangent.**

le nombre de livres lus – les lieux où choisir ses livres – les moments privilégiés pour la lecture – le type de livres lus – la méthode pour sélectionner un livre

a) **Réécoutez et positionnez les deux personnes par rapport aux sondages. Justifiez votre réponse.**

b) **Relevez ce que dit chaque personne sur l'origine de son goût pour la lecture ou la diminution de son activité de lecture.**

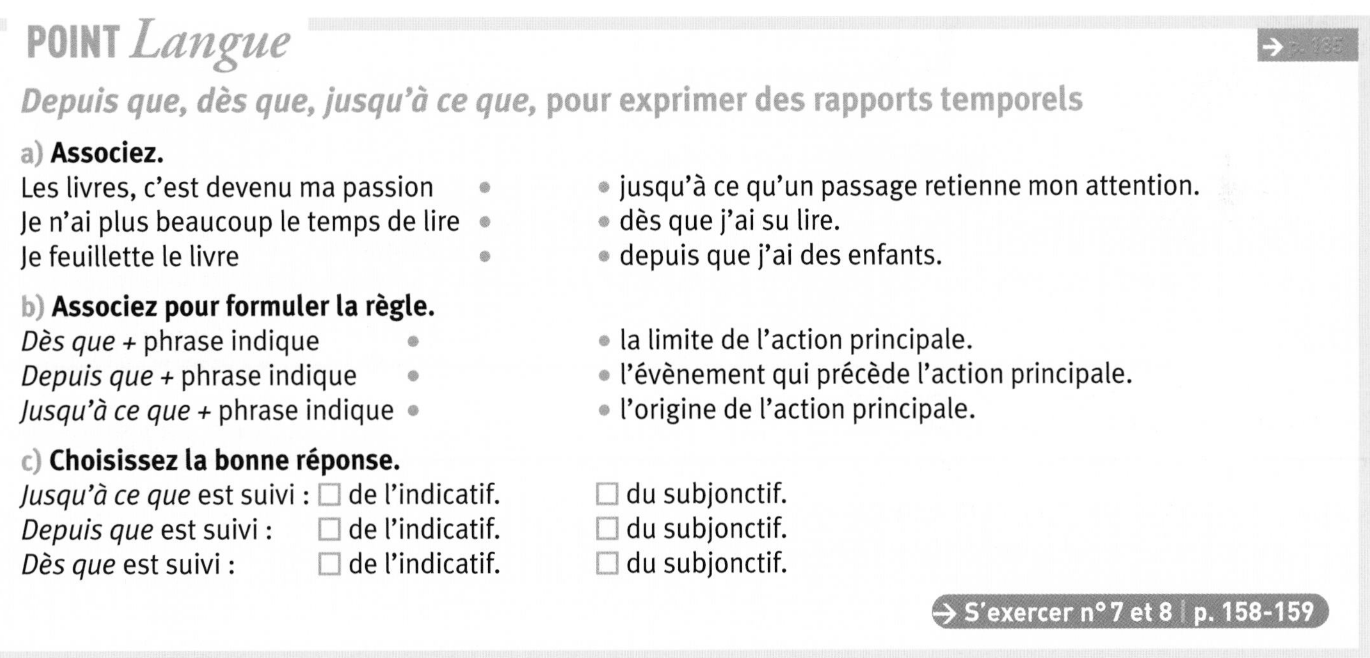

**POINT** *Langue*

→ p. 185

***Depuis que, dès que, jusqu'à ce que,* pour exprimer des rapports temporels**

a) **Associez.**

| | |
|---|---|
| Les livres, c'est devenu ma passion • | • jusqu'à ce qu'un passage retienne mon attention. |
| Je n'ai plus beaucoup le temps de lire • | • dès que j'ai su lire. |
| Je feuillette le livre • | • depuis que j'ai des enfants. |

b) **Associez pour formuler la règle.**

| | |
|---|---|
| *Dès que* + phrase indique • | • la limite de l'action principale. |
| *Depuis que* + phrase indique • | • l'évènement qui précède l'action principale. |
| *Jusqu'à ce que* + phrase indique • | • l'origine de l'action principale. |

c) **Choisissez la bonne réponse.**

*Jusqu'à ce que* est suivi : ☐ de l'indicatif. ☐ du subjonctif.

*Depuis que* est suivi : ☐ de l'indicatif. ☐ du subjonctif.

*Dès que* est suivi : ☐ de l'indicatif. ☐ du subjonctif.

→ S'exercer n° 7 et 8 | p. 158-159

**Échangez !**

**1.** En petits groupes, situez-vous par rapport aux résultats de l'étude : dites si vous lisez, et combien de livres en moyenne. Si vous aimez lire, précisez depuis quand.

**2.** Si vous aimez lire, dites :

– quelle est votre motivation pour lire : vous détendre, vous cultiver, vous instruire, vous évader, vous émouvoir, vous isoler des autres... ;

– quel genre de lectures vous préférez ;

– quels sont vos critères et votre méthode pour choisir un livre.

Si vous n'aimez pas lire, précisez pourquoi.

# › Demander le prêt d'un objet

**8** 137

**Écoutez et répondez. Justifiez vos réponses.**

**1.** Kathy demande à son ami Manu :
- ☐ de lui prendre un livre à la bibliothèque.
- ☐ de lui prêter un livre.
- ☐ de lui redonner le livre qu'elle lui avait prêté.

**2.** Manu :
- ☐ accepte immédiatement.
- ☐ hésite un peu.
- ☐ refuse catégoriquement.

**9** 137

**Réécoutez. Choisissez la fiche de bibliothèque qui correspond à la situation.**

A

**BIBLIOTHÈQUE MUNICIPALE**
**n° 322 344**
Genre : essai politique
Titre : *L'Armée furieuse*
Retour : *le mercredi 23 octobre*

B

**BIBLIOTHÈQUE MUNICIPALE**
**n° 322 344**
Genre : roman policier
Titre : *L'Armée furieuse*
Retour : *le jeudi 23 octobre*

C

**BIBLIOTHÈQUE MUNICIPALE**
**n° 322 344**
Genre : roman historique
Titre : *L'Armée curieuse*
Retour : *le jeudi 23 octobre*

**10**

**Lisez le mail suivant et dites pourquoi Manu écrit à Thomas.**

**De :** manu_izzo@hotmail.com
**À :** thomaskessel@free.com
**Objet :** Urgent !

Thomas,
Je suis furieux contre ta sœur ! Je dois récupérer d'urgence un livre de Fred Vargas : je le lui avais prêté pour trois jours et elle ne me l'a toujours pas rendu. Je n'arrive pas à la joindre sur son portable et je sais qu'elle ne consulte pas souvent ses mails !
Il faut que Kathy m'appelle ! Si tu la vois, dis-le lui !
À+
Manu

**11**

**Relisez le mail et repérez le passage où Manu explique son problème.**

## POINT *Langue*

→ p. 176

### Usage et place des doubles pronoms

a) **Observez.**

Tu peux **me le** prêter ? On **me l'**a prêté.
Tu **me le** passes aujourd'hui ? Je **te le** rends mercredi.
Ne **me le** rends pas en retard. Rends-**le-moi** mercredi.
Je **le lui** avais prêté. Dis-**le-lui.**

b) **Complétez le tableau avec les pronoms repérés et observez leur place dans la phrase.**

| | **À qui ?** | **Quoi ?** | |
|---|---|---|---|
| Sujet | pronoms COI<br>(1re et 2e personnes) :<br>...<br>...<br>*nous*<br>*vous* | pronoms COD<br>(3e personne)<br>*le (l')*<br>...<br>*les* | Verbe conjugué<br>ou<br>verbe à l'infinitif |
| | **Quoi ?** | **À qui ?** | |
| Sujet | pronoms COD<br>(3e personne)<br>*le (l')*<br>...<br>*les* | pronoms COI<br>(3e personne)<br>...<br>*leur* | Verbe conjugué<br>ou<br>verbe à l'infinitif |
| | **Quoi ?** | **À qui ?** | |
| **Attention !**<br>Verbe à l'impératif affirmatif | pronoms COD<br>(3e personne)<br>*le (l')*<br>...<br>*les* | pronoms COI<br>... /*nous*<br>... /*leur* | |

→ S'exercer n° 9 et 10 | p. 159

## POINT *Langue*

### Parler du prêt d'un objet

**Trouvez la bonne définition.**

1. Je demande un livre à quelqu'un.
2. Je donne un livre pour quelques jours à quelqu'un.
3. Je redonne un livre à son propriétaire.

a. J'**emprunte** un livre à quelqu'un.
b. Je **rends** un livre à quelqu'un.
c. Je **prête** un livre à quelqu'un.

## 12 Phonétique 138-139

a) **Écoutez et barrez les *e* non prononcés dans tous les énoncés.**

Ce CD, tu peux me le prêter ? Je ne l'ai pas encore écouté. Tu me le prêtes ? Tu me le passes aujourd'hui et *je te le rends* demain. *Je te le promets*. *Si tu ne me le rends pas*, je serai embêté parce qu'on me l'a prêté.

b) **Observez et écoutez les énoncés en italiques. Choisissez la règle correcte.**

☐ On ne prononce aucun *e*. ☐ On prononce un *e* sur deux.

c) **Réécoutez et répétez les trois phrases complètes.**

## 13

**Jouez la scène !**

Par deux, jouez une situation de prêt d'objet, en vous aidant du scénario suivant.

- Vous demandez à un(e) ami(e) de vous prêter un objet.
- Il / Elle refuse et en donne la raison.
- Vous insistez : vous lui proposez un contrat.
- Il / Elle exprime des réserves.
- Vous insistez encore.
- Il / Elle finit par accepter et pose des conditions.
- Vous acceptez les conditions et remerciez votre ami(e).

## 14

**Imaginez !**

Vous avez prêté un objet à un(e) ami(e) et il / elle ne vous l'a pas encore rendu. Vous écrivez un mail à une personne qui le / la connaît bien pour lui expliquer la situation et lui demander de l'aide.

**PROJET DOSSIER 8**

Pour **concevoir une action à visée éducative**, vous allez :

**TÂCHE** LEÇON **2** Concevoir le déroulement de l'action

>>> internet - www.hachettefle.fr

# En campagne !

## › Comprendre des arguments

SANTÉ *Magazine* février 2012

www.inpes.sante.fr
inpes

# L'INPES fête ses 10 ans !

**Vous ne le connaissez peut-être pas, mais il est bien présent dans votre vie de tous les jours...**

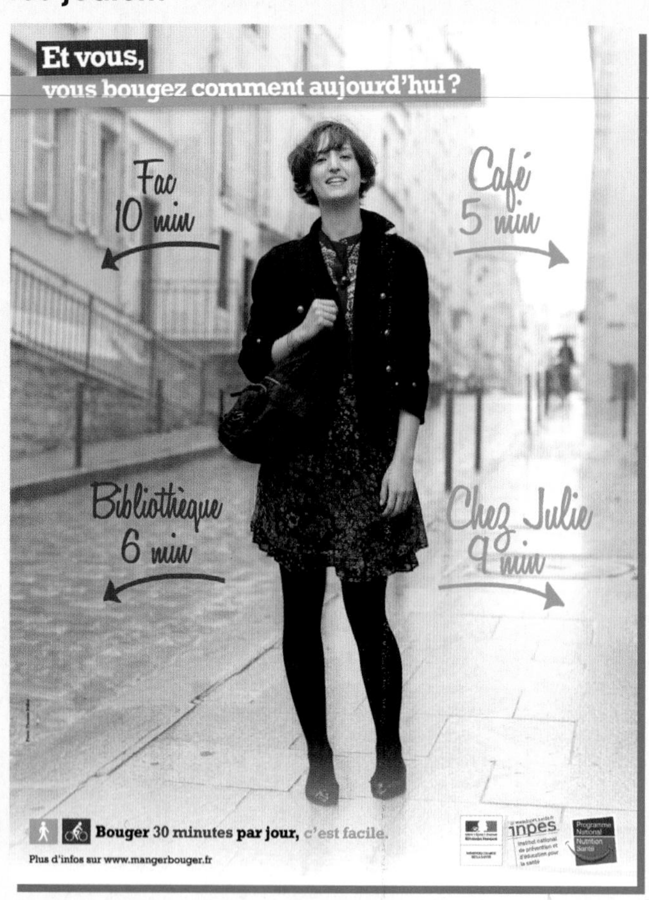

Et vous,
vous bougez comment aujourd'hui ?
Fac
10 min
Café
5 min
Bibliothèque
6 min
Chez Julie
9 min
Bouger 30 minutes par jour, c'est facile.
Plus d'infos sur www.mangerbouger.fr
inpes
Programme National Nutrition Santé


### L'INPES, qu'est-ce que c'est ?

L'Institut National de Prévention et d'Éducation pour la Santé est un organisme public du ministère de la Santé qui est à l'origine de nombreuses campagnes autour de la santé en général : tabac, sida, alcool, nutrition...
Pour la partie diététique et nutrition, c'est avant tout le PNNS (Programme National Nutrition Santé) : d'une part, il produit un grand nombre d'études sur les habitudes alimentaires des Français, leurs carences, l'obésité... ; d'autre part, il fixe des objectifs d'amélioration à cinq ans. Les « 5 fruits et légumes par jour », c'est eux !

### Pourquoi, comment ?

Le PNNS poursuit trois grandes ambitions : informer les consommateurs sur les aliments qu'ils consomment, surveiller l'évolution de la situation nutritionnelle de la population, et engager des mesures de santé publique nécessaires.
Il s'agit plus précisément d'inciter d'un côté à consommer plus de fruits et légumes, de calcium et de glucides, et d'un autre côté à réduire la consommation de lipides et d'alcool. Le PNNS vise aussi à stimuler l'activité physique pour rééquilibrer les apports et les dépenses d'énergie. En effet, l'effet combiné de la « malbouffe » et de la sédentarité s'avère très néfaste et se mesure notamment par une augmentation des maladies cardio-vasculaires (première cause de mortalité aujourd'hui en France). Le lien entre cancer et alimentation est également avéré, et l'effet protecteur des fruits et légumes est reconnu par tous les experts.

### Manger-bouger !

La campagne *Manger-bouger*, vous la connaissez, c'est sûr, à travers les multiples messages – comme ci-contre cette affiche – diffusés depuis cinq ans.

**Lisez l'article.**

**1.** Identifiez la nature et la fonction de l'INPES, ainsi que les objectifs généraux du Programme National Nutrition Santé (PNNS).

**2.** Repérez les comportements que le PNNS veut encourager et dans quel but.

**3.** Trouvez, dans l'article et sur l'affiche, deux slogans de la campagne *manger-bouger*.

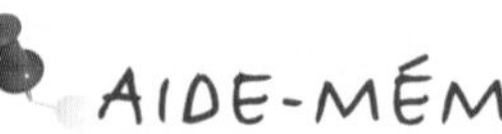


→ p. 185

**Structurer un texte explicatif**

Pour la partie nutrition, c'est **avant tout** (= principalement, surtout) le PNNS.
**D'une part**, il produit des études ; **d'autre part**, il fixe des objectifs d'amélioration.
Il s'agit **plus précisément** d'inciter **d'un côté** à consommer des fruits et légumes, et **d'un autre côté** à réduire la consommation de lipides et d'alcool.

→ S'exercer n° 11 | p. 159

**Échangez !**

Que pensez-vous de l'existence de campagnes comme *manger-bouger* ? Existe-t-il dans votre pays un organisme comme l'INPES ? Des campagnes sont-elles menées dans le domaine de la nutrition ? Pouvez-vous en donner des exemples ?

**Lisez les arguments suivants extraits de différentes campagnes de l'INPES.**

**1.** Trouvez lesquels font partie de la campagne *manger-bouger*.

**2.** Pour les autres arguments, identifiez le thème de la campagne de santé publique.
tabac – protection maternelle et infantile – alcool – maladies infectieuses

① Manger trop salé aggrave les risques de maladies cardio-vasculaires.

L'activité physique favorise un sommeil de bonne qualité.

L'allaitement maternel est bon pour les défenses immunitaires du nourrisson.

Pratiquer une activité physique régulière permet d'améliorer le fonctionnement du cœur et des poumons.

⑤ Le tabac empêche d'apprécier le goût des aliments.

⑥ La consommation excessive de produits sucrés, salés et gras entraîne des problèmes de santé.

⑦ La pratique excessive des jeux vidéo est mauvaise pour les enfants ; ça rend nerveux et peut provoquer des troubles du sommeil.

⑧ L'activité physique permet de limiter la prise de poids.

⑨ Les horaires réguliers favorisent l'équilibre de l'enfant.

⑩ L'équivalent de 30 minutes de marche rapide chaque jour permet de protéger votre santé.

⑪ Fumer rend dépendant.

⑫ La consommation d'alcool chez la femme enceinte est dangereuse pour le bébé.

Se laver les mains plusieurs fois par jour permet d'éviter la diffusion des germes.

**Relisez les arguments et identifiez les mises en garde (à connotation négative) et les incitations (à connotation positive).**

## POINT *Langue*

### Exprimer une conséquence positive / négative

a) **Relisez les arguments et complétez avec d'autres exemples.**

- Nom / *C'* + *est* + adjectif + *pour :*
  - *L'allaitement maternel est bon pour le nourrisson.*
  - …
  - …
- *Ça* / Verbe infinitif sujet + *rend* + adjectif *:*
  - …
  - …

b) **Classez les verbes suivants dans le tableau.**
aggraver – empêcher – favoriser – améliorer – provoquer – permettre – entraîner

| Structure | Conséquence négative | Conséquence positive |
|---|---|---|
| Sujet / *Ça* + verbe + nom | | |
| Sujet / *Ça* + verbe + *de* + verbe infinitif | | |

→ S'exercer n° 12 et 13 | p. 159

**Imaginez !**

**En petits groupes, vous imaginez des arguments pour une des brochures de l'INPES, dans le cadre d'une de ses campagnes.**

**1.** Choisissez la campagne et la population cible.

**2.** Rédigez les arguments pour inciter les personnes à modifier leurs comportements : mises en garde et incitations.

# › Exprimer son indignation – Faire un reproche

**a) Observez les affiches et identifiez le contexte : quel est le thème de la campagne d'affichage ? Qui l'a lancée ? Quels lieux sont concernés ?**

**b) Faites des hypothèses : pourquoi la campagne a-t-elle été mise en place ? Dans quel but ?**

aimer la ville
QUAND ELLE EST À 86 DÉCIBELS
UNE CONFIDENCE N'A PLUS RIEN DE CONFIDENTIEL.
Restons civils sur toute la ligne
www.ratp.fr

QUI BOUSCULE 5 PERSONNES EN MONTANT
NE PARTIRA PAS PLUS VITE POUR AUTANT.
Restons civils sur toute la ligne
www.ratp.fr


RATP : Régie Autonome des Transports Parisiens

**Échangez en petits groupes !**

**1.** Comment expliquez-vous le slogan « Restons civils sur toute la ligne » ?

**2.** Que pensez-vous des affiches ? Vous semblent-elles efficaces ?

**a) Lisez cet article et dites quel est le lien avec les affiches.**

**b) Confirmez vos hypothèses (cf. activité 6b).**

**a) Relisez l'article et identifiez les cinq types d'incivilités fréquentes sur le réseau RATP.**

**b) Dites pour chaque affiche quel est le type d'incivilité concerné.**

## RESTONS CIVILS SUR TOUTE LA LIGNE

***La RATP lance une nouvelle campagne de communication destinée à sensibiliser les voyageurs sur le thème des incivilités dans les transports en commun.***

Plus de 10 millions de voyageurs utilisent chaque jour les réseaux de la RATP. Les incivilités sont donc un sujet majeur pour l'entreprise.
Aujourd'hui, avec cette nouvelle campagne de communication autour du slogan « Restons civils sur toute la ligne », la RATP reprend la parole dans sa lutte contre les incivilités dans les transports en commun.

**« Restons civils sur toute la ligne » : un dispositif de communication global**

Le terme « incivilités » est clairement identifié comme le non-respect de l'ensemble des règles du savoir voyager ensemble : le manque de propreté, les nuisances sonores, la bousculade, l'absence de courtoisie, la fraude.

Le ton choisi pour cette campagne est volontairement décalé et humoristique : on souligne l'absurdité du comportement de celles et ceux qui commettent des incivilités dans les transports. On met ainsi en avant l'idée que tout acte d'incivilité ne nuit pas seulement à la collectivité, mais également à l'individu qui le commet.
Un site interactif, www.chervoisindetransport.fr, constitue la première étape de la campagne. Ce site temporaire invite les voyageurs à s'exprimer de manière décalée et humoristique sur des situations vécues.

a) **Écoutez. Identifiez le contexte commun aux différents échanges.**
b) **Pour chaque échange, repérez le type d'incivilité.**

**Réécoutez les réactions des personnes face aux incivilités.**
1. Repérez les exclamations exprimant l'indignation.
2. Repérez les reproches formulés.

## POINT *Langue*

→ p. 188

### L'imparfait ou le conditionnel pour faire un reproche

a) **Observez ces phrases et identifiez les reproches qui correspondent : à une action présente ; à une action passée.**
1. Il fallait acheter un ticket ! 2. Vous auriez dû vous lever ! 3. Vous n'auriez pas dû sauter !
4. Vous auriez pu attendre d'être à la maison !
5. Vous pourriez emporter vos déchets, non ?

b) **Vrai ou faux ? Pour chaque situation, répondez.**
La personne :
1. a acheté un ticket. 2. s'est levée. 3. a sauté.
4. a attendu d'être à la maison. 5. emporte ses déchets.

c) **Observez les temps des verbes dans les reproches (cf. a) et proposez une autre formulation pour les quatre premiers reproches.**
Il fallait acheter un ticket ! → *Vous...*

**Attention !**
• *Vous* ***auriez dû / pu*** *prendre...* → Les deux verbes, *pouvoir* et *devoir*, sont possibles.
• *Vous* ***n'auriez pas dû*** *sauter...* → Dans cette formule négative, seul le verbe *devoir* est possible.
NB : *il* ***aurait pu*** *faire tomber ma fille. = Il a failli faire tomber ma fille. = Il a presque fait tomber ma fille.*

→ S'exercer n° 14 et 15 | p. 159

**Échangez en petits groupes !**
Avez-vous déjà vécu une situation d'incivilité, dans les transports / en ville ? Racontez la situation.

a) **Lisez les messages suivants, postés sur le site www.chervoisindetransport.fr.**

*Ma chère voisine de transport,*
*Manger 5 fruits et légumes par jour, c'est bien ! Abandonner ses épluchures de clémentines sous le siège du métro, c'est mal !*
*Salutations. Le bien et le mal*

*Mes chers voisins de transport,*
*qu'est-ce que vous ne comprenez pas dans « laissez descendre avant de monter » ?*
*Bien à vous, Mélo*

13

b) **À votre tour, rédigez un message à un(e) « cher (chère) voisin(e) de transport ».**

## 14 Phonétique 141

a) **Simple reproche ou indignation ? Écoutez et choisissez.**
b) **Réécoutez et répétez avec l'intonation.**

**Jouez la scène !**
En petits groupes, mettez en scène une des situations décrites dans un/des message(s) (cf. activité 13).

**PROJET DOSSIER 8**

## Pour concevoir une action à visée éducative, vous allez :

**TÂCHE** LEÇON **3** Formuler un slogan et concevoir une affiche

>>> internet - www.hachettefle.fr

# Carnet de voyage

## Livres fondateurs

**1**  142

**a) Écoutez quatre personnalités de la vie culturelle française : Chloé Delaume, Enki Bilal, Bruno Putzulu et Éric-Emmanuel Schmitt, qui témoignent à propos de leur livre préféré.**

**b) Observez les couvertures de livres et trouvez le livre cité par chacun.**

**2** 142

**a) Réécoutez les quatre témoignages et identifiez l'univers professionnel de chaque personnalité :**
le théâtre – la littérature – la bande dessinée

**b) Identifiez (quand c'est possible) la nature de chaque livre cité :**
essai – recueil de poèmes – pièce de théâtre – biographie – roman

**c) Dites quel impact ce livre a eu sur chaque personne.**

**3** 

**Lisez le document page 157 et échangez en petits groupes.**

**1. Comment comprenez-vous l'expression « livre fondateur » ?**

**2. Parmi les livres fondateurs cités dans le top 10, dites si vous en connaissez certains, ou si vous les avez lus dans votre langue.**

**3. Retrouvez les auteurs manquants dans la liste suivante :**
Émile Zola – Victor Hugo – JRR Tolkien –
Antoine de Saint-Exupéry – Jules Verne

# Les livres fondateurs des Français

**Réalisée dans le cadre de la 7e édition de « En train de lire » organisée à l'occasion de *Lire en Fête* pour la SNCF, notre étude dresse la liste des 100 ouvrages qui ont le plus marqué les Français.**

## Top 10 des 100 livres les plus cités

1. *La Bible* ex aequo avec *Les Misérables* de ...
2. *Le Petit Prince* de ...
3. *Germinal* de ...
4. *Le Seigneur des anneaux* de ...
5. *Le Rouge et le Noir* de Stendhal
6. *Le Grand Meaulnes* d'Alain-Fournier
7. *Vingt Mille Lieues sous les mers* de ...
8. *Jamais sans ma fille* de Betty Mahmoody
9. *Les Trois Mousquetaires* d'Alexandre Dumas, *La Gloire de mon père* de Marcel Pagnol, *Le Journal d'Anne Frank*

Source : TNS-Sofres pour la SNCF.

Les Français gardent un souvenir impérissable de leurs livres préférés.
Pour de nombreux lecteurs, le livre fondateur semble avoir un impact certain sur eux :
- en les touchant profondément (47 %)
- en leur donnant le goût d'un auteur, d'un genre littéraire (37 %)
- en leur permettant de découvrir ou de comprendre certaines choses sur le monde (36 %)
- en leur donnant le goût de la lecture et en leur faisant aimer les livres (28 %)
- en influençant leurs croyances, leurs idées et leurs valeurs (24 %).

La majorité des Français (64 %) a été marquée par trois livres qualifiés de fondateurs.
18 % des Français retiennent deux livres
8 % en citent un
et enfin 10 % n'en citent aucun.

L'âge moyen de lecture du livre de référence est de 24 ans : 39 % des lecteurs le lisent une fois, 39 % de deux à trois fois et 19 % quatre fois ou plus.

**En petits groupes, répondez au quizz suivant.**

**1. Pouvez-vous associer les livres suivants et l'époque de leur publication ?**

| | |
|---|---|
| *Les Misérables* • | • 1943 |
| *Le Petit Prince* • | • 1862 |
| *Le Seigneur des anneaux* • | • 1954 |
| *Le Journal d'Anne Frank* • | • 1947 |

**2. Pouvez-vous trouver le genre de chaque livre dans la liste suivante ?**

conte – roman – récit fantastique – récit autobiographique – roman réaliste – roman policier

**a) Faites votre propre liste : les deux ou trois livres qui vous ont marqué(e).**

**b) Échangez en petits groupes : dites pourquoi ils vous ont marqué(e), quand vous les avez lus, combien de fois, etc.**

Dossier 8 S'exercer

## Leçon 1

### › Indiquer la nécessité d'agir

**1. Reformulez comme dans les exemples.**

*Exemples :*

– Nous devons avoir un comportement écologique, c'est primordial.

→ *Il est primordial que nous ayons un comportement écologique.*

– Replanter les arbres quand on en coupe, c'est nécessaire.

→ *Il est nécessaire de replanter les arbres quand on en coupe.*

1. Nous devons tous réagir pour sauver la planète, c'est indispensable.
2. Les citoyens doivent avoir des modes de vie plus écologiques, il le faut.
3. Enseigner les gestes écologiques aux enfants, c'est important.
4. Le gouvernement doit prendre des mesures contre la pollution, c'est urgent.
5. Lutter contre la disparition des espèces animales, c'est indispensable.

**2. Réagissez à ces différents constats, imaginez l'action nécessaire pour changer la situation.**

*Exemple :* Beaucoup de gens oublient **d'éteindre** la lumière en quittant une pièce. → *Il est indispensable que les gens* ***éteignent*** *la lumière…*

1. Tout le monde ne **fait** pas le tri de ses déchets. → Il…
2. La plupart des gens continuent à **prendre** leur voiture au lieu de transports en commun.
3. Nous **surchauffons** nos logements.
4. Nous sommes trop nombreux à consommer l'eau sans **faire attention**.
5. Des produits non respectueux de l'environnement **sont en vente**.

### › Parler de l'environnement et de l'écologie

**3. Complétez avec les mots suivants (faites les adaptations nécessaires).**

espèce animale – tri sélectif – milieu – pollution – développer – menacer – s'épuiser – économiser – consommer – préserver

*Aux amis de la Terre*

Au fil du temps, l'homme n'a pas respecté les … naturels et la biodiversité est … . Si nous n'agissons pas, beaucoup de … et végétales vont disparaître.

C'est pourquoi je trouve qu'il est essentiel d'enseigner aux nouvelles générations à … la nature.

Arrêtons aussi de … de façon irresponsable. Les ressources naturelles … : l'eau est de plus en plus rare et nous allons bientôt manquer de pétrole ; il convient donc, non seulement de … l'énergie fossile, mais aussi de … d'autres types d'énergie pour réduire la … .

Pour ma part, j'ai adopté de petits gestes quotidiens comme privilégier le … pour tous mes déchets.

### › Prendre position, exprimer une opinion

**4. Complétez avec les mots suivants, aux formes qui conviennent.**

vouloir – être sûr – ne pas croire – être conscient

Je … que chaque petit geste écologique est important, mais je … que ce soit très efficace de conseiller seulement ces gestes, au contraire, je … qu'il faut imposer aux citoyens une discipline si on … que les comportements soient plus responsables.

**5. a) Transformez comme dans l'exemple.**

*Exemple :* La biodiversité est menacée, nous le constatons tous les jours.

→ *Nous constatons tous les jours que la biodiversité est menacée.*

1. Tout le monde fait des efforts pour préserver la nature ? Ça m'étonnerait !
2. Il n'y a plus de temps à perdre, nous en sommes conscients.
3. C'est une mission impossible ? Moi, je ne trouve pas.
4. Il faut continuer à ignorer les dangers à venir ? Nous ne le pensons pas.

**b) Reformulez avec d'autres structures quand cela est possible.**

*Exemple :* L'école a pour mission d'éduquer la jeune génération, nous le savons tous.

→ *Nous savons tous que l'école a pour mission d'éduquer la jeune génération.*

MESSAGE AUX ENSEIGNANTS

L'école a pour mission d'éduquer la jeune génération, nous le savons tous. Sensibiliser les enfants à l'écologie est donc une chose primordiale. Faut-il leur enseigner des gestes simples afin de préserver l'environnement ? Nous pensons que oui ! Chaque enfant pourra, de cette façon, devenir un défenseur de l'environnement ; c'est ce que nous voulons. Mais tous les parents font ils eux-mêmes ces gestes au quotidien ? Je ne le pense pas. C'est pour cette raison que j'ai décidé de les associer à cette entreprise. La tâche sera peut-être difficile, j'en suis conscient, mais pour réussir, nous devons travailler main dans la main, c'est indispensable.

Le directeur

## Leçon 2

### › Indiquer un point de départ

**6. Entourez la forme correcte.**

BIBLIOTHÈQUE DE LA MAIRIE D'IGNY (ESSONNE)

Notre bibliothèque est ouverte *depuis / à partir de / dès* janvier 2011 et compte déjà plus de trois cents adhérents.

Nous rappelons que :

– *depuis / à partir de / dès* l'inscription d'un deuxième membre d'une même famille, une réduction de 20 % est immédiatement accordée à l'ensemble de la famille ;

– *depuis / à partir de / dès* mars prochain, la bibliothèque sera ouverte le jeudi jusqu'à 22 heures.

À noter que, *depuis / à partir de / dès* la parution dans la presse locale d'un article sur notre bibliothèque, les demandes d'inscription se multiplient. Notre municipalité est fière de ce succès !

### › *Depuis que, dès que, jusqu'à ce que,* pour exprimer des rapports temporels

**7. a) Complétez avec les formes qui conviennent.**

1. Le petit Grégoire lit tous les soirs dans sa chambre … sa mère vienne éteindre la lumière.
2. Je lis énormément … j'ai plus de temps libre.
3. … j'ai un peu d'argent, j'achète des livres.
4. Les livres restent en rayon … ils soient tous vendus.
5. Pauline me passe ses BD … elles les a lues.

b) **Complétez les phrases.**
1. Je ne lis plus de romans depuis que ... .
2. Je lis dès que ... .
3. À la librairie, je feuillette les livres jusqu'à ce que ... .
4. Je mets des lunettes pour lire, depuis que ... .

**8. Reformulez les phrases en exprimant un rapport temporel avec *jusqu'à ce que, depuis que* ou *dès que*.**

*Exemple :* J'ai retrouvé le goût de la lecture grâce à ma télé qui est tombée en panne.
→ *J'ai retrouvé le goût de la lecture depuis que ma télé est tombée en panne.*
1. C'est super, je suis en vacances et je lis un livre par jour !
2. J'ai lu et relu le poème pour le savoir par cœur.
3. Quand je vois une librairie, je rentre systématiquement, et j'en ressors souvent avec un ou deux livres.
4. Je dois lire beaucoup d'essais pour mes études, alors maintenant je ne lis plus de romans.
5. Quand j'ai un roman policier entre les mains, automatiquement je regarde la fin de l'histoire.

## › Usage et place des doubles pronoms

**9. Complétez avec les pronoms qui conviennent.**
1. –Tu peux me prêter tes notes de cours ?
   – Désolé, mais je ... ai déjà passées à Sonia et elle doit ... ... rendre demain.
   – Alors je pourrai ... ... emprunter après ?
2. Elle avait acheté deux livres pour ses enfants et elle voulait ... ... offrir pour Noël mais on ... ... a volés !
3. – Elle m'a emprunté un livre et elle ne veut pas ... ... rendre !
   – Demande-...-... gentiment !
4. – Oh ! Ma BD ! Je ... ... avais donnée en bon état et tu ... ... rends abîmée !
5. – C'est pas possible : elle a acheté ce livre pour sa fille ?
   – Oui, je crois que quelqu'un ... ... avait conseillé.
   – Moi, je ne ... ... aurais pas pris, ce n'est pas pour son âge.

**10. Transformez comme dans l'exemple. Utilisez l'impératif.**

*Exemple :* Vous pouvez me le prêter jusqu'à demain ?
→ *Prêtez-le-moi jusqu'à demain.*
1. Vous ne devez pas me le rendre en retard.
2. Il faut que tu la lui prêtes jusqu'à demain.
3. Je veux que tu me les rendes immédiatement.
4. Tu dois les leur redonner ce soir.
5. Vous devez nous le rapporter jeudi.
6. Tu ne peux pas les lui envoyer par la poste.
7. Je vous prie de me le réserver jusqu'à demain.

# Leçon 3

## › Structurer un texte explicatif

**11. Complétez avec les mots suivants.**

avant tout – d'une part – d'autre part – plus précisément – d'un côté – d'un autre côté
1. La gymnastique vous permet ... de vous muscler et ... de rester mince.
2. Une alimentation saine, c'est ... une alimentation variée et ... riche en fruits, légumes, poissons et viandes maigres.
3. Pas facile de composer des menus pour toute la famille : ... nos fils adorent la viande et ... mon mari préfère le poisson.
4. Pour préserver sa santé, il faut ... ne pas faire d'excès.
5. On ne peut pas ... manger des sucreries toute la journée et ... espérer garder la ligne.

## › Exprimer une conséquence positive / négative

**12. Pour ou contre ? Formulez des arguments concernant : le chocolat, le tabac, les fruits et légumes, le vin. Choisissez dans la liste suivante.**

| ça / c'est | rend<br>dangereux / bon / mauvais | (pour) | malade / heureux / dépendant<br>la ligne / la santé / le moral |
|---|---|---|---|

**13. Complétez avec les mots suivants. Faites les adaptations nécessaires (deux verbes peuvent quelquefois convenir).**

améliorer – provoquer – aggraver – favoriser – entraîner – empêcher – permettre
1. La marche ... une bonne circulation du sang.
2. La malnutrition ... toutes sortes de maladies.
3. Certaines boissons énergétiques ... les performances des sportifs.
4. Une visite chez le dentiste ... de contrôler l'état de votre dentition.
5. Fumer ... les allergies respiratoires.
6. Les boissons excitantes comme le café et le thé ... de dormir.

## › L'imparfait ou le conditionnel pour faire un reproche

**14. Formulez un reproche pour chacune des situations suivantes. Variez les formulations, à choisir dans les exemples suivants.**

*Exemples :*
– Tu n'attends pas qu'on t'appelle.
→ *Tu pourrais attendre qu'on t'appelle !*
– Vous êtes entré sans ticket.
→ *Vous n'auriez pas dû entrer sans ticket !*
→ *Vous auriez pu / dû entrer avec un ticket !*
→ *Il fallait entrer avec un ticket !*
→ *Il ne fallait pas entrer sans ticket !*
1. Tu as copié sur ton voisin pendant l'examen.
2. Vous n'avez pas fait la queue comme tout le monde avant d'entrer.
3. Vous n'avez pas suivi les conseils de votre médecin.
4. Tu ne fais pas attention aux voitures quand tu traverses les rues.
5. Vous avez oublié votre rendez-vous chez le dentiste.

**15. Imaginez deux reproches pour chaque situation, comme dans l'exemple.**

*Exemple :* Vous avez doublé une autre voiture sans visibilité.
→ *Vous avez failli avoir un accident ! Vous n'auriez pas dû doubler !*
1. Vous nous avez vendu des conserves périmées.
2. Tu as bousculé ton copain en courant.
3. Vous avez laissé votre enfant dehors sans surveillance.
4. Vous vous êtes endormi avec une cigarette allumée à la main.

B1

## Compréhension de l'oral 143

7 points

**Lisez les questions.**
**Écoutez le document une première fois et répondez aux questions.**
**Écoutez le document une deuxième fois et complétez vos réponses.**

1. Thomas appelle Mathilde pour :
a. lui proposer une sortie.
b. l'informer d'un évènement.
c. répondre à son message.

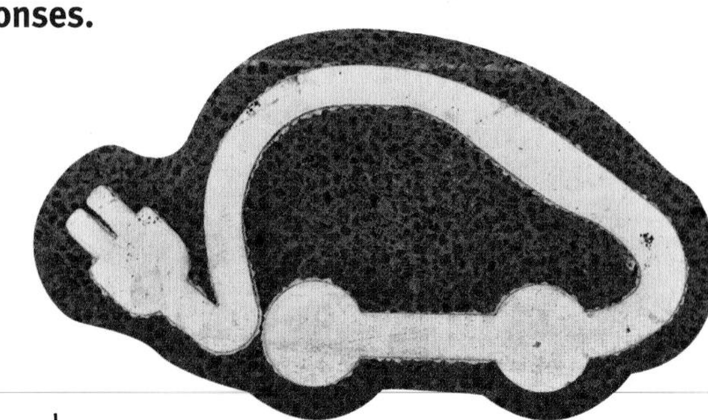

2. Quel est le thème du salon ?

3. À quelle occasion a lieu ce salon ?

4. Nommez trois activités ou animations proposées pendant ce salon.

5. *Autolib'*, qu'est-ce que c'est ?

## Production écrite

13 points

**Un ami vous annonce que, suite à une dispute avec son collègue, il a quitté son poste de travail en pleine journée et risque de perdre son emploi. Vous lui écrivez pour réagir, dire ce que vous pensez de cette situation et lui reprocher son comportement. Donnez-lui des arguments qui lui éviteront peut-être de perdre son travail. Rédigez le mail (entre 160 et 180 mots).**

# Annexes

# Activités de phonie-graphie

## › Les voyelles du français

| VOYELLES ORALES | | |
|---|---|---|
| **aiguës** | **aiguës et labiales** | **graves et labiales** |
| [i] ami, type | [y] tu, sûr | [u] tout, sourd |
| [e] chez, les, parler, qualité | [ø] il veut, un vœu | [o] beau, mot, côte |
| [ɛ] très, sujet, qu'ils aient | [œ] qu'ils veuillent | [ɔ] bonne, mode, corps |
| [a] année | [ə] me, repos | [ɑ] pas, pâte |
| **VOYELLES NASALES** | | |
| **aiguë** | **aiguë et labiale** | **graves et labiales** |
| [ɛ̃] voisin, bain, bien, sympa | [œ̃] un | [ɔ̃] bon, monde, compte |
| | | [ɑ̃] an, cent, chambre |

## › Les consonnes du français

| **aiguës** |
|---|
| [s] situation, passion, publicité, français, scène, succès |
| [z] blouson, examen |
| [t] titre |
| [d] don |
| [n] avenir |
| [ɲ] montagne |
| [l] les, leur |
| **aiguës et labiales** |
| [ʃ] fiche |
| [ʒ] jour, image |
| **graves et labiales** |
| [f] femme, photo |
| [v] valeur |
| [p] pompier |
| [b] bonheur |
| [m] musique |
| **neutres (graves ou aiguës selon le contexte)** |
| [k] kiosque, casque, d'accord, succès, orchestre |
| [g] guide, goût, examen |
| [ʀ] rire, narrateur |

## › Les semi-consonnes du français

| **aiguë** | **aiguë et labiale** | **grave et labiale** |
|---|---|---|
| [j] voyage, émission, fille | [ɥ] nuit | [w] souhait, espoir |

**NB.** Pour les activités de phonie-graphie, seules les consignes qui comprennent des signes phonétiques ont été enregistrées.

# Dossier 1

## Leçon 1

### › Le son [i] et ses graphies

**1**

10 **a) Écoutez et soulignez à chaque fois que vous entendez le son [i].**

Mon ami de Nancy est un type formidable ! Il s'appelle Loïc. C'est quelqu'un à qui je peux dire toutes mes idées et qui n'est pas du tout égoïste.

**b) Comment s'écrit le son [i] dans ces phrases ?**

### › Distinction des sons [o-i] et [a-i] / [wa] et [ɛ]

**2**

11 **a) Écoutez et classez les mots selon que vous entendez [i] comme *Moïse* ou *Anaïs*, [wa] comme *Antoine* ou [ɛ] comme *Français*.**

| | [i] | [wa] | [ɛ] |
|---|---|---|---|
| **1.** froid | | | |
| **2.** Éloïse | | | |
| **3.** voir | | | |
| **4.** héroïne | | | |
| **5.** Éloi | | | |
| **6.** Maïssa | | | |
| **7.** mais | | | |

**b) Complétez la règle.**

| | |
|---|---|
| *o* + ... se prononce [o] + [i]<br>*a* + ... se prononce [a] + [i] | *o* + ... se prononce [wa]<br>*a* + ... se prononce [ɛ] |

12 **c) Écoutez et complétez avec *ï* ou *i*.**

1. – Qu'est-ce que tu regardes derrière to..., Lo...c ?
   – Je regarde Madame Lero..., Élo...se. Et voilà Anto...ne, l'assistant du professeur, il est suédo...s mais il habite aux Cara...bes.
2. Je goûterais bien cette polenta au ma...s avec du po...sson.
3. – Tu ne cro...s pas à son témo...gnage ?
   – Non, je ne suis pas aussi na...f que to..., je le conna...s bien !
4. – C'est quo..., cette nouvelle tablette ?
   – C'est une sorte d'écran avec beaucoup de cho...x.
5. – Bon, je do...s rentrer chez mo... à Ponto...se. Je reço...s mon nouvel instrument pour le concert : un hautbo...s !
   – Tu es hautbo...ste ! Je ne savais pas. Au revo...r, à demain so...r !

### › Homophones de [kɛl]

**Complétez par *quel*, *quels*, *quelle*, *quelles*, *qu'elle* ou *qu'elles*.**

1. – Tu regardes cette photo ?
   – Oui, je crois ... est de l'année dernière.
2. Pour ... articles avez-vous besoin de ces renseignements ?
3. Pardon Luc, peux-tu me dire à ... numéro je peux joindre ton ami, s'il te plaît ?
4. ... qualité apprécies-tu dans l'amitié ?
5. Je voudrais ... m'envoient des témoignages quand elles sont ensemble !
6. Tu me conseilles ... pistes pour mon fil d'actualité ?

## Leçon 3

### › Graphies de [ɛ̃]

13 **a) Écoutez et soulignez à chaque fois que vous entendez le son [ɛ̃] comme *Martin*.**

1. Tu ne crains pas de déranger les voisins avec cette soirée ?
2. J'ai éteint mon ordinateur.
3. J'aime beaucoup peindre des objets simples.

**Comment s'écrit le son [ɛ̃] ?**

14 **b) Écoutez et indiquez si vous entendez [ɛ̃] comme *Adrien* ou [ɑ̃] comme *Clément*, puis complétez la règle avec [ɑ̃] ou [ɛ̃].**

| | [ɛ̃] | [ɑ̃] |
|---|---|---|
| **1.** examen | | |
| **2.** rencontre | | |
| **3.** eh bien non... | | |
| **4.** expérience | | |
| **5.** comment | | |
| **6.** européen | | |

| *en* + lettre muette ou en milieu de mot | *en* à la fin d'un mot |
|---|---|
| = [...] | = [...] |

15 **c) Écoutez et complétez avec *in* (ou *im* devant *p* ou *b*) pour [ɛ̃] et *en* (ou *em* devant *p* ou *b*) pour [ɑ̃].**

1. J'allais acheter mon lait dans ce magas... .
2. Je pr...ds le bus tous les mat...s.
3. J'ai rejo...t mes amis sur le réseau.
4. J'ai déjà plus de c...t amis.
5. Nous travaillons ...s...ble depuis c...q ans.
6. J'ai s...ti que quelque chose se passait ...tre nous, une compréh...sion immédiate.
7. Je comm...ce à qu...ze heures.
8. Ce r...dez-vous est ...possible pour moi.

# Dossier 2

## Leçon 1

### › Graphie *-en* : [ɑ̃] ou non prononcée

**1**

29 **a) Écoutez et repérez dans quel ordre les mots sont prononcés.**

1.

| fonctionnent | fonctionnement |
|---|---|
| | |

2.

| différent | diffèrent |
|---|---|
| | |

3.

| ne se dément pas | ne se démènent pas |
|---|---|
| | |

4.

| existent | existence |
|---|---|
| | |

30 **b) Écoutez et soulignez les lettres *en* quand elles sont prononcées [ɑ̃] comme *France*.**

1. Les fonctionnements de ces programmes présentent des avantages.
2. Les parents parent aux difficultés des étudiants qui se contentent de peu.
3. Les enseignements de cet établissement, dont les professeurs très compétents enseignent en deux langues, complètent les études des jeunes.
4. Ils se perfectionnent dans les deux langues.
5. Cela donne des références qui constituent un bon complément.
6. Des tuteurs référents sont présents et aident au perfectionnement.
7. Les informaticiens s'équipent avec ces équipements ultramodernes.
8. Ils expérimentent un nouveau système.
9. Ils jugent le déroulement de leur expérience positivement.
10. Ils commencent très tôt mais ce n'est que le commencement et ils positivent énormément.

## Leçon 2

### › Homophonie : lettres de l'alphabet / mots dans les SMS

31 **Déchiffrez cette conversation en langage SMS et réécrivez-la en français standard, puis écoutez pour vérifier.**

Cet éT G paC mon BAFA

G trouV 1 job DT ! C 1 CDD AC bien Pyé

C super !

G HT 1 Vlo pour me DplaC

S que tu sais que G U mon bac S ?

Je vais aller O DUT d'AnG.

OK ! S que tu Djeunes O resto 2m1 ?

## Leçon 3

### › Prononciation de *i* et *y* selon le contexte graphique

32 **a) Classez les mots selon que vous entendez [ɛ] comme *Claire*, [wa] comme *Antoine*, [ɛj] comme *Mireille* ou [waj] comme *royal*.**

| | [ɛ] | [wa] | [ɛj] | [waj] |
|---|---|---|---|---|
| 1. Ils envoient. | | | | |
| 2. Ils paient. | | | | |
| 3. Nous envoyons. | | | | |
| 4. Tu paies. | | | | |
| 5. Nous payons. | | | | |
| 6. Il emploie. | | | | |
| 7. Vous employez. | | | | |

**b) Observez les mots du tableau et complétez avec [waj], [wa], [ɛj] ou [ɛ].**

| *ai* + lettre muette | *oi* + lettre muette |
|---|---|
| = [...] | = [...] |

| *ay* + voyelle prononcée | *oy* + voyelle prononcée |
|---|---|
| = [...] | = [...] |

33 **a) Écoutez et soulignez à chaque fois que vous entendez le son [j] comme *fille*.**

1. J'ai travaillé en Égypte pour une mission.
2. Cette expérience m'a aidée à perfectionner mon style.
3. J'ai trouvé un travail incroyable pour le mois de juillet : il faut que je surveille des animaux dans un parc animalier.
4. Je te conseille d'être plus dynamique face à cet employeur.
5. Ma famille m'a donné un million de conseils sur la manière de m'habiller !
6. Il faut que j'aille voir une conseillère pour les détails sur le physique.
7. J'ai sillonné toute l'Europe pendant mon voyage.

**b) Classez les mots que vous avez soulignés dans le tableau.**

| *ill* | *i* + voyelle prononcée | *il* | *y* entre deux voyelles |
|---|---|---|---|
| | | | |

# Dossier 3

## Leçon 1

### › Graphies *au, eau, eu, œu, ou* (*où, oû*)

**1**

47 a) **Écoutez et classez les mots selon que vous entendez [o] comme *Maud*, [œ] comme *Fleur*, [ø] comme *Mathieu* ou bien [u] comme *Raoul*, puis complétez le tableau avec les graphies des sons.**

**1.** eux – **2.** où – **3.** eau – **4.** beau – **5.** bout – **6.** bœufs – **7.** chez vous – **8.** cheveu – **9.** chevaux – **10.** il vaut – **11.** il vous... – **12.** ils veulent – **13.** coûte – **14.** cueillir – **15.** cause

| [o] | [ø] ou [œ] | [u] |
|---|---|---|
| – ...<br>– ...<br>– ...<br>– ...<br>– ... | – ...<br>– ...<br>– ...<br>– ...<br>– ... | – ...<br>– ...<br>– ...<br>– ...<br>– ... |
| Graphies :<br>– ...<br>– ... | Graphies :<br>– ...<br>– ...<br>– ... | Graphies :<br>– ...<br>– ...<br>– ... |

48 b) **Écoutez et complétez avec les graphies *au, eu* (ou *ue* après *c*), *ou*.**

1. Be...c...p de n...ve...x chev...x ont p...r et sont nerv...x. Ils donnent des c...ps de qu...e quand on est près d'...x.
2. C...x de g...che sont des chev...x de chez v...s ?
3. Il est très h...r...x avec ses f...x chev...x coul...r de f..., il a l'air d'un f... !
4. Le succès du rec...il ne dépend pas s...lement de l'acc...il chez les j...nes lect...rs.
5. L'hum...r et la bonne hum...r de l'...t...r p...vent cacher les déf...ts et les éc...ils.
6. Les p...ses-déj...ner de ton ép...se sont longues.
7. Il n'y a rien dans ces journ...x qui le pr...ve, c...x qui y croient n'ont pas de pr...ve séri...se.
8. Il fait be... ...j...rd'hui. Allons c...illir des fl...rs !

## Leçon 2

### › -*t*- ou liaison verbe / pronom sujet dans la question inversée

**2**

49 a) **Écoutez et complétez la règle avec -*t*- ou - (tiret).**

1. Cette question te plaît-elle ?
2. Quand comprennent-elles ?
3. La France te manque-t-elle ?
4. Que répond-elle ?

| Verbe terminé par -*e* non prononcé | Verbe terminé par -*t*, -*d* ou -*ent* non prononcé |
|---|---|
| Verbe + ... + pronom sujet *il(s), elle(s), on* | Verbe + ... + pronom sujet *il(s), elle(s), on* |

50 b) **Écoutez et complétez les questions avec -*t*- ou - (tiret).**

1. Est...elle aussi éloignée ?
2. Gagne...on aussi bien qu'en France ?
3. Quand reviennent...elles ?
4. Qu'attend...on ?
5. Comprend...elle le français ?
6. Aime...elle cette musique ?
7. Entendent...elles cette mélodie ?
8. Se sont...ils révélés exacts ?
9. Quand s'excuse...il ?
10. Et elle, s'est...elle excusée ?
11. Cette vie te convient...elle ?
12. Que fait...il ?
13. Que visite...on ?
14. Que disent...elles ?
15. Quel réseau cherche...il ?
16. Les expatriés, que cherchent...ils ?

## Leçon 3

### › *e* prononcé ou non prononcé

**3**

51 a) **Écoutez et barrez les *e* soulignés qui ne sont pas prononcés.**

*Exemple : La province, c'est tout ce qui n'est pas Paris et sa région et c'est ce que nous voulons découvrir.*

1. D'après une enquête auprès de familles et de personnes seules, d'hommes et de femmes de métiers et de niveaux de vie différents, c'est le couple parisien qui a le moins d'argent.
2. Dites-nous ce qui vous plaît, ce que vous appréciez dans ce lieu, et finalement, ce qui vous déplaît.

52 b) **Barrez les *e* soulignés qui peuvent être supprimés, puis écoutez pour vérifier.**

*Exemple : C'est en Île-de-France que les logements sont les plus chers et le coût de la vie le plus élevé.*

1. C'est aussi dans Paris et sa région que le temps de transport quotidien est le plus long et son coût le plus lourd pour le budget.
2. Ce que j'aime en province, c'est un état d'esprit.
3. Ce que je ne peux pas faire hors de Paris, c'est d'être présent aux réunions d'entreprises.
4. Ce que j'apprécie particulièrement, ici, c'est la vie culturelle.
5. Ce qui est insupportable, ici, c'est la circulation...
6. Ce qui me manque le plus ? C'est la mer !

# Dossier 4

## Leçon 1

### › [jɛ̃] / [jɛn]

70 **a) Écoutez et indiquez si vous entendez [jɛ̃] comme *Fabien* ou [jɛn] comme *Fabienne*.**

| | [jɛ̃] | [jɛn] |
|---|---|---|
| **1.** le tien | | |
| **2.** la moyenne | | |
| **3.** le doyen | | |
| **4.** ils deviennent | | |

**b) Observez les quatre mots précédents et complétez le tableau suivant avec ces graphies : *i + enne / o + y + en / i + en / o + y + enne*.**

| [jɛ̃] | [jɛn] | [wa] + [jɛ̃] | [wa] + [jɛn] |
|---|---|---|---|
| … | … | … | … |

71 **c) Écoutez et complétez avec *ien*, *ienn*, *yen* ou *yenn*.**

**1.** Le ch… de Dam… aboie pour un r… et a mordu ma ch…e.
**2.** L'anc…e cité cont…t beaucoup de monuments historiques. Tout le monde t…t à ce patrimoine anc… .
**3.** C'est un bon mo… pour attirer les touristes.
**4.** Tu crées ton l… et moi le m… ; chacun le s…, c'est plus facile.
**5.** Les cito…s dev…ent de plus en plus blogueurs.
**6.** La do…e des Français a plus de cent ans.

## Leçon 2

### › [ɔ̃] / [ɔn]

72 **a) Écoutez les mots suivants et indiquez d'une croix le son que vous entendez : [ɔ̃] comme *Simon*, [ɔn] comme *Simonne* ou [ɔm] comme *pomme*.**

| | [ɔ̃] | [ɔn] ou [ɔm] |
|---|---|---|
| *Ex. : don* | x | |
| *donne* | | x |
| **1.** monde | | |
| **2.** étonne | | |
| **3.** commune | | |
| **4.** domicile | | |
| **5.** complexe | | |
| **6.** plomb | | |
| **7.** téléphone | | |
| **8.** blond | | |

**b) Observez la règle et classez les mots du tableau précédent dans les colonnes correspondantes.**

| *-omm* ou *-om* + voyelle | *-on* ou *-om* en fin de mot / *-on* ou *-om* + consonne muette ou prononcée (autre que *n* ou *m*) | *-onn* ou *-on* + voyelle |
|---|---|---|
| [ɔm] | [ɔ̃] | [ɔn] |
| – …<br>– … | – don<br>– …<br>– …<br>– …<br>– … | – donne<br>– …<br>– … |

73 **c) Écoutez et complétez avec *on*, *om*, *onn* ou *omm*.**

**1.** Je s…e chez m… …cle, mais pers…e ne rép…d !
**2.** Surfer sur des sites de recettes, c'est ma passi… . Je suis passi…ée de cuisine !
**3.** Je connais une recette de tarte au citr… qui est très b…e et une autre avec du saum… .
**4.** M… poiss…ier, celui qui se trouve dans la rue piét…ière, m'a donné plein de recettes.
**5.** Quand je c…pare les s…aires, je trouve un n…bre de rubriques identique.
**6.** Si je peux faire un c…entaire sur le m…tage, je trouve qu'il n'y a pas assez d'informati…s sur notre régi… et il est trop traditi…el, si je peux d…er mon opini… .
**7.** Tu dis que nous s…es moins d'un milli… de professeurs de français dans le m…de ? Ce n…bre m'ét…e.

## Leçon 3

### › L'accord du participe passé avec *avoir*

74 **Écoutez et choisissez de quoi on parle. Puis complétez les participes si c'est nécessaire.**

**1.** (cette phrase / ce texte) Je l'ai dit… et répété… pendant des années.
**2.** (cette veste / ce manteau) Je l'avais choisi… et je l'avais mis… pour sortir ce soir-là.
**3.** (cette lettre / ce prospectus) Je l'ai trouvé… sur la table d'un café et je l'ai mis… dans ma poche.
**4.** (cette carte / cet article) Il l'a écrit… après son accident.
**5.** (ma valise / mon travail) Je l'ai fait… en un clin d'œil quand j'ai appris… que je partais.
**6.** (ces études / ces dossiers) Je les ai repris… et complété… pendant mon congé.
**7.** (cette voiture / ce camping-car) Je l'ai conduit… et garé… très facilement.
**8.** (l'enveloppe / le magazine) Tu l'as ouvert… sans mon autorisation.
**9.** (la nouvelle / le changement) Nous l'avons appris… la semaine dernière.

# Dossier 5

## Leçon 1

### › *vieux / vieil / vieille – nouveau / nouvel / nouvelle – beau / bel / belle*

**1**

87 **Écoutez et complétez avec la forme correcte de l'adjectif.**

1. C'est un ... édifice, une ... architecture, on a fait un ... musée d'une ... usine. C'est un ... architecte qui a fait le projet.
2. J'ai un ... élève, plutôt un ... étudiant, très doué. Il veut faire une ... inscription avec sa ... carte.
3. J'ai trouvé un ... emploi : je peux enfin quitter mon ... employeur, aimable comme un ... ours ! J'espère que mon ... patron sera sympa.
4. Ce ... ingénieur a fait une ... invention avec ce ... outil ; c'est en plus un ... objet.
5. On refait une ... édition de ce livre, avec un ... ordre des chapitres.
6. Ce concert a été une ... occasion de se revoir, et quelle ... émotion !

## Leçon 3

### › Graphies de [ɑ̃]

**2**

88 **a) Écoutez et soulignez à chaque fois que vous entendez le son [ɑ̃] comme *France*.**

**Soleils levants**
Le soleil, en se levant
Fait la roue sur l'océan.
Le paon en fait tout autant,
Soleil bleu au bout du champ.
*Comptines pour les fêtes et les saisons,*
Monique Hion, Actes Sud Junior, 1997.

**b) Comment s'écrit le son [ɑ̃] ?**

### › Distinction de [ɑ̃] comme *France*, [ɔ̃] comme *Simon* et [ɔn] comme *Simonne*

**3**

89 **a) Écoutez cette comptine et complétez avec *an* si vous entendez [ɑ̃] ou *on* si vous entendez [ɔ̃].**

**Neige**
Il pleut du silence,
Des petits floc...s,
Tout un bl...c silence,
Sur notre mais... .

Il pleut de la d...se
Et des tourbill...s,
Une douce d...se
De bl...cs papill...s.

Il pleut de la ch...ce
Pour tous les garç...s
Qui feront dim...che
Un bonhomme r...d.
*Comptines pour les fêtes et les saisons,*
Monique Hion, Actes Sud Junior, 1997.

**b) Quel mot dans la comptine s'écrit avec *on* et se prononce [ɔn] ?**

### › Les sons [ɑ̃], [ɔ̃] et le gérondif

**4**

**a) Lisez.**
C'est en lisant que je suis devenue Lison.
C'est en dormant dans la cendre qu'elle est devenue Cendrillon.
C'est en mangeant beaucoup qu'il est devenu un glouton.

90 **b) À vous ! Complétez les phrases avec les mots suivants, puis écoutez pour vérifier.**
un savon – un cordon (bleu) – un marron – un avion – une montre – un mont

C'est en cuisinant que je suis devenu .... C'est en montrant l'heure qu'elle est devenue .... C'est en cherchant des châtaignes qu'il est devenu .... C'est en savonnant qu'il est devenu .... C'est en montant qu'il est devenu .... C'est en volant qu'il est devenu ....

### › Voyelles nasales / voyelles orales

**5**

91 **a) Écoutez et indiquez quel son vous entendez.**

| | [ɑ̃] | [a+n] | [ɛ̃] | [i+n] | [ɔ̃] | [ɔ+n] |
|---|---|---|---|---|---|---|
| 1. gastronome | | | | | | |
| 2. les ânes | | | | | | |
| 3. Robin | | | | | | |
| 4. le banc | | | | | | |
| 5. le don | | | | | | |
| 6. origine | | | | | | |

92 **b) Écoutez et complétez avec *in*, *on* ou *an*.**

1. Il a une passi... : il se passi...ne pour le c...éma américain.
2. C'est plus éc...omique si vous avez une tente pers...nelle.
3. La rand...née avec les ânes se fait à une heure mat...ale.
4. Il y a une b...ne ambi...ce dans cette cab...e !
5. Le mat... on doit découvrir des ...dices, ce n'est pas b...al !

6. À la f..., le jeu f...it quand les pers...nages connaissent tout.
7. Au début, c'est ...compréhensible. Après, on est ...téressé ou ...spiré.
8. Je fais ce jeu tous les ...s à C...nes. Ce s...t des moments ...oubliables.

# Dossier 6

## Leçon 1

### › Révision des graphies de [ɛ]

**1**

110 **a) Écoutez et soulignez tous les mots qui contiennent le son [ɛ] comme *terre*.**

1. Ce concert était extraordinaire.
2. On rêvait de faire la fête.
3. Nous avons commencé notre carrière avec ces thèmes-là.
4. Elle enseigne ce couplet en maternelle.

**b) Classez les mots que vous avez soulignés dans le tableau.**

| *è* + cons. + *e* caduc | *e* + cons. prononcée(s) | *ai* + cons. prononcée | *ai, aî* ou *ai* + lettre muette |
|---|---|---|---|
| – ...<br>– ... | – ...<br>– ...<br>– ...<br>– ... | – ...<br>– ... | – ...<br>– ... |

| *ê* (souvent devant *t* à la place de *s*) | *e* + *x* | *-ei* | *-et* / *-ect* (en fin de mot) |
|---|---|---|---|
| – ...<br>– ... | – ... | – ... | – ... |

111 **c) Écoutez et complétez avec *e*, *è* ou *ê*.**

1. Il connaît ce domaine avec c...rtitude.
2. Ils souhaitent vraiment la lumi...re sur c...tte ...xpérience nucléaire.
3. On esp...re que les premi...res journées de sol...il favoriseront le comm...rce.
4. Je vais écrire un sixi...me m...ssage.
5. Il peut ...tre fi...r de son proj...t.
6. Hi...r on a écouté av...c r...sp...ct et intér...t le résultat de son enqu...te.

## Leçon 2

### › Le conditionnel présent

**2**

112 **a) Écoutez et indiquez quelle forme vous entendez.**

| Ex. | *Elle entrait.* | x | *Elle entrerait.* | |
|---|---|---|---|---|
| 1. | Il montrait. | | Il montrerait. | |
| 2. | Il montait. | | Il monterait. | |
| 3. | Je protégeais. | | Je protégerais. | |
| 4. | Tu préservais. | | Tu préserverais. | |
| 5. | Elle donnait. | | Elle donnerait. | |
| 6. | Ils rencontraient. | | Ils rencontreraient. | |
| 7. | Je mangeais. | | Je mangerais. | |
| 8. | Elles voyageaient. | | Elles voyageraient. | |

113 **b) Écoutez et indiquez dans quel ordre vous entendez les deux formes verbales.**

| 1. | Je courais. | ... | Je courrais. | ... |
|---|---|---|---|---|
| 2. | Il mourait. | ... | Il mourrait. | ... |
| 3. | Tu préférais. | ... | Tu préférerais. | ... |

**3**

114 **Écoutez et complétez avec *r*, *rr* ou *er*.**

1. Tu pou...ais t'occuper utilement. Tu ne te demand...ais pas quoi faire de tes journées.
2. Il ne particip...ait pas, il se méfi...ait trop. Il ne cou...ait pas le risque.
3. Elle préfé...ait partir dans un autre pays, car elle mou...ait d'ennui ici.
4. Elles prend...aient de bonnes habitudes en travaillant pour cette association. Elles vend...aient des objets qu'elles rapport...aient de leurs voyages.
5. S'il avait le financement, il mett...ait toute son énergie et cré...ait son association. Il montr...ait l'exemple.
6. Tu mont...ais une association autour de ce projet ou tu préfér...ais faire un don à une petite association ?
7. Il ne mont...ait pas d'enthousiasme pour nous accueillir. Il préfé...ait rester seul.

## Leçon 3

### › Les verbes en *-ger* et *-cer* avec alternance orthographique

**4**

115 **Écoutez et complétez avec *ç*, *c*, *g* ou *ge*.**

1. Ils tra...aient la direction sur le sable.
2. Je man...ais de la nourriture locale.
3. En chan...ant de pays très souvent, il fallait s'adapter très vite.
4. Ils annon...aient leur prochain voyage.
5. Elle commen...ait à écrire son livre.
6. À cette époque, les guerres rava...aient tout dans la région.
7. Il a fait des portraits en privilé...iant le thème de la rencontre.
8. Il faudrait que vous annon...iez votre départ.
9. En annon...ant la création de cette association, nous re...evrons beaucoup de messages.
10. Pour qu'ils paient, nous commen...ions par leur téléphoner.

# Dossier 7

## Leçon 1

### › Liaison et enchaînement + *h* muet / *h* aspiré

**1**

127 **a) Écoutez et soulignez les lettres avec lesquelles les liaisons ou les enchaînements sont faits.**
*Exemples : bienvenue à... – pour avancer – on échange.*

1. On va essayer.
2. J'ai fait des études.
3. On a tous eu ça.
4. Le jour où j'ai compris.
5. J'ai eu envie.
6. J'ai senti un électrochoc.
7. Ma vie au quotidien.
8. Dans une ville comme Avignon.
9. Une fois par an.
10. Un one-man show.
11. Un ordinateur.

128 **b) Écoutez et complétez la fin des mots.**

1. Appren... à dire.
2. Ils remon... à la surface.
3. Tu v... écrire.
4. Huit cen... invités.
5. Mes premi... amours.
6. Elles ren... en France.
7. Dix-neuf fil... en six ans.
8. Des personn... intéressantes.
9. Ça ressem... à ça.
10. Deux boulot... intéressants.
11. Plusi... années.
12. Ils sont plusi... à le faire.

129 **c) Écoutez et indiquez si vous entendez une liaison (‿) ou pas de liaison (x).**

| | ‿ | x |
|---|---|---|
| 1. des histoires passionnantes | | |
| 2. un héros remarquable | | |
| 3. un humoriste de talent | | |
| 4. des trucs hybrides | | |
| 5. des hommes de spectacle | | |
| 6. le quartier des Halles | | |
| 7. des huiles biologiques | | |
| 8. les Hollandais | | |
| 9. un hôtel de luxe | | |

**Le *h* aspiré**
Les mots avec un *h* aspiré ont la particularité suivante : on ne fait pas de liaison (par exemple : *les hauteurs*) ni d'élision (par exemple : *le haut*) devant un mot qui commence par un *h* aspiré. Ces mots sont souvent d'origine étrangère, notamment germanique : *la Hollande*. En français, seulement 20 % des mots qui commencent avec un *h* commencent avec un *h* aspiré.

## Leçon 2

### › Graphies de [e] : *er, ez, é, ée*

**Complétez avec *er*, *ez*, *é* ou *ée*.**

1. Vous av... rend...-vous devant le mus... .
2. N'hésit... pas à vous d...plac... pour all... vous renseign... .
3. Choisiss... un bon métier.
4. Elles se sont rencontr...s à la caserne.
5. Elle est devenue pompi... en septembre.
6. Elles ont réalis... leur rêve et remport... un troph... .
7. Vous all... commenc... avant le premi... janvi... .
8. C'est not... pour mercredi.
9. Il s'est rappel... son premi... stage avec des épreuves chronométr...s.
10. Vous ven... de not... les numéros des dossi...s.
11. Elles ont hésit... avant d'accept... .
12. Elle a continu... à collectionn... les poup...s.
13. Elle s'est tourn... vers l'arm... .
14. Avec sa mentalit..., c'est une bonne id... .

## Leçon 3

### › Révision des graphies de [e] et de [ɛ]

130 **a) Écoutez et indiquez dans le tableau si vous entendez [e] comme *Didier* ou [ɛ] comme *Isabelle*.**

| | [e] | [ɛ] |
|---|---|---|
| 1. j'allais | | |
| 2. resto | | |
| 3. s'entraîne | | |
| 4. évident | | |
| 5. j'ai | | |
| 6. Arrête ! | | |
| 7. le thème | | |
| 8. soleil | | |
| 9. vous voulez | | |
| 10. extraordinaire | | |
| 11. aimer | | |

| **Graphies** | **Graphies** |
|---|---|
| – ...<br>– *ai*<br>– ...<br>– ... | – *ai* + lettre muette<br>– *e* + 2 consonnes<br>– ...<br>– ...<br>– ...<br>– ...<br>– ... |

**b) Observez les graphies des mots et complétez la seconde partie du tableau.**

131 **c) Écoutez et complétez avec les graphies de [e] ou [ɛ].**

1. Je n'aur...s jam...s pens... rencontr... mon fianc... sur le qu... !
2. Je regr...tte de ne pas ...tre devenu c...l...bre.
3. Figur...-vous qu'à Mars...ille, il y a un march... sp...ctacul...re !

4. Sa mani...re de parl... m'...n...rve tout à f...t !
5. Il a f...t son num...ro pendant la f...te et a remport... un vif succ...s.
6. J'ai d...couv...rt à côt... de ch... moi une b...lle petite for...t.
7. Vous f...tes de tr...s b...lles photos.
8. Il est n...c...ss...re de beaucoup ch...rch... pour ne pas se tromp... et f...re de mauv...ses ...tudes.

# Dossier 8

## Leçon 1

### › Distinction de quelques formes verbales

**1**

144 **Écoutez et complétez avec les formes verbales entendues.**

1. Tu crois qu'on ... où ?
2. Je ne crois pas qu'on ... le droit.
3. Je crois que j'... de la chance !
4. Tu ne veux pas que j'... de la chance ?
5. Elle veut qu'on ... la voir.
6. Alors il faut que j'... là-bas !
7. Je doute que vous ... là-bas seulement pour la voir !
8. Je ne crois pas que vous ... le temps !
9. Il faut que nous ... assez d'argent !
10. Je doute que nous ... en vacances cette année.
11. Je ne crois pas qu'il ... le faire.
12. Je ne crois pas que les enfants ... venir.
13. Les enfants, je ne crois pas que vous ... venir, non ?
14. Je constate qu'ils ... venir !

## Leçon 2

### › Distinction [e] / [ɛ] dans la première syllabe des mots

**2**

a) **Indiquez comment on prononce le *e* souligné dans les mots suivants : [ə] comme *Denise* ou [ɛ] comme *Isabelle*. Inscrivez votre réponse dans le tableau.**

| | [ə] | [ɛ] |
|---|---|---|
| 1. lecture | | |
| 2. lever | | |
| 3. terrasse | | |
| 4. premier | | |
| 5. quelque | | |

| | [ə] | [ɛ] |
|---|---|---|
| 6. existe | | |
| 7. effectuer | | |
| 8. servir | | |
| 9. besoin | | |
| 10. respect | | |
| 11. perdre | | |

145 b) **Écoutez pour vérifier.**

**3**

146 a) **Écoutez et indiquez comment on prononce le *e* souligné dans les mots suivants : [ə] comme *Denise* ou [ɛ] comme *Isabelle*. Inscrivez votre réponse dans le tableau.**

| | [ə] | [ɛ] |
|---|---|---|
| 1. descendre | | |
| 2. desservir | | |
| 3. dessous | | |
| 4. dessus | | |
| 5. dessin | | |
| 6. dessert | | |

| | [ə] | [ɛ] |
|---|---|---|
| 7. devenir | | |
| 8. destiner | | |
| 9. dedans | | |
| 10. dehors | | |
| 11. depuis | | |
| 12. dernier | | |

b) **Classez les mots selon leur graphie puis complétez la règle avec [ə] ou [ɛ].**

| | | |
|---|---|---|
| – ...<br>– ...<br>– ...<br>– ...<br>– ...<br>– ... | – ...<br>– ...<br>– ...<br>– ... | – *dessous*<br>– ... |
| *de* + *ss* ou 2 consonnes | *de* + 1 consonne + 1 voyelle prononcée | *de* + *ss* (2 exceptions) |
| = ... | = ... | = ... |

**4**

a) **Indiquez comment on prononce le *e* souligné dans les verbes suivants : inscrivez votre réponse dans le tableau.**

| | [ə] | [ɛ] |
|---|---|---|
| 1. rester | | |
| 2. regretter | | |
| 3. respirer | | |
| 4. retracer | | |
| 5. restaurer | | |
| 6. redonner | | |
| 7. retourner | | |
| 8. restituer | | |

| | [ə] | [ɛ] |
|---|---|---|
| 9. repérer | | |
| 10. retenir | | |
| 11. reconnaître | | |
| 12. regarder | | |
| 13. redescendre | | |
| 14. ressembler | | |
| 15. resservir | | |
| 16. relever | | |

147 b) **Écoutez pour vérifier.**

c) **Complétez la règle.**

| | |
|---|---|
| *re* + 2 consonnes (autre que *ss*) | *re* + 1 consonne (ou 1 consonne + *r*) + 1 voyelle prononcée ou *re* + *ss* (préfixe *re* + *s* + verbe qui commence par *s*) |
| = ... | = ... |

# Précis grammatical

# LES NOMS

## 1 Le genre des noms

Certaines terminaisons indiquent le genre.

**En règle générale :**

| | Terminaisons en : | Exemples |
|---|---|---|
| **Noms féminins** | -sse<br>-ion<br>-ée<br>-ique<br>-té<br>-ie<br>-oire | une baisse – une jeunesse<br>une élection – une émission<br>une entrée – une dictée<br>une critique – une musique<br>une célébrité – une réalité<br>une sortie – une partie<br>une victoire |
| **Noms masculins** | -isme<br>-ment<br>-age | un anglicisme – un mécanisme<br>un changement<br>un apprentissage – un âge |

Quelques exceptions

Terminaisons en :
– ***-sse*** : *un pamplemousse* ;
– ***-ion*** : *un million – un avion – un lion – un pion* ;
– ***-ée*** : *un lycée – un musée* ;
– ***-té*** : *un été* ;
– ***-ie*** : *un incendie – un parapluie* ;
– ***-age*** : *une image – une plage – une page.*

## 2 La nominalisation

Voir page 186.

# LES PRONOMS

## 1 Les pronoms relatifs

Les pronoms relatifs permettent d'éviter une répétition : ils remplacent un nom et servent à relier deux phrases entre elles.

### Les relatifs *qui, que, dont* et *à qui*

| *Les pronoms représentent...* | **Sujet** | **Complément d'objet direct** | **Complément introduit par *de*** | **Complément d'objet indirect introduit par *à*** |
|---|---|---|---|---|
| *... des personnes* | qui | que / qu' | dont | à qui |
| *... des choses / des êtres inanimés* | | | | – |

Exemples :
*Une star, c'est quelqu'un* ***qui*** *est très connu,* ***que*** *tout le monde adore et* ***dont*** *on parle beaucoup dans les médias.*
*La voiture, c'est quelque chose* ***dont*** *on se sert pour se déplacer,* ***qui*** *existe en différents modèles et* ***qu'****on peut louer ou acheter.*
*Un ami, c'est quelqu'un* ***à qui*** *je peux parler.*

### Le pronom relatif *où*

Il peut représenter :
– un lieu ;
Exemple : *Je revois la ville où j'ai passé mon enfance.*
– un moment.
Exemple : *Le vol s'est produit la semaine où j'étais en vacances.*

### *Ce qui, ce que*

Le pronom neutre *ce* placé avant les relatifs *qui*, *que* signifie la chose *qui*, la chose *que*.
Ces formes sont utilisées notamment dans les structures de mises en relief.
Exemples : ***Ce qui** me plaît, c'est le cinéma.* – ***Ce que** j'aime, c'est la lecture.*
(Voir *La mise en relief*, page 187.)

## 2 Les pronoms interrogatifs

| Singulier | | Pluriel | |
|---|---|---|---|
| **Masculin** | **Féminin** | **Masculin** | **Féminin** |
| lequel | laquelle | lesquels | lesquelles |

Exemples :
*Je voudrais une BD d'Astérix, s'il vous plaît.* → ***Laquelle** désirez-vous ?*
*J'ai visité beaucoup de pays.* → ***Lesquels** préférez-vous ?*
*Je viens d'acheter un CD de ce chanteur.* → ***Lequel** as-tu pris ?*
*Passe-moi les photos.* → ***Lesquelles** veux-tu ?*

## 3 Les pronoms démonstratifs

| Singulier | | Pluriel | |
|---|---|---|---|
| **Masculin** | **Féminin** | **Masculin** | **Féminin** |
| celui | celle | ceux | celles |

• Les pronoms démonstratifs ***celui***, ***celle***, ***ceux*** et ***celles*** utilisés seuls sont suivis d'une précision.
Exemples :
→ *C'est **celle de** droite.*
*Où est ta fille sur la photo ?* → *C'est **celle qui** est à droite.*
→ *C'est **celle qu'**on voit juste derrière.*

• On utilise ces pronoms suivis de ***-ci*** ou ***-là*** pour désigner ou faire référence à des objets ou des personnes.
On utilise plus fréquemment la forme avec ***-là***.
Exemple : *Je voudrais un ordinateur portable.* → *Comme **celui-là** ?*
Mais quand on exprime une alternative ou un contraste, on dit : *Vous désirez **celui-ci** ou **celui-là** ?*

## 4 Les pronoms possessifs

| | Singulier | | Pluriel | |
|---|---|---|---|---|
| **C'est… à qui ?** | **Masculin** | **Féminin** | **Masculin** | **Féminin** |
| **à moi** | le mien | la mienne | les miens | les miennes |
| **à toi** | le tien | la tienne | les tiens | les tiennes |
| **à lui / à elle** | le sien | la sienne | les siens | les siennes |
| **à nous** | le nôtre | la nôtre | les nôtres | les nôtres |
| **à vous** | le vôtre | la vôtre | les vôtres | les vôtres |
| **à eux / à elles** | le leur | la leur | les leurs | les leurs |

Exemples :
*Tu peux me prêter ta voiture ? **La mienne** est en panne.*
*Notre drapeau est bleu, blanc, rouge, et **le vôtre** ?*
*Mon fils a 18 ans. Et **le sien** ? Il est plus âgé, n'est-ce pas ?*

## 5 Les pronoms *en* et *y*

• ***En*** remplace (ou reprend) le complément d'un verbe introduit par la préposition *de*.
Il peut donc :
– faire référence à un lieu et indiquer l'origine, la provenance ;
Exemple : *Je viens de Paris. → J'**en** viens.*
– faire référence à des objets ou des êtres inanimés.
Exemple : *J'ai besoin d'un livre. → J'**en** ai besoin.*
⚠ Si on fait référence à des personnes, on dit :

| | |
|---|---|
| | de moi. |
| J'ai besoin | de toi. |
| Je m'occupe | de lui / d'elle. |
| On parle | de nous. |
| | de vous. |
| | d'eux / d'elles. |

Rappel : ***en*** peut faire référence à un nom (produit, objet ou être inanimé, mais aussi être vivant) associé à une notion de quantité.
Exemples :
*Tu veux du sucre ? → Oui, j'**en** veux.*
*Combien de frères as-tu ? → J'**en** ai **un**. / Je n'**en** ai **pas**.*
*Il y a déjà des gens dans la salle ? → Oui, il y **en** a **beaucoup**.*

• ***Y*** remplace le complément d'un verbe introduit par la préposition *à*.
Il peut donc :
– faire référence au lieu où l'on est ou au lieu où l'on va (= la destination) ;
Exemples :
*Je reste à Paris / dans Paris. → J'**y** reste.*
*Je vais à Paris / dans Paris. → J'**y** vais.*
– faire référence à des objets, des êtres inanimés.
Exemples :
*Je m'intéresse à la littérature. → Je m'**y** intéresse.*
*Je pense à mes vacances. → J'**y** pense.*
⚠ Si l'on fait référence à des personnes, on dit :
*Je m'adresse **à** toi. – Je m'intéresse **à** lui. – Je pense **à** eux.*

## 6 La place des pronoms personnels compléments

| Sujet | Pronoms objets indirects<br>À qui ? | Pronoms objets directs<br>Quoi ? | |
|---|---|---|---|
| Il | me<br>te<br>nous<br>vous | le (l')<br>la (l')<br>les | prête / envoie. |

| Sujet | Quoi ? | À qui ? | |
|---|---|---|---|
| Il | le<br>la<br>les | lui<br>leur | prête / envoie. |

Exemples : *Tu **me le** prêtes ? – Oui, je **te le** prête. – Il **le lui** prête.*
⚠ À l'impératif affirmatif :
*Prête-le-**moi**. – Prête-le-**nous**. – Prête-le-**lui**. – Prête-le-**leur**.*

## 7 Les pronoms et adverbes indéfinis

| | Qui ? | Quoi ? | Où ? |
|---|---|---|---|
| **Forme affirmative** | quelqu'un | quelque chose | quelque part |
| **Forme négative** | ne… personne | ne… rien | ne… nulle part |
| **Totalité** | tout le monde | tout | partout |

Exemples :

*Je vois **quelqu'un**.* ≠ *Je **ne** vois **personne**.*
***Quelqu'un** vient.* ≠ ***Personne ne** vient.*
*Je vois **quelque chose**.* ≠ *Je **ne** vois **rien**.*
***Quelque chose** est écrit.* ≠ ***Rien n'**est écrit.*
*Je vais **quelque part**.* ≠ *Je **ne** vais **nulle part**.*
*Je vois **tout le monde**.* ***Tout le monde** me voit.*
*Je vois **tout**.* ***Tout** me va.*
*Je vais **partout**.*

# LES ADJECTIFS

## 1 La place de l'adjectif

• En règle générale, l'adjectif est **placé après le nom**. C'est le cas notamment pour :
– les adjectifs de nationalité ;
Exemple : *un acteur **américain**.*
– les adjectifs de couleur et de forme ;
Exemples : *une voiture **grise** – une table **ronde**.*
– les adjectifs suivis d'un complément ;
Exemple : *un livre **agréable** à lire.*
– ainsi que les participes (présent ou passé) employés comme adjectifs.
Exemples : *un scénario **intéressant** – une actrice **connue**.*

• Les adjectifs suivants sont en règle générale **placés avant le nom** : *petit – grand – gros – bon – mauvais – vieux – jeune – nouveau – beau – joli – prochain – dernier – jeune – ancien.*
Exemples : *un **grand** moment – un **petit** rôle – un **vieux** film – une **jolie** histoire.*

⚠ Certains de ces adjectifs prennent un sens différent quand ils sont placés **après le nom**.
Exemples :
*– un **jeune** cinéaste = il débute dans le métier / un cinéaste **jeune** = il n'est pas vieux ;*
*– une **bonne** critique = une critique favorable / un homme **bon** (quand on parle de personnes seulement) = un homme qui a de la bonté ;*
*– un **mauvais** film = un film sans qualité / une personne **mauvaise** = une personne qui est méchante ;*
*– une salle **ancienne** = elle est vieille / une **ancienne** salle de cinéma = ce n'est plus une salle de cinéma, sa fonction a changé.*

⚠ Les adjectifs ***prochain*** et ***dernier*** sont placés **après le nom** quand il s'agit d'un terme temporel (jours de la semaine, semaine, mois, an / année).
Exemples :
*Il travaille à son **prochain** film. – Son film sort la semaine **prochaine**.*
*Son **dernier** film remporte un gros succès. – Son film est sorti mercredi **dernier**.*

Cas particuliers

Les adjectifs *vieux*, *nouveau* et *beau* ont une forme irrégulière au masculin singulier quand ils sont suivis d'un nom commençant par une voyelle ou un *h* muet.
Exemples : *un **vieil** homme – un **bel** endroit – un **nouvel** acteur.*

## 2 *Des* + adjectif + nom

L'article indéfini ***des*** devient ***de*** quand il est suivi d'un adjectif.
Exemples : ***des** acteurs américains / **de** bons acteurs américains – **des** critiques sévères / **de** mauvaises critiques.*

# LA COMPARAISON

## 1 Les comparatifs

| | La comparaison porte sur | | | |
|---|---|---|---|---|
| | la quantité | | la qualité | |
| | Nom | Verbe | Adjectif | Adverbe |
| + | Vous avez **plus d'**amis **qu'**avant ? | Vous vous parlez **plus qu'**avant ? | Vous avez une vie **plus** agréable **qu'**avant ? | Vous vous voyez **plus** souvent **qu'**avant ? |
| = | Vous avez **autant d'**amis **qu'**avant ? | Vous vous parlez **autant qu'**avant ? | Vous avez une vie **aussi** agréable **qu'**avant ? | Vous vous voyez **aussi** souvent **qu'**avant ? |
| – | Vous avez **moins d'**amis **qu'**avant ? | Vous vous parlez **moins qu'**avant ? | Vous avez une vie **moins** agréable **qu'**avant ? | Vous vous voyez **moins** souvent **qu'**avant ? |

⚠

L'adjectif ***bon*** → ***meilleur***. Exemple : *J'ai une **meilleure** qualité de vie.*
L'adverbe ***bien*** → ***mieux***. Exemple : *On vit **mieux** ici.*

## 2 Les superlatifs

| | Avec un nom | Avec un verbe | Avec un adjectif | Avec un adverbe |
|---|---|---|---|---|
| + | C'est la ville qui offre **le plus de** divertissements. | C'est la ville où on gagne **le plus**. | C'est la ville **la plus** agréable.<br>C'est le quartier **le plus** agréable. | C'est la ville où l'on circule **le plus** facilement. |
| – | C'est la ville qui offre **le moins de** divertissements. | C'est la ville où on gagne **le moins**. | C'est la ville **la moins** agréable. | C'est la ville où l'on circule **le moins** facilement. |

L'adjectif ***bon*** → *C'est **la meilleure** qualité de vie.*
L'adverbe ***bien*** → *C'est la ville où on vit **le mieux**.*

# LES ADVERBES

Un adverbe est un mot invariable utilisé pour apporter une précision sur un verbe, un adjectif ou un autre adverbe. Certains adverbes sont utilisés pour structurer un texte en indiquant la succession des faits (voir *La construction du discours*, page 185).

## 1 Les types d'adverbes

| Adverbes de manière | Adverbes de temps, de fréquence | Adverbes de quantité, d'intensité | Adverbes de lieu |
|---|---|---|---|
| comme – comment – bien – mal – mieux – vite<br>*Les adverbes en* -ment *:* affectueusement – librement... | maintenant – autrefois – déjà – tôt – tard toujours – souvent – parfois – quelquefois – rarement – jamais | beaucoup – peu – très – assez – plutôt – trop | devant – derrière – dessus – dessous – partout – ici – là |

## 2 La formation des adverbes en *-ment*

| | | |
|---|---|---|
| **Règle générale :**<br>adjectif au féminin + *-ment* | | positive – positive**ment**<br>heureuse – heureuse**ment**<br>complète – complète**ment** |
| **Adjectifs finissant** | par *-ant* : *-amment*<br>par *-ent* : *-emment* | brillant → brillamment<br>récent → récemment |

| | |
|---|---|
| **Adjectifs finissant** par *-i*, *-é*, *-u* :<br>adjectif au masculin + *-ment* | poli → poliment – vrai → vraiment<br>aisé → aisément – absolu → absolument |
| **Formes irrégulières** | gentil → gentiment<br>précis → précisément<br>bref → brièvement |

## 3 La place des adverbes

Les adverbes se placent :
– **après** un verbe conjugué à un temps simple ;
Exemple : *Il joue **également** des rôles comiques.*
– **entre les deux parties** du verbe aux temps composés, pour les adverbes *assez*, *beaucoup*, *trop*, *toujours*, *bien*, *mal*, *mieux*, *déjà* ;
Exemples : *Il a **toujours** tourné avec le même réalisateur. – Il a **déjà** fait du théâtre.*
– devant un adjectif ;
Exemple : *Il est **assez** bon dans ce rôle.*
– devant un autre adverbe.
Exemple : *Il est **trop** tôt pour connaître le palmarès.*

# LES EXPRESSIONS TEMPORELLES

| | | |
|---|---|---|
| **Pour indiquer une heure** | ***à*** | Rendez-vous **à** huit heures. |
| **Pour indiquer un mois, une année** | ***en*** | C'était **en** juin, **en** 2005. |
| **Pour indiquer l'origine d'une situation qui dure encore** | ***depuis*** | Je suis ici **depuis** trois mois. |
| **Pour indiquer une durée dans sa totalité** | ***pendant*** | On s'est vus **pendant** six semaines. |
| **Pour situer un évènement dans le passé (par rapport au moment présent)** | ***il y a*** | Je l'ai rencontré **il y a** deux jours. |
| **Pour situer un évènement dans le futur (par rapport au moment présent)** | ***dans*** | Je reviendrai **dans** six mois. |
| **Pour marquer un point de départ** | ***à partir de*** | La circulation est bloquée **à partir de** huit heures. |
| **Pour indiquer le moment / l'évènement qui entraîne / permet l'apparition d'une action** | ***dès*** | Le film a rencontré un grand succès **dès** sa sortie.<br>La circulation est bloquée **dès** huit heures. |
| **Pour marquer une limite temporelle** | ***jusqu'à*** | Le magasin est ouvert **jusqu'à** vingt heures. |
| **Pour indiquer une durée envisagée (voyage, contrat)** | ***pour*** | J'ai été engagé à l'essai **pour** six mois.<br>Sauf imprévu, je pars en Chine **pour** un an. |
| **Pour marquer la succession de faits**<br>(voir aussi *La construction du discours*, page 185) | ***d'abord***<br>***ensuite***<br>***puis***<br>***enfin*** | **D'abord**, il a exercé le métier d'aide soignant, **ensuite** il est devenu urgentiste, **puis** chirurgien, **enfin** il a choisi de devenir écrivain ! |

*La circulation est bloquée **à partir de** huit heures.* = Les problèmes de circulation commencent à huit heures.
*La circulation est bloquée **dès** huit heures.* = Il est huit heures et instantanément les problèmes de circulation commencent.

# LE VERBE

## 1 Les différents modes

• Avec **l'indicatif**, on présente l'action comme objective, réelle.
• Avec **le subjonctif**, on indique qu'on se représente l'action :
– on l'interprète comme nécessaire, souhaitable, possible ;
– OU on l'apprécie (jugements, sentiments).
• Avec **l'impératif**, on demande / dit de faire une action, on donne un ordre, un conseil.
• Avec **le conditionnel**, on présente un fait comme hypothétique ou irréel et conséquence d'une condition (exprimée ou pas).

## 2 Les différents temps

| Mode | Temps simples | Temps composés |
|---|---|---|
| **Indicatif** | Présent : je pars.<br>Imparfait : je partais.<br>Futur : je partirai. | Passé composé : je suis parti(e).<br>Plus-que-parfait : j'étais parti(e).<br>Futur antérieur* : je serai parti(e). |
| **Subjonctif** | Présent : que je parte. | Passé* : que je sois parti(e). |
| **Conditionnel** | Présent : je partirais. | Passé : je serais parti(e). |
| | | → Les temps composés indiquent une action **accomplie**. |

* Ces temps n'ont pas été encore étudiés.

## 3 La formation du conditionnel présent

Pour tous les verbes : **base du futur + terminaisons de l'imparfait.**
Exemple :

| Infinitif | Base du futur | + terminaison de l'imparfait | = conditionnel présent |
|---|---|---|---|
| boire | je **boir**ai | **-ais** | **je boirais** |

## 4 La formation du subjonctif présent

Pour tous les verbes :

| Pour *je, tu, il / elle, ils / elles* | | |
|---|---|---|
| **Base de l'indicatif présent à la 3e personne du pluriel** | **+ terminaisons** | **= subjonctif présent** |
| ils **boiv**ent | (je) **-e**<br>(tu) **-es**<br>(il / elle) **-e**<br>(ils / elles) **-ent** | (il faut) **que je boive**<br>(il faut) **que tu boives**<br>(il faut) **qu'il / elle boive**<br>(il faut) **qu'ils / elles boivent** |
| **Pour *nous* et *vous*** | | |
| **Forme de l'imparfait** | **=** | **subjonctif présent** |
| (nous) buv**ions**<br>(vous) buv**iez** | (il faut) **que nous partions**<br>(il faut) **que vous partiez** | |

Formes irrégulières

*avoir → qu'il /elle **ait***
*être → qu'il /elle **soit***
*vouloir → que je **veuille***
*aller → que **j'aille***
*pouvoir → que je **puisse***
*savoir → que je **sache***
*faire → que je **fasse***

Se reporter aux tableaux des conjugaisons, pages 189-193.

## 5 La formation des temps composés (voir tableaux de conjugaison p. 189-193)

| | Le participe passé s'accorde avec le sujet. | Le participe passé s'accorde avec le COD placé avant le verbe.** |
|---|---|---|
| **Auxiliaire** | être | avoir |
| **Type de verbes** | **les 15 verbes* et les verbes pronominaux** | **tous les autres verbes** |
| **Passé composé** | je **suis** né(e)<br>je me **suis** endormi(e) | j'**ai** vu |
| **Plus-que-parfait** | j'**étais** né(e)<br>je m'**étais** endormi(e) | j'**avais** vu |
| **Conditionnel passé** | je **serais** né(e)<br>je me **serais** endormi(e) | j'**aurais** vu |
| **Infinitif passé** | **être** né(e) – **s'être** endormi(e) | **avoir** vu |

* *aller ≠ venir – monter ≠ descendre – entrer ≠ sortir – arriver ≠ partir – naître ≠ mourir – passer – retourner* (sens de déplacement) *– rester – devenir – tomber*
** Exemple : *J'ai vu une femme à l'arrière de la moto, elle était blonde.*
→ *La femme* ***que*** *j'ai vu****e*** *à l'arrière de la moto était blonde.*

## 6 La formation du participe passé

• En règle générale, les verbes en -ER ont un participe passé **en *-é*** :
*regarder – rencontrer – aimer – arriver → regardé – rencontré – aimé – arrivé.*

• En règle générale, les verbes en -IR ont un participe passé **en *-i*** :
*finir – réunir → fini – réuni* *sortir – partir – dormir → sorti – parti – dormi*
Exceptions : *offrir – souffrir – ouvrir – couvrir – découvrir → offert – souffert – ouvert – couvert – découvert.*

• Les autres verbes peuvent avoir un participe passé en :

| | |
|---|---|
| ***-u*** | pouvoir – devoir – pleuvoir – savoir – apercevoir – concevoir – recevoir → pu – dû – plu – su – aperçu – conçu – reçu<br>boire – croire → bu – cru<br>taire – plaire → tu – plu<br>lire → lu<br>tenir – obtenir – venir → tenu – obtenu – venu |
| ***-i*** | suivre – poursuivre – rire → suivi – poursuivi – ri |
| ***-is*** | comprendre – prendre – surprendre – apprendre → compris – pris – surpris – appris |
| ***-t*** | dire – produire – construire – écrire – faire → dit – produit – construit – écrit – fait<br>craindre – peindre – éteindre – rejoindre → craint – peint – éteint – rejoint |
| **Autres formes irrégulières** | avoir → eu    être → été<br>vivre → vécu    mourir → mort |

## 7 La formation du participe présent

Pour tous les verbes : **base de la 1re personne pluriel du présent + *ant*.**
Exemples :
*lire* (nous ***lis****ons*) → ***lis****ant*
*apprendre* (nous ***appren****ons*) → ***appren****ant*
*faire* (nous ***fais****ons*) → ***fais****ant*
*dire* (nous ***dis****ons*) → ***dis****ant*
Exceptions : ***étant*** *(être) –* ***ayant*** *(avoir) –* ***sachant*** *(savoir).*

## 8 Le gérondif

- On forme le gérondif avec ***en* + le participe présent.**
- Le gérondif peut indiquer **la manière** (comment ?) ou **le temps** (quand ?).
- Il indique toujours une action simultanée à celle du verbe principal et le sujet des deux verbes est identique.

Exemples :
*Vous allez vivre un week-end inoubliable **en découvrant** Barcelone. (Comment ?)*
*Vous donnerez votre nom **en arrivant** à l'hôtel. (Quand ?)*

## 9 Indicatif ou subjonctif ?

| Pour exprimer : | On utilise : |
|---|---|
| un constat | Je sais / Je constate / Je suis conscient / Je vois que tout **va** mal. |
| une opinion | Je pense / Je crois / Je trouve que tout **va** mal. |
| une probabilité | Il est probable que tout **ira** mal. |
| une certitude | Je suis sûr / certain / convaincu / persuadé que tout **va** / **ira** mal. |
| un espoir | J'espère que tout **ira** bien. |
| | → **+ indicatif** |
| **Pour exprimer :** | **On utilise :** |
| une possibilité | Il est possible que tout **aille** bien. |
| un doute | Je ne crois pas / Je ne pense pas que tout **aille** bien.<br>Ça m'étonnerait / Il est peu probable* que tout **aille** bien. |
| une impossibilité | Il est impossible* que tout **aille** bien. |
| un souhait | Je souhaite / J'aimerais / Je voudrais que tout **aille** bien. |
| une crainte | Je crains / J'ai peur que tout **aille** mal. |
| un regret | Je regrette / Je suis désolé que tout **aille** mal. |
| une volonté | Je demande / Je préfère / Je veux / J'ordonne / Je propose que tout **aille** bien.<br>J'ordonne / Je propose que vous **partiez** demain. |
| une nécessité, une obligation | Il faut / Il est nécessaire / essentiel / indispensable que tout **aille** bien. |
| un but | J'agis **pour que / afin que** tout **aille** bien. |
| | → **+ subjonctif** |

* ***Il est* + adjectif** permet d'exprimer des idées et des sentiments : *il est nécessaire – il est obligatoire – il est urgent – il est essentiel – il est formidable – il est triste...*
***Il est* + adjectif** est suivi de ***que*** quand le sujet est exprimé pour le deuxième verbe.
Exemples : *Il est nécessaire **que vous** parti**ez**. – Il est probable /certain **que vous** parti**rez**.*
***Il est* + adjectif** est suivi de ***de* + verbe infinitif** quand le sujet du deuxième verbe n'est pas exprimé.
Exemple : *Il est nécessaire **de partir**.*

***Je suis / Il est / Nous sommes...* + adjectif** est suivi de ***que*** avec un sujet différent pour le deuxième verbe.
Exemples : ***Je** suis triste **que tu partes**. – **Il** est content **qu'elle vienne**. – Je suis certain **qu'elle viendra**.*
***Je suis / Il est / Nous sommes...* + adjectif** est suivi de ***de* + infinitif** quand le sujet est le même pour le deuxième verbe.
Exemples : ***Je** suis triste **de partir**. – **Il** est content **de venir**. – **Je** suis certain **de venir**.*

## 10 Les temps du récit au passé

| Le passé composé pour : | Exemples |
|---|---|
| parler d'un évènement (action accomplie) | J'ai acheté une voiture l'année dernière. |
| parler d'une succession d'évènements | Je l'ai croisé. – Il m'a souri. – Il est venu vers moi... |
| **L'imparfait pour :** | **Exemples** |
| donner des précisions sur le décor, les circonstances d'un évènement, d'une situation | Il faisait beau. |
| donner des précisions sur un état | J'étais heureuse. |
| donner des précisions sur une action en cours | Je me promenais. |
| parler d'actions qui se répètent, d'habitudes passées | Chaque année, on se voyait pendant les vacances. |
| parler d'actions récurrentes / habituelles dans le passé ou de situations passées | Avant, tout le monde se connaissait.<br>Autrefois, on voyageait moins que maintenant. |
| **Le plus-que-parfait pour :** | **Exemple** |
| parler d'un fait accompli, antérieur à un autre fait passé | Je suis parti en Espagne, j'y **étais** déjà **allé**, il y a deux ans. |
| ***Venir de* à l'imparfait + infinitif pour :** | **Exemple** |
| indiquer une action juste accomplie dans un récit au passé | Je venais d'arriver quand elle m'a appelé. |
| ***Aller* à l'imparfait + infinitif pour :** | **Exemple** |
| indiquer une action imminente dans un récit au passé | J'allais sortir quand elle m'a appelé. |

## 11 Le conditionnel

C'est le mode de l'imaginaire : il sert à évoquer des faits hypothétiques ou irréels, des rêves.

| Le conditionnel présent pour : | Exemples |
|---|---|
| évoquer des faits hypothétiques ou irréels | Avec un million d'euros, je m'arrêterais de travailler et je ferais le tour du monde. |
| présenter des projets en cours d'élaboration | Ce serait un grand jeu, les gagnants verseraient 20 % de leurs gains à des associations humanitaires. |
| faire des suggestions | On pourrait + *infinitif...*<br>Il faudrait + *infinitif...* |
| faire des demandes polies | Pourriez-vous... ?<br>Je voudrais... |
| **Le conditionnel passé pour :** | **Exemples** |
| imaginer une situation autre que ce qui s'est réellement passé | Vous auriez pu me faire mal !*<br>J'aurais pu tomber.* |
| exprimer le regret | J'aurais voulu être un artiste. |
| exprimer le reproche | Vous auriez pu / dû me le dire !**<br>Vous auriez dû / pu me prévenir !** |

* Il est aussi possible, dans ce cas, d'utiliser le verbe *faillir* au passé composé.
Exemples :
*Vous auriez pu me faire mal. = Vous avez failli me faire mal.*
*J'aurais pu tomber. = J'ai failli tomber.*
** Il est aussi possible d'utiliser le verbe *falloir* à l'imparfait + infinitif.
Exemples :
*Vous **auriez pu / dû** me le dire ! = **Il fallait** me le dire !*
*Vous **auriez dû** me prévenir != **Il fallait** me prévenir !*

# L'EXPRESSION DE L'HYPOTHÈSE

| L'hypothèse porte sur : | Structures | Exemples |
|---|---|---|
| le futur<br>(la condition est réalisable) | | Tu as de la chance en ce moment, si tu **joues** au Loto, tu **gagneras** peut-être ! |
| le futur<br>(la condition est considérée peu plausible) | ***Si* + imparfait – conditionnel présent** | Si tu **jouais** au Loto la semaine prochaine, tu **gagnerais** peut-être. |
| le présent<br>(la condition n'est pas réalisable) | ***Si* + imparfait – conditionnel présent**<br>(= l'irréel du présent) | Si j'**avais** encore vingt ans, je **ferais** le tour du monde à vélo, mais je suis trop vieux maintenant. |
| le passé<br>(la condition ne s'est pas réalisée / est le contraire de ce qui s'est réellement passé) | ***Si* + plus-que-parfait – conditionnel présent** (= l'irréel du présent) pour une conséquence dans le présent<br>OU<br>***Si* + plus-que-parfait – conditionnel passé**<br>(= l'irréel du passé) pour une conséquence dans le passé | Si je n'**avais** pas **raté** mon train, nous ne **serions** pas mariés à l'heure actuelle.<br><br>Si je n'**avais** pas **raté** mon train, je ne t'**aurais** jamais **rencontrée**. |

# L'EXPRESSION DE LA CAUSE

| | On utilise : | Exemples |
|---|---|---|
| **Cause sans nuance particulière** | *parce que* + phrase à l'indicatif | Je n'ai pas acheté ce livre **parce qu'**il est trop cher. |
| **Cause déjà connue ou évidente** | *puisque* + phrase à l'indicatif | **Puisque** tu trouves que ce livre est trop cher, ne l'achète pas ! |
| **Cause mise en avant** | *comme* | **Comme** ce livre est trop cher, je ne l'ai pas acheté. |
| **Cause négative ou neutre** | *à cause de* + un nom / un pronom | Je n'ai pas acheté ce livre **à cause de** son prix. |
| **Cause positive** | *grâce à* + un nom / un pronom | J'ai découvert la littérature **grâce à** lui. |
| **Pour justifier une affirmation**<br>(voir aussi *La construction du discours*, page 185) | *en effet* | Les deux films sont excellents mais je choisis le premier. **En effet**, c'est celui qui me paraît le plus original. |

# L'EXPRESSION DE LA CONSÉQUENCE

| | | |
|---|---|---|
| **Conséquence logique** | *donc* | Il voulait faire ce voyage en prenant son temps ; il a **donc** privilégié les rencontres. |
| **Conséquence / Succession** | *alors* | Il l'a vue de loin, **alors** il s'est approché d'elle. |
| **Dans un discours oral structuré ou à l'écrit**<br>(voir aussi *La construction du discours*, page 185) | *c'est pourquoi / c'est pour cette raison que* | Je n'ai pas vu le feu rouge **c'est pourquoi / c'est pour cette raison que / c'est pour ça que*** je ne me suis pas arrêté. |

* *C'est pour ça que* : à l'oral uniquement.

## L'EXPRESSION DU BUT

| | |
|---|---|
| *pour que / afin que* + phrase au subjonctif | Nous luttons **afin que / pour que** tous les enfants puissent aller à l'école. |
| *pour / afin de* + infinitif (quand les sujets des deux verbes sont identiques) | Nous agissons **afin de / pour** aider les autres. |
| *pour* + nom | Nous agissons **pour** le bien de tous. |

## LA CONSTRUCTION DU DISCOURS

| Pour : | On utilise : | Exemples |
|---|---|---|
| souligner une priorité<br>apporter une précision<br>classifier | *avant tout*<br>*plus précisément*<br>*d'une part / d'autre part* | Je voudrais **avant tout** m'adresser à vous et **plus précisément** aux jeunes, **d'une part** à ceux qui apprennent à conduire, **d'autre part** à ceux qui ont déjà leur permis. |
| opposer / mettre en contraste | *d'un côté / d'un autre côté* | Je sais que **d'un côté** il y a ceux qui respectent le code de la route et **d'un autre côté**, ceux qui n'ont pas encore conscience de tous les dangers. |
| justifier une affirmation (voir aussi *L'expression de la cause*, page 184) | *en effet* | **En effet**, ce sont surtout les jeunes qui provoquent des accidents ou bien qui en sont victimes. |
| conclure (voir aussi *L'expression de la conséquence*, page 184) | *c'est pourquoi* | **C'est pourquoi** il est important que vous suiviez tous ce stage de la prévention routière. |
| marquer une succession de faits | *d'abord*<br>*ensuite*<br>*puis*<br>*enfin* | **D'abord** j'ai fait une école d'ingénieur, **ensuite** j'ai travaillé dans une entreprise française en CDD, **puis** en CDI. **Enfin** j'ai choisi de monter ma propre entreprise. |

## LES RAPPORTS TEMPORELS

| Pour : | On utilise : | Exemples |
|---|---|---|
| marquer l'origine de l'action principale | *depuis que* + indicatif | Je lis beaucoup **depuis que** je suis inscrite dans une bibliothèque. |
| indiquer l'évènement qui précède et entraîne l'apparition immédiate de l'action principale | *dès que* + indicatif | Je lis **dès que** j'ai un moment libre.<br>Les livres, c'est devenu ma passion **dès que** j'ai su lire. |
| indiquer la limite finale de l'action principale | *jusqu'à ce que* + subjonctif | Tous les soirs, je lis dans mon lit **jusqu'à ce que** je m'endorme. |
| indiquer la chronologie | *avant de* + infinitif<br>*après* + infinitif passé | Sonnez **avant d'**entrer.<br>Entrez **après** avoir sonné. |

## LES TRANSFORMATIONS DE LA PHRASE

### 1 La question inversée

Dans un écrit formel, on utilise de préférence la forme inversée de la question.

**Interrogation totale (questions fermées)**

| | Questions standard | Questions inversées |
|---|---|---|
| **Temps simples**<br>questions formées avec un pronom sujet | Est-ce que **vous** voyagez ?<br>Est-ce qu'**il** voyage ?<br>Est-ce que **vous vous** adaptez ?<br>Est-ce qu'**il** s'adapte ? | Voyagez-**vous** ?<br>Voyage-**t-il** ?<br>**Vous** adaptez-**vous** ?<br>**S'**adapte-**t-il** ? |

| | | |
|---|---|---|
| questions formées avec un nom sujet | Est-ce que **son ami** voyage ?<br>Est-ce que **son ami** s'adapte ? | **Son ami** voyage-**t-il** ?<br>**Son ami** s'adapte-**t-il** ? |
| **Temps composés**<br>questions formées avec un pronom sujet | Est-ce que **vous** avez voyagé ?<br>Est-ce qu'**il** a voyagé ?<br>Est-ce que **vous vous** êtes adapté(s) ?<br>Est-ce qu'**il s'**est adapté ? | Avez-**vous** voyagé ?<br>A-**t-il** voyagé ?<br>**Vous** êtes-**vous** adapté(s) ?<br>**S'**est-**il** adapté ? |
| questions formées avec un nom sujet | Est-ce que **son ami** a voyagé ?<br>Est-ce que **son ami s'**est adapté ? | **Son ami** a-**t-il** voyagé ?<br>**Son ami s'**est-**il** adapté ? |

### Interrogation partielle (questions ouvertes)

Dans la forme inversée, le pronom ou l'adverbe interrogatif se place en début de phrase et l'ordre des éléments reste le même.
Exemples : *Avec qui avez-vous voyagé ? – Comment s'adapte-t- il ? – Quand son ami a-t-il voyagé ?*

⚠ On ajoute ***-t-*** entre le verbe et les pronoms *il*, *elle* ou *on* quand ce verbe finit par une voyelle.
Exemples : ***S'****adapte-****t-il*** *? – Votre vision de la France a-****t-****elle évolué ?*

## 2 Le passif

**Voix active :** *Le malfaiteur a agressé la victime.*
**Voix passive :** *La victime a été agressée par le malfaiteur.*

• La transformation d'une phrase active en phrase passive peut se faire avec les verbes de construction directe :
– le complément d'objet direct devient le sujet du verbe ;
– l'auteur de l'action devient le complément d'agent introduit par la préposition *par*.

• La forme passive du verbe est formée avec *être* (au même temps que le verbe de la phrase active) + le participe passé qui s'accorde avec le sujet.

• On peut ne pas exprimer le complément d'agent.
Exemple : *Treize personnes ont été blessées.*

## 3 La nominalisation

• La nominalisation d'une phrase verbale consiste à utiliser un nom pour résumer l'essentiel de l'information. Ce procédé est très utilisé dans la presse.
Exemples :
*Le dollar a baissé.* → *Baisse du dollar.*
*Les salaires ont été augmentés de 1 %.* → *Augmentation des salaires de 1 %.*

• Noms formés à partir d'un verbe (liste partielle) :

| Verbes | Noms |
|---|---|
| commencer | le commencement |
| débuter | le début |
| finir | la fin |
| arriver | l'arrivée |
| partir | le départ |
| entrer | l'entrée |
| sortir | la sortie |
| vaincre | la victoire |
| augmenter | l'augmentation |
| diminuer | la diminution |
| changer | le changement |
| manifester | la manifestation |

| Verbes | Noms |
|---|---|
| élire | l'élection |
| disparaître | la disparition |
| développer | le développement |
| construire | la construction |
| multiplier | la multiplication |
| préparer | la préparation |
| classer | le classement |
| télécharger | le téléchargement |
| écrire | l'écriture |
| éduquer | l'éducation |
| apprendre | l'apprentissage |

• Certaines terminaisons indiquent le genre des noms (voir page 174).

## 4 La mise en relief

• Pour mettre en valeur le sujet :
***C'est** une ville **qui** est très dynamique.*

• Pour mettre en valeur le complément :
***C'est** un avantage **que** tout le monde recherche.*

• Pour mettre en relief une idée :
***Ce qui** me plaît, c'est le calme. – **Ce que** j'aime, c'est la campagne.*

## 5 Le discours indirect

### Dans le présent

Quand on passe des paroles d'origine aux paroles rapportées, les temps utilisés ne changent pas : mais attention aux termes introducteurs et aux changements de pronoms.

| Paroles directes | | Paroles indirectes |
|---|---|---|
| « Vous habitez ici ? » | → | Il lui demande **si** elle habite ici / là. |
| « Qu'est-ce que vous faites ? » | → | Il lui demande **ce qu'**elle fait. |
| « Chez qui (Où) allez-vous ? | → | Il lui demande chez qui (où) elle va. |
| « Ne restez pas ici ! » | → | Il lui demande / dit **de** ne pas rester ici / là. |
| « J'aime mon métier. » | → | Il lui dit **qu'**il aime son métier. |

### Dans le passé

Pour rapporter des paroles dans le passé, on doit :
– utiliser un verbe introducteur à un temps du passé ;
– appliquer la règle de concordance des temps.

| Paroles directes | | Paroles indirectes |
|---|---|---|
| « Je change de profession. » | présent → imparfait | Il lui a dit qu'il changeait de profession. |
| « J'ai changé de profession. » | passé composé → plus-que-parfait | Il lui a dit qu'il avait changé de profession. |
| « Je vais changer de profession. » | futur proche → verbe *aller* à l'imparfait + infinitif (futur proche dans le passé) | Il lui a dit qu'il allait changer de profession. |
| « Je changerai de profession. » | futur simple → conditionnel (futur dans le passé) | Il lui a dit qu'il changerait de profession. |

 Pas de changement de temps avec l'imparfait et le conditionnel.
Exemples :
*« Je rêvais de changer de profession. » → Il lui a dit qu'il rêvait de changer de profession.*
*« Si c'était possible, je changerais de profession. » → Il lui a dit qu'il changerait de profession, si c'était possible.*

# Tableaux de conjugaisons

| | AUXILIAIRES | | VERBES À 1 BASE | | |
|---|---|---|---|---|---|
| | **Être** | **Avoir** | **Parler** | **Ouvrir** | **Entendre** |
| **PRÉSENT** | je suis<br>tu es<br>il/elle est<br>nous sommes<br>vous êtes<br>ils/elles sont | j'ai<br>tu as<br>il/elle a<br>nous avons<br>vous avez<br>ils/elles ont | je **parl**e<br>tu **parl**es<br>il/elle **parl**e<br>nous **parl**ons<br>vous **parl**ez<br>ils/elles **parl**ent | j'**ouvr**e<br>tu **ouvr**es<br>il/elle **ouvr**e<br>nous **ouvr**ons<br>vous **ouvr**ez<br>ils/elles **ouvr**ent | j'**entend**s<br>tu **entend**s<br>il/elle **entend**<br>nous **entend**ons<br>vous **entend**ez<br>ils/elles **entend**ent |
| **PASSÉ COMPOSÉ** | j'ai été<br>tu as été<br>il/elle a été<br>nous avons été<br>vous avez été<br>ils/elles ont été | j'ai eu<br>tu as eu<br>il/elle a eu<br>nous avons eu<br>vous avez eu<br>ils/elles ont eu | j'ai parlé<br>tu as parlé<br>il/elle a parlé<br>nous avons parlé<br>vous avez parlé<br>ils/elles ont parlé | j'ai ouvert<br>tu as ouvert<br>il/elle a ouvert<br>nous avons ouvert<br>vous avez ouvert<br>ils/elles ont ouvert | j'ai entendu<br>tu as entendu<br>il/elle a entendu<br>nous avons entendu<br>vous avez entendu<br>ils/elles ont entendu |
| **IMPARFAIT** | j'étais<br>tu étais<br>il/elle était<br>nous étions<br>vous étiez<br>ils/elles étaient | j'avais<br>tu avais<br>il/elle avait<br>nous avions<br>vous aviez<br>ils/elles avaient | je parlais<br>tu parlais<br>il/elle parlait<br>nous parlions<br>vous parliez<br>ils/elles parlaient | j'ouvrais<br>tu ouvrais<br>il/elle ouvrait<br>nous ouvrions<br>vous ouvriez<br>ils/elles ouvraient | j'entendais<br>tu entendais<br>il/elle entendait<br>nous entendions<br>vous entendiez<br>ils/elles entendaient |
| **PLUS-QUE-PARFAIT** | j'avais été<br>tu avais été<br>il/elle avait été<br>nous avions été<br>vous aviez été<br>ils/elles avaient été | j'avais eu<br>tu avais eu<br>il/elle avait eu<br>nous avions eu<br>vous aviez eu<br>ils/elles avaient eu | j'avais parlé<br>tu avais parlé<br>il/elle avait parlé<br>nous avions parlé<br>vous aviez parlé<br>ils/elles avaient parlé | j'avais ouvert<br>tu avais ouvert<br>il/elle avait ouvert<br>nous avions ouvert<br>vous aviez ouvert<br>ils/elles avaient ouvert | j'avais entendu<br>tu avais entendu<br>il/elle avait entendu<br>nous avions entendu<br>vous aviez entendu<br>ils/elles avaient entendu |
| **FUTUR SIMPLE** | je serai<br>tu seras<br>il/elle sera<br>nous serons<br>vous serez<br>ils/elles seront | j'aurai<br>tu auras<br>il/elle aura<br>nous aurons<br>vous aurez<br>ils/elles auront | je parlerai<br>tu parleras<br>il/elle parlera<br>nous parlerons<br>vous parlerez<br>ils/elles parleront | j'ouvrirai<br>tu ouvriras<br>il/elle ouvrira<br>nous ouvrirons<br>vous ouvrirez<br>ils/elles ouvriront | j'entendrai<br>tu entendras<br>il/elle entendra<br>nous entendrons<br>vous entendrez<br>ils/elles entendront |
| **CONDITIONNEL PRÉSENT** | je serais<br>tu serais<br>il/elle serait<br>nous serions<br>vous seriez<br>ils/elles seraient | j'aurais<br>tu aurais<br>il/elle aurait<br>nous aurions<br>vous auriez<br>ils/elles auraient | je parlerais<br>tu parlerais<br>il/elle parlerait<br>nous parlerions<br>vous parleriez<br>ils/elles parleraient | j'ouvrirais<br>tu ouvrirais<br>il/elle ouvrirait<br>nous ouvririons<br>vous ouvririez<br>ils/elles ouvriraient | j'entendrais<br>tu entendrais<br>il/elle entendrait<br>nous entendrions<br>vous entendriez<br>ils/elles entendraient |
| **CONDITIONNEL PASSÉ** | j'aurais été<br>tu aurais été<br>il/elle aurait été<br>nous aurions été<br>vous auriez été<br>ils/elles auraient été | j'aurais eu<br>tu aurais eu<br>il/elle aurait eu<br>nous aurions eu<br>vous auriez eu<br>ils/elles auraient eu | j'aurais parlé<br>tu aurais parlé<br>il/elle aurait parlé<br>nous aurions parlé<br>vous auriez parlé<br>ils/elles auraient parlé | j'aurais ouvert<br>tu aurais ouvert<br>il/elle aurait ouvert<br>nous aurions ouvert<br>vous auriez ouvert<br>ils/elles auraient ouvert | j'aurais entendu<br>tu aurais entendu<br>il/elle aurait entendu<br>nous aurions entendu<br>vous auriez entendu<br>ils/elles auraient entendu |
| **SUBJONCTIF PRÉSENT** | que je sois<br>que tu sois<br>qu'il/elle soit<br>que nous soyons<br>que vous soyez<br>qu'ils/elles soient | que j'aie<br>que tu aies<br>qu'il/elle ait<br>que nous ayons<br>que vous ayez<br>qu'ils/elles aient | que je parle<br>que tu parles<br>qu'il/elle parle<br>que nous parlions<br>que vous parliez<br>qu'ils/elles parlent | que j'ouvre<br>que tu ouvres<br>qu'il/elle ouvre<br>que nous ouvrions<br>que vous ouvriez<br>qu'ils/elles ouvrent | que j'entende<br>que tu entendes<br>qu'il/elle entende<br>que nous entendions<br>que vous entendiez<br>qu'ils/elles entendent |

| VERBES À 2 BASES | | | | | |
|---|---|---|---|---|---|
| **Finir** | **Partir** | **Lire** | **Connaître** | **Mettre** | **Savoir** |
| je **fini**s<br>tu **fini**s<br>il/elle **fini**t<br>nous **finiss**ons<br>vous **finiss**ez<br>ils/elles **finiss**ent | je **par**s<br>tu **par**s<br>il/elle **part**<br>nous **part**ons<br>vous **part**ez<br>ils/elles **part**ent | je **li**s<br>tu **li**s<br>il/elle **lit**<br>nous **lis**ons<br>vous **lis**ez<br>ils/elles **lis**ent | je **connai**s<br>tu **connai**s<br>il/elle **connaît**<br>nous **connaiss**ons<br>vous **connaiss**ez<br>ils/elles **connaiss**ent | je **met**s<br>tu **met**s<br>il/elle **met**<br>nous **mett**ons<br>vous **mett**ez<br>ils/elles **mett**ent | je **sai**s<br>tu **sai**s<br>il/elle **sait**<br>nous **sav**ons<br>vous **sav**ez<br>ils/elles **sav**ent |
| j'ai fini<br>tu as fini<br>il/elle a fini<br>nous avons fini<br>vous avez fini<br>ils/elles ont fini | je suis parti(e)<br>tu es parti(e)<br>il/elle est parti(e)<br>nous sommes parti(e)s<br>vous êtes parti(e)s<br>ils/elles sont parti(e)s | j'ai lu<br>tu as lu<br>il/elle a lu<br>nous avons lu<br>vous avez lu<br>ils/elles ont lu | j'ai connu<br>tu as connu<br>il/elle a connu<br>nous avons connu<br>vous avez connu<br>ils/elles ont connu | j'ai mis<br>tu as mis<br>il/elle a mis<br>nous avons mis<br>vous avez mis<br>ils/elles ont mis | j'ai su<br>tu as su<br>il/elle a su<br>nous avons su<br>vous avez su<br>ils/elles ont su |
| je finissais<br>tu finissais<br>il/elle finissait<br>nous finissions<br>vous finissiez<br>ils/elles finissaient | je partais<br>tu partais<br>il/elle partait<br>nous partions<br>vous partiez<br>ils/elles partaient | je lisais<br>tu lisais<br>il/elle lisait<br>nous lisions<br>vous lisiez<br>ils/elles lisaient | je connaissais<br>tu connaissais<br>il/elle connaissait<br>nous connaissions<br>vous connaissiez<br>ils/elles connaissaient | je mettais<br>tu mettais<br>il/elle mettait<br>nous mettions<br>vous mettiez<br>ils/elles mettaient | je savais<br>tu savais<br>il/elle savait<br>nous savions<br>vous saviez<br>ils/elles savaient |
| j'avais fini<br>tu avais fini<br>il/elle avait fini<br>nous avions fini<br>vous aviez fini<br>ils/elles avaient fini | j'étais parti(e)<br>tu étais parti(e)<br>il/elle était parti(e)<br>nous étions parti(e)s<br>vous étiez parti(e)s<br>ils/elles parti(e)s | j'avais lu<br>tu avais lu<br>il/elle avait lu<br>nous avions lu<br>vous aviez lu<br>ils/elles avaient lu | j'avais connu<br>tu avais connu<br>il/elle avait connu<br>nous avions connu<br>vous aviez connu<br>ils/elles avaient connu | j'avais mis<br>tu avais mis<br>il/elle avait mis<br>nous avions mis<br>vous aviez mis<br>ils/elles avaient mis | j'avais su<br>tu avais su<br>il/elle avait su<br>nous avions su<br>vous aviez su<br>ils/elles avaient su |
| je finirai<br>tu finiras<br>il/elle finira<br>nous finirons<br>vous finirez<br>ils/elles finiront | je partirai<br>tu partiras<br>il/elle partira<br>nous partirons<br>vous partirez<br>ils/elles partiront | je lirai<br>tu liras<br>il/elle lira<br>nous lirons<br>vous lirez<br>ils/elles liront | je connaîtrai<br>tu connaîtras<br>il/elle connaîtra<br>nous connaîtrons<br>vous connaîtrez<br>ils/elles connaîtront | je mettrai<br>tu mettras<br>il/elle mettra<br>nous mettrons<br>vous mettrez<br>ils/elles mettront | je saurai<br>tu sauras<br>il/elle saura<br>nous saurons<br>vous saurez<br>ils/elles sauront |
| je finirais<br>tu finirais<br>il/elle finirait<br>nous finirions<br>vous finiriez<br>ils/elles finiraient | je partirais<br>tu partirais<br>il/elle partirait<br>nous partirions<br>vous partiriez<br>ils/elles partiraient | je lirais<br>tu lirais<br>il/elle lirait<br>nous lirions<br>vous liriez<br>ils/elles liraient | je connaîtrais<br>tu connaîtrais<br>il/elle connaîtrait<br>nous connaîtrions<br>vous connaîtriez<br>ils/elles connaîtraient | je mettrais<br>tu mettrais<br>il/elle mettrait<br>nous mettrions<br>vous mettriez<br>ils/elles mettraient | je saurais<br>tu saurais<br>il/elle saurait<br>nous saurions<br>vous sauriez<br>ils/elles sauraient |
| j'aurais fini<br>tu aurais fini<br>il/elle aurait fini<br>nous aurions fini<br>vous auriez fini<br>ils/elles auraient fini | je serais parti(e)<br>tu serais parti(e)<br>il/elle serait parti(e)<br>nous serions parti(e)s<br>vous seriez parti(e)s<br>ils/elles seraient parti(e)s | j'aurais lu<br>tu aurais lu<br>il/elle aurait lu<br>nous aurions lu<br>vous auriez lu<br>ils/elles auraient lu | j'aurais connu<br>tu aurais connu<br>il/elle aurait connu<br>nous aurions connu<br>vous auriez connu<br>ils/elles auraient connu | j'aurais mis<br>tu aurais mis<br>il/elle aurait mis<br>nous aurions mis<br>vous auriez mis<br>ils/elles auraient mis | j'aurais su<br>tu aurais su<br>il/elle aurait su<br>nous aurions su<br>vous auriez su<br>ils/elles auraient su |
| que je finisse<br>que tu finisses<br>qu'il/elle finisse<br>que nous finissions<br>que vous finissiez<br>qu'ils/elles finissent | que je parte<br>que tu partes<br>qu'il/elle parte<br>que nous partions<br>que vous partiez<br>qu'ils/elles partent | que je lise<br>que tu lises<br>qu'il/elle lise<br>que nous lisions<br>que vous lisiez<br>qu'ils/elles lisent | que je connaisse<br>que tu connaisses<br>qu'il/elle connaisse<br>que nous connaissions<br>que vous connaissiez<br>qu'ils/elles connaissent | que je mette<br>que tu mettes<br>qu'il/elle mette<br>que nous mettions<br>que vous mettiez<br>qu'ils/elles mettent | que je sache<br>que tu saches<br>qu'il/elle sache<br>que nous sachions<br>que vous sachiez<br>qu'ils/elles sachent |

| | VERBES À 2 BASES | | VERBES À 3 BASES | | |
|---|---|---|---|---|---|
| | **Voir** | **Craindre** | **Venir** | **Dire** | **Prendre** |
| **PRÉSENT** | je **voi**s<br>tu **voi**s<br>il/elle **voi**t<br>nous **voy**ons<br>vous **voy**ez<br>ils/elles **voi**ent | je **crain**s<br>tu **crain**s<br>il/elle **crain**t<br>nous **craign**ons<br>vous **craign**ez<br>ils/elles **craign**ent | je **vien**s<br>tu **vien**s<br>il/elle **vien**t<br>nous **ven**ons<br>vous **ven**ez<br>ils/elles **vienn**ent | je **di**s<br>tu **di**s<br>il/elle **di**t<br>nous **dis**ons<br>vous **dit**es<br>ils/elles **dis**ent | je **prend**s<br>tu **prend**s<br>il/elle **prend**<br>nous **pren**ons<br>vous **pren**ez<br>ils/elles **prenn**ent |
| **PASSÉ COMPOSÉ** | j'ai vu<br>tu as vu<br>il/elle a vu<br>nous avons vu<br>vous avez vu<br>ils/elles ont vu | j'ai craint<br>tu as craint<br>il/elle a craint<br>nous avons craint<br>vous avez craint<br>ils/elles ont craint | je suis venu(e)<br>tu es venu(e)<br>il/elle est venu(e)<br>nous sommes venu(e)s<br>vous êtes venu(e)s<br>ils/elles sont venu(e)s | j'ai dit<br>tu as dit<br>il/elle a dit<br>nous avons dit<br>vous avez dit<br>ils/elles ont dit | j'ai pris<br>tu as pris<br>il/elle a pris<br>nous avons pris<br>vous avez pris<br>ils/elles ont pris |
| **IMPARFAIT** | je voyais<br>tu voyais<br>il/elle voyait<br>nous voyions<br>vous voyiez<br>ils/elles voyaient | je craignais<br>tu craignais<br>il/elle craignait<br>nous craignions<br>vous craigniez<br>ils/elles craigniez | je venais<br>tu venais<br>il/elle venait<br>nous venions<br>vous veniez<br>ils/elles venaient | je disais<br>tu disais<br>il/elle disait<br>nous disions<br>vous disiez<br>ils/elles disaient | je prenais<br>tu prenais<br>il/elle prenait<br>nous prenions<br>vous preniez<br>ils/elles prenaient |
| **PLUS-QUE-PARFAIT** | j'avais vu<br>tu avais vu<br>il/elle avait vu<br>nous avions vu<br>vous aviez vu<br>ils/elles avaient vu | j'avais craint<br>tu avais craint<br>il/elle avait craint<br>nous avions craint<br>vous aviez craint<br>ils/elles avaient craint | j'étais venu(e)<br>tu étais venu(e)<br>il/elle était venu(e)<br>nous étions venu(e)s<br>vous étiez venu(e)s<br>ils/elles étaient venu(e)s | j'avais dit<br>tu avais dit<br>il/elle avait dit<br>nous avions dit<br>vous aviez dit<br>ils/elles avaient dit | j'avais pris<br>tu avais pris<br>il/elle avait pris<br>nous avions pris<br>vous aviez pris<br>ils/elles avaient pris |
| **FUTUR SIMPLE** | je verrai<br>tu verras<br>il/elle verra<br>nous verrons<br>vous verrez<br>ils/elles verront | je craindrai<br>tu craindras<br>il/elle craindra<br>nous craindrons<br>vous craindrez<br>ils/elles craindront | je viendrai<br>tu viendras<br>il/elle viendra<br>nous viendrons<br>vous viendrez<br>ils/elles viendront | je dirai<br>tu diras<br>il/elle dira<br>nous dirons<br>vous direz<br>ils/elles diront | je prendrai<br>tu prendras<br>il/elle prendra<br>nous prendrons<br>vous prendrez<br>ils/elles prendront |
| **CONDITIONNEL PRÉSENT** | je verrais<br>tu verrais<br>il/elle verrait<br>nous verrions<br>vous verriez<br>ils/elles verraient | je craindrais<br>tu craindrais<br>il/elle craindrait<br>nous craindrions<br>vous craindriez<br>ils/elles craindraient | je viendrais<br>tu viendrais<br>il/elle viendrait<br>nous viendrions<br>vous viendriez<br>ils/elles viendraient | je dirais<br>tu dirais<br>il/elle dirait<br>nous dirions<br>vous diriez<br>ils/elles diraient | je prendrais<br>tu prendrais<br>il/elle prendrait<br>nous prendrions<br>vous prendriez<br>ils/elles prendraient |
| **CONDITIONNEL PASSÉ** | j'aurais vu<br>tu aurais vu<br>il/elle aurait vu<br>nous aurions vu<br>vous auriez vu<br>ils/elles auraient vu | j'aurais craint<br>tu aurais craint<br>il/elle aurait craint<br>nous aurions craint<br>vous auriez craint<br>ils/elles auraient craint | je serais venu(e)<br>tu serais venu(e)<br>il/elle serait venu(e)<br>nous serions venu(e)s<br>vous seriez venu(e)s<br>ils/elles seraient venu(e)s | j'aurais dit<br>tu aurais dit<br>il/elle aurait dit<br>nous aurions dit<br>vous auriez dit<br>ils/elles auraient dit | j'aurais pris<br>tu aurais pris<br>il/elle aurait pris<br>nous aurions pris<br>vous auriez pris<br>ils/elles auraient pris |
| **SUBJONCTIF PRÉSENT** | que je voie<br>que tu voies<br>qu'il/elle voie<br>que nous voyions<br>que vous voyiez<br>qu'ils/elles voient | que je craigne<br>que tu craignes<br>qu'il/elle craigne<br>que nous craignions<br>que vous craigniez<br>qu'ils/elles craignent | que je vienne<br>que tu viennes<br>qu'il/elle vienne<br>que nous venions<br>que vous veniez<br>qu'ils/elles viennent | que je dise<br>que tu dises<br>qu'il/elle dise<br>que nous disions<br>que vous disiez<br>qu'ils/elles disent | que je prenne<br>que tu prennes<br>qu'il/elle prenne<br>que nous prenions<br>que vous preniez<br>qu'ils/elles prennent |

| | | | | VERBES À 4 BASES | |
|---|---|---|---|---|---|
| **Vouloir** | **Pouvoir** | **Devoir** | **Boire** | **Aller** | **Faire** |
| je **veu**x<br>tu **veu**x<br>il/elle **veu**t<br>nous **voul**ons<br>vous **voul**ez<br>ils/elles **veul**ent | je **peu**x<br>tu **peu**x<br>il/elle **peu**t<br>nous **pouv**ons<br>vous **pouv**ez<br>ils/elles **peuv**ent | je **doi**s<br>tu **doi**s<br>il/elle **doi**t<br>nous **dev**ons<br>vous **dev**ez<br>ils/elles **doiv**ent | je **boi**s<br>tu **boi**s<br>il/elle **boi**t<br>nous **buv**ons<br>vous **buv**ez<br>ils/elles **boiv**ent | je **vai**s<br>tu **va**s<br>il/elle **va**<br>nous **all**ons<br>vous **all**ez<br>ils/elles **v**ont | je **fai**s<br>tu **fai**s<br>il/elle **fai**t<br>nous **fais**ons<br>vous **fait**es<br>ils/elles **f**ont |
| j'ai voulu<br>tu as voulu<br>il/elle a voulu<br>nous avons voulu<br>vous avez voulu<br>ils/elles ont voulu | j'ai pu<br>tu as pu<br>il/elle a pu<br>nous avons pu<br>vous avez pu<br>ils/elles ont pu | j'ai dû<br>tu as dû<br>il/elle a dû<br>nous avons dû<br>vous avez dû<br>ils/elles ont dû | j'ai bu<br>tu as bu<br>il/elle a bu<br>nous avons bu<br>vous avez bu<br>ils/elles ont bu | je suis allé(e)<br>tu es allé(e)<br>il/elle est allé(e)<br>nous sommes allé(e)s<br>vous êtes allé(e)s<br>ils/elles sont allé(e)s | j'ai fait<br>tu as fait<br>il/elle a fait<br>nous avons fait<br>vous avez fait<br>ils/elles ont fait |
| je voulais<br>tu voulais<br>il/elle voulait<br>nous voulions<br>vous vouliez<br>ils/elles voulaient | je pouvais<br>tu pouvais<br>il/elle pouvait<br>nous pouvions<br>vous pouviez<br>ils/elles pouvaient | je devais<br>tu devais<br>il/elle devait<br>nous devions<br>vous deviez<br>ils/elles devaient | je buvais<br>tu buvais<br>il/elle buvait<br>nous buvions<br>vous buviez<br>ils/elles buvaient | j'allais<br>tu allais<br>il/elle allait<br>nous allions<br>vous alliez<br>ils/elles allaient | je faisais<br>tu faisais<br>il/elle faisait<br>nous faisions<br>vous faisiez<br>ils/elles faisaient |
| j'avais voulu<br>tu avais voulu<br>il/elle avait voulu<br>nous avions voulu<br>vous aviez voulu<br>ils/elles avaient voulu | j'avais pu<br>tu avais pu<br>il/elle avait pu<br>nous avions pu<br>vous aviez pu<br>ils/elles avaient pu | j'avais dû<br>tu avais dû<br>il/elle avait dû<br>nous avions dû<br>vous aviez dû<br>ils/elles avaient dû | j'avais bu<br>tu avais bu<br>il/elle avait bu<br>nous avions bu<br>vous aviez bu<br>ils/elles avaient bu | j'étais allé(e)<br>tu étais allé(e)<br>il/elle était allé(e)<br>nous étions allé(e)s<br>vous étiez allé(e)s<br>ils/elles étaient allé(e)s | j'avais fait<br>tu avais fait<br>il/elle avait fait<br>nous avions fait<br>vous aviez fait<br>ils/elles avaient fait |
| je voudrai<br>tu voudras<br>il/elle voudra<br>nous voudrons<br>vous voudrez<br>ils/elles voudront | je pourrai<br>tu pourras<br>il/elle pourra<br>nous pourrons<br>vous pourrez<br>ils/elles pourront | je devrai<br>tu devras<br>il/elle devra<br>nous devrons<br>vous devrez<br>ils/elles devront | je boirai<br>tu boiras<br>il/elle boira<br>nous boirons<br>vous boirez<br>ils/elles boiront | j'irai<br>tu iras<br>il/elle ira<br>nous irons<br>vous irez<br>ils/elles iront | je ferai<br>tu feras<br>il/elle fera<br>nous ferons<br>vous ferez<br>ils/elles feront |
| je voudrais<br>tu voudrais<br>il/elle voudrait<br>nous voudrions<br>vous voudriez<br>ils/elles voudraient | je pourrais<br>tu pourrais<br>il/elle pourrait<br>nous pourrions<br>vous pourriez<br>ils/elles pourraient | je devrais<br>tu devrais<br>il/elle devrait<br>nous devrions<br>vous devriez<br>ils/elles devraient | je boirais<br>tu boirais<br>il/elle boirait<br>nous boirions<br>vous boiriez<br>ils/elles boiraient | j'irais<br>tu irais<br>il/elle irait<br>nous irions<br>vous iriez<br>ils/elles iraient | je ferais<br>tu ferais<br>il/elle ferait<br>nous ferions<br>vous feriez<br>ils/elles feraient |
| j'aurais voulu<br>tu aurais voulu<br>il/elle aurait voulu<br>nous aurions voulu<br>vous auriez voulu<br>ils/elles auraient voulu | j'aurais pu<br>tu aurais pu<br>il/elle aurait pu<br>nous aurions pu<br>vous auriez pu<br>ils/elles auraient pu | j'aurais dû<br>tu aurais dû<br>il/elle aurait dû<br>nous aurions dû<br>vous auriez dû<br>ils/elles auraient dû | j'aurais bu<br>tu aurais bu<br>il/elle aurait bu<br>nous aurions bu<br>vous auriez bu<br>ils/elles auraient bu | je serais allé(e)<br>tu serais allé(e)<br>il/elle serait allé(e)<br>nous serions allé(e)s<br>vous seriez allé(e)s<br>ils/elles seraient allé(e)s | j'aurais fait<br>tu aurais fait<br>il/elle aurait fait<br>nous aurions fait<br>vous auriez fait<br>ils/elles auraient fait |
| que je veuille<br>que tu veuilles<br>qu'il/elle veuille<br>que nous voulions<br>que vous vouliez<br>qu'ils/elles veuillent | que je puisse<br>que tu puisses<br>qu'il/elle puisse<br>que nous puissions<br>que vous puissiez<br>qu'ils/elles puissent | que je doive<br>que tu doives<br>qu'il/elle doive<br>que nous devions<br>que vous deviez<br>qu'ils/elles doivent | que je boive<br>que tu boives<br>qu'il/elle boive<br>que nous buvions<br>que vous buviez<br>qu'ils/elles boivent | que j'aille<br>que tu ailles<br>qu'il/elle aille<br>que nous allions<br>que vous alliez<br>qu'ils/elles aillent | que je fasse<br>que tu fasses<br>qu'il/elle fasse<br>que nous fassions<br>que vous fassiez<br>qu'ils/elles fassent |

# Lexique thématique

**Abréviations**

m. = masculin
f. = féminin
fam. = familier
s. f. = sens figuré

# Dossier 1

## Leçon 1

### › Les médias et Internet
un réseau social
un contact

### › Les personnes
une connaissance
un copain / une copine = un(e) pote (fam.)
un(e) vrai(e) / véritable ami(e) ; un alter ego
un(e) confident(e),
un(e) ami(e) du sexe opposé, d'intérêt, virtuel(le)

### › Caractériser
**la personnalité = le caractère**
un trait de caractère
patient(e) → la patience ≠ impatient(e) → l'impatience
chaleureux(euse) → la chaleur humaine ≠ froid(e) → la froideur ; distant(e)
compétent(e) → la compétence
(in)tolérant(e) → la tolérance, l'intolérance
disponible → la disponibilité
curieux(euse) → la curiosité
généreux(euse) → la générosité
autoritaire → l'autorité
agressif(ive) → l'agressivité
timide → la timidité
drôle → la drôlerie ≈ avoir de l'humour → l'humour (m.)
joyeux(euse) → la joie
égoïste → l'égoïsme
passionnant(e), expansif(ive), brillant(e)

### › Les relations
rendre hommage à une personne
marquer la vie de quelqu'un
manquer à quelqu'un
une relation basée sur...
une relation amicale = un lien d'amitié
sympathiser avec quelqu'un
s'entendre bien ≠ ne pas s'entendre avec quelqu'un ; se sentir bien avec quelqu'un ; partager des choses
la complicité → être complice
la confiance → avoir confiance (en quelqu'un)
confier quelque chose (un problème / un doute...) = se confier = faire une confidence à quelqu'un
être de bon conseil
vouvoyer quelqu'un ≠ tutoyer quelqu'un

### › Les sentiments et émotions
en avoir marre (fam.) = en avoir assez
être déprimé(e), se plaindre

### › La vie professionnelle
le boulot (fam.)

## Leçon 2

### › Les personnes
un(e) voisin(e) (de palier)
un(e) résident(e) : un(e) locataire, un(e) propriétaire
un gosse (fam.)

### › Les lieux
un cadre de vie
la cour, le jardin, les espaces verts (m.)
le hall, la cage d'escalier

### › La vie professionnelle
**les professions et fonctions**
un(e) concierge = un(e) gardien(ne)

### › Caractériser
**la personnalité**
solidaire ≠ indifférent(e)
aimable → l'amabilité
modeste → la modestie
vigilant(e) → la vigilance
serviable

### › Les relations
**les relations de voisinage, la vie en immeuble**
un immeuble, une résidence, une copropriété
payer un loyer
croiser quelqu'un
la convivialité → échanger, se retrouver / se réunir autour d'un verre / d'un repas ; partager un verre / un repas
la solidarité ≠ l'indifférence
échanger des services, rendre service à quelqu'un : arroser les plantes, nourrir les chats ...
les tâches d'un gardien : entretenir / faire briller le parquet ; surveiller les allées et venues, réceptionner les colis, s'occuper des plantes / de la cour
le bruit ≈ les nuisances sonores ; un cri
les travaux

## Leçon 3

### › Les médias et Internet
**à la radio**
une chanson dédicace, un morceau de musique
passer à l'antenne
avoir quelqu'un en ligne

### › Raconter une rencontre
des regards qui se croisent
échanger des regards / quelques mots / des sourires
se précipiter vers quelqu'un
oser parler à quelqu'un
rejoindre quelqu'un
frôler quelqu'un

### › Les relations
**les relations personnelles / amoureuses**
avoir des points communs = des affinités (avec quelqu'un)
être attiré(e) par un type de personne
plaire à quelqu'un
se séparer de quelqu'un = quitter quelqu'un

### › Les sentiments et émotions
craquer pour quelqu'un
avoir un coup de foudre (pour quelqu'un) ; une décharge électrique, un bouleversement, un instant magique
avoir le souffle coupé
être électrisé(e) par un contact
avoir un flash

### › Les évènements
célébrer un anniversaire

# Dossier 2

## Leçon 1

### › Les écrits
une brochure
un CV (*curriculum vitæ*)

### › Les médias et Internet
une chronique de radio, un édito

### › Les personnes
un stagiaire
un tuteur de stage

### › Les lieux
un établissement partenaire
une agence de création, une boutique, une société d'informatique, une agence de voyages
une boîte (fam.) = une entreprise

### › Les études, l'université
être étudiant(e) en bac professionnel, en tourisme ; dans une école d'ingénieurs
suivre des études à la fac = à l'université
un diplôme : une licence, un master
réussir (un concours d'entrée) → la réussite
lancer / participer à un programme universitaire
un programme s'adresse à des étudiants
effectuer des études / un stage à l'étranger / un séjour Erasmus (au sein de l'Europe)
une bourse d'études
les bénéfices d'une expérience (d'échange) à l'étranger : s'adapter à → l'adaptation à un pays ; gagner en autonomie

perfectionner sa maîtrise d'une langue étrangère = faire des progrès dans une langue = se perfectionner dans une langue ; devenir bilingue ; le plurilinguisme
étoffer ses connaissances
(faire) des recherches universitaires ; (faire un échange) dans le cadre d'une recherche…
enseigner

### › La vie professionnelle

**la recherche d'emploi**
rechercher un emploi = effectuer une recherche d'emploi
déposer un CV

**la formation et l'expérience professionnelle**
justifier d'une expérience professionnelle
l'insertion professionnelle (f.) dans le monde du travail
envisager son avenir professionnel (d'une certaine manière)
exercer un métier dans un secteur d'activité : la vente, la gestion, la création, les transports
une rémunération ; le SMIC
rechercher une mobilité
travailler en étroite collaboration
se former = acquérir / améliorer des compétences

**les stages**
une offre de stage
décrocher / faire / suivre / obtenir un stage
apprendre sur le terrain
faire le lien entre la théorie et la pratique
donner des tâches à faire ; être chargé(e) d'effectuer une tâche
faire le bilan d'une expérience = juger une expérience

### › Les sentiments et émotions

appréhender
avoir le sentiment de perdre son temps
être soulagé(e) (de…)
avoir le blues (fam.)
être débordé(e)

### › Caractériser

valorisant(e)
unique
enrichissant(e)
incontournable
variable

**donner une précision**
positif (positive) → positivement
facile → facilement
direct(e)→ directement
immédiat(e) → immédiatement
différent(e) → différemment
brillant(e) → brillamment

## Leçon 2

### › Les médias et Internet

une pièce jointe

### › Les personnes

un recruteur
un(e) candidat(e)

### › Les lieux

une agence de communication, une agence web
un centre de vacances / de loisirs
un institut de langues

### › La vie professionnelle

**la recherche d'emploi**
une offre d'emploi, une annonce de recrutement
recruter quelqu'un pour un poste
rechercher ; avoir / posséder un profil
une qualité requise = exigée, recherchée
un emploi saisonnier / ponctuel ; un job (fam.)
un contrat à durée déterminée (CDD) ; un contrat à durée indéterminée (CDI)
travailler à temps complet / partiel
un salaire brut / net ; une rémunération variable ; une prime
adresser une candidature = postuler à un poste / pour un emploi
élaborer un curriculum vitæ (CV)
rédiger une lettre / un mail de motivation
solliciter / passer un entretien d'embauche
se tenir à la disposition de quelqu'un pour…
résumer / synthétiser un parcours
être diplômé(e) = être titulaire d'un diplôme
un niveau d'études : bac + 3 / + 5…
exposer ses motivations ; une motivation à travailler auprès de… (d'un public)
obtenir un poste

**les compétences**
avoir des connaissances informatiques
maîtriser / connaître les outils de bureautique
anglais courant → parler couramment = maîtriser une langue
être trilingue

**les professions et activités professionnelles**
un animateur / une animatrice
un(e) graphiste, infographiste
un(e) (web)designer
une fille au pair
un(e) apprenti(e)
(faire de) la programmation
faire du soutien scolaire
donner des cours particuliers / à domicile
la comptabilité

### › Caractériser

une recherche / un job atypique ≠ classique

**les qualités professionnelles**
une qualité primordiale, indispensable
autonome → l'autonomie (f.)
passionné(e) par quelque chose
être dynamique / avoir du dynamisme
être rigoureux(euse) / avoir de la rigueur
être autoritaire → avoir de l'autorité / une autorité naturelle
être responsable = avoir / posséder le sens des responsabilités ; le sens du détail
créatif(ive) → la créativité
réactif(ive) → la réactivité
avoir / posséder de l'expérience
avoir de l'enthousiasme, de l'énergie
une / la capacité à travailler en équipe
une facilité d'adaptation
une bonne capacité d'organisation
avoir des qualités relationnelles

### › Les relations

avoir le sens / le goût du contact = un bon contact

### › Les comportements et attitudes

encourager une personne dans une voie
savoir gérer les conflits
le respect des délais, respecter les délais

## Leçon 3

### › Les personnes

un interlocuteur / une interlocutrice

### › Les lieux

une société
un organisme / un établissement public

### › La vie professionnelle

occuper un poste
évoluer dans sa carrière, avoir une promotion

**la recherche d'emploi**
(participer à) un forum, un job-dating, un atelier
avoir / rechercher la sécurité de l'emploi
faire des relances
suivre des conseils
se préparer à → la préparation à un entretien d'embauche ≠ improviser un entretien
simuler un entretien = s'entraîner à passer un entretien / à décrire son parcours professionnel
se renseigner sur l'entreprise
se présenter à un entretien d'embauche = de recrutement

**le chômage**
un demandeur d'emploi = un chômeur
les allocations chômage

**les professions et fonctions**
un chef des ventes
un supérieur (hiérarchique) = un chef

### › Les comportements et attitudes

être attentif(ive) à son attitude physique : se tenir droit, éviter de s'asseoir au bord du siège
se frotter les mains
indiquer son malaise = montrer sa nervosité / des signes de nervosité
saluer d'une poignée de main ferme
regarder un interlocuteur en face
être sûr(e) de soi, (ne pas) avoir l'air impressionné(e)
se mettre en valeur, montrer son ambition
agir avec diplomatie

être / rester réaliste dans ses propos
mentir ≠ dire la vérité
dire du mal de quelqu'un
avoir une tenue adaptée = mettre des fringues (fam.) (= des vêtements) adaptés
surveiller sa manière = sa façon de parler ; éviter les expressions familières

### › Caractériser

**les qualités et les défauts**
un point fort ≠ un point faible
perfectionniste → le perfectionnisme ;
cool (fam.) ≠ stressé(e)
convaincant(e)
ambitieux(euse)
arrogant(e)
positif(ive)
efficace

**donner une précision**
bref → brièvement

# Dossier 3

## Leçon 1

### › Les écrits et les médias

la presse / un extrait de presse
un livre = un ouvrage
présenter une analyse / des données / des statistiques (f.), des commentaires
donner / avoir une / des clé(s) pour comprendre quelque chose
une introduction

### › Les personnes

un(e) habitant(e)
des gens (m.)
un(e) citoyen(ne)
le peuple

### › Parler d'un pays et de ses habitants

la mentalité
des conditions de vie / de travail
un mode de vie
l'espérance de vie
bénéficier d'un système de santé
avoir droit à des congés payés
payer des impôts
avoir une bonne ≠ mauvaise réputation
une représentation d'un pays ; un stéréotype = un cliché
une contradiction ≈ un paradoxe
la gastronomie

### › Caractériser

ressembler à
étonnant(e)
réel(le)
(un ouvrage) documenté, sérieux ≠ divertissant
concret, concrète
historique

**caractériser un pays**
moderne ≠ archaïque
créatif
ensoleillé
gigantesque
un paysage / un décor de rêve ; une destination touristique
un état centralisé ; interventionniste

**les qualités et les défauts**
courtois(e) → la courtoisie
ouvert(e) d'esprit → l'ouverture d'esprit
chauvin(e) ; arrogant(e) → l'arrogance
être fou / folle → la folie
cultivé(e)
un bon vivant

### › Les comportements et attitudes

faire preuve de civisme / nonchalance / impolitesse
prendre du recul sur un pays
être fier / fière d'un / de son pays
se moquer de quelqu'un
avoir un complexe de supériorité ≈ se prendre pour une lumière (fam.)
prendre sa revanche
rénover des idées

### › Les sentiments et émotions

se sentir proche d'un pays
avoir de l'attirance pour un pays / de la sympathie pour un peuple = apprécier (une nationalité)

### › Les statistiques

la majorité ≠ la minorité → (une réponse)
majoritaire ≠ minoritaire
la moitié ; le quart ; le tiers

### › La vie professionnelle

**les professions et fonctions**
un fonctionnaire
un(e) auteur(e)

## Leçon 2

### › Les personnes

un couple binational
un hôte / une hôtesse
un(e) convive
un(e) expatrié(e)
tout le monde
quelqu'un ≠ personne

### › Les lieux

partout ≠ nulle part
quelque part

### › La biographie

**évoquer un changement de vie**
une expatriation → s'expatrier
un évènement déterminant
s'adapter ; se débrouiller (avec la langue)
défendre / représenter une culture
se détacher d'une culture / d'un mode de fonctionnement = s'éloigner (de)

### › Les comportements et attitudes

le point de vue = la vision (de) = la façon de voir
poser un nouveau regard sur quelque chose
rechercher / trouver une dynamique / une énergie (positive) ≠ manquer de dynamique / d'énergie
râler ≈ se plaindre
sourire
fixer quelqu'un (du regard) ≈ dévisager quelqu'un
prévenir d'un retard ; tolérer un retard
insister pour faire quelque chose
porter des chaussons, se déchausser
stationner sur le côté gauche dans un escalator, un trottoir roulant
partager l'addition (de manière égale)

### › Les sentiments et émotions

un état d'esprit, un ressenti
avoir le sentiment / l'impression (que)
avoir des doutes, des envies ; avoir envie (f.), avoir peur (f.) de quelque chose ;
ressentir une / de l'appréhension, de la peur, du découragement
se sentir seul(e), adapté(e), bien ≠ mal
avoir hâte de = être pressé(e) de faire quelque chose
trouver la vie exaltante, intense
être nostalgique → la nostalgie
être vexé(e)
poser problème

### › Les relations

un bon ≠ mauvais départ (dans une relation)
une conversation détendue
gêner quelqu'un

### › Décrire un mode de vie, des différences culturelles

éviter, entraîner un malentendu
commettre un impair = faire une gaffe (fam.)
appliquer / observer une règle de politesse (= de savoir vivre, respecter un usage)
il est d'usage de...
des bonnes ≠ mauvaises manières
la politesse → être poli(e)
la courtoisie ≠ un manque de courtoisie
la ponctualité → être ponctuel(le)
(avoir) ... minutes de marge / d'avance ≠ arriver / être en retard

### › Les marqueurs chronologiques

au début = au départ
à un moment (donné)
au bout de...

petit à petit = progressivement
finalement = enfin

## Leçon 3

### › Les écrits, les médias, Internet
un dossier dans un journal / un magazine
une étude comparative, un classement
mener une enquête auprès d'un public
des thèmes d'étude : la démographie; la (forte ≠ faible) réussite au bac
comparer, commenter des avantages ≠ des inconvénients
un témoignage → témoigner

### › Les personnes
un habitant d'Île-de-France = un(e) Francilien(ne)
être originaire de

### › Les lieux
la capitale
la province

### › Parler d'un lieu de vie
une qualité de vie
un aspect de la vie
le niveau de vie ; le coût de la vie : élevé ≠ bas
le budget
présenter un atout
offrir des divertissements
la pollution
l'environnement
la circulation
la criminalité
l'offre de soins
les logements sociaux

### › Les sentiments et émotions
apprécier quelque chose
déplaire ≠ plaire

### › La vie professionnelle
**les professions et fonctions**
un entraîneur (de football)
un(e) patron(ne)

### › Situer
hors de

### › Caractériser
insupportable

# Dossier 4

## Leçon 1

### › Les medias et Internet
une page d'accueil
un mode d'information / de communication

**les médias participatifs**
un twitt → un message twitter
un média participatif = un site d'information ; une dynamique communautaire ; la réactivité, l'instantanéité de l'information
contribuer à → une contribution

**les blogs**
une plateforme de blogs ; héberger un blog
la blogosphère
tenir un blog
publier / poster un billet
mettre en ligne (un montage photo ; une animation)
poster un commentaire
un lien
les archives
un mot-clé = un tag

### › Les personnes
un rédacteur / une rédactrice bénévole
un blogueur / une blogueuse
un pseudonyme
un(e) piéton(ne) ; un promeneur / une promeneuse
un amateur d'art
le grand public

### › La ville
**dans la rue, sur la route**
une zone piétonnière
circuler à pied / à ... km/heure
un radar
flasher une personne / une voiture
une vitesse de ... km par heure / supérieure ≠ inférieure à... ; élevée ; vitesse limitée à ... km/h
→ une limitation de vitesse
un panneau d'avertissement → avertir
ralentir ≠ accélérer
une amende

### › La vie culturelle
une opération (culturelle) = une initiative = un évènement
un festival
une œuvre d'art
une installation ≈ une œuvre éphémère
de l'art contemporain

**informer sur un événement**
De quoi s'agit-il ? Il s'agit de...
se dérouler/ avoir lieu
la raison (pourquoi ?)
le but (pour quoi faire ?) → avoir pour but de
ignorer

### › Les comportements et attitudes
amener une personne à faire quelque chose
rassurer quelqu'un, se rassurer
nuire à quelqu'un / à quelque chose
lever le nez
observer en détail / admirer le patrimoine

### › Caractériser
une drôle d'idée
(une installation) surprenante

## Leçon 2

### › Les medias et Internet
cliquer sur
participer à un débat (en ligne)

**la télévision, la radio**
une chaîne de télévision ; une station de radio
diffuser une émission → la diffusion
suivre une émission / le journal télévisé (le JT)
une part d'audience ; (battre) un record d'audience
types d'émission : la téléréalité, une émission de divertissement, un feuilleton, un téléfilm, une série, un magazine de société, un tirage du loto, un documentaire, un reportage, un débat
enchaîner sur une (autre) émission
rater une émission
être attiré(e) par une émission

**la presse**
un quotidien ; un titre de presse ; une coupure de presse
un bandeau-titre
la une
une illustration
un sommaire ; une rubrique, une sous-rubrique : actualités, faits divers, société

### › Les personnes
un téléspectateur / une téléspectatrice
un auditeur / une auditrice
un lecteur / une lectrice

### › Caractériser
**une émission**
construit(e)
complet / complète
long(ue)
vivant(e)
objectif / objective ≠ subjectif / subjective
aller à l'essentiel

### › Évènements
arriver → une arrivée
élire → une élection
éduquer → une éducation
manifester → une manifestation
publier → une publication
apprendre → un apprentissage
sortir → une sortie ≠ entrer → une entrée
vaincre → une victoire
baisser → une baisse ≠ augmenter → une augmentation
changer → un changement
réformer →une réforme
visiter → une visite

## Leçon 3

### › Les médias, Internet
un flash d'informations, un bulletin météo

### › Les personnes
un automobiliste = un conducteur
un joueur / une joueuse ; un(e) gagnant(e)
un cambrioleur / une cambrioleuse = un voleur / une voleuse ;
un malfaiteur
une victime
un témoin

### › Les faits divers
cambrioler un lieu ; (se faire) voler / arracher quelque chose
un vol, un délit
prendre la fuite = s'enfuir
faire semblant de faire quelque chose
sauter sur quelqu'un ; agresser quelqu'un, se faire agresser → une agression
blesser quelqu'un / être blessé(e) ≠ indemne ; être choqué(e)
se rendre quelque part
alerter / prévenir la police
interrompre la circulation
ouvrir une enquête
mémoriser (des détails)
évoquer / rapporter le déroulement des faits, la chronologie des faits
raconter → faire un récit ; témoigner
un contexte = des circonstances
une conséquence = des suites (f.)
une cause = une explication
arrêter quelqu'un

### › Les actions
apercevoir quelqu'un
guetter quelqu'un
rattraper quelqu'un

### › Porter plainte
un vol : à l'arraché ; avec violence
déposer une plainte
enregistrer / signer une déclaration
un récépissé de déclaration
une description ; lancer un signalement, un avis de recherche
reconnaître quelque chose / quelqu'un
une perte
des dégâts
une blessure → blesser quelqu'un

### › Les jeux de hasard
un ticket / un numéro gagnant
un jeu de grattage
se partager le jackpot

### › Parler d'argent
avoir de l'argent en caisse
récupérer une somme ; ramasser de l'argent
gagner / toucher une somme

### › La superstition
la chance ≠ la malchance
avoir de la chance ≠ ne pas avoir / manquer de chance
être chanceux / chanceuse ≠ malchanceux / malchanceuse
porter chance ≠ porter malheur

### › La vie professionnelle
**les professions et fonctions**
un chef d'entreprise
un agent de police

# Dossier 5

## Leçon 1

### › Les medias, Internet
(cliquer sur) un onglet

### › Les personnes
un organisateur, une organisatrice
un(e) privilégié(e)
un(e) invité(e) d'honneur
le public
un(e) fan
une vedette = une star
un(e) figurant(e)

### › La vie professionnelle
**les professions et fonctions**
un producteur, une productrice
un réalisateur, une réalisatrice
un(e) professionnel(le) de la communication

### › La vie culturelle
**les festivals, le cinéma**
la ... édition d'un festival
ouvrir les festivités / un festival → l'ouverture du festival ≠ la clôture du festival
démarrer → le festival démarre
présider un jury
une sélection
(un film) en compétition / hors compétition
présenter / projeter un film → une projection (privée)
bien ≠ mal accueillir un film → l'accueil du public
être cinéphile
une carrière cinématographique
tourner un film / un long-métrage ≠ un court-métrage
un film muet ≠ parlant, en noir et blanc ≠ en couleurs
le jeu d'un acteur → jouer un rôle
une fiche technique
une bande-annonce
une bande originale
un scénario
un synopsis
la réalisation = la mise en scène
les dialogues
la photographie / l'image
le rythme du film
une scène
le genre d'un film → une comédie ; un drame ; un thriller ; un film biographique / fantastique / policier / d'aventure / de science-fiction / d'action / d'horreur / d'animation
une saga

**le parcours / le succès d'un film**
avoir du succès
(re)sortir dans les salles = être à l'affiche
un succès historique, une consécration
une nomination à un prix
décerner / attribuer un prix / une récompense à ...
mériter une récompense
gagner / obtenir / remporter un prix / une récompense / un trophée
récolter des récompenses
le prix d'interprétation masculine / féminine
sortir un film en DVD
tomber dans l'oubli

### › Caractériser
romantique

**la personnalité**
orgueilleux / orgueilleuse → l'orgueil

**faire un commentaire critique / donner son avis**
recommander ≠ déconseiller un film
un film moyen / pas terrible ; inégal(e) ; remarquable ; impeccable ; exceptionnel(le)
un chef-d'œuvre
un succès (largement) mérité ≠ incompréhensible
incontournable
célèbre → la célébrité
populaire → la popularité
original(e) → l'originalité (f.) ≠ banal(e) → la banalité
parfait(e) → la perfection ≠ nul(le) → la nullité
caricatural(e) → la caricature
(re)présenter un bel hommage à...
s'imposer comme...
manquer de suspense
avoir des longueurs
se terminer sur un happy end

### › Les sentiments et les émotions
susciter des sentiments
émouvant(e) → l'émotion ; éprouver une grande émotion
une belle surprise ≠ une grosse déception
s'ennuyer ≠ passer un bon moment

### › Parler d'un lieu
se rendre quelque part
la magie d'un lieu

## Leçon 2

### › Les écrits
un prospectus

### › Les personnes
un(e) adhérent(e) ; un(e) membre d'association
un marcheur / une marcheuse
un(e) bénévole

### › Les moments
la rentrée (scolaire / politique) ; la reprise
annuel(le)

### › Les comportements et attitudes
inciter / encourager à faire quelque chose
s'intéresser à ≠ se désintéresser de

### › La vie associative
une association (à but non lucratif) ; un comité ; un club ; une amicale
un esprit associatif
tisser un lien social
mener une action
un forum des associations ; un stand
payer l'adhésion (f.) / la cotisation / la licence (sport) / une assurance
le tarif ; une réduction
le démarrage d'une activité → démarrer une activité
une séance d'essai

### › Les loisirs
s'inscrire / se réinscrire, (s')initier à une activité
participer à une répétition ; passer une audition
se détendre
se lancer
(ne pas pouvoir) se passer (de quelque chose)
le bridge ; les échecs
les arts créatifs / plastiques ; les arts de la scène
l'éveil musical / corporel
l'œnologie

**les activités physiques**
bouger, s'entraîner → participer à un entraînement
le judo, le qi gong, le yoga, la gym douce / le fitness

## Leçon 3

### › Les personnes
un(e) coupable
un accompagnateur/ une accompagnatrice
la foule

### › Les lieux
un hébergement : une chambre d'hôte ; un gîte (rural / d'étape) ; un camping ; une location
un panorama
un massif
une cabane (perchée)

### › Les moments
les saisons touristiques : en basse saison / hors saison ; en haute saison ; en moyenne saison
l'hiver → hivernal(e)
le matin → matinal(e)

### › Le tourisme et les vacances
l'éco-tourisme
les vacances solidaires, éco-responsables
le dépaysement

**une prestation touristique**
une formule (week-end) ; un concept de séjour
le séjour : en pension complète ; en demi-pension
demander un devis
réserver → faire / confirmer une réservation
verser des arrhes

**les activités de vacances**
construire un igloo → la construction
une balade (en raquettes)
une randonnée (itinérante) pédestre / avec un âne
grimper dans un arbre
déguster un repas
découvrir un circuit
faire un pique-nique → pique-niquer
profiter de quelque chose
un jeu de rôle policier : une intrigue / énigme policière ; tenir un rôle ; mener une enquête ; chercher un indice ; un meurtre ; garder quelque chose secret

### › Caractériser
aventurier / aventurière → l'aventure (f.)
rafraîchissant(e)
dépaysant(e)

# Dossier 6

## Leçon 1

### › Les médias, Internet
interviewer quelqu'un, être interviewé(e)
participer à un forum : lancer un sujet / un thème ; intervenir dans un fil de discussion

### › Les personnes
un modérateur (sur un forum)

### › Les moments
l'avenir = le futur
un destin, une voie

### › La vie culturelle
**l'univers musical**
créer un groupe → la création
une tournée
un concert
un style musical
enregistrer / sortir un album
jouer de la musique (du reggae)
un titre (de chanson) ; un vers ; un couplet ; un refrain

### › Caractériser
touchant(e)
fantaisiste
habituel(le) ≠ inhabituel(le)
inédit(e)
respectueux / respectueuse → le respect
réaliste ≠ irréaliste → le réalisme
humaniste → l'humanisme
une touche d'optimisme

### › Les comportements et attitudes
souhaiter quelque chose à quelqu'un → un souhait ; (formuler) un vœu
la conscience → avoir conscience de
l'insouciance (f.) → être insouciant(e)
tendre la main à quelqu'un
prendre le temps (de faire quelque chose)
avoir une certitude
prendre son envol
oser

### › Les sentiments, émotions et sensations
la douceur
le désir
l'entrain (m.)
espérer → un espoir

### › Les idées et valeurs
la liberté
la paix

### › Les sujets et questions de société
le commerce équitable
l'énergie (nucléaire) (f.)
un danger
la planète
une maladie
la prévention
l'inégalité ≠ l'égalité

### › Les quantités
davantage

### › Les actions
faire un projet, une prévision, une suggestion
éclaircir
suffire

## Leçon 2

### › Les écrits
un slogan

### › Les personnes
un(e) militant(e)

### › La vie associative
**l'engagement (associatif)**
une ONG (organisation non-gouvernementale) d'intérêt public ou humanitaire
une association caritative
une action bénévole → le bénévolat
un domaine d'action (humanitaire…)
avoir pour vocation…
les droits de l'homme (m.)
créer → la création = fonder → la fondation
consacrer du temps ; se rendre utile
encadrer une équipe
récolter des fonds

faire un don
lutter contre / prévenir / empêcher quelque chose
venir en aide = aider

### › Les sujets et questions de société
une guerre, une catastrophe, une atteinte
la pauvreté, la malnutrition, le handicap…

### › Parler des centres d'intérêt
être passionné(e) par quelque chose =
se passionner pour quelque chose
être intéressé(e) par quelque chose =
s'intéresser à quelque chose

### › Caractériser
planétaire
favorable ≠ défavorable

### › Les jeux de hasard
le loto ; un tirage
parier
gagner le gros lot ; les gains

### › L'opinion
être convaincu(e) de quelque chose
se méfier de quelque chose

## Leçon 3

### › Les écrits, les images
un portrait
un roman (d'aventures)
un essai (de philosophie)
un récit de voyage
résumer le contenu d'un livre

### › Les personnes
un prédécesseur
un flâneur / une flâneuse
un bandit
un(e) nomade ; les gens du voyage

### › Les lieux
une / des contrée(s)
dans les confins de

### › Les moments
(à) l'origine (f.)
d'antan

### › Les voyages
faire / prendre la route
suivre / effectuer un parcours
courir la planète
un périple
mettre quelqu'un sur la route
emprunter / suivre les traces de quelqu'un
achever un voyage
une conception du voyage
flâner → une flânerie
s'égarer = se perdre
privilégier les contacts humains
laisser libre cours aux hasards de la route
mener / être mené(e) par les chemins de traverse
gravir une montagne

### › Caractériser
bizarre = étrange
utile ≠ inutile
usé(e) → l'usure
essentiel(le) ; primordial(e)
illustre
semblable = similaire
engagé(e)
répétitif / répétitive

**donner une précision**
radicalement, symboliquement, scrupuleusement

### › Les sentiments et émotions
rechercher / transmettre une émotion
jubiler
une obsession
l'intimité (f.)
être touché(e) (par…)

### › Les sujets et questions de société
ravager (la planète / un pays)
les dégâts du monde
la défense de la planète

### › Les comportements et attitudes
décréter (d'emblée) quelque chose
sensibiliser quelqu'un à quelque chose
l'engagement citoyen

### › La vie culturelle
**les festivals**
une programmation
un palmarès
rassembler des films
obtenir un vote

### › L'opinion
donner son avis = exprimer un point de vue
(ne pas) avoir raison
réagir → une réaction
(ne pas) être d'accord
nuances dans l'opinion : entièrement = tout à fait ; assez = plutôt ; pas entièrement = pas tout à fait ; pas du tout = vraiment pas

### › La vie professionnelle
**les professions et fonctions**
un écrivain

# Dossier 7

## Leçon 1

### › Les personnes
l'entourage
un héros / une héroïne
une personnalité
un capitaine d'équipe

### › Les moments
désormais
pour la …[e] année consécutive

### › La vie culturelle
**le monde du spectacle**
une pièce de théâtre
un one-man show = un spectacle en solo
une comédie musicale
un récit humoristique
un sketch
triompher = remporter un gros succès
(re)monter sur les planches = sur (la) scène
se produire (sur une scène)
lancer un album

### › Les études
suivre des études de droit
un lycée sport-études

### › La vie professionnelle
(suivre) un séminaire
une reconversion = une réorientation professionnelle
retracer un parcours / une carrière
(mal ≠ bien) gagner sa vie ≈ avoir une (bonne) situation
exercer un métier
se consacrer à quelque chose
remonter à la surface

**les professions et fonctions**
un(e) fiscaliste
un(e) humoriste
un entraîneur (sport)

### › La biographie
séjourner quelque part
s'engager (dans l'humanitaire)
agir dans un domaine (la protection de l'enfance)
mener à la victoire

**évoquer un changement de vie**
provoquer une rupture
s'envoler (s. f.) / s'évader (s. f.) = quitter un lieu
prendre un nouveau départ
plaquer (fam.) : quitter
basculer (la vie bascule)
prendre une décision
revenir à ses premières amours (s. f.)
un évènement déclencheur
l'enchaînement des faits

### › Les sentiments et émotions
prendre une (grosse) claque (s. f.) (fam.) = subir un choc
avoir une révélation (s. f.) sur le sens de sa vie

### › Les comportements et attitudes
suivre sa passion

### › Caractériser
bouleversant(e) → un bouleversement

passionnant(e) → la passion
populaire → la popularité
humoristique → humour
hybride
défavorisé(e)
(un tennisman) de renom
une personne au grand cœur, hors du commun

donner une précision
gratuit(e) → gratuitement
forcément

## Leçon 2

### › Les personnes
un gars (fam.) ≠ une fille
un(e) lauréat(e)

### › Les lieux
une caserne (de pompiers)
une crèche

### › Les moments
au fil des heures

### › La vie professionnelle
faire / exercer un métier masculin = d'homme / féminin = de femme
porter un uniforme / une tenue
assurer le commandement

les secteurs d'activité
la réparation automobile
le bâtiment

les professions et fonctions
un ouvrier / une ouvrière
un jardinier / une jardinière
un(e) esthéticien(ne)
un(e) aide-soignant(e) ;
un(e) assistant(e) maternel(le) = une nounou (fam.)
un conducteur / une conductrice
un(e) chef d'orchestre
un(e) dirigeant(e) d'entreprise
un(e) technicien(ne) (en informatique)
un(e) employé(e) de maison
un pompier
un pilote de chasse
une sage-femme
une aide ménagère / à domicile

### › Caractériser
complémentaire → la complémentarité
solennel(le)

la personnalité
déterminé(e) → la détermination

donner une précision
résolu(e) → résolument
traditionnel(le)→ traditionnellement
moral(e) → moralement

### › Les sentiments et émotions
avoir du mal / ne pas avoir de mal à faire quelque chose
avoir l'impression que
(ne pas) avoir le moral
(ne pas) arriver à faire quelque chose → y arriver
se décourager, être découragé(e) ≈ démoralisé)/ → le découragement
être soulagé(e) → le soulagement

### › Les comportements et attitudes
sauter sur une occasion
évoluer (une mentalité qui évolue)
faillir faire quelque chose (arrêter / abandonner)
tenir bon
aller jusqu'au bout / arriver au bout de quelque chose
surmonter sa peur
se rendre compte de quelque chose
relever un défi
effectuer un exploit
accepter la discipline

### › La biographie
apprendre les résultats de quelque chose
mettre en lumière / célébrer un parcours

### › Les évènements
un incendie
une intervention d'urgence

## Leçon 3

### › Les personnes
un bout de chou (fam.) = un jeune enfant
un mec (fam.) = un homme

### › L'opinion
sans doute = probablement

### › Les sentiments et émotions
avoir des regrets (m.) ; (c'est) dommage !
être de bonne / mauvaise humeur
avoir des tracas

### › Caractériser
satisfait(e) → la satisfaction ≠ insatisfait(e) → l'insatisfaction (m.)
solitaire → la solitude
avoir du talent

### › Les comportements et attitudes
entraîner quelqu'un quelque part
insister auprès de quelqu'un pour…
se consacrer à quelque chose

### › La santé
être malade
soigner quelqu'un

# Dossier 8

## Leçon 1

### › Les écrits
un manifeste
un slogan
une campagne d'affichage

### › Les personnes
l'humanité (f.)
un(e) écologiste

### › Les sujets et questions de société
l'environnement et l'écologie
l'écologie (f.)
le milieu naturel (m.) → une espèce animale ; disparaître → la disparition
le climat ; la biodiversité ; être attaqué(e), bouleversé(e) → un bouleversement ; être menacé(e) → une menace
des ressources (f.) ; (s')épuiser → l'épuisement ; l'énergie (f.), les sources d'énergie

### › Les actions
faire un geste (s. f.) (pour la planète) = agir
cesser
appartenir à quelqu'un
faire un constat sur une situation
proposer / prendre des mesures (f.)
une incitation (à agir)
une opération de mobilisation
viser/ atteindre (un public) ; interpeller le public
éveiller les consciences
avoir un impact sur quelque chose

actions écologiques
nettoyer (les forêts) → le nettoyage
trier (les déchets) → le tri
surveiller (la consommation)
économiser → l'économie (f.)
préserver → la préservation
développer → le développement
diversifier → la diversification
éteindre la lumière / les appareils électriques
baisser le chauffage
(ne pas) gaspiller le papier / l'eau
se déplacer à pied

### › Les comportements et attitudes
prendre conscience / être conscient(e) de quelque chose
se moquer de quelqu'un → la moquerie
douter → le doute

### › L'opinion
approuver → l'approbation (f.) ≠ désapprouver → la désapprobation

### › Caractériser
écologique = écolo (fam.)
environnemental(e)
énergétique

consommable → la consommation
rare → la rareté
hebdomadaire
rapide → la rapidité
rigolo / rigolote (fam.)
pertinent(e) → la pertinence

## Leçon 2

### › Les écrits
une nouvelle
un bouquin (fam.) = un livre

### › Les lieux
n'importe où

### › Les moments
n'importe quand

### › Les loisirs
un passe-temps
la renommée d'un livre

### › Les actions
feuilleter un livre
éditer → une édition
lire un passage
promouvoir quelque chose → faire la promotion de quelque chose
fédérer (autour de)
accroître (un impact)→ l'accroissement (m.)
se détendre → la détente
se cultiver → la culture
s'instruire → l'instruction (f.)
s'isoler → l'isolement
prêter quelque chose → un prêt ≠ emprunter quelque chose → un emprunt
rendre quelque chose
récupérer quelque chose
perdre quelque chose → une perte
abîmer quelque chose
promettre → faire une promesse
joindre quelqu'un (sur son portable)
parvenir à faire quelque chose = arriver à...
retenir l'attention de quelqu'un

### › Les sentiments et émotions
s'émouvoir

### › Caractériser
durable
public, publique
hésitant(e) → une hésitation
furieux, furieuse

**donner une précision**
(refuser) catégoriquement

## Leçon 3

### › Les personnes
un consommateur, une consommatrice
la collectivité
un individu

### › Le corps et la santé
un organisme
le cœur ; les poumons (m.)
l'allaitement (m.)
les troubles (m.) du sommeil
grossir = prendre du poids → la prise de poids (m.)
thèmes de campagne : le tabac, le sida, l'alcool (m.)
la nutrition ; la diététique
la malbouffe (fam.) = la mauvaise nourriture
l'obésité
la sédentarité
une carence
une cause de mortalité

### › Les actions
bouger
produire → la production
consommer → la consommation
engager des mesures
réduire (la consommation) → la réduction
stimuler → la stimulation
aggraver → l'aggravation (f.)
provoquer ≈ entraîner (un problème)
favoriser
améliorer → une amélioration (f.)
permettre ≠ empêcher
s'avérer / se révéler néfaste ≠ bénéfique ; être avéré(e)
mesurer, se mesurer par
protéger → une protection
fonctionner → le fonctionnement
fumer
poursuivre une ambition
mettre en avant une idée
bousculer quelqu'un
faire tomber quelque chose / quelqu'un
céder sa place à quelqu'un
jeter quelque chose

### › Caractériser
nutritionnel(le) → la nutrition
protecteur / protectrice → la protection
multiple → la multiplicité
infectieux, infectieuse → une infection
régulier, régulière → la régularité
sucré(e) → le sucre
salé(e) → le sel
gras(se) → le gras, la graisse
excessif, excessive → l'excès
nerveux, nerveuse → la nervosité
dépendant(e) → la dépendance
enceinte → la grossesse
équilibré(e) → l'équilibre
dangereux, dangereuse → le danger
civil(e) → la civilité
confidentiel(le) → la confidence
absurde → l'absurdité (f.)
gonflé(e)
décalé(e)

### › Les idées et valeurs
une connotation
une pensée
un argument

### › Les comportements et attitudes
commettre une incivilité
être, rester civil(e)
une exclamation

### › La ville
**les transports publics**
un réseau, une ligne de transport
un quai (de métro, de train)
un titre de transport ; un ticket de métro
un siège
une poubelle

# Transcriptions des enregistrements

# DOSSIER 1

## Leçon 1

### 3 p. 17

1. Pierre, c'est mon confident ! C'est l'ami à qui je confie tout, mes problèmes, mes doutes sur mes relations amoureuses… Il est de bon conseil : il m'aide à comprendre certaines attitudes que peut avoir mon chéri. On s'est rencontrés chez des amis, on a tout de suite été complices. On n'a jamais été amoureux l'un de l'autre… Mais les gens ne nous croient pas !
2. Charlotte est une bonne copine, mais elle est tout le temps déprimée, elle n'arrête pas de se plaindre ! J'essaie de l'aider, mais c'est moi qui rentre à la maison déprimée…
3. Je déjeune tous les jours avec Aurélie. On parle du boulot, bien sûr, de la vie de l'entreprise. En plus, elle connait ma vie, on se fait pas mal de confidences. Mais on ne se voit jamais à l'extérieur… Je crois qu'elle appartient à cette partie de ma vie, c'est tout !

### 4 p. 17 Phonétique

1. Le magazine qu'elle aime.
2. C'est l'ami qu'il connaît, Marco.
3. La qualité qu'elle préfère.
4. La personne qui l'aide.
5. Le collègue à qui elle dit tout.

### 8 et 9 p. 19

Je m'appelle Catherine et je suis venue vous parler de Jean. Nous nous sommes connus il y a longtemps, quand j'avais 14 ans ; c'était mon prof de dessin au collège. Avec lui, j'ai découvert les couleurs, j'ai commencé à m'intéresser à l'art, il m'a donné confiance en moi. C'était un prof tolérant et très patient, jamais autoritaire ni agressif, et toujours capable d'intéresser les élèves… En fait, il était très compétent !
Je suis restée en contact avec lui et progressivement nous sommes devenus proches. J'aime sa personnalité généreuse, il est toujours disponible pour les autres, chaleureux… Il est assez âgé maintenant, mais on se voit encore régulièrement. Il est toujours curieux de ma vie, et moi j'aime beaucoup voir ses tableaux et discuter avec lui… Il est passionnant, et en plus, très drôle ! Je le vouvoie toujours, c'est vrai, mais c'est un véritable ami pour moi !

## Leçon 2

### 4 et 5 p. 21

– Écoutez, chaque année depuis dix ans on se réunit ici dans la cour de l'immeuble. On a l'impression d'une fête de village. Il faut remercier notre gardien, c'est lui qui a eu l'idée d'organiser *La Fête des voisins* chez nous, et ça marche !
– Notre gardien, il est par-fait ! Toujours un petit mot gentil. Le matin, il nous demande comment ça va ; le soir, si la journée s'est bien passée… Puis vous savez, on se sent en sécurité avec lui, il surveille bien l'immeuble !
– Oui, ça c'est vrai. Quand je vois une personne que je ne connais pas, je l'arrête et je lui demande ce qu'elle fait ici, chez qui elle va et tout ça…
– Alain, on l'adore, quand on lui demande de nourrir le chat, d'arroser les plantes, il est toujours là, il est toujours disponible. Pour Alain : hip hip hip hourra !
– Ah ça me fait plaisir, c'est vrai, les gens disent qu'ils sont contents de moi. Mais j'aime mon métier, tout simplement. Y a pas de secret !

### 6 p. 21 Phonétique

1. Le matin, il nous demande toujours comment ça va.
2. Je lui demande ce qu'elle fait ici et chez qui elle va.
3. Les gens disent souvent qu'ils sont contents de moi.

### 11 et 12 p. 22

– Agnès, vous vous occupez de madame Pinchon : shampooing, coupe, brushing, comme d'habitude. Voilà, allez-y, madame Pinchon.
– Bonjour, madame Pinchon ! Dites, on vous voit moins souvent, en ce moment !
– Eh oui ! J'étais chez ma fille, en province.
– Ah ! C'est pour ça que vous n'étiez pas à *La Fête des voisins* !
– Pff ! *La Fête des voisins* ! Ça m'intéresse pas du tout.
– Pourtant, vous devez être plus tranquille : vos voisins avec leurs cinq enfants sont partis le mois dernier…
– Pensez-vous ! C'est toujours aussi bruyant, on n'entend plus les gosses crier mais maintenant, avec les nouveaux locataires, j'ai droit aux travaux toute la journée ! Et je peux vous dire qu'il y a autant de bruit qu'avant, peut-être plus, même !
– Ah bon ? Mais ça va peut-être pas durer… Et puis la résidence est très agréable, le nouvel espace aménagé devant, c'est vraiment extra !
– Oh, le jardin ! Parlons-en ! On était mieux quand il n'y en avait pas. C'est bien simple : entre les gosses et les chiens, c'est devenu un véritable zoo ! Et il y a des crottes et des jouets partout ! Alors créer des espaces verts pour avoir un meilleur cadre de vie, ça sert à quoi, hein ?!
– Oh là là !… Vous n'avez pas de chance, madame Pinchon !
– Ah ben non, alors ! Sans parler des augmentations de loyer ! Payer autant qu'à Paris pour vivre dans ces conditions-là, vraiment ! Ah ! Ah, mais faites attention ! Vous m'avez mis du shampooing dans les yeux ! C'est pas possible !

## Leçon 3

### 1 p. 24

1. J'ai reçu comme une décharge électrique quand elle est apparue dans le bureau !
2. On s'est rencontrés au club de tennis. Au début, il ne m'a pas plu du tout ! Et puis un jour, on a bu un verre, on a discuté et on a découvert pas mal de points communs…
3. On était amis depuis le lycée. Mais au bout de quelques années, on a compris qu'entre nous, c'était plus que de l'amitié…
4. On s'est connus chez des amis. Au premier regard, on a su que c'était l'amour !
5. On a fait connaissance sur Internet ; l'amour est venu progressivement…

### 4 p. 25 Phonétique

1. a. J'étais fatigué. b. J'ai été fatigué.
2. a. Il a été grand. b. Il était grand.
3. a. Elle a cherché son briquet. b. Elle cherchait son briquet.
4. a. Elle se dirigeait vers lui. b. Elle s'est dirigée vers lui.
5. a. Elle a porté une veste. b. Elle portait une veste.
6. a. Je la rattrapais sur le quai. b. Je l'ai rattrapée sur le quai.
7. a. Il s'est précipité vers moi. b. Il se précipitait vers moi.
8. a. On s'est mariés jeunes. b. On se mariait jeunes.
9. a. On se retrouvait dans le train. b. On s'est retrouvés dans le train.
10. a. Je lui ai demandé de m'aider. b. Je lui demandais de m'aider.

### 8 et 9 p. 26

– Vous êtes vraiment très nombreux à nous appeler pour la chanson-dédicace et j'ai en ligne maintenant… Patricia, je pense.
– Oui, bonjour Thierry.
– Bonjour Patricia. Vous avez sélectionné la chanson de Carla Bruni, *Raphaël*. Belle chanson, dites-nous pourquoi vous l'avez choisie.
– Eh bien voilà… C'est pour mon compagnon…
– Et votre compagnon, il s'appelle… Raphaël ?

– Oui, exactement ! On s'est rencontrés il y a dix ans, au moment où cette chanson passait tout le temps à la radio.
– Ah, c'est donc l'anniversaire de votre rencontre ! Racontez-nous, Patricia !
– Eh ben, c'était à un dîner chez un ami, euh... J'étais assise à côté d'un beau jeune homme... On ne se connaissait pas, et on avait seulement un ami commun.
– Et... Ça a été le coup de foudre ?
– Ben non, justement, on a simplement échangé quelques mots mais il ne s'est rien passé. On ne s'est pas revus pendant six mois, puis de nouveau on s'est retrouvés chez cet ami commun. Et c'est seulement ce jour-là que j'ai appris son prénom ! Et... on ne s'est plus quittés !
– Et comment allez-vous célébrer cet anniversaire ?
– On va faire un grand voyage, on part dans trois jours !
– Dans trois jours ! Super ! Alors on écoute la chanson de Carla Bruni, pour Raphaël et Patricia. Merci Patricia, et bon voyage à vous deux !
– Au revoir Thierry, merci.

*Quatre consonnes et trois voyelles c'est le prénom de Raphaël,*
*Je le murmure à mon oreille et chaque lettre m'émerveille,*
*C'est le tréma qui m'ensorcelle dans le prénom de Raphaël,*
*Comme il se mêle au « a » au « e », comme il les entremêle au « l », Raphaël...*

## Phonie-graphie

## Leçon 1

### 1 a) p. 165

Mon ami de Nancy est un type formidable ! Il s'appelle Loïc. C'est quelqu'un à qui je peux dire toutes mes idées et qui n'est pas du tout égoïste.

### 2 p. 165

a)

1. froid
2. Éloïse
3. voir
4. héroïne
5. Éloi
6. Maïssa
7. mais

c)

1. – Qu'est-ce que tu regardes derrière toi, Loïc ?
   – Je regarde madame Leroi, Éloïse. Et voilà Antoine, l'assistant du professeur, il est suédois mais il habite aux Caraïbes.
2. – Je goûterais bien cette polenta de maïs avec du poisson.
3. – Tu ne crois pas à son témoignage ?
   – Non, je ne suis pas aussi naïf que toi, je le connais bien !
4. – C'est quoi, cette nouvelle tablette ?
   – C'est une sorte d'écran avec beaucoup de choix.
5. – Bon, je dois rentrer chez moi à Pontoise. Je reçois mon nouvel instrument pour le concert : un hautbois !
   – Tu es hautboïste ! Je ne savais pas. Au revoir, à demain soir !

## Leçon 3

### 4 p. 165

a)

1. Tu ne crains pas de déranger les voisins avec cette soirée ?
2. J'ai éteint mon ordinateur.
3. J'aime beaucoup peindre des objets simples.

b)

1. examen
2. rencontre
3. eh bien non...
4. expérience
5. comment
6. européen

c)

1. J'allais acheter mon lait dans ce magasin.
2. Je prends le bus tous les matins.
3. J'ai rejoint mes amis sur le réseau.
4. J'ai déjà plus de cent amis.
5. Nous travaillons ensemble depuis cinq ans.
6. J'ai senti que quelque chose se passait entre nous, une compréhension immédiate.
7. Je commence à quinze heures.
8. Ce rendez-vous est impossible pour moi.

# DOSSIER 2

## Leçon 1

### 1 et 2 p. 34

« C'est bon signe », François Clémenceau.
– « C'est bon signe », chaque samedi matin l'édito de François Clémenceau sur l'actualité positive. Bonjour François.
– Bonjour Aymeric. Bonjour Christine.
– Bonjour François.
– Et ce matin, vous revenez sur un programme européen dont le succès ne se dément pas, hein ? Tous ceux qui ont vu *L'Auberge espagnole* au cinéma savent que nous parlons donc du programme Erasmus...
– Erasmus, du nom d'Erasme, ce formidable théologien qui a sillonné toute l'Europe au temps de la Renaissance, et cela fera 25 ans l'an prochain que ce programme d'échanges universitaires au sein de l'Europe existe et permet, grâce à des bourses, d'aller passer au moins un an dans une faculté à l'étranger pour compléter la formation d'études supérieures que l'on reçoit dans son propre pays. Mais ce qui reste bon signe, c'est de voir que les étudiants français sont toujours aussi bien placés dans ce programme. Avec les Espagnols et les Allemands, ils sont les plus nombreux de toute l'Union européenne à rechercher cette mobilité indispensable pour étoffer ses connaissances, sa maîtrise d'une ou plusieurs langues étrangères et surtout, c'est ce qu'il faut espérer, cette conviction que l'Europe n'est pas seulement un concept flou et lointain, mais une réalité.

### 3 b) p. 34

1. Je m'appelle Max et je suis français. J'ai fait un Erasmus en Suède. J'ai vécu une année incroyable à Stockholm : des conditions idéales pour étudier... une expérience valorisante sur mon CV... Oh ! Et en plus, ça m'a permis de perfectionner mon anglais et d'apprendre le suédois !
2. Moi, c'est Mateusz, je suis polonais. Dans le cadre de mes recherches, on m'a proposé de venir donner des cours à des étudiants de master à Grenoble. J'ai travaillé en étroite collaboration avec mon collègue de l'établissement partenaire et maintenant, je souhaite l'inviter à venir enseigner chez nous.
3. Moi, je suis française, je m'appelle Olivia. Je suis allée à Vilnius. Erasmus, ça a été une expérience unique, extrêmement enrichissante ! Après mon stage de trois mois dans une entreprise lituanienne, je n'envisage plus mon avenir professionnel de la même manière... À présent, la mobilité, ça fait vraiment partie de mes objectifs.

### 9 et 10 p. 37

1. J'avais déjà suivi un stage de quinze jours dans une boutique de mode l'année dernière et j'avais adoré ! Pour la seconde année, j'avais envie de

travailler avec des stylistes. Alors, quand j'ai trouvé ce stage chez un grand créateur, j'étais super contente ! J'allais enfin participer à la création d'une collection ! Ben en fait, j'ai peu appris, car mon tuteur était tout le temps débordé, il n'avait pas le temps de me montrer, de m'expliquer les choses... Et il ne me donnait pas de tâches vraiment intéressantes à faire. Parfois, j'avais vraiment le sentiment de perdre mon temps. Quand le stage s'est terminé, pfff... Mais ouf ! J'étais vraiment soulagée de partir.
2. J'avais peur d'être le stagiaire spécialisé dans les photocopies et la machine à café... Mais non, j'ai été chargé tout de suite de calculer la fréquentation de certaines lignes de bus ; je comptais le nombre d'usagers qui montaient et descendaient à chaque arrêt, de 8 heures du matin à 17 heures. Ça a été mon premier contact avec le monde du travail, je n'avais jamais travaillé avant. Maintenant, j'ai compris la signification des mots « travail » et « entreprise », et je sais à quoi m'attendre après mon diplôme. En plus, à la fin de mon stage, j'ai eu la bonne surprise de recevoir 450 euros, ça fait 30 % du SMIC !

**12 p. 37** Phonétique

1. réellement
2. précédemment
3. brillamment
4. extrêmement
5. rapidement
6. couramment
7. gratuitement
8. différemment
9. facilement
10. positivement

## Leçon 2

**5 p. 39**

1. Les mots-clés pour ce job sont : dynamisme, énergie, sens des responsabilités. Pour travailler avec les jeunes, les qualités relationnelles sont indispensables : il faut un bon contact et pouvoir gérer les conflits, avec une autorité naturelle. Il faut aussi aimer les voyages et les activités de plein air. Enfin, la capacité à travailler en équipe est primordiale !
2. Pour ce poste, il faut savoir travailler en équipe, mais aussi être autonome et responsable. Il faut posséder une bonne capacité d'organisation, être rigoureux et avoir le sens du détail. Mais attention, la réactivité et le respect des délais sont très importants ! Et bien sûr, il faut être avant tout créatif, et passionné par les arts numériques !

**11 et 12 p. 41**

– Bien, votre CV a retenu mon attention et nous allons mieux faire connaissance. Alors, tout d'abord, pouvez-vous me synthétiser votre parcours, en ce qui concerne les langues étrangères ?
– Euh... j'ai toujours entendu plusieurs langues autour de moi. Mon père est espagnol, ma mère française, et on a toujours vécu entre l'Espagne et la France. Et comme j'aimais apprendre les langues à l'école, mes parents m'ont encouragée dans cette voie. Voilà. C'est comme ça que j'ai fait plusieurs séjours en Angleterre.
– Et votre expérience comme jeune fille au pair ?
– Ah ben, j'ai été fille au pair à Londres de juillet 2008 à juin 2009. Ça a été une expérience très enrichissante. Je me suis tout de suite bien entendue avec les petits. Je leur écris toujours, ils m'envoient des photos...
– Qu'est-ce que cette expérience vous a apporté ?
– Sur le plan humain, plein de choses. Mais aussi l'envie de parler parfaitement l'anglais. Alors, j'ai suivi des cours à l'Institut britannique pendant dix mois. En fait, j'étais partie pour six mois, mais finalement je suis restée pendant un an ! Je suis rentrée en France il y a presque trois ans, en juin 2009.
– Et pourquoi avez-vous choisi d'enseigner l'anglais ?
– Ah, ça s'est fait tout naturellement, à mon retour d'Angleterre. J'ai d'abord passé le BAFA, puis quand j'ai vu que j'aimais travailler avec des jeunes, j'ai commencé à donner des cours à des élèves de collège et de lycée. Euh... c'était... quand j'ai commencé la fac... Oui. En octobre 2009 ?... Oui, c'est ça ! Je donne des cours particuliers d'anglais et d'espagnol depuis deux ans et demi, et j'aime bien...

**13 p. 41** Phonétique

1. BAFA
2. BAFD
3. SMIC
4. RATP
5. SNCF
6. ESSEC
7. IBM
8. UNESCO
9. DUT
10. IUT
11. CDI
12. CDD
13. DOM-TOM
14. JO
15. BD
16. CD
17. SMS
18. MSN
19. PDF
20. PC
21. HLM
22. ONU

## Leçon 3

**3 et 5 p. 43**

– Bien, je vais vous poser une série de questions et je vous demande de répondre brièvement.
– Ouais, j'suis prêt.
– Pourquoi souhaitez-vous quitter votre emploi actuel ?
– Parce que j'supporte pas mon chef. Il est tout le temps sur mon dos.
– Quelle est votre motivation à occuper le poste que nous proposons ?
– J'aime bien la vente. Vous êtes une grande société, il y a la sécurité de l'emploi. Et... c'est tout près de chez moi, c'est pratique.
– Comment voyez-vous votre avenir ?
– Chef. Je voudrais être chef de rayon. C'est plus sympa de donner des ordres que d'en recevoir. Vous êtes d'accord avec moi ?
– Et... qu'est-ce que vous allez faire pour avoir une promotion ?
– Ben... je vais bien vendre. J'suis dynamique, convaincant, et j'aime bien ce métier.
– Quels sont vos points forts ?
– J'suis un bon vendeur. J'pourrais vendre des frigidaires à des esquimaux ! J'ai quinze ans d'expérience dans l'électroménager.
– Bien... et quel est votre principal défaut ?
– J'aime pas qu'on me marche sur les pieds. J'suis cool, mais bon...
– Bien, alors je crois qu'on va s'arrêter là pour aujourd'hui... On vous écrira la semaine prochaine pour vous donner une réponse.
– O.K., au revoir.

**6 p. 43** Phonétique

**a)**

1. a. Je suis prêt. b. J'(ch)uis prêt.
2. a. (ch)upporte pas mon chef ! b. Je n(e) supporte pas mon chef !

3. a. V(ou)s êtes une grande société. b. Vous êtes une grande société.
4. a. Il y a la sécurité de l'emploi. b. Y a la sécurité d(e) l'emploi.
5. a. J'voudrais êt(re) chef de rayon. b. Je voudrais être chef de rayon.

b)
1. Surveillez votre manière de parler.
2. Ne croisez pas les jambes !
3. Entraînez-vous.
4. Présentez-vous rapidement !
5. Ne mettez pas de boucles d'oreilles.
6. Présentez-vous rapidement.
7. Entraînez-vous !
8. Ne mettez pas de boucles d'oreilles !
9. Ne croisez pas les jambes.
10. Surveillez votre manière de parler !

**11 et 12 p. 45**

– … J'suis cool, mais bon…
– Bien, alors je crois qu'on va s'arrêter là pour aujourd'hui… On vous écrira la semaine prochaine pour vous donner une réponse.
– O.K., au revoir.
– Bien, merci beaucoup, Simon et Justine. Alors, vous avez entendu l'entretien de Simon pour le poste de vendeur. Vous avez certainement des choses à lui dire… Qui veut réagir ?
– Moi, je trouve que t'es assez sûr de toi, t'as pas l'air impressionné.
– Moi justement, je pense que t'es trop cool. Il faut que tu surveilles ta façon de parler !
– Ah oui, je suis d'accord, et c'est la même chose pour ta motivation, il faut pas que tu dises ta vraie motivation comme ça ! Mais il faut que tu dises des choses plus sérieuses, plus intéressantes pour un employeur ! Par exemple : « pour évoluer dans ma carrière », ou autre chose…
– Oui, c'est comme pour tes défauts : il faut jamais dire ses vrais défauts. Il faudrait que tu sois plus positif.
– Bon, en bref, faut qu'je mente, c'est ça ?
– Simon… Ce qu'on vous explique, c'est qu'il faut que soyez moins direct dans vos propos, que vous évitiez de dire vos défauts… et que vous fassiez attention à votre vocabulaire, c'est im-por-tant !
– Et puis peut-être aussi qu't'aies une tenue plus adaptée… Habillé comme ça, on ne te donnera jamais un emploi !
– Ben évidemment, à l'entretien je mettrai d'autres fringues, un costume et une cravate, classique, quoi !

**13 p. 45** Phonétique

1. – Il faut qu(e) tu fasses tout ça, alors fais-le, s'il te paît !
2. – Je dis mon âge ?
   – Oui, il faut qu(e) tu dises ton âge.
3. – Il faut aussi qu(e) tu fasses ton bilan, alors fais-le !
4. – Il faut qu(e) tu mentes un peu, alors mens un peu…
5. – Il faut qu(e) je finisse ma lettre !
   – Alors finis-la !
6. – Et il faut qu(e) tu mettes un costume, alors mets ton costume gris !
7. – Et puis il faut qu(e) tu apprennes l'annonce !
   – Bon, bon, j(e) l'apprends.

## Vers le DELF A2 p. 50

**« Portraits d'actif »**

– Bonjour Alain, vous avez 52 ans, et après une période de chômage, vous êtes employé depuis un an dans une entreprise de services. Vous pouvez nous expliquer comment vous avez vécu votre reprise du travail ?
– Oui, bien sûr ! Je sais qu'à mon âge, j'ai eu de la chance de retrouver du travail, ce n'est pas simple pour ma génération.
– Alors, comment s'est passée votre arrivée dans l'entreprise ?
– Tout le monde a été très sympa, dès le début. J'ai remplacé leur collègue qui était parti s'installer dans une autre ville. Ils avaient besoin de moi : depuis son départ, il y avait trop de travail et mon arrivée a été positive.
– Vous avez trouvé votre place ?
– Oui, tout à fait. On a chacun un rôle et les plus jeunes me demandent souvent conseil, notamment pour résoudre des problèmes, des conflits avec les clients. Ils me disent que je suis moins impulsif qu'eux, que je les calme quand ils sont stressés. En fait, je relativise, la vie m'a appris que le travail est fondamental mais qu'il faut aussi savoir prendre du recul.
– Nous allons nous quitter sur ces paroles de sagesse… Merci Alain pour ce témoignage, et à la semaine prochaine pour un autre portrait d'actif !
– « Portrait d'actif », à la semaine prochaine !

## Phonie-graphie

## Leçon 1

**1 a) p. 166**

1. fonctionnement – fonctionnent
2. différent – diffèrent
3. ne se dément pas – ne se démènent pas
4. existent – existence

b)
1. Les fonctionnements de ces programmes présentent des avantages.
2. Les parents parent aux difficultés des étudiants qui se contentent de peu.
3. Les enseignements de cet établissement, dont les professeurs très compétents enseignent en deux langues, complètent les études des jeunes.
4. Ils se perfectionnent dans les deux langues.
5. Cela donne des références qui constituent un bon complément.
6. Des tuteurs référents sont présents et aident au perfectionnement.
7. Les informaticiens s'équipent avec ces équipements ultramodernes.
8. Ils expérimentent un nouveau système.
9. Ils jugent le déroulement de leur expérience positivement.
10. Ils commencent très tôt mais ce n'est que le commencement et ils positivent énormément.

## Leçon 2

**2 p. 166**

Cet été j'ai passé mon BAFA.
J'ai trouvé un job d'été ! C'est un CDD assez bien payé.
C'est super !
J'ai acheté un vélo pour me déplacer.
Est-ce que tu sais que j'ai eu mon bac S ?
Je vais aller au DUT d'Angers.
OK ! Est-ce que tu déjeunes au resto demain ?

## Leçon 3

**3 a) p. 166**

1. Ils envoient.
2. Ils paient.
3. Nous envoyons.
4. Tu paies.
5. Nous payons.
6. Il emploie.
7. Vous employez.

**4 a) p. 166**

1. J'ai travaillé en Égypte pour une mission.
2. Cette expérience m'a aidée à perfectionner mon style.

3. J'ai trouvé un travail incroyable pour le mois de juillet : il faut que je surveille des animaux dans un parc animalier.
4. Je te conseille d'être plus dynamique face à cet employeur.
5. Ma famille m'a donné un million de conseils sur la manière de m'habiller !
6. Il faut que j'aille voir une conseillère pour les détails sur le physique.
7. J'ai sillonné toute l'Europe pendant mon voyage.

# DOSSIER 3

## Leçon 1

### 1 p. 52

– Il est 8 h 20, Jean-Pierre Elkabbach, vous recevez ce matin les auteurs de *Pas si fous, ces Français*, aux éditions du Seuil.
– Ben, en fait je reçois un couple : Julie Barlow et Jean-Benoît Nadeau. Bonjour !
– Bonjour.
– Bonjour.
– De vous deux, qui est canadien ?
– Je suis canadienne, canadienne-anglaise.
– Et qui est québécois ?
– Québécois de naissance, oui.
– Oui, ça veut dire que vous êtes tous les deux canadiens, je peux le dire ?
– Oui, oui.
– Oui, et du Québec ?
– Et du Québec.
– Alors sur nous, les Français, vous êtes tous les deux d'accord : personne ne nous comprend, apparemment, mais vous avez peut-être trouvé des clés. Vous avez vécu en France pendant près de trois ans, chez nous les Indigènes, c'est ça ?
– Oui… On était venus pour rénover des idées. On était envoyés par une fondation américaine qui voulait qu'on étudie les Français. Alors c'est comme ça que…

### 2 p. 52

– On était envoyés par une fondation américaine qui voulait qu'on étudie les Français. Alors c'est comme ça que…
– Et qu'est-ce que ça donne alors ? Prenez la première page, citez à tour de rôle un des paragraphes. Qui commence ?
– Alors, je vais y aller : « Imaginez un pays dont les habitants travaillent trente-cinq heures par semaine, ont droit à cinq semaines de congés payés par an, prennent des pauses-déjeuner d'une heure et demie, ont une espérance de vie des plus longues malgré une tradition culinaire des plus riches. Un pays dont les habitants adorent faire le marché le matin, le dimanche matin, et bénéficient du meilleur système de santé au monde. Vous êtes en France. »
– Julie.
– « Imaginez un pays dont les citoyens font preuve de si peu de civisme qu'il ne leur vient pas à l'esprit de ramasser les crottes de chien. Où les gens s'attendent à voir l'État s'occuper de tout puisqu'ils paient beaucoup d'impôts. Où le client est servi avec nonchalance, voire impolitesse. Où l'État reste très centralisé et interventionniste, où les fonctionnaires représentent un quart de la population. Vous êtes toujours en France. »
– Euh, dites-moi : nous sommes comme ça ?
– Oui, c'est un pays de contradictions…
– De paradoxes.
– De paradoxes : moderne, archaïque, autoritaire et créatif.
– Ouais, aux yeux du monde, nous passons souvent pour des fous, c'est d'ailleurs pour ça qu'on nous aime… Mais quelle est notre principale folie ?

### 11 p. 55 Phonétique

a)
a. quatre – quatre pour cent
b. cinq – cinq pour cent
c. six – six pour cent
d. huit – huit pour cent
e. dix – dix pour cent

b)
a. 3 %
b. 13 %
c. 5 %
d. 100 %
e. 10 %
f. 6 %
g. 16 %
h. 7 %

### 13 et 14 p. 55

– Qui est-ce qui connaît une histoire drôle ?
– Nous, nous ! On rentre de Belgique et… Je sais pas si vous le savez, eux aussi ils racontent des blagues, mais sur les Français !
– Ah bon ?
– C'est vrai ?
– Raconte !
– Oui, oui ! Par exemple celle de l'autoroute : pourquoi les autoroutes françaises ne sont-elles pas éclairées ?... Parce que les Français se prennent tous pour des lumières !
– Et celle-ci, c'est le même genre : comment devenir riche en France ? Acheter un Français au prix qu'il vaut et le revendre au prix qu'il croit valoir…
– Et encore celle-là pour finir : comment tuer un français d'un seul coup ? En tirant une balle vingt centimètres au-dessus de sa tête, en plein dans son complexe de supériorité.
– Bon, si je comprends bien, ils prennent leur revanche, les Belges !

## Leçon 2

### 4 p. 57

En fait, les premiers temps n'ont pas été très faciles… Au départ, je ne comprenais pas le chinois et les Chinois ne comprenaient pas mon anglais ! Et puis, ma famille en France, les amis, les proches… tout le monde me manquait et je me sentais seule, même avec ma petite famille à Pékin. En plus, nous n'avons pas eu notre logement tout de suite, on habitait à l'hôtel… Alors au début, j'avais des problèmes très concrets pour faire la lessive, faire à manger… Nous étions loin de l'*Eldorado* imaginé ! À un moment, on a même failli repartir en France, car le découragement était parfois très fort.
Mais heureusement, au bout de deux mois, on a emménagé dans notre appartement et j'ai trouvé un travail… Ça aide aussi à rencontrer des gens. Progressivement, j'ai commencé à me sentir bien dans cette immense ville. Et petit à petit, la communication avec les Chinois est devenue plus facile, j'ai pu me débrouiller avec la langue. Finalement, je suis devenue autonome assez vite : au bout de trois mois. Aujourd'hui, quand je repense à cette période, ça me fait sourire… Je me dis que trois mois pour changer totalement de vie… ce n'est rien !

### 10 p. 59 Phonétique

1. On n'voit ça nulle part.
2. Je n'ai vu ça nulle part.
3. Quelqu'un m'l'a dit.
4. Rien n'est pareil.
5. Je n'avais rien compris.

6. Je n'comprenais rien.
7. Tout l'monde arrive à l'heure.
8. Je gênais tout l'monde.
9. On n'voit personne faire ça.
10. Personne n'arrive à l'heure.
11. Personne ne fait ça.
12. Quelque chose posait problème.

## Leçon 3

**6 p. 61** Phonétique

1. a. C'est dans cette ville qu'il y a le plus de monde, le plus de gens, le plus de divertissements.
 b. C'est dans cette région qu'on travaille le plus et qu'on gagne le plus.
 c. C'est dans la région parisienne qu'on passe le plus de temps dans les transports.
 d. Ce qui me manque le plus, c'est ma famille.
2. a. C'est à Paris qu'on paie le plus cher pour se loger.
 b. Dans cette ville, on a la vie la plus paisible.
 c. Dans la capitale, on a le temps de transport le plus long, le coût le plus lourd et les logements les plus chers.
3. a. La capitale bénéficie du plus important réseau de transports en commun.
 b. C'est dans la capitale qu'on trouve le coût le plus élevé.
 c. C'est en province qu'on a la vie la plus agréable.

**9 et 10 p. 62**

– Merci d'avoir accepté de témoigner pour notre dossier sur Paris et la province. Je vous rappelle les trois questions qui nous intéressent : premièrement, pourquoi vous avez choisi d'habiter là ; deuxièmement, ce qui vous plaît, ce que vous appréciez dans ce lieu ; et finalement, ce qui vous déplaît, quels inconvénients vous trouvez.
– En fait, je n'ai pas vraiment choisi, je suis arrivé en Bourgogne à l'âge de un an, et j'y habite toujours ! Ce que j'aime en province, c'est un état d'esprit qu'on ne retrouve pas à Paris : je suis copain aussi bien avec le maire qu'avec le boulanger du coin. Ce qui me plaît en Bourgogne, ce sont les paysages et tous les produits de la région. Pour votre dernière question, je vois pas ! Aucun inconvénient à vivre ici !
– Vous savez, mon cœur et mes origines sont en Bretagne, mais je suis obligé de vivre à Paris. Mes activités professionnelles me font prendre l'avion au moins une fois par semaine, ce que je ne peux pas faire hors de Paris. C'est également beaucoup plus pratique pour mes rendez-vous de travail ! Ce que j'apprécie particulièrement, ici, c'est la vie culturelle, les musées, les théâtres.... Mais bien sûr, la vie est plus chère qu'en Bretagne... Et ce qui est insupportable, c'est la circulation... Ce qui me manque le plus ? C'est la mer !

## Carnet de voyage

**1 et 2 p. 64**

Y parlent avec des mots précis
Puis y prononcent toutes leurs syllabes
À tout bout d'champ, y s'donnent des bis
Y passent leurs grandes journées à table
Y ont des menus qu'on comprend pas
Y boivent du vin comme si c'était d'l'eau
Y mangent du pain puis du foie gras
En trouvant l'moyen d'pas être gros
Y font des manifs aux quarts d'heure
À tous les maudits coins d'rue
Tous les taxis ont des chauffeurs
Qui roulent en fous, qui collent au cul
Et quand y parlent de venir chez nous
C'est pour l'hiver ou les Indiens
Les longues promenades en Ski-doo
Ou encore en traîneau à chiens
Ils ont des tasses minuscules
Et des immenses cendriers
Y font du vrai café d'adulte
Ils avalent ça en deux gorgées
On trouve leurs gros bergers allemands
Et leurs petits caniches chéris
Sur les planchers des restaurants
Des épiceries, des pharmacies
Y disent qu'y dînent quand y soupent
Et y est deux heures quand y déjeunent
Au petit matin, ça sent l'yaourt
Y connaissent pas les œufs-bacon

**8 p. 65**

1. – Vous désirez ?
 – Deux cafés, dont un serré, s'il vous plaît !
 – Ben, pourquoi trois cafés ? On a commandé deux cafés !?? Aaah, ouais, je comprends, il a cru que...
2. – Ça me rappelle une situation, en Bulgarie : j'étais chez des amis ; elle est française et lui, il ne parle pas français. J'avais appris quelques mots de bulgare, alors j'essayais de communiquer avec lui. À l'époque, je fumais. À chaque fois que je lui proposais une cigarette, il faisait « non » de la tête, donc je reprenais mon paquet. Mais à la troisième ou quatrième fois, il s'est mis à rire et m'a pris le paquet des mains... pour prendre une cigarette !
– Et ben pourquoi il refusait alors ?
– Justement, j'ai pas compris tout de suite, il a fallu que ma copine m'explique : en fait, avec ce mouvement de la tête, il disait « oui » ! En Bulgarie, c'est tout le contraire de la France !
– Ah bon !?? Pour dire « oui », ils font...

## Phonie-graphie
## Leçon 1

**1 p. 167**

**a)**

1. eux
2. où
3. eau
4. beau
5. bout
6. bœufs
7. chez vous
8. cheveu
9. chevaux
10. il vaut
11. il vous...
12. ils veulent
13. coûte
14. cueillir
15. cause

**b)**

1. Beaucoup de nouveaux chevaux ont peur et sont nerveux. Ils donnent des coups de queue quand on est près d'eux.
2. Ceux de gauche sont des chevaux de chez vous ?
3. Il est très heureux avec ses faux cheveux couleur de feu, il a l'air d'un fou !
4. Le succès du recueil ne dépend pas seulement de l'accueil chez les jeunes lecteurs.
5. L'humour et la bonne humeur de l'auteur peuvent cacher les défauts et les écueils.

6. Les pauses-déjeuner de ton épouse sont longues.
7. Il n'y a rien dans ces journaux qui le prouve, ceux qui y croient n'ont pas de preuve sérieuse.
8. Il fait beau aujourd'hui. Allons cueillir des fleurs !

## Leçon 2

**2 p. 167**

a)

1. Cette question te plaît-elle ?
2. Quand comprennent-elles ?
3. La France te manque-t-elle ?
4. Que répond-elle ?

b)

1. Est-elle aussi éloignée ?
2. Gagne-t-on aussi bien qu'en France ?
3. Quand reviennent-elles ?
4. Qu'attend-on ?
5. Comprend-elle le français ?
6. Aime-t-elle cette musique ?
7. Entendent-elles cette mélodie ?
8. Se sont-ils révélés exacts ?
9. Quand s'excuse-t-il ?
10. Et elle, s'est-elle excusée ?
11. Cette vie te convient-elle ?
12. Que fait-il ?
13. Que visite-t-on ?
14. Que disent-elles ?
15. Quel réseau cherche-t-il ?
16. Les expatriés, que cherchent-ils ?

## Leçon 3

**a) p. 167**

Exemple : La province, c'est tout ce qui n'est pas Paris et sa région et c'est ce que nous voulons découvrir.

1. D'après une enquête auprès de familles et de personnes seules, d'hommes et de femmes de métiers et de niveaux de vie différents, c'est le couple parisien qui a le moins d'argent.
2. Dites-nous ce qui vous plaît, ce que vous appréciez dans ce lieu, et finalement, ce qui vous déplaît.

b)

Exemple : C'est en Île-de-France que les logements sont les plus chers et le coût de la vie le plus élevé.

1. C'est aussi dans Paris et sa région que le temps de transport quotidien est le plus long et son coût le plus lourd pour le budget.
2. Ce que j'aime en province, c'est un état d'esprit.
3. Ce que je ne peux pas faire hors de Paris, c'est d'être présent aux réunions d'entreprises.
4. Ce que j'apprécie particulièrement, ici, c'est la vie culturelle.
5. Ce qui est insupportable, ici, c'est la circulation...
6. Ce qui me manque le plus ? C'est la mer !

# DOSSIER 4

## Leçon 1

**5 et 6 p. 71**

– Monsieur, vous avez vu le flash ?
– Oui, c'est quoi ?... Pourquoi ?
– Vous marchiez trop vite ! Vous n'avez pas vu le panneau ?
– Quoi ? Le panneau ? Lequel ?
– Là, au début de la rue ! La vitesse est limitée à trois kilomètres heure.
– Quoi ? Pour les piétons ? Ça va pas, non ?
– Oui, tout est expliqué là, regardez ! « Marcher trop vite nuit gravement à l'observation du patrimoine »... Si vous marchez trop vite, vous ne voyez rien !
– Mais attendez, on avait déjà les radars sur la route, et maintenant, même quand on marche ! Et il y a une amende aussi ?
– Mais non, ne vous énervez pas, je vous explique : ce radar, il fait partie d'une opération culturelle.
– Ah bon ? Et laquelle ?
– C'est dans le cadre du festival *Rouen impressionnée*, qui a lieu chaque année... Vous ne connaissez pas ? Cette année, le thème, c'est le regard des artistes sur la ville. Il y a plusieurs œuvres de différents artistes dans la ville, en ce moment.
– Alors, ce radar, c'est une œuvre d'art ?
– Eh oui ! C'est de l'art contemporain. Le festival s'adresse aux amateurs d'art contemporain, mais pas seulement, à tout le monde... Ce radar, l'artiste l'a imaginé pour amener les gens à admirer la ville ! Et c'est une œuvre éphémère.
– Ah bon, je comprends mieux ! Donc, il ne va pas rester là ?
– Non, juste deux mois : le festival se déroule à partir d'aujourd'hui, jusqu'au vingt novembre.
– D'accord, très bien !... Drôle d'idée quand même !

**7 p. 71** Phonétique

a)

Exemple : a. C'est quoi ? b. C'est quoi ?
1. a. Pourquoi ? b. Pourquoi ?
2. a. Pour les piétons ? b. Pour les piétons ?

b)

Exemple : a. Ça va pas ? b. Ça va pas ?
1. a. Et il y a une amende aussi ? b. Et il y a une amende aussi ?
2. a. Laquelle ? b. Laquelle ?
3. a. Vous ne connaissez pas ? b. Vous ne connaissez pas ?
4. a. C'est une œuvre d'art ? b. C'est une œuvre d'art ?
5. a. Il ne va pas rester là ? b. Il ne va pas rester là ?

**12 et 13 p. 72**

– Amélie, tu traînes encore sur Internet ? Oh là là, depuis que tu tiens un blog, toi aussi...
– Oui, Baptiste, il faut que je termine... Mon billet du jour, je ne l'ai pas encore publié ! C'était super, ce débat ce matin à la radio, je l'ai trouvé vraiment passionnant, le nouveau ministre ! Enfin des propositions intéressantes... Tu sais, j'ai de plus en plus de visiteurs, et ils ont posté plein de commentaires sur mon billet d'hier !
– Normal, tu passes de plus en plus de temps sur ton blog ! Tu sais, j'ai vu que Overblog lance un concours.
– Ah oui, j'ai vu aussi, un concours de blogs.
– Ouais, et tu vas t'inscrire ?
– Oh, non, mon blog, il n'a rien de très spécial... Mais toi, si tu participais ? Le tien, avec tes montages photo, tes animations et tes dessins, il a une chance de gagner un prix, non ?
– Ah oui ? Pourquoi pas ? Je vais voir...

## Leçon 2

**4 p. 75**

– Europe FM, 7 heures. Voici le journal de Luc Verdier. Bonjour, Luc.
– Bonjour à tous. Ce matin, ce sont les chiffres du chômage qui font la une. Le nombre de chômeurs a encore augmenté de 1,5 % au mois de mars et atteint un nouveau record. Nous recevrons le ministre du travail, dans ce journal.
Après la publication du rapport de *Reporters Sans Frontières*, les journalistes manifestent cet après-midi place de la République, pour la liberté de la presse.
La présidente brésilienne arrive aujourd'hui à Paris, pour une visite officielle de trois jours. Reportage avec notre spécialiste du Brésil, Marc Ferrand.
Comme tous les mercredis, nous parlerons des sorties cinéma. Le nouveau film de Guillaume Canet sort aujourd'hui. Interview à la fin du journal.

**6 p. 76**

– Et maintenant, notre rubrique télé !
– Hier soir, la série *Scènes de ménages* diffusée du lundi au samedi à 20 h 05 sur M6 a battu un nouveau record d'audience, et même, a dépassé le 20 h de France 2. La série a attiré 5,6 millions de téléspectateurs, soit 19,5 % de part d'audience. Sur France 2, le JT a réuni 5,3 millions de téléspectateurs.
La question du jour, à présent : « Que regardez-vous à la télé à 20 heures ? » Chers auditeurs, laissez vos réponses sur le répondeur de notre émission !

**8 et 9 p. 76**

– Bonjour. Anatole, de Lille. Avant, je suivais le journal sur TF1 : sérieux, construit, complet… mais c'est long ! Maintenant je regarde le 19.45 sur M6. C'est complètement différent : c'est le dynamisme de la présentation qui me plaît ! Le journaliste est debout ; parfois ils sont deux, c'est plus vivant ! Et on va à l'essentiel ! Et après, j'enchaîne sur *Scènes de ménage*. C'est vraiment le genre d'humour que j'adore !
– Allô, bonjour Fabrice, c'est Sylvia de Rennes. Alors, moi, j'voulais dire : j'ai regardé une fois ou deux *Scènes de ménage*… Oui, c'est drôle, mais comme j'ai pas le temps de lire le journal, ben, je regarde toujours le 20 heures sur France 2. C'est celui que je préfère, que je trouve le plus objectif.
– Bonsoir ! Ici Sophie, de Colmar. Moi, je ne rate jamais *Scènes de ménage* ! J'adore l'humour de cette série ; Liliane et José, c'est le couple qui me fait le plus rire ! Ce sont les émissions comme ça qui m'attirent le soir, j'ai besoin de me détendre après une journée de travail.
– Bonjour ! Je m'appelle Christophe, j'habite à Toulon. Alors, moi, ce que je regarde à 20 heures ? Ça dépend, soit *Scènes de ménage*, soit le sport. Mais pour les infos, c'est toujours le 19/20 ! C'est le seul journal qui parle de ma région.

**10 p. 77** Phonétique

Exemple : Ce sont les émissions comme ça qui m'attirent le soir.
1. C'est son dynamisme qui me plaît.
2. C'est celui de France 2 que je trouve le plus objectif.
3. C'est vraiment le genre d'humour que j'adore.
4. C'est le couple de Liliane et José qui me fait le plus rire.
5. C'est le seul journal qui parle de ma région.

## Leçon 3

**5 et 6 p. 79**

Et pour finir, deux informations qui vont continuer de diviser les superstitieux à propos du vendredi 13, ceux qui croient que ça porte chance et ceux qui pensent que cette date porte malheur… Hier, trois joueurs ont trouvé tous les numéros gagnants du loto et vont se partager le jackpot de 13 millions d'euros, ce qui fait tout de même plus de 4 333 000 euros chacun !
Une autre joueuse, elle, a eu moins de chance. Cette dame de soixante ans avait gagné la somme – plus modeste – de six cents euros à un jeu de grattage, mais n'a pas pu la toucher. En effet, un homme a agressé la gagnante à sa sortie du bureau de tabac, et lui a volé son ticket gagnant… On a transporté la malchanceuse à l'hôpital, indemne mais choquée. Vraiment malchanceuse, car c'était la première fois qu'elle gagnait, alors qu'elle joue depuis trente ans à chaque vendredi 13 ! On se demande si elle va continuer à jouer… Une enquête a été ouverte par la police. Et maintenant, la météo, avec Joël Colardet…

**7 p. 79** Phonétique

Exemple : Une enquête a été ouverte.
1. Henri a été alerté à huit heures.
2. La conversation a aussitôt été interrompue.
3. Le requin hawaïen a été récupéré en haute mer.
4. André a eu un doigt cassé à un arrêt de bus.
5. Le blessé a été autorisé à parler.

**9 p. 80**

– Mon portaaable ! Ils ont pris mon téléphone ! Au voleur ! Arrêtez-les ! Mon portaaable ! […]
– Donc… Vous voulez déposer une plainte ? Alors… Nous sommes le… 18 mars. Vous allez m'expliquer exactement comment ça s'est passé et je vais enregistrer votre déclaration. Alors, vous m'avez dit… Il s'agit d'un vol, n'est-ce pas ?
– Oui, je me suis fait arracher mon portable.
– Dites-moi précisément où et quand vous vous êtes fait voler votre téléphone.
– Devant la gare, il y a une demi-heure environ… En fait, c'était à 18 h 10 exactement, je venais de descendre du train.
– … devant la gare. Pouvez-vous me raconter les faits exacts ? Avez-vous vu le voleur ? Vous vous êtes fait agresser ?
– Non, ils ne m'ont pas agressé, ils m'ont arraché mon portable. Tout s'est passé très vite ! J'ai entendu la moto, elle arrivait à toute vitesse derrière moi, et… voilà ! Je les ai vus, mais je n'ai pas pu les rattraper !
– Vous dites que vous les avez vus, donc ils étaient deux, n'est-ce pas ? Deux hommes ?
– Eh bien, c'est difficile à dire, euh… Ils portaient un casque, et ça a été très vite… Mais la femme que j'ai aperçue, à l'arrière…
– Pourquoi dites-vous que c'était une femme ?
– Eh bien, elle avait des cheveux longs, blonds, qui dépassaient du casque, et puis elle avait l'air petite…
– Les casques, les vêtements, vous les avez mémorisés ?
– Ah oui ! Elle avait un casque avec des dessins rouges, un blouson noir… Mais le conducteur, je ne sais pas !
– Bon ! Il y a déjà eu plusieurs vols à l'arraché dans le quartier, votre description correspond avec le témoignage des autres victimes. On va lancer un signalement pour retrouver les malfaiteurs. Voilà, vous pouvez signer la déclaration.
– Merci… Ah, j'allais oublier ! La moto, je l'ai reconnue, parce que j'ai la même : c'était une Honda, une NC 700.
– Ah très bien, c'est une information précieuse !

**10, 11 et 12 p. 80**

– Donc… Vous voulez déposer une plainte ? Alors… Nous sommes le… 18 mars. Vous allez m'expliquer exactement comment ça s'est passé et je vais enregistrer votre déclaration. Alors, vous m'avez dit… Il s'agit d'un vol, n'est-ce pas ?
– Oui, je me suis fait arracher mon portable.
– Dites-moi précisément où et quand vous vous êtes fait voler votre téléphone.
– Devant la gare, il y a une demi-heure environ… En fait, c'était à 18 h 10 exactement, je venais de descendre du train.
– … devant la gare. Pouvez-vous me raconter les faits exacts ? Avez-vous vu le voleur ? Vous vous êtes fait agresser ?

– Non, ils ne m'ont pas agressé, ils m'ont arraché mon portable. Tout s'est passé très vite ! J'ai entendu la moto, elle arrivait à toute vitesse derrière moi, et… voilà ! Je les ai vus, mais je n'ai pas pu les rattraper !
– Vous dites que vous les avez vus, donc, ils étaient deux, n'est-ce pas ? Deux hommes ?
– Eh bien, c'est difficile à dire, euh… Ils portaient un casque, et ça a été très vite… Mais la femme que j'ai aperçue, à l'arrière…
– Pourquoi dites-vous que c'était une femme ?
– Eh bien, elle avait des cheveux longs, blonds, qui dépassaient du casque, et puis elle avait l'air petite…
– Les casques, les vêtements, vous les avez mémorisés ?
– Ah oui ! Elle avait un casque avec des dessins rouges, un blouson noir… Mais le conducteur, je ne sais pas !
– Bon ! Il y a déjà eu plusieurs vols à l'arraché dans le quartier, votre description correspond avec le témoignage des autres victimes. On va lancer un signalement pour retrouver les malfaiteurs. Voilà, vous pouvez signer la déclaration.
– Merci…. Ah, j'allais oublier ! La moto, je l'ai reconnue, parce que j'ai la même : c'était une Honda, une NC 700.
– Ah très bien, c'est une information précieuse !

## Carnet de voyage

**2 p. 82**

– 8 heures, voici le journal de Mickael Thébaut, bonjour Mickael !
– Bonjour Patrick, bonjour à tous ! Et ce matin, c'est la Grèce qui fait la une. Deuxième jour de… […] Cette étude édifiante sur les superstitions des Français : étude TNS-Sofres, qui nous apprend que plus de 41 % des Français s'avouent superstitieux, et les plus superstitieux, ce sont les femmes. Sandrine Houdin.
– Christiane préfère se contorsionner tous les matins en sortant de son lit plutôt que de prendre le risque de se lever du pied gauche.
– Sinon…
– Sinon ?
– Sinon, ma journée, je présage qu'elle va mal se passer. Si vraiment ça va mal, je dirai : « Ah ben tiens, ça y est, c'est parce que j'ai mis le pied gauche à terre ! »
– Stéphanie, elle, est obnubilée par les couverts.
– Je ne supporte pas que la queue de la cuiller croise la lame du couteau, ça me gêne, donc je peux chez quelqu'un rechanger toute la table discrètement.
– Quant à Frédérique, c'est tout l'inverse.
– Moi, je suis plutôt dans les porte-bonheur ! Par exemple, s'il y a quelque chose qui va m'inquiéter, je vais toucher du bois. S'il y a un vendredi 13 qui tombe dans le mois, eh bien je vais faire un jeu de hasard.
– Pourquoi le 13 justement… ?

**5 p. 83**

– … étude TNS-Sofres, qui nous apprend que plus de 41 % des Français s'avouent superstitieux, et les plus superstitieux, ce sont les femmes. Sandrine Houdin.
– Christiane préfère se contorsionner tous les matins en sortant de son lit plutôt que de prendre le risque de se lever du pied gauche.
– Sinon…
– Sinon ?
– Sinon, ma journée, je présage qu'elle va mal se passer. Si vraiment ça va mal, je dirai : « Ah ben tiens, ça y est, c'est parce que j'ai mis le pied gauche à terre ! »
– Stéphanie, elle, est obnubilée par les couverts.
– Je ne supporte pas que la queue de la cuiller croise la lame du couteau, ça me gêne, donc je peux chez quelqu'un rechanger toute la table discrètement.
– Quant à Frédérique, c'est tout l'inverse.
– Moi, je suis plutôt dans les porte-bonheur ! Par exemple, s'il y a quelque chose qui va m'inquiéter, je vais toucher du bois. S'il y a un vendredi 13 qui tombe dans le mois, eh bien je vais faire un jeu de hasard.
– Pourquoi le 13 justement… ?

**7 p. 83**

– S'il y a un vendredi 13 qui tombe dans le mois, eh bien je vais faire un jeu de hasard.
– Pourquoi le 13 justement ? Pourquoi faire un détour pour éviter de passer sous une échelle ? Pourquoi le pain à l'envers sur la table nous dérange ? Evelyne Keller a donc décortiqué toutes nos superstitions du quotidien.
– Pour porter bonheur, on va dire « Merde ! » à un étudiant, et ça vient d'une superstition des comédiens, parce que lorsque les calèches étaient devant les théâtres, il y avait beaucoup de crottin au sol, et donc beaucoup de merde au sol, c'était de l'argent et de la chance. Il y a aussi quelque chose qui m'a amusée, c'est que, selon les pays, ce ne sont pas les mêmes chiffres qui portent malheur.

## Vers le DELF A2

**1 p. 86**

Bonjour madame, je suis Hélène Duprat, je vous appelle pour vous dire que j'ai trouvé votre sac, avec tous vos papiers, dans le bus. J'imagine que vous en avez besoin assez rapidement, alors vous pouvez me rappeler pour fixer un rendez-vous et le récupérer. Vous pouvez me joindre au : 07.56.89.45.27.

**2 p. 86**

Et avant de finir notre journal, une histoire qui finit bien. Cela s'est passé à Marseille, samedi dernier. Vers vingt heures, la directrice d'une école est rentrée chez elle, pas très loin de son bureau, puisque son domicile se situe dans l'établissement scolaire. Et c'est là qu'elle est tombée sur un inconnu, tranquillement endormi sur son canapé. La femme a refermé sans bruit la porte et a appelé la police. En arrivant, les policiers ont découvert une vitre brisée et un sac à côté de l'homme, rempli d'objets de valeur. Après son arrestation, le voleur a expliqué qu'en raison d'une déception amoureuse, il avait absorbé des calmants avant de partir faire ses cambriolages… Il sera jugé dans les jours qui viennent…

## Phonie-graphie
## Leçon 1

**1 p. 168**

**a)**

1. le tien 2. la moyenne 3. le doyen 4. ils deviennent

**c)**

1. Le chien de Damien aboie pour un rien et a mordu ma chienne.
2. L'ancienne cité contient beaucoup de monuments historiques. Tout le monde tient à ce patrimoine ancien.
3. C'est un bon moyen pour attirer les touristes.
4. Tu crées ton lien et moi le mien ; chacun le sien, c'est plus facile.
5. Les citoyens deviennent de plus en plus blogueurs.
6. La doyenne des Français a plus de cent ans.

## Leçon 2

**2 p. 168**

**a)**

Exemple : don – donne
1. monde
2. étonne

3. commune
4. domicile
5. complexe
6. plomb
7. téléphone
8. blond

c)

1. Je sonne chez mon oncle, mais personne ne répond !
2. Surfer sur des sites de recettes, c'est ma passion. Je suis passionnée de cuisine !
3. Je connais une recette de tarte au citron qui est très bonne et une autre avec du saumon.
4. Mon poissonnier, celui qui se trouve dans la rue piétonnière, m'a donné plein de recettes.
5. Quand je compare les sommaires, je trouve un nombre de rubriques identique.
6. Si je peux faire un commentaire sur le montage, je trouve qu'il n'y a pas assez d'informations sur notre région et il est trop traditionnel, si je peux donner mon opinion.
7. Tu dis que nous sommes moins d'un million de professeurs de français dans le monde ? Ce nombre m'étonne.

## Leçon 3

**3 p. 168**

1. Je l'ai dit et répété pendant des années.
2. Je l'avais choisie et je l'avais mise pour sortir ce soir-là.
3. Je l'ai trouvé sur la table d'un café et je l'ai mis dans ma poche.
4. Il l'a écrite après son accident.
5. Je l'ai faite en un clin d'œil quand j'ai appris que je partais.
6. Je les ai repris et complétés pendant mon congé.
7. Je l'ai conduit et garé très facilement.
8. Tu l'as ouverte sans mon autorisation.
9. Nous l'avons apprise la semaine dernière.

# DOSSIER 5

## Leçon 1

**2, 3 et 4 p. 88**

– Info FM, l'évènement du jour ! L'ouverture du Festival de Cannes.

– La 64e édition du plus grand festival de cinéma du monde démarre aujourd'hui pour douze jours et s'annonce exceptionnelle. À commencer par la projection, ce soir, du dernier film de Woody Allen au Palais des Festivals, en avant-première mondiale. Le réalisateur new-yorkais est souvent venu à Cannes, mais n'a jamais obtenu de récompense... Pas étonnant ! Il a toujours refusé d'être en compétition pour la Palme d'or ! La seule solution pour les organisateurs est donc de projeter ses films hors compétition. Il y a dix ans, *Hollywood Ending* avait déjà fait l'ouverture du Festival. C'est encore le cas ce soir avec *Minuit à Paris*, qui va ouvrir les festivités. Cette comédie romantique avec Owen Wilson, Rachel McAdams et Marion Cotillard, qui a été tournée discrètement l'été dernier dans la capitale, est très attendue. Le public français a toujours apprécié les films et l'humour de Woody Allen. Les spectateurs avaient beaucoup aimé *Vicky Cristina Barcelona*, projeté hors compétition il y a trois ans, et ils ont assez bien accueilli son avant-dernier film, *Vous allez rencontrer un bel et sombre inconnu*, présenté l'an dernier. On ne sait rien du scénario de *Minuit à Paris*, mais on parie que ce nouveau film connaîtra également le succès ! Et maintenant, passons à la sélection : vingt films sont en compétition cette année...

**7 et 8 p. 90**

– Et pour terminer, le dernier épisode dans la saga de *The Artist*, Fabienne Sintere.

– *The Artist*, qui est toujours à l'affiche dans 580 salles, sortira en DVD le 14 mars. Avec plus de cent récompenses récoltées à travers le monde, le film peut rentrer dans le livre des records ! Petit retour sur ce succès historique... Présenté à Cannes en mai dernier, le film de Michel Hazanavicius y a obtenu sa première récompense : le prix d'interprétation masculine, décerné à Jean Dujardin. Sa sortie en salles, le 12 octobre, a été suivie par plusieurs récompenses dont trois Golden Globes à la mi-janvier. Après dix nominations aux Oscars, le film muet et en noir et blanc est ressorti dans les salles fin janvier. Le 24 février, le film a dominé les Césars : il a gagné six trophées, dont ceux de meilleur film, meilleur réalisateur et meilleure actrice, attribué à Bérénice Béjo. Consécration finale deux jours après aux Oscars, où *The Artist* a remporté cinq statuettes. C'est le premier long-métrage français qui a gagné l'Oscar du meilleur film. Si vous faites partie des nombreux fans du film et de Jean Dujardin, vous pourrez donc le voir et le revoir chez vous, avec la sortie du DVD !

**11 p. 91** Phonétique

a)

1. Des acteurs remarquables !
2. Un véritable chef-d'œuvre !
3. Un scénario !
4. Un très grand film !
5. Un grand merci au réalisateur !
6. Il n'est pas mal, ce film !
7. On passe un moment !

b)

1. a. Des acteurs remarquables !
   b. Des acteurs remarquables !
2. a. Un véritable chef-d'œuvre !
   b. Un véritable chef-d'œuvre !
3. a. Un scénario !
   b. Un scénario !
4. a. Un très grand film !
   b. Un très grand film !
5. a. Un grand merci au réalisateur !
   b. Un grand merci au réalisateur !
6. a. Il n'est pas mal, ce film !
   b. Il n'est pas mal, ce film !
7. a. On passe un moment !
   b. On passe un moment !

## Leçon 2

**4 et 5 p. 93**

– Regarde, t'as pas envie de faire partie d'un groupe pour chanter ?
– Pardon ? De quoi tu parles ?
– On a reçu une lettre de la MJC, c'est maintenant qu'il faut s'inscrire pour les activités.
– Et alors ?
– Ben, comme ils ont besoin d'hommes pour leur groupe vocal, j'ai pensé à toi, avec ta super voix !
– Ah bon ? Mouais... pourquoi pas ? Mais je n'ai jamais fait de musique !
– Ils prennent les débutants et tu chantes juste, ça suffit ! Vas-y, tu verras bien !

– Mouais, pourquoi pas ? Et toi, tu t'inscris à quoi ?
– Moi je continue la gym et le club photo.
– Et pour Robin ? T'as pensé à lui aussi ?
– Oui, je lui en ai déjà parlé. Ils ouvrent un atelier cirque, il a super envie d'y aller !

**6 p. 93** Phonétique

1. Inscrivez-vous sans tarder !
2. Pourquoi ne pas venir à l'atelier cirque ?
3. Cet atelier s'adresse à vous !
4. Et si vous veniez chanter ?
5. N'hésitez pas, lancez-vous !
6. Vas-y, tu verras bien !
7. Pas de problème ! Venez !
8. En plus, l'ambiance est très sympa !
9. Regardez les photos !
10. Si vous êtes débutant, ne vous inquiétez pas !

**11 p. 95**

– Vous êtes intéressée ? On s'entraîne tous les dimanches après-midis !
– Euh, je sais pas, j'en ai jamais fait…
– Pas de problème ! Il y a trois groupes adultes, débutant, moyen et avancé, avec un animateur par groupe. C'est Nadège qui s'occupe des débutants, c'est avec elle que j'ai appris, il y a quatre ans. Tu t'en souviens, Nadège ?
– Ah oui, au début tu n'avais pas trop d'équilibre !
– Mais depuis, j'ai fait du chemin, hein ? Maintenant, moi aussi, je suis animateur, je m'occupe des enfants… Vous voyez ! En plus, vous verrez, l'ambiance est très sympa, regardez les photos ! À partir du printemps, on fait une sortie rando par mois, et puis à la fin de l'année, fin juin, on participe aux 24 heures de roller.
– Oh ! Mais…
– Mais non, ne vous inquiétez pas ! En général les nouveaux n'y participent pas, c'est seulement quand vous êtes prête, et si vous en avez envie !
– Et c'est combien, l'adhésion ?
– C'est 75 euros : 40 pour la cotisation et 35 pour la licence. L'assurance est comprise dans la licence.
– Ah, c'est pas trop cher !
– Oui, nous sommes tous bénévoles. Vous voulez venir dimanche prochain pour une séance d'essai ? Vous avez des rollers ?

**12 et 13 p. 95**

1. Moi, vous voyez, j'y vais deux fois par semaine, j'en ai besoin ! Ça me détend… Mais si vous êtes débutant, vous ne venez qu'une fois par semaine au début. C'est pas difficile, vous verrez, le prof montre bien les mouvements. Et puis c'est convivial aussi : par exemple, on fait une sortie au restau pour le Nouvel An chinois. Et il y a des stages, un week-end par…
2. J'en fais partie depuis deux ans, et je ne peux pas m'en passer ! Ce que je trouve super, c'est qu'on chante différents styles de musique, pas que du classique, et en plus dans des langues différentes ! On répète tous les lundis soirs pendant deux heures. Et puis, on fait des stages, deux week-ends par an… Et là, en plus de chanter, on passe de très bons moments ! Je me suis fait plusieurs amis depuis que j'y participe. Il y a vraiment une bonne ambiance !

## Leçon 3

**5 p. 97** Phonétique

**a)**

1. les ânes – les ans
2. un pan – une panne
3. il tanne – le temps
4. le camp – la canne
5. la tisane – le tyran
6. le cran – le crâne
7. une vanne – un vent
8. Jeanne – Jean

**b)**

1. Les ânes mangent en rentrant de randonnée.
2. Ils rentrent en passant devant les restaurants.
3. Ils entendent les gens qui commentent leur vie en prenant des photos.
4. Mais les ânes en s'endormant rêvent qu'ils prennent des photos des gens.

**10 et 11 p. 98**

– Ferme de Marance, bonjour !
– Bonjour ! J'ai trouvé votre publicité au salon du tourisme vert. On voudrait passer nos vacances en famille dans les Cévennes, l'été prochain, et peut-être faire une randonnée avec un âne.
– Oui…
– Des amis l'ont fait l'an dernier, et ils ont adoré !
– Ah, très bien !
– En fait, je voulais savoir si c'est pas trop difficile pour des enfants ?
– Ils ont quel âge, vos enfants ?
– Nous avons deux filles de quatorze et douze ans et un garçon de cinq ans et demi.
– Ah mais pas de problème, madame, nous proposons des circuits adaptés à tout le monde, et nous avons beaucoup de familles en été. Et puis quand le petit est trop fatigué, on l'installe sur le dos de l'âne !
– Ah, très bien ! Et j'ai vu que vous faites des réductions pour les enfants : vous pouvez me dire lesquelles ?
– Oui, les enfants de moins de six ans paient demi-tarif sur l'hébergement, et il y a 30 % de réduction pour les moins de douze ans.
– Ah, c'est bien ! Encore une chose : combien d'ânes faut-il pour cinq personnes ? Un seul, ça suffit pas, n'est-ce pas ?
– Vous avez raison : un âne porte les bagages de deux personnes ; pour une famille de cinq, on prévoit deux ânes.
– D'accord. Bon, alors, avez-vous encore de la place pour la première quinzaine d'août ? On voudrait faire d'abord une randonnée d'une semaine, puis louer votre gîte la deuxième semaine pour se reposer. On peut dormir à cinq, dans ce gîte ?
– Oh oui, oui, on ajoute un lit dans la chambre des enfants, elle est grande. Alors, attendez, je regarde les réservations… Oui, pour l'instant, tout est possible aux dates que vous souhaitez. Mais si vous êtes intéressée, n'attendez pas trop, les gens commencent à réserver pour l'été !
– Merci beaucoup, on va en parler ce soir à la maison, et je vous envoie un mail très vite…

**12 p. 99**

– Oh là là ! Le pauvre, il n'est pas trop chargé ?
– Mais non ! Il a l'habitude, il peut porter jusqu'à cent kilos ! Hein, Pompon ?
– Bon, ben, tout le monde est prêt, je crois qu'on peut y aller.
– Bien, alors, messieurs dames, ce matin, on monte dans la montagne.
– On va marcher trois heures environ, avec des pauses, direction le petit village de Pradelles. Je pense qu'on y arrivera vers midi et demi.
– Et c'est là-bas qu'on va pique-niquer ?
– Exactement ! On s'arrête là-bas, on va y rester le temps de manger tranquillement, de se reposer… et on en repartira vers deux heures et demie.
– Et les ânes, ils pique-niquent aussi ?
– Non, non, les ânes, ils vont boire à la fontaine du village, mais ils mangeront seulement en arrivant, ce soir. On arrivera tôt au gîte d'étape, vers quatre heures et demie. Allez, c'est parti !

## Phonie-graphie
## Leçon 1

**1 p. 169**
1. C'est un bel édifice, une belle architecture, on a fait un beau musée d'une vieille usine. C'est un nouvel architecte qui a fait le projet.
2. J'ai un nouvel élève, plutôt un nouvel étudiant, très doué. Il veut faire une nouvelle inscription avec sa vieille carte.
3. J'ai trouvé un nouvel emploi : je peux enfin quitter mon vieil employeur, aimable comme un vieil ours ! J'espère que mon nouveau patron sera sympa.
4. Ce vieil ingénieur a fait une belle invention avec ce vieil outil ; c'est en plus un bel objet.
5. On refait une nouvelle édition de ce livre, avec un nouvel ordre des chapitres.
6. Ce concert a été une belle occasion de se revoir, et quelle belle émotion !

## Leçon 3

**2 a) p. 169**
Soleils levants
Le soleil, en se levant
Fait la roue sur l'océan.
Le paon en fait tout autant,
Soleil bleu au bout du champ.

**3 a) p. 169**
Neige
Il pleut du silence,
Des petits flocons,
Tout un blanc silence,
Sur notre maison.
Il pleut de la danse
Et des tourbillons,
Une douce danse
De blancs papillons.
Il pleut de la chance
Pour tous les garçons
Qui feront dimanche
Un bonhomme rond.

**4 b) p. 169**
C'est en cuisinant que je suis devenu un cordon (bleu).
C'est en montrant l'heure qu'elle est devenue une montre.
C'est en cherchant des châtaignes qu'il est devenu un marron.
C'est en savonnant qu'il est devenu un savon.
C'est en montant qu'il est devenu un mont.
C'est en volant qu'il est devenu un avion.

**5 p. 169-170**
**a)**
1. gastronome
2. les ânes
3. Robin
4. le banc
5. le don
6. origine

**b)**
1. Il a une passion, il se passionne pour le cinéma américain.
2. C'est plus économique si vous avez une tente personnelle.
3. La randonnée avec les ânes se fait à une heure matinale.
4. Il y a une bonne ambiance dans cette cabane !
5. Le matin on doit découvrir des indices, ce n'est pas banal !
6. À la fin, le jeu finit quand les personnages connaissent tout.
7. Au début, c'est incompréhensible. Après, on est intéressé ou inspiré.
8. Je fais ce jeu tous les ans à Cannes. Ce sont des moments inoubliables.

# DOSSIER 6

## Leçon 1

**3 et 4 p. 109**
Refrain :
On vous souhaite tout le bonheur du monde
Et que quelqu'un vous tende la main
Que votre chemin évite les bombes
Qu'il mène vers de calmes jardins.
On vous souhaite tout le bonheur du monde
Pour aujourd'hui comme pour demain
Que votre soleil éclaircisse l'ombre
Qu'il brille d'amour au quotidien.

Puisque l'avenir vous appartient
Puisqu'on n'contrôle pas votre destin
Que votre envol est pour demain
Comme tout c'qu'on a à vous offrir
Ne saurait toujours vous suffire
Dans cette liberté à venir
Puisqu'on n'sera pas toujours là
Comme on le fut aux premiers pas.
{Refrain}
Toute une vie s'offre devant vous
Tant d'rêves à vivre jusqu'au bout
Sûrement plein d'joie au rendez-vous
Libres de faire vos propres choix
De choisir quelle sera votre voie
Et où celle-ci vous emmènera
J'espère juste que vous prendrez l'temps
De profiter de chaque instant.
{Refrain}
J'sais pas quel monde on vous laissera
On fait d'notre mieux, seulement parfois,
J'ose espérer qu'cela suffira
Pas à sauver votre insouciance
Mais à apaiser notre conscience
Pour l'reste j'me dois d'vous faire confiance...
{Refrain}

**12 p. 111** Phonétique
**a)**
1. l'art – un artiste – il arrive – rap – il attrape
2. l'heure – leur CD – heureux – reviens ! – premier
3. l'amour – pourquoi – vous pourrez – rouge – un groupe
4. dire – dire non – il sourit – ris ! – il crie
5. sur – surtout – sur elle – rue Blanche – ils ont cru

**b)**
C'est l'histoire d'un artiste de trente ans qui raconte ses dernières victoires un soir dans un bar grenoblois.

## Leçon 2

**5 et 6 p. 113**

Quand j'ai pris ma retraite l'année dernière, j'ai décidé de faire du bénévolat dans une association, pour être utile et aider des gens. Mais quand je suis arrivé à l'association, j'ai compris qu'il fallait l'action de vrais professionnels pour répondre à des problèmes comme faire venir l'eau, réparer des routes pour faire passer les camions de nourriture, etc. Alors j'ai proposé de m'occuper de la lettre d'information. Depuis février, je la diffuse chaque mois pour que toutes les personnes de l'organisation soient régulièrement informées. C'est ma manière à moi de me rendre utile.

**8, 9 et 10 p. 114**

– Ce matin, je reçois Frédéric Koskas et Ondine Khayat, qui vont nous parler de leur projet de création d'un loto humanitaire... et planétaire ! Bonjour Ondine, bonjour Frédéric.
– Bonjour.
– Bonjour.
– Je crois savoir que votre slogan, c'est : « Parions pour un monde meilleur », et ça résume bien vos intentions...
– Oui, effectivement, notre but est de lutter contre la pauvreté dans le monde. C'est pour ça que nous avons eu l'idée de ce loto humanitaire.
– Et ça se présenterait sous quelle forme ?
– Eh bien, sur le modèle du loto français : il y aurait un tirage supplémentaire qui serait à vocation humanitaire.
– C'est-à-dire ?
– L'idée, c'est que tous les heureux gagnants donneraient 20 % de leurs gains à un collectif, qui ensuite distribuerait l'argent en fonction des urgences.
– Donc il y aurait redistribution de l'argent.
– C'est exact ; et puis, on passerait à l'échelle de la planète.
– Et ça, vous allez nous l'expliquer dans le détail après le flash infos de neuf heures. On se retrouve dans quelques instants...

**14 p. 115** Phonétique

a)
1. Trois très grosses tortues très grasses grimpaient sur trois toits très étroits.
2. Quatre crocodiles dociles servaient des croûtons croustillants à trois dragons trapus dans un grand restaurant.

b)
1. Vous donnerez.
2. Nous protégerions.
3. Vous voyageriez.
4. Nous mangerons.
5. Nous travaillerions.

c)
Dans un monde de rêve...
1. Vous donneriez ce que vous pourriez.
2. Nous protégerions ce que nous aurions.
3. Vous voyageriez où vous voudriez.
4. Nous mangerions ce que nous préférerions.
5. Nous travaillerions quand nous le voudrions.
6. Vous préserveriez ce que vous aimeriez.

## Leçon 3

**2 et 3 p. 116**

– Heureux qui, comme Frédéric Lecloux, a fait un beau voyage – un voyage très particulier, on va le voir. Vous êtes photographe à l'agence Vu, vous publiez *L'Usure du monde* aux éditions Le Bec en l'air, livre à la fois de textes et de photos. Vous avez emprunté les traces, cinquante ans après, du plus célèbre des écrivains voyageurs, Nicolas Bouvier, dont le livre *L'Usage du monde* est quasiment une sorte de bible pour les amoureux du voyage.
Il avait quitté la Suisse à bord d'une petite Fiat, direction l'Inde, et vous avez suivi exactement le même parcours, cinquante ans après, enfin peu ou prou, pendant plus d'un an, jusqu'au Pakistan, en Afghanistan. Ça doit être un peu bizarre d'emprunter les traces de quelqu'un comme ça, non ? C'est une démarche très particulière ?
– Ben précisément, le mot « traces », on l'a refusé – je dis « on », c'est mon épouse et moi-même – quand on a parlé de ce voyage.
– Vous êtes partis en famille, hein, c'est ça ?
– On est partis en famille, avec notre petite fille qui avait trois ans à l'époque. Ce mot « traces », c'est pas du tout ça qu'on voulait. On les a... On a décrété d'emblée qu'elles n'existaient plus, que c'était inutile d'aller les chercher. Et ce qu'on a cherché surtout, c'est à retrouver l'émotion que le livre de Nicolas Bouvier nous a transmise, et à essayer d'aller la rechercher sur cette route, mais on aurait aussi tout à fait pu la chercher en bas de chez nous – y avait juste que j'avais envie depuis tout petit de faire la route de l'Inde en voiture.
– Alors, l'émotion, elle passe aussi par la découverte de lieux, par exemple – des lieux qui souvent ont changé, évidemment radicalement, en l'espace de cinquante ans. Vous relisez Nicolas Bouvier d'un côté, puis de l'autre côté, vous découvrez les lieux, ils ont beaucoup changé.
– Ils ont beaucoup changé, ils se sont... ils se sont usés de partout. Ce sont tous des pays qui ont connu la guerre de façon plus ou moins violente. Tout ça a ravagé toutes ces contrées... et a fait que notre idée de titre *L'Usure du monde* a été validée, malheureusement en fait.
– C'est une façon de voyager où les rencontres sont essentielles, ce qui est essentiel, c'est ça ?
– Ce qui est essentiel, c'est les rencontres, bien sûr ! Ce qui nous intéressait, c'était de rencontrer des gens et de passer du temps avec eux. C'est ça le voyage, hein, c'est de se donner le temps de la rencontre, c'est tout.

**7 p. 117**

*Au détour du monde*, Sandrine Mercier.
– J'suis un flâneur planétaire... J'peux aller flâner dans les confins de l'Asie centrale, j'peux aller flâner un peu partout...
– « En route, le mieux, c'est de se perdre. Lorsqu'on s'égare, les projets font place aux surprises. Et c'est alors, et alors seulement, que le voyage commence. » Extrait de *L'Usage du monde*, de Nicolas Bouvier. Un livre qui a mis sur la route tant de voyageurs. À l'origine, Nicolas Bouvier est parti avec son ami peintre, Thierry Vernet, en 53, pour courir la planète à bord d'une Fiat Topolino. Il apprend alors le beau métier de voyageur. Yougoslavie, Turquie, Iran, Pakistan, Afghanistan... Non, il n'a pas gravi l'Hindu Kush, il n'a pas été attaqué par des bandits du Balouchistan et il n'a pas non plus couru les lignes de fond, de front ! Rien d'exceptionnel ! Bouvier nous donne simplement à voir, il montre des maisons, des femmes, des oignons, des ânes... Une version positive de la route ! Et il jubile dans ce voyage où rien ne se passe, seulement la découverte du coin de la rue. *L'Usage du monde* est un de ces livres magiques, comme ça, qui ont le pouvoir de changer la vie. Et aujourd'hui, ça fait dix ans que Nicolas Bouvier est mort, mais il est toujours vivant, surtout quand on voyage avec un des ses livres ; il continue de nous ouvrir les yeux.
Bienvenue *Au détour du monde*, en partenariat avec le magazine *Ulysse*, jusqu'à 17 heures.
Et, pour aller respirer la poussière du monde sur les traces de Nicolas Bouvier, deux invités aujourd'hui...

**12 et 13 p. 119**

– Vous venez de voir *Nomad's Land*. Vous voulez bien nous donner votre avis sur le film ?
– À mon avis, ce film, c'est le meilleur de la programmation ! Selon moi, c'est celui-là qui va gagner le Grand Prix cette année.
– Ah oui, je suis tout à fait d'accord ! Moi qui ai lu et relu Nicolas Bouvier,

je trouve que c'est un hommage extraordinaire ! Ce voyage, ces paysages, et l'accueil de ces gens, surtout, ça m'a vraiment donné envie de prendre la route !
– Et vous, quelles sont vos réactions, votre avis sur *Nomad's Land* ?
– Ah, c'est très beau, certes… Il y a des paysages à couper le souffle… Mais… les documentaires sur les populations nomades, c'est toujours magnifique, hein ? Pour moi, c'est pas très original.
– Ah, je ne suis pas du tout d'accord ! C'est le plus beau film de voyage que j'aie vu ! Il n'y a pas que de belles images, il y a aussi la philosophie du voyage, la richesse des rencontres, et… le temps du partage ! Et c'est pour cette raison qu'il m'a touché !
– Oui, je suis assez d'accord, le point de vue est intéressant. Mais d'après moi, le film qu'on a vu ce matin est plus riche. Il mériterait vraiment de gagner le Grand Prix. En effet, c'est un film engagé qui montre des militants, et c'est super important, la défense de la planète !
– Oui, oui, tu as raison, il fait réfléchir et c'est pour ça qu'il doit gagner un prix aussi, mais pas le Grand Prix ! Et je ne suis pas de ton avis sur le manque d'originalité de *Nomad's Land*.
– De toute manière, pour moi, c'est trop lent, et puis il y a trop de chants et de danses, c'est répétitif…

**14 p. 119** Phonétique
1. À mon avis, ce film, c'est le meilleur de la programmation !
2. Selon moi, c'est celui-là qui va gagner le Grand Prix cette année.
3. Ah oui, je suis tout à fait d'accord !
4. Je trouve que c'est un hommage extraordinaire !
5. Ce voyage, ces paysages, ça m'a vraiment donné envie de prendre la route !
6. Ah, je ne suis pas du tout d'accord !
7. C'est le plus beau film de voyage que j'aie vu !
8. C'est pour cette raison qu'il m'a touché !
9. C'est super important, la défense de la planète !
10. Il fait réfléchir et c'est pour ça qu'il doit gagner un prix !

## Carnet de voyage

**2 et 3 p. 120**
– Si j'étais une destination ? Les montagnes Rocheuses. Un voyage ? Ben, le Vercors. Un arbre ? Sans hésiter une seule seconde, un chêne. Un plat ? Aaah… une potée lorraine. Une invention ? Le vélo.
– Une couleur ?
– Le vert.
– Un objet usuel ?
– Un couteau. Euh… un sport ?

**4 p. 120**
– Je serais une plage déserte, euh… en automne. Comme ça j'aurais les couchers de soleil pour moi toute seule !
– Ah ! Je serais *Tout le bonheur du monde*… J'aime bien voir les gens heureux autour de moi !
– Je serais la cuisine, parce que c'est l'endroit où on prépare de bonnes choses à manger.
– Je serais Louis XIV, j'aurais un château magnifique, comme Versailles !
– Je serais un chat : je dormirais beaucoup et on me ferait des caresses.
– Je serais… un maillot de bain ! Je passerais mon temps à me baigner dans la mer.
– Je serais interprète : je connaîtrais beaucoup de langues, je pourrais communiquer avec tout le monde.
– Je serais un dictionnaire, comme ça, je connaîtrais tous les mots, et je serais super intelligente.
– Je serais Marrakech, belle et ensoleillée !

## Épreuve DELF A2 p. 124

**1 p. 124**
Pour rester dans la thématique de notre émission, l'ouvrage dont je vais vous parler aujourd'hui s'intitule *L'Ivresse de la marche*, un essai d'Emeric Fisset paru aux éditions Transboréal dans la collection « Petite Philosophie du voyage ». L'auteur y confie sa passion pour la marche. Pour lui, seul le voyage à pied, grâce à sa lenteur et à sa simplicité, permet d'apprécier le détail d'un paysage, d'être en accord avec la nature et de rencontrer avec sincérité les hommes des pays et des lieux visités. Alors bonne lecture chers auditeurs et je vous dis à la semaine prochaine !

**2 p. 124**
– Tristan, on n'a jamais parlé de ton engagement comme bénévole dans l'association de ton quartier…
– Oui, c'est vrai, ça t'intéresse ?
– Oui, en fait, j'hésite un peu, j'aimerais m'investir aussi : l'aide aux devoirs, passer du temps avec les enfants, ça me plairait mais je ne suis pas très sûre… Ça prend beaucoup de temps, non ?
– Tu sais, moi c'est vrai que j'y passe du temps, mais ça m'apporte énormément !
– Ah bon, ça t'apporte quoi ?
– C'est une vraie satisfaction personnelle, et puis ça change des activités habituelles, là il y a un autre sens. On devrait tous faire ça !
– Et puis tu as rencontré plein de personnes dans l'association, non ?
– Oui, enfin c'est vraiment super de tous être ensemble avec un projet commun, on est tous très différents mais chacun participe comme il est, on anime des ateliers en fonction de ce que l'on sait faire…
– Il y a d'autres étudiants, comme toi ?
– Oui, mais il y a tous les âges et on voudrait qu'il y en ait plus encore… Et tu sais, ça peut être utile aussi pour plus tard : dans un CV, tu pourras le mettre en avant si tu participes ! Ce n'est pas un vrai travail, mais l'expérience est formatrice !… Voilà, enfin, j'espère que je t'ai convaincue…

**3 p. 124**
– Et maintenant, nous allons parler d'un sujet qui concerne tous les habitants : il s'agit de la restructuration du centre-ville. Avant les premières rencontres qui auront lieu avec le maire en fin de semaine, nous avons invité quelques habitants de la ville pour savoir ce qu'ils en pensent. On commence avec vous, Maria ?
– Oui, bonjour, je m'appelle Maria, je vis au centre-ville. Moi, j'aimerais que ce quartier soit plus agréable à vivre, qu'il y ait à nouveau des commerces pour faire ses courses. Ce serait vraiment bien que la mairie prenne en considération cette question-là.
– Merci Maria. Et vous, Alain ? Avez-vous des souhaits particuliers ?
– Oui, moi je suis retraité et je trouve qu'il y a trop de voitures, ça devient de plus en plus difficile de traverser les rues… On devrait redonner de la place aux piétons, prévoir plus de rues interdites aux véhicules ; là, ça ne ressemble plus vraiment à un centre-ville !
– Merci Alain, j'espère que vous serez entendu ! Et pour finir, écoutons Fabienne, une jeune mère de famille.
– Bonjour et merci de nous donner la parole. Alors moi, ce qui me pose problème dans le centre-ville, c'est qu'il y a très peu d'endroits où faire jouer les enfants à l'extérieur. Il faudrait qu'ils fassent aménager un ou deux jardins publics avec des bancs et des jeux pour nos enfants. Ça, pour moi, c'est la priorité.

## Phonie-graphie
## Leçon 1

**1 p. 170**
**a)**
1. Ce concert était extraordinaire.
2. On rêvait de faire la fête.

3. Nous avons commencé notre carrière avec ces thèmes-là.
4. Elle enseigne ce couplet en maternelle.

c)
1. Il connaît ce domaine avec certitude.
2. Ils souhaitent vraiment la lumière sur cette expérience nucléaire.
3. On espère que les premières journées de soleil favoriseront le commerce.
4. Je vais écrire un sixième message.
5. Il peut être fier de son projet.
6. Hier on a écouté avec respect et intérêt le résultat de son enquête.

## Leçon 2

**2 p. 170**

a)
Exemple : Elle entrait.
1. Il montrait.
2. Il monterait.
3. Je protégerais.
4. Tu préservais.
5. Elle donnerait.
6. Ils rencontreraient.
7. Je mangerais.
8. Elles voyageaient.

b)
1. Je courrais. Je courais.
2. Il mourrait. Il mourait.
3. Tu préférais. Tu préférerais.

**3 p. 170**
1. Tu pourrais t'occuper utilement. Tu ne te demanderais pas quoi faire de tes journées.
2. Il ne participerait pas, il se méfierait trop. Il ne courrait pas le risque.
3. Elle préférait partir dans un autre pays, car elle mourait d'ennui ici.
4. Elles prendraient de bonnes habitudes en travaillant pour cette association. Elles vendraient des objets qu'elles rapporteraient de leurs voyages.
5. S'il avait le financement, il mettrait toute son énergie et créerait son association. Il montrerait l'exemple.
6. Tu monterais une association autour de ce projet ou tu préférerais faire un don à une petite association ?
7. Il ne montrait pas d'enthousiasme pour nous accueillir. Il préférait rester seul.

## Leçon 3

**4 p. 170**
1. Ils traçaient la direction sur le sable.
2. Je mangeais de la nourriture locale.
3. En changeant de pays très souvent, il fallait s'adapter très vite.
4. Ils annonçaient leur prochain voyage.
5. Elle commençait à écrire son livre.
6. À cette époque, les guerres ravageaient tout dans la région.
7. Il a fait des portraits en privilégiant le thème de la rencontre.
8. Il faudrait que vous annonciez votre départ.
9. En annonçant la création de cette association, nous recevrons beaucoup de messages.
10. Pour qu'ils paient, nous commencions par leur téléphoner.

# DOSSIER 7

## Leçon 1

**1 et 2 p. 126**
Bonjour ! Et bienvenue à tous pour ce séminaire de réorientation professionnelle. On va essayer de se parler, on va essayer d'apprendre à se connaître, pour avancer ensemble... dans le respect de l'autre. Mmm ?
Une autre intervention ? Oui ? Oui, François, en face de moi... On t'écoute.
On échange...
New York ! Oh, oui, oh... Pfff ! Hum, hum... Et le théâtre remonte à la surface... Bien sûr ! Tu passes d'un cent mètres carrés à Central Park à un studio à La Courneuve... Tu gagnais un million par an ?!! Et tu veux écrire du théâtre ?... J'sais pas quoi te dire ! Et ta femme t'a quitté ? Ben oui, forcément ! Bon alors, plus de femme, plus d'argent, plus de situation...
Il te manque plus qu'une maladie ! Mmm ?
On a tous eu envie un jour de suivre notre passion. Le témoignage de François est absolument bouleversant. Merci François !... François, c'est moi !

**8, 9 et 10 p. 128**
– Votre soirée télé : ce soir, à 20 h 50, sur W9, un documentaire à ne pas manquer : *Absolument Noah*. Le héros, c'est celui qui vient d'être réélu « personnalité préférée des Français », pour la huitième année consécutive : Yannick Noah. Une star hors du commun, un parcours brillant, une reconversion spectaculaire. C'est ce que le documentaire de ce soir retrace. Audrey Bartoli, pour un retour sur ce parcours aux multiples facettes.
– Yannick Noah est né en 1960 en France, d'un père camerounais et d'une mère française. Il gagne Roland-Garros à l'âge de vingt-trois ans et devient alors le joueur de tennis préféré des Français. En 1988, il s'engage dans l'humanitaire, en créant avec sa mère l'association *Les Enfants de la Terre*, qui agit dans le domaine de la protection de l'enfance. Après être devenu capitaine de l'équipe de France en 1991, il mène son équipe à la victoire la même année, en coupe Davis. En 1996, il fonde l'association *Fête le Mur*, pour permettre aux enfants des quartiers défavorisés de jouer au tennis gratuitement. L'année 2000 marque un nouveau départ dans sa carrière : après avoir été entraîneur, il devient... chanteur ! Son premier album remporte un grand succès. Trois ans plus tard, il séjourne un moment au Népal, avant de lancer son deuxième album l'année suivante. Et le succès continue, avec *Métisse(s)* sorti en 2005 et *Charango* un an après. Depuis la sortie en 2010 de son dernier album, *Frontières*, Yannick Noah est en tournée. Il se produira à l'Olympia en mai...

**11 p. 129** Phonétique

a)
Exemple : un homme – le dernier album
1. son équipe
2. un an
3. un homme
4. le dernier album
5. les Enfants de la Terre
6. Il est en tournée.

b)
Exemple : homme au grand cœur – après avoir joué
1. homme au grand cœur
2. star hors du commun
3. Il mène l'équipe à la victoire.
4. rare sportif à avoir réussi
5. après avoir joué au tennis
6. après avoir créé avec sa mère
7. après être devenu entraîneur
8. après avoir été capitaine
9. Le héros est réélu.

## Leçon 2

**2 à 5 p. 130-131**

- Paul ?…
- Oui, c'est moi ! Salut Laurence…
- Devine qui j'ai vu ce matin ?
- Je sais pas, moi… qui ?
- Frédérique, ta cousine !
- Et alors ?
- Je l'ai rencontrée devant la caserne des pompiers… en uniforme !
- En uniforme ? de quoi ?
- Ben de pompier !
- Mais… elle est prof, non ?
- Ben oui, justement, elle est toujours prof !… C'est pour ça, je lui ai demandé ce qu'elle faisait dans cette tenue, si c'était un déguisement ! Elle m'a répondu qu'elle était vraiment pompier. Elle m'a expliqué qu'elle en rêvait depuis longtemps, qu'elle avait suivi une formation de huit mois, avec plusieurs stages, et qu'elle était pompier volontaire depuis une semaine !
- Ben ? Y'a des femmes pompiers ?
- Ben oui, tu vois ! Je lui ai dit que t'allais pas me croire ! Alors, elle a dit qu'elle nous enverrait une photo par mail.

**6 p. 131**

- Bonjour Christophe ! Alors, ça fait longtemps que vous faites ce métier ? Comment vous y êtes venu ?
- En fait, je suis assistant maternel depuis la naissance de notre premier enfant. Ça s'est passé comme ça : avec ma femme, quand on a eu Lilou, on a cherché à la faire garder, et on s'est rendu compte que ça nous coûterait moins cher si moi, je restais à la maison avec elle, tout en gardant d'autres enfants. Et comme j'adore les enfants, j'ai sauté sur l'occasion ! Avant ça, j'avais fait plusieurs métiers : dans le bâtiment, dans le commerce… Mais ça me passionnait pas…
- Et concrètement, comment ça s'est passé ?
- Une fois la décision prise, j'ai suivi une formation de cent vingt heures, et puis j'ai démarré. Au début, j'avais vraiment peur que les parents hésitent à me confier leurs enfants, parce que je suis un homme… Mais en fait, les gens sont assez curieux. Ils veulent toujours savoir pourquoi j'ai choisi ce métier, mais ils n'ont aucun mal à me laisser leurs enfants. En plus, les mamans, parfois elles sont jalouses des relations entre la nounou et l'enfant, alors elles préfèrent même que ce soit un homme !
- Et vous êtes le seul assistant maternel « homme » dans la ville…
- Oui, en effet, c'est vraiment un métier féminin, mais j'ai quand même l'impression que les mentalités évoluent. Et même, j'entends souvent : « Ce serait bien qu'il y ait plus d'hommes dans la profession. » Non, c'est vrai, on a une autre approche avec les enfants.
- Comment voyez-vous votre avenir ?
- Eh ben, pour le moment je garde deux petites filles avec mes deux enfants, Lilou et Célestin, ça me permet de passer du temps avec eux. Quand ils seront plus grands, je ne sais pas encore si je continuerai à exercer ce métier, à la maison… Mais une chose est sûre, c'est que je continuerai à travailler auprès des enfants, dans une crèche ou ailleurs, car j'adore ça !

**9 p. 133** Phonétique

a)

1. Quatre semaines, c'est pas long !
2. Je crois que j'y arriverai pas !

b)

1. Physiquement et moralement !
2. C'est le dernier stage !
3. J'ai envie d'arrêter !
4. Il faut que je tienne quatre semaines !
5. C'est le dernier stage !
6. C'est dur !
7. J'ai envie d'arrêter !
8. Physiquement et moralement !
9. Il faut que je tienne quatre semaines !
10. C'est dur !

## Leçon 3

**1 à 4 p. 134-135**

– Nous allons écouter un autre témoignage ; je vous rappelle le thème de l'émission d'aujourd'hui : « La chance était au rendez-vous ! » Nous avons en ligne Lucie… Bonjour Lucie, nous vous écoutons.
– Oui, bonjour ! Eh bien voilà, c'était il y a six mois et ce soir-là, j'avais pas très envie de sortir, j'avais pas le moral. Mais mon amie Camille avait réussi à m'entraîner dans un resto. Pendant le repas, je lui expliquais que j'allais chaque jour à Pôle emploi pour chercher du travail, mais que c'était pas évident – oui, il faut dire que je travaille dans le secteur du tourisme… – et juste à la table d'à côté, il y avait deux messieurs ; un des deux s'est adressé à moi et m'a dit : « Excusez-moi, mais j'ai entendu votre conversation. Je suis directeur d'une agence de voyages, voici ma carte ! Passez me voir demain vers dix heures, si vous voulez. »
– Et ?... Ça a marché ?
– Oui, j'ai été engagée tout de suite ! Et ce qui est extraordinaire dans cette histoire, c'est que si mon amie n'avait pas insisté pour que je sorte, je n'aurais sans doute jamais rencontré mon directeur, et… je serais peut-être encore au chômage !
– C'est formidable ! Merci Lucie, au revoir ! Nous prenons à présent un autre auditeur… Benjamin, bonjour, c'est à vous !
– Bonjour ! Alors, moi, figurez-vous que j'étais sur le quai de la gare de Lyon Part-Dieu, un lundi matin, furieux parce que je venais de rater mon train et que j'allais être en retard à mon rendez-vous à Marseille. Donc, c'est de très mauvaise humeur que je monte dans le TGV suivant, je m'assois à côté d'une jeune femme…
– Ouh là là, je devine une rencontre intéressante !
– Oui, tout à fait, parce que… je l'ai invitée à dîner le soir, je suis resté un jour de plus à Marseille, et… à l'heure où je vous parle, Eva – c'est son nom – est ma compagne !
– C'est incroyable, si vous étiez arrivé deux minutes plus tôt, vous auriez eu votre train et vous n'auriez pas rencontré cette personne !
– Exactement ! Et si je n'avais pas, par chance, raté mon train, nous ne serions pas aujourd'hui parents d'un adorable bout d'chou !
– Merci pour cette belle histoire, Benjamin, au revoir !
– Au revoir !

**7 p. 136**

– *J'aurais voulu être un artiiiiiiiiiiiste… Pour pouvoir faire mon numéroooooooo… Quand l'avion se pose sur la piiiiiiste… La la la la... J'aurais voulu être un chanteeeeeeur…*
– Ah bon ? Tu aurais voulu être un chanteur, Julien ?
– Bien sûr ! J'aurais aimé être un homme célèbre… et riche ! J'aurais eu une vie passionnante…
– Et moi donc ! J'aurais aimé épouser un artiste, un mec brillant, quoi !
– Sympa, Muriel !
– J'aurais pu ne pas travailler, j'aurais voyagé, j'aurais rencontré des gens intéressants… La belle vie, quoi !
– Arrête… Tu sais bien que ça sert à rien, les regrets !

**10 p. 137** Phonétique

Exemples :

Si je n'étais pas sortie, je n'aurais jamais fait cette rencontre !

Si je n'étais pas sortie, je n'aurais jamais fait cette rencontre !

1. Si je n'avais pas raté mon train, j'y serais allée à cette réunion !
2. Si j'avais voyagé, je n'aurais pas fait tout ça !
3. Si j'avais eu ce poste, je n'aurais pas eu cette vie !
4. Ah ! Si je t'avais cru, je l'aurais acheté !
5. Si je n'avais pas raté mon train, j'y serais allée à cette réunion !
6. Si j'avais eu ce poste, je n'aurais pas eu cette vie !
7. Si j'avais voyagé, je n'aurais pas fait tout ça !
8. Ah ! Si je t'avais cru, je l'aurais acheté !

## Phonie-graphie

## Leçon 1

**1 p. 171**

a)

1. On va essayer.
2. J'ai fait des études.
3. On a tous eu ça.
4. Le jour où j'ai compris.
5. J'ai eu envie.
6. J'ai senti un électrochoc.
7. Ma vie au quotidien.
8. Dans une ville comme Avignon.
9. Une fois par an.
10. Un one-man show.
11. Un ordinateur.

b)

1. Apprendre à dire.
2. Ils remontent à la surface.
3. Tu veux écrire.
4. Huit cents invités.
5. Mes premières amours.
6. Elles rentrent en France.
7. Dix-neuf films en six ans.
8. Des personnes intéressantes.
9. Ça ressemble à ça.
10. Deux boulots intéressants.
11. Plusieurs années.
12. Ils sont plusieurs à le faire.

c)

1. des histoires passionnantes
2. un héros remarquable
3. un humoriste de talent
4. des trucs hybrides
5. des hommes de spectacle
6. le quartier des Halles
7. des huiles biologiques
8. les Hollandais
9. un hôtel de luxe

## Leçon 3

**3 p. 171-172**

a)

1. j'allais
2. resto
3. s'entraîne
4. évident
5. j'ai
6. Arrête !
7. le thème
8. soleil
9. vous voulez
10. extraordinaire
11. aimer

c)

1. Je n'aurais jamais pensé rencontrer mon fiancé sur le quai !
2. Je regrette de ne pas être devenu célèbre.
3. Figurez-vous qu'à Marseille, il y a un marché spectaculaire !
4. Sa manière de parler m'énerve tout à fait !
5. Il a fait son numéro pendant la fête et a remporté un vif succès.
6. J'ai découvert à côté de chez moi une belle petite forêt.
7. Vous faites de très belles photos.
8. Il est nécessaire de beaucoup chercher pour ne pas se tromper et faire de mauvaises études.

# DOSSIER 8

## Leçon 1

**6, 7 et 8 p. 146**

– Bon alors, qu'est-ce que vous avez imaginé comme actions pour cette Journée de la Terre ? On écoute le premier groupe !
– Ben voilà, nous, on a eu une idée : c'est de faire une campagne, de coller des affiches un peu partout dans la ville, avec des slogans de ce genre, regardez !
– Oui, on pense qu'on peut éveiller les consciences avec des formules choc, comme ça.
– Faites voir… « Soyez écolo, économisez l'eau ! »… « Homme en devenir, pensez à votre avenir ! »…
– Oh, ça rime, eh ! Y a des poètes dans la classe !
– Ouais, c'est archi nul. « Le vélo, c'est beau. L'auto, c'est pas rigolo ! » Vous prenez les gens pour quoi ?
– Oh, oh, on s'écoute ! Tout le monde a le droit d'exposer ses propositions. Mais pourquoi vous vous adressez surtout aux enfants et aux jeunes ?
– Parce que je crois pas qu'on puisse atteindre facilement tous les publics, non. Mais on peut modifier le comportement des gens si on commence par les enfants. Et c'est eux qui pourront faire passer le message dans leurs familles.
– Oui, il a raison, je suis sûre que c'est mieux de viser surtout les très jeunes.
– Bon, ils sont pas mal, vos slogans… Mais pour celui-là, je trouve que vous êtes très optimistes ! Moi, ça m'étonnerait que les gens veuillent laisser leur voiture… On sait bien que le nombre de voitures est en augmentation ! Et… le deuxième groupe ?
– Nous, on veut que les gens soient actifs aussi, et pas seulement sensibilisés au problème… Mais tout le monde : les adultes, les enfants… On voudrait qu'ils fassent des gestes concrets, comme nettoyer les forêts, les plages, planter des arbres…
– Ah, ouais, c'est mieux, ça !
– Oui, et vous, Kelly ?
– L'idée des slogans, c'est pas mal, mais si vous voulez qu'on agisse vraiment, et de manière efficace, moi, j'ai une idée ! Je propose que nous, toute la classe, on devienne des ambassadeurs de la fondation Nicolas-Hulot.
– Ah, très bien ! Expliquez-nous un peu…
– C'est une fondation pour inciter…

**9 p. 147** Phonétique

a)

1. Que j'aie.
2. Que tu ailles.
3. Qu'il ait.
4. Que nous allions.
5. Que vous alliez.
6. Qu'ils aient.

b)

1. – Il faut que tu ailles là et que tu aies ça.
   – Il faut qu'il ait ça et qu'il aille là !
   – Il faut qu'elles aient ça et qu'elles aillent là ?
   – Il faut que j'aille là et que j'aie ça...
2. – Il faut que nous ayons ça et que nous allions là.
   – Non, il faut que vous alliez là et que vous ayez ça.
3. – Je crois qu'ils veulent ça.
   – Je doute qu'ils veuillent ça et je doute qu'ils le sachent !
   – Je crois qu'ils le savent...

## Leçon 2

**1 p. 148**

– Faire partager le plaisir de la lecture, c'est, en quelques mots, la vocation de l'opération *À vous de lire* proposée par le ministère de la Culture et de la Communication et le CNL, le Centre National du Livre, une opération qui se déroulera du 27 au 30 mai dans toute la France. Faire partager le plaisir de la lecture, c'est aussi rappeler que la France est l'un des pays où l'on publie le plus de livres au monde, plus de 66 000 titres en 2009, et où la lecture reste l'un des passe-temps favoris : 70 % des Français reconnaissant avoir lu au moins un livre dans l'année. Et pourtant, il y a fort à faire, et si le ministère de la Culture et le CNL ont voulu fêter le livre, ils ont surtout voulu fédérer autour du livre, pour que ceux qui aiment lire puissent partager leur enthousiasme avec ceux qui n'aiment pas lire, en ont perdu l'habitude ou pensent qu'il s'agit peut-être là d'une activité qui ne leur est pas destinée. [...]

– Partager le plaisir de lire sous toutes ses formes, voilà l'idée de cette première édition d'*À vous de lire*, la fête de la lecture qui remplace *Lire en Fête*. Du 27 au 30 mai, partout en France, de nombreuses manifestations sont prévues. Frédéric Mitterrand lance ce premier rendez-vous qui se veut un évènement culturel, moderne et participatif. [...]
Des lectures publiques dans les gares, sur les terrasses de café, dans les jardins, des spectacles de théâtre, de slam, de poésie... *À vous de lire*, c'est plus de mille auteurs et professionnels du livre réunis dans toute la France durant quatre jours, un programme chargé !

**5 et 6 p. 149**

– Encore un nouveau livre, Leila ! Mais t'en lis combien par mois ?
– Oh ! Ça dépend, mais en moyenne deux ou trois. Moi, tu sais, dès que j'ai su lire, les livres, c'est devenu ma passion. Pas toi ?
– Si, moi aussi, j'aime bien lire, mais je n'ai plus beaucoup de temps depuis que j'ai des enfants ; je dois en lire trois ou quatre par an, pas plus. Et surtout pendant les vacances.
– Ah ! Moi, en vacances ou pas, je lis tout le temps, n'importe où, n'importe quand : dans le métro, chez le dentiste, en faisant la queue à la poste même ! Et puis le soir, dans mon lit, aussi.
– Et comment tu fais, toi, pour choisir un livre ?
– Oh, soit c'est un auteur que je connais et que j'aime, et je l'achète direct, soit j'en ai entendu parler ou bien il a eu un prix, alors je regarde et c'est les premières pages qui décident si je vais le lire ou non... Et toi, Elodie?
– Moi, c'est plus hésitant, je regarde la première et la dernière page, je lis la quatrième de couverture, je feuillette jusqu'à ce qu'un passage retienne mon attention et si ça me plaît, je l'achète. Au fait, il est bien, ton bouquin ? Parce que j'ai entendu une interview...

**8 et 9 p. 150**

– Eh Manu, fais voir ton livre. Oh ! *L'Armée Furieuse*, c'est le dernier Fred Vargas ! Je ne l'ai pas encore lu ! Tu peux me le prêter ?
– Ah non, j'peux pas, il est pas à moi, on me l'a prêté.
– Allez, sois gentil... Je le lirai vite ! Les policiers, surtout ceux de Fred Vargas, je les lis en deux jours ! Y a un tel suspense...
– Mais non, c'est pas possible... Écoute, en fait, je l'ai emprunté à la bibliothèque et je dois le rendre jeudi.
– Eh ben, ça marche ! On est dimanche, tu me le passes aujourd'hui et je te le rends mercredi soir. Comme ça, tu le rendras pas en retard.
– Ça m'ennuie un peu quand même, tu comprends, si tu le perds... si tu l'abîmes...
– Allez ! Sois sympa...
– Bon, ben d'accord, Kathy... Mais rends-le moi mercredi sans faute !
– D'accord, je te le promets ! Merci...

**12 p. 151** Phonétique

a)

Ce CD, tu peux m'le prêter ? Je n' l'ai pas encore écouté. Tu m'le prêtes ?
Tu m'le passes aujourd'hui et j' te l' rends demain. J'te l'promets.
Si tu n' me l' rends pas, je s'rai embêtée, parce qu'on m' l'a prêté.

b)

J'te l'rends.
J'te l'promets.
Si tu n'me l'rends pas...

## Leçon 3

**10 et 11 p. 155**

1. – S'il vous plaît, vous pouvez me céder votre place ?
   – Eh ben, pourquoi moi ?
   – C'est un comble ! Vous auriez dû vous lever avant même qu'elle demande !
   – Ben... Elle est enceinte, c'est pas une maladie !
2. – Oui, ma chérie, c'est bien, une salade, il fait chaud, on n'a pas très faim... Bon, j'te laisse, j'arrive là... Mais appelle maman, hein... Bisou.
   – Eh ben dites donc ! C'est bien, un petit dîner après les problèmes que vous avez eus avec votre patron, la banque qui a appelé, maman qui déprime, et les chaussures qui font mal !
   – Hein, quoi ?
   – Ben écoutez, vous arrivez chez vous, là, non ?! Vous auriez pu attendre d'être à la maison, pour raconter tout ça à votre chérie, non ? En attendant, moi, je n'entendais même pas mes pensées !
3. – Aïe !
   – Oh ! Mais ça va pas, non ? Ma fille est invisible ou quoi ? Vous auriez pu lui faire mal ! Vous ne pouvez pas attendre que les gens descendent avant de monter ?! Vous avez vu ? Il a failli faire tomber ma fille !
   – Oui, il aurait pu la blesser, en la bousculant comme ça !
4. – Prochaine station, Concorde.
   – Pardon.
   – Eh ben, elle est gonflée ! Non seulement elle nous a fait supporter l'odeur de son hamburger frites, mais là elle nous fait cadeau des emballages !
   – Eh madame ! Vous pourriez emporter vos déchets, non ? Quand même ! Elle aurait pu les prendre et les jeter... Y'a des poubelles sur le quai !
5. – Ah... Vous n'avez pas de titre de transport, monsieur ?
   – Euh... Non...
   – Ah, vous n'auriez pas dû sauter, monsieur ! Il fallait acheter un ticket, comme tout le monde ! Bon, ben vous allez devoir payer l'amende... Vous payez maintenant ?

**14 p. 155** Phonétique

1. Vous avez failli me faire tomber !
2. Vous auriez pu faire attention !
3. Vous auriez pu me dire merci !
4. Tu aurais pu le dire plus tôt !
5. Tu as encore failli me blesser !
6. Tu aurais dû les emporter !
7. Je n'aurais pas dû t'écouter !
8. Tu aurais pu m'attendre !

## Carnet de voyage, p. 156

### Activités 1 et 2

Chloé Delaume. – Le livre qui a le plus marqué ma vie, c'est indéniablement *L'écume des jours* de Boris Vian ; c'est par ce livre que j'ai compris ce que voulait dire le mot littérature, en fait. *L'écume des jours*, c'est un livre à la langue très simple, mais qui est d'une précision extrême et… moi ça a été très fort… au point effectivement que, … quand j'ai changé de nom quand je suis devenue écrivain j'ai emprunté directement le prénom à l'héroïne de ce livre et pour moi c'est vraiment une sorte de […]

Enki Bilal. – Alors sans aucune affectation, et très certainement, j'en suis convaincu, *Les Fleurs du mal*, de Baudelaire. Alors pourquoi et comment ? C'était… je devais avoir 14-15 ans, je venais à peine de commencer à maîtriser le français parce que je suis arrivé à l'âge de dix ans de Yougoslavie… J'avais découvert évidemment entretemps, en arrivant en France, la bande dessinée francophone bien sûr, mais le… il y a eu un choc, j'ai eu un choc, vraiment un véritable choc, peut-être l'agencement des mots, peut-être le premier poète que je découvrais en langue française, l'agencement des mots, les mots que je ne comprenais pas forcément tous, il y avait comme ça une interrogation, une envie d'en apprendre plus, le sentiment de quelque chose de très sulfureux et de quelque chose qui provoquait une envie d'images, voilà

Bruno Putzulu. – Ce serait *En attendant Godot*, de Samuel Beckett. Parce que je l'ai jouée, c'est un souvenir qui est vraiment bien ancré en moi… J'ai souvent envie de rejouer cette pièce, même à la lecture, ce qui n'est pas toujours le cas chez les auteurs dramatiques ; même à la lecture, ça laisse des traces.

Éric-Emmanuel Schmitt. – Celui qui m'a donné envie de lire, *Les Trois mousquetaires*, parce qu'avant je lisais des livres de la bibliothèque rose, de la bibliothèque verte… Et je pensais que je n'aimais pas lire, parce que je trouvais ça crétin… Et tout d'un coup à huit ans, j'ai lu *Les Trois mousquetaires* et là, la passion de la vie, pas seulement de la littérature, est passée à travers Dumas.

## Vers le DELF B1 p. 160

– Allô Mathilde ! C'est Thomas !
– Ah, salut Thomas, tu as eu mon message ?
– Oui, justement, c'est pour ça que je rappelle, j'ai pas bien compris ton message… Tu parlais d'un salon ?
– Oui, samedi prochain aura lieu le premier Salon des déplacements verts, ça te dit d'y aller ?
– C'est quoi ? J'en ai pas entendu parler.
– C'est un salon où on peut découvrir différents moyens de transports qui respectent l'environnement. C'est pour la semaine du développement durable. Ça t'intéresse ?
– Oui, pourquoi pas ! Ah, mais samedi, je suis pas sûr d'être disponible…
– Alors, allons-y dimanche ! On pourra tester différents deux-roues électriques : des scooters par exemple… et Autolib', le système de location de voiture électrique en libre-service… Il y a aussi des conférences, des expositions sur le sujet…
– Ah très bien, je voulais essayer Autolib' : ça semble super !… Je note ça dans mon agenda, on se rappelle pour fixer l'heure ?
– Oui d'accord, si tu veux. À dimanche alors, bonne soirée !

## Phonie-graphie

## Leçon 1

**1 p. 172**

1. Tu crois qu'on est où ?
2. Je ne crois pas qu'on ait le droit.
3. Je crois que j'ai de la chance !
4. Tu ne veux pas que j'aie de la chance ?
5. Elle veut qu'on aille la voir.
6. Alors il faut que j'aille là-bas !
7. Je doute que vous alliez là-bas seulement pour la voir !
8. Je ne crois pas que vous ayez le temps !
9. Il faut que nous ayons assez d'argent !
10. Je doute que nous allions en vacances cette année.
11. Je ne crois pas qu'il veuille le faire.
12. Je ne crois pas que les enfants veuillent venir.
13. Les enfants, je ne crois pas que vous vouliez venir, non ?
14. Je constate qu'ils veulent venir !

## Leçon 2

**2 b) p. 172**

1. lecture
2. lever
3. terrasse
4. premier
5. quelque
6. existe
7. effectuer
8. servir
9. besoin
10. respect
11. perdre

**3 a) p. 172**

1. descendre
2. desservir
3. dessous
4. dessus
5. dessin
6. dessert
7. devenir
8. destiner
9. dedans
10. dehors
11. depuis
12. dernier

**4 b) p. 172**

1. rester
2. regretter
3. respirer
4. retracer
5. restaurer
6. redonner
7. retourner
8. restituer
9. repérer
10. retenir
11. reconnaître
12. regarder
13. redescendre
14. ressembler
15. resservir
16. relever

Achevé d'imprimer par G. Canale & C. S.p.A. – Borgaro T.se (Turin)
Dépôt légal : novembre 2014 – Collection n° 05 – Edition 06 – 15/5812/1